수
능
직
방
VOCA

Master

woongjin
compass

수직VOCA Master

지은이 | Jason Lee
펴낸이 | 최회영
책임편집 | 김소연
영문교열 | 유민지, 최유진, 박송현, Ryan DeLaney
디자인 | 이지숙, 송지영
펴낸곳 | (주)웅진컴퍼스
등록번호 | 제22-2943호
등록일자 | 2006년 6월 16일
주소 | 서울특별시 서초구 강남대로 39길 15-10 한라비발디스튜디오 193 3층
전화 | (02)3471-0096
홈페이지 | http://www.compasspub.com

ISBN | 978-89-6697-874-8

14 13 12 11 10 9 8 7
20 19

Photo credits
All photos and images © Shutterstock, Inc.

Printed in Korea

"코퍼스 언어학적 방법론을 제대로 구현한 영어어휘 학습서"
"불필요한 시간과 노력 낭비를 막아 줄 수능영어어휘 학습서"

수능영어시험을 위한 어휘학습에 있어서 가장 중요 질문은 아마도 "어떤 어휘를 어떤 방법으로 공부할 것인가?"일 것이다. 그리고 이러한 질문에 대한 가장 적절한 답변은 바로 수능영어에 실제로 쓰인 어휘 가운데 중요한 것만을 골라 그 어휘들이 실제로 사용된 문맥을 통해 학습하는 것이라 할 수 있다. 그렇다면 그러한 어휘선택과 어휘학습방법을 어떻게 구현할 수 있을까? 이 문제는 코퍼스 언어학적 방법론을 활용함으로써 가장 적절하게 해결할 수 있다고 믿는다.

코퍼스 언어학(corpus linguistics)은 실제로 사용된 언어자료를 모아 코퍼스라는 말뭉치로 구축 한 후 컴퓨터 프로그램을 통해 분석함으로써 언어를 과학적으로 탐구하고자 하는 학문 분야이다. 코퍼스 언어학적 방법론을 사용하면 개인이 아무리 많은 시간과 노력을 들여도 제대로 할 수 없는 엄청나 일을 아주 짧은 시간 안에 매우 정확하게 처리할 수 있는 장점이 있다. 이 책의 저자 Jason Lee는 연세대학교에서 본인에게 코퍼스 언어학을 배운 제자로서 코퍼스 언어학의 장점을 제대로 살린 최초의 수능영어어휘학습서, 수능영어해부학을 EBS 공식 라이센스를 받아 2013년에 출간한 바 있다.

그 후 2년간의 개정 작업을 거쳐서 출간하는 '수직보카'는 이제 최초를 넘어 최고의 수능영어어휘학습서라 평가하기에 손색이 없다고 생각한다. 특허출원에 이어 특허등록까지 마친 저자 고유의 데이터 분석력은 객관적으로도 신뢰성을 갖추고 있다.

모든 영어실력의 기본은 역시 든든한 어휘력이다. 그래서인지 시중에는 그 수를 헤아리기 힘들 정도로 많은 영어 어휘집이나 학습서들이 나와 있으며, 저마다 과학적이고 체계적인 방식으로 어휘를 선정하였기 때문에 가장 효율적인 어휘학습이 가능하다고 주장한다. 하지만 정말 그러한 주장에 합당한 책이 단 한 권이라도 있었던가? 이 책에 실린 어휘와 예문들은 모두 저자가 직접 구축한 수능영어시험 말뭉치를 코퍼스 언어학적으로 분석하여 철저하게 수능에서의 유용성에 따라 분류하고 편집한 결과이다. 다시 말해, 수능영어시험을 정복하기 위해 얼마나 많은 어휘를 알아야할까? 어떤 어휘를 우선적으로 공략해야 할까? 어떤 예문이 가장 효과적일까? 이 책은 이러한 질문들에 대한 과학적이며 체계적인 답변이다. 수험생들의 불필요한 시간과 노력 낭비를 막아 최대한 효율적인 학습을 가능케 할 것이라 믿는다.

최소한의 노력으로 최대의 효과를 얻고자 한다면 이 책을 가지고 공부하라. 코퍼스 분석을 바탕으로 그동안의 모든 수능과 수능 관련 영어시험에서 쓰인 가장 중요한 영어어휘들만을 가려 뽑아 철저하게 그 유용성에 따라 체계적으로 정리한 이 책을 선택한 당신은 이미 수능영어 공부에서 남보다 앞서가기 시작했다. 수능에서의 성공을 위해 가장 중요한 것 가운데 하나는 기출문제의 철저한 분석이라고 한다. 이 책에 포함된 모든 예문은 실제 실제 수능 및 평가원 모의고사 지문을 활용한 것이기 때문에 그러한 의미에서도 수험생들의 학습 효과를 배가시켜 줄 것이라 확신한다.

2015년 을미년 정월, 연세대학교 신촌캠퍼스의 외솔관에서

연세대학교 영어영문학과

1. 그동안의 어휘 학습, 그 한계와 시사점

우리는 흔히 영어 어휘를 공부하고자 마음만 먹으면 언제든지 시작할 수 있는 환경 속에 살아갑니다. 이미 시중에는 어휘 학습을 도와주는 수많은 어휘 책들이 나와 있기 때문입니다. 그런데 그런 책들을 쌓아놓고 아무리 공부를 열심히 해 보아도 어휘 실력이 생각만큼 빠르게 늘지 않아서 답답한 경험이 한 번쯤 있으셨을 겁니다. 그렇다면 투자한 만큼 실력 향상이 되지 않는 이유가 무엇일까요? 그 이유를 파악하기 위해 많은 고민을 했고 직접 시중에 나와 있는 어휘 책의 흐름을 분석해 보았습니다. 분석 결과 다른 어휘 학습 관련 교재들이 제시해 주는 단어 암기 학습법은 크게 다음과 같이 세 가지 흐름으로 나누어진다는 사실을 알 수 있었습니다.

> ❝ 일부 인터넷 강의로도 익숙한,
> 말장난 등으로 외우는 연상 암기법입니다. ❞

학습자의 흥미를 유발시켜 학습의지를 향상시키는 것은 훌륭한 교수법 중 하나라고 할 수 있습니다. 다만 익숙한 말장난에 불과한 단순 암기법을 통해 쉽게 외울 수 있다고 해서 그 단어가 반드시 수능에서도 중요하게 활용되는 단어인가는 한 번 짚어볼 필요가 있을 것 같습니다. 예를 들어, 1988년 교학사에서 출판된 Word Memory라는 책 22쪽에서 ugly를 '얼굴이 추한'이라고 외우도록 유도합니다. 좋습니다. 그런데 180쪽에서 congenial은 '마음에 드는 것을 건져 낼(congenial)'로 외우게 하는데, 실제로 이 어휘는 수능과 평가원 51번의 시험 동안 한 번도 없었기 때문에 굳이 급하게 외울 필요는 없습니다. 꽤 오래전에 출판되어 지금은 절판된 책을 예로 든 이유는 이런 학습법이 최근 몇 년 사이에 갑자기 등장한 것이 아니라 이미 우리 영어 학습 환경에 관습적으로 자리 잡은 것임을 보여주기 위해서입니다.

" 하루에 몇 개씩 무작위 추출로 외우는 방식입니다. "

이는 대부분의 어휘교재에서 내세우는 방식으로, 총 몇 개의 단어를 컴퓨터를 동원하여 과학적으로 분석했다고 하나 랜덤으로 단순 배열하여 하루에 몇 개씩 외우도록 하는 방식을 말합니다. 이러한 방식은 각 Day의 첫 단어가 무조건 A로 시작하도록 알파벳순으로 배열한 것보다는 나을 수 있습니다. 학습의 단조로움으로 인한 의욕저하를 막을 수 있기 때문입니다. 그러나 이와 같은 스타일의 단어책은 실제로 데이터를 분석해보면 책의 특징에 실린 주장과는 달리 몇 년이 지나도 똑같은 순서로 나열되어 있어서, 정작 중요한 단어가 뒤에 배치되어 학습의 우선순위가 제대로 반영되지 있지 않습니다. 제작자의 입장에서는 마음먹으면 빠르고 쉽게 만들 수 있기 때문에 우리가 볼 수 있는 가장 흔한 스타일의 단어장이기도 합니다. 그런데, 과연 이러한 학습법으로 공부한 이들이 과연 얼마나 공부한 만큼의 효과를 보았을지는 의문입니다.

" 어원 중심의 단어 암기법입니다. "

monopoly, monodrama, monotony에서 'mon(o)-'는 Greek 계열로 '하나'라는 뜻이고 uniform, unique, unification에서 Latin 계열 un(i)- 역시 '하나'라는 뜻이 있습니다. Greek이냐 Latin이냐 까지는 아니더라도 'mon(o)-', 'un(i)-'가 붙으면 '하나'라는 어원을 학습하고 이를 바탕으로 응용력을 키운다는 방식 자체는 나쁘지 않습니다. 다만 어원 학습이라는 것은 단어를 효과적으로 외우기 위한 수단이 되어야 하며, 그 자체가 목적이 된다면 불필요한 시간 낭비에 지나지 않습니다.

예를 들면, 1,000을 의미하는 접두어로 Greek 계열의 kilo-는 kilogram이나 kilometer 등에서 1,000이라는 의미를 떠올리기 쉽지만, Latin 계열에서 1000을 뜻하는 mill(i)-에서 million은 1,000을 두 번 써서 1,000,000이라고 한다면 '백만'을 그냥 어원 무시하고 외우는 편이 낫습니다. 마찬가지로 영어에서 1000은 thousand이며 th(o)u-가 1,000을 뜻한다고 하면서 아무 상관 없어 보이는 thumb이 어떻게 1,000과 상관이 있는지 설명하기 위해서 그 '기원'을 찾아 나선다면 이 역시 그냥 외우는 것이 낫지 않을까요? 결론은 어원 학습 자체에 반대하는 것이 아닙니다. 정말 필요한 것들만 뽑아서 정리해야 합니다. 수능을 준비하는 수험생의 입장에서, 어원까지 힘들게 학습한 어휘들을 실제 수능 시험에서 만나지 못한다면 결코 효율적인 학습이 아닙니다.

2. '수직보카'의 고민과 해결책

단어를 외울 때 '*내가 왜! 이 단어를 지금 외워야 할까?*' 라는 생각을 해 보셨나요?

현재 수험생으로서 여러분의 목적은 단 하나, 수능 '영어 영역'에서의 성공입니다. 단어장을 끝내기 전에 수능이 먼저 끝나는 불상사를 막기 위해, 영어 공부는 끝이 없지만, 입시영어는 끝이 있어야 합니다. 그렇기 위해서는 ❶제한된 시간 동안 중요한 순서대로 학습해야 하며, ❷공부한 보람이 바로 나타나야 합니다. 출제자가 자주 사용하는 단어, 앞으로도 나올 확률이 높은 단어부터 먼저 눈으로 확인하고 학습해야 합니다.

결론적으로, 정말 수능에 최적화된 단어책이라면, ❶현재까지 모든 수능과 평가원 모의고사, EBS 수능연계교재까지 완벽하게 반영해야 하며, ❷먼저 공부한 어휘일수록 시험에 나올 가능성이 높아야 하고, ❸무엇보다 중요한 것은 우선순위의 기준이 정확한 데이터에 근거해서 구성되어야 한다는 점입니다. 그 치열한 고민과 노력의 결과가 바로 '수직보카'입니다.

총 분석 대상

- 대학수학능력시험(1994학년 1차 수능 ～ 2015학년 수능): 전체(듣기 포함)
- 한국교육과정평가원 모의고사(2003학년 9월 평가원 ～ 2015학년 9월 평가원): 전체(듣기 포함)
- EBS 수능 연계교재 전체(2010 ～ 2014년 정부 발표 70% 지문 공식 출제 교재)
- 교육과학 기술부 지정 어휘(제 2011-361호 [별책 14]) 2988

저자와 연구진은 현 수능과 관련한 모든 자료를 그 누구보다 많은 시간과 노력을 기울여 정말 꼼꼼하게 분석하였습니다. 철저하게 학습자의 학습 동기 부여를 극대화 시킬 수 있도록 구성하기 위하여 단순한 배열 방식을 지양하고, 학습한 만큼 바로 성과를 느낄 수 있도록 순위별 과학적인 단어 배치에 많은 노력을 기울였습니다.

어휘 학습을 위한 예문은 모두 수능과 평가원의 기출문장을 그대로 혹은 변형해서 활용하는 것을 원칙으로 하였습니다. 또한 최신 예문을 지향하고 중복 예문을 최소화하도록 했습니다.

'수직보카'는 1권(Start)과 2권(Master)으로 구성되어 있습니다. 어휘의 배열은 '유효단어를 분류하는 장치 및 방법'으로 특허를 받은 Jason Lee Academy 연구진의 고유 방식을 따르는데 일부를 소개하면 다음과 같습니다.

먼저, Start에 해당하는 1권은 Day 1~30까지 수능과 평가원에서 10회 이상 출제된 어휘집단을 취합하여 출제빈도 순으로 구성하였습니다. 해당 어휘집단의 총 빈도가 같을 경우, 더 많이 나온 어휘 우선, 그래도 같을 경우 수능 빈도 우선 등 여러 단계에 걸친 재분류 기준으로 단순한 알파벳 순 구성을 피했습니다.

2권 Master 역시 Day 1~30까지이며, 수능과 평가원 9회 이하 출제된 어휘들과 한국교육과정평가원에서 밝힌 모든 EBS 수능 연계교재의 어휘를 모두 분석 후, 새롭게 순서를 정했습니다. 그 결과 출제가능성이 높은 어휘들이 앞에 배치되게 하여, 수능 대비 어휘 학습의 방향을 제시하였습니다. 또한 완벽한 수능어휘 학습을 원하는 학생들을 위해 출제빈도가 낮은 어휘들 및 EBS 연계교재에만 나타난 어휘들을 따로 정리하여 상급자들의 고난도 어휘 학습 역시 가능케 하였습니다.

'수직보카'는 처음부터 끝까지 선생님의 입장보다 시험을 준비하는 학생의 입장에서 생각하면서 만든 책입니다. 처음부터 끝까지 여러 차례 반복하셔서 꼭 원하는 점수와 실력을 얻으시길 Jason Lee Academy 연구진 모두 함께 응원하겠습니다.

Special Thanks to...

어설픈 완벽주의자에게 잘못 걸린 Jason Lee Academy 식구들… 벌써 13년을 함께한 김희선 실장, 시원시원한 서지연 선생님, 꼼꼼한 박주현 선생님, 스마트하고 쿨한 Ryan DeLaney, 노량진의 성실맨 박성우 선생님, 대구의 실력파 백재민 선생님 그리고 빠릿빠릿한 막내 이민령 선생님… 너무너무 고맙습니다. 정말 많이 고생한 한승협 실장, 김대경, 김혜민 그리고 Taylor Lagieski, 늘 고맙고 그립습니다. 책이 나오기까지 끝없이 고군분투한 웅진컴퍼스 서종윤 부장님, 유민지님 그리고 디자인팀 모두 고생 많으셨습니다.

늘 변함없이 코퍼스언어학 발전에 힘쓰시는 고광윤 교수님, 오랜만의 갑작스런 감수 부탁에도 반겨주신 대원외고 박인선 선생님, 남자보다 더 의리있는 이지민 선생님과 김수민 실장님, 중등교육의 미래 김세리 선생님, 항상 든든한 최규형 부원장, 부산 젠틀맨 하상범 선생님, 언제나 밝은 대전 박민정 원장님, 어려울 때 손잡아 준 박국일 선생님 그리고 국문 교정을 도와준 최고의 벗 이평천 모두 진심으로 고맙습니다. 두 말 필요없는 베스트 윤용한 형님 건강 잘 챙기시길 바랍니다.

가장 소중하고 아름다운 아내 혜진, 멋지고 똘똘한 아들 세하, 귀엽고 예쁜 딸 주하 사랑합니다.

강남 Jason Lee Academy에서

박인선
대원외국어고등학교
영어교사

기존의 어휘 교재와는 분명 차별화되는 예문을 통하여 필수 어휘는 물론 독해력 향상에도 큰 도움을 줄 것이라 확신한다. 외국어 학습에 중요시 되는 어휘 습득은 반복이 중요한데 이 교재는 기출문제에 등장한 단어들을 실제 문장과 함께 제시해 줌으로써 영어를 공부하는데 기초부터 고급까지 능력을 자연스럽게 배양할 수 있도록 꾸며져 있다. 하루 목표량을 정해 준 것도 학습자에게는 자기 주도 학습을 할 수 있고 자신의 목표 달성 여부를 바로 확인시켜 줄 수 있어서 게을리 하지 않고 꾸준히 학습할 수 있도록 도와준다. 외국어를 공부하는데 주춧돌이 되는 어휘를 습득하는데 살아있는 예문을 함께 함으로써 어떠한 글을 접하더라도 자신감을 갖게 해줄 것이다.

수능 때마다 단어정리해서 나눠주는 영어선생님의 수고를 덜어준 '수직보카'. 학생들에게 자신 있게 추천할 수 있는 바로 그 책, 백 마디 말보다 진짜 수능 영어가 궁금한 중학생들도 직접 경험해 볼 것을 추천합니다!

김세리
화곡중학교 영어교사

김수민
비상교육
잉글리시아이

4년 전 초고작업을 보고 '이대로만 된다면야 너무 좋겠지만, 과연 가능할까?' 싶었던 상상 속의 단어책이, 드디어 현실이 되어 나타났습니다. Jason Lee 선생님의 고집스러운 신념과 일점일획도 타협하지 않는 기나긴 연구과정이 없었다면 절대 태어날 수 없었던 '수직보카'이기에, 더욱 감회가 새롭습니다. '수직보카'가 선사하는 획기적인 단어 학습의 편의를 가능한 많은 수험생들이 마음껏 누리시길 바라는 마음입니다.

지금까지의 무수한 영단어 책들과는 구별되는 수능 대비 최적의 교재. 언어학적인 접근방식과 논리적인 시스템을 바탕으로 만들어진 교재. 저자의 혼이 담긴 '수직보카'를 수능을 준비하는 모든 학생들에게 강추합니다.

박국일
강남 메가스터디
영어강사

박민정
대전 박민정어학원
원장

이제껏 영어교육 어휘의 세계에서 선보인 적이 없었던 놀라운 책을 Jason Lee 선생님이 내놓았습니다. 학습자들에게 있어 늘 힘든 영역이었던 어휘 확장에 매우 놀라운 조력자의 역할을 해낼 책이라 생각됩니다. 영어교육의 동반자로서, Jason Lee 선생님의 주도 아래 많은 연구진들의 노력과 결실을 지켜본 사람으로서 감동의 박수를 보냅니다.

옛날 '우선순위 영단어'는 Jason Lee 선생님이 만든 '수직보카'와 비교하면 초라해 보인다. 모든 수능 어휘를 진짜로 '우선순위'대로 학습할 수 있는 책이 태어났다.

배동근
강남 청솔학원
영어강사

이지민
메가스터디
온라인 강사

수능영어에 있어서 개념을 탄탄히 쌓는 기초 학습의 중요성은 아무리 강조해도 지나침이 없습니다. 그리고 수능영어 기초 공사의 가장 중요한 두 축이 바로 영문법과 어휘 실력임을 지난 15년 수능 교육 현장에서 일관되게 강조해오고 있습니다. 많은 학생들이 어휘 학습의 벽을 뛰어 넘지 못하고 쉽게 좌절하는 이유는 ❶어떠한 단어를 암기해야 하며 ❷어떠한 방법이 가장 효율적일지 이 두 가지 질문에서 자유롭지 못하기 때문입니다. 수직보카는 이러한 두 가지 고민을 한 번에 해결해주는 수험생들에게 가히 획기적인 어휘 교재라 할 수 있습니다. ❶지난 수능 평가원의 모든 기출 어휘를 모아 ❷가장 많이 출제된 어휘부터 중요도 순으로 암기함으로써 늘 시간과의 싸움에 고군분투하는 수험생들에게 투자한 시간대비 효율을 극대화시킬 수 있는 어휘학습법을 제시합니다. 수직보카가 제시한 학습스케줄을 따라 먼저 첫 술을 떠보시길 추천합니다. 성적으로 직결되는 어휘학습이 주는 즐거움은 여러분의 수능 레이스에 매우 유용한 기폭제가 되어 줄 것입니다.

우리 학생들이 가장 힘들어하고 어디까지 공부해야 하는지 의문을 제기하는 것은 바로 어휘 분야입니다. 이번에 출간된 '수직보카'는 그 부담을 완화시켜주는 획기적인 계기로 보입니다. '수직보카'는 쉬운 어휘부터 어려운 어휘까지 수능영어 어휘를 한 권으로 습득할 수 있는 장점이 있습니다. 그리고 어휘의 예문이 수능기출, 평가원 예문을 사용했을 뿐만 아니라 그 빈도수까지 표기해 놓아 실제로 어느 정도 출제되고 어떻게 쓰이는지를 한 눈에 알아 볼 수 있게 한 획기적인 어휘 학습서입니다. '수직보카'를 통해서 단순히 영어 공부할 때 어휘만을 책에 받아 적고 그 다음 잊어버리는 악순환을 반복하지 않기를 바랍니다.

조인한
ETOOS 온라인 강사

최규형
수원 페이스메이커학원
부원장

세상에 수많은 자칭 혁신적인 체계의 어휘집들이 난무하다. 그것들은 처음에 입시생들과 선생님들의 관심을 끌다가 곧 호불호가 갈리고, 이내 외면받기 마련이다. "수직보카"는 혁신이 아니다. 많은 입시생들과 선생님들이 상상으로 바랐던 꿈의 실현이다. 가장 많이 노출되는 단어를 가장 먼저 암기하는 것. 학생들의 실력을 늘려줄 뿐 아니라 시간까지 절약해 줄것이다.

영어학습에서 생소한 단어를 획기적으로 줄여줄 수 있는 정말로 알찬 어휘책이 바로 이 책이 아닐까 한다. 착실히 공부한다면 영어에 대해 자신감을 얻으리라 확신한다. 저자의 노력과 열정에 박수를 보내는 바이다.

최영태
강남 정일학원 부원장

최선미
대구 에소테리카 영어

저는 학생들을 오랫동안 가르치면서 단어는 절대 선생님이 어떻게 해 줄 수 없는 부분이고, 직접 외울 수밖에 없다고 누차 강조해 왔습니다. 그렇다고 학생들에게 무작정 단어를 외우라고 할 수도 없고 수많은 단어장 중에서 어느 것을 학생들에게 권할지도 매우 난감할 때가 많았습니다. '수직보카'는 공부할 단어가 여태 몇 번 그리고 언제 출제 되었는지 제시되어 신뢰가 가며, 수능과 모의고사 기출 문장에서 그 어휘가 문맥에서 어떻게 사용되는지도 알 수 있습니다. 수많은 영단어 서적이 난무하는 가운데 제대로 된 영단어 서적을 갈망하는 선생님과 학생들의 갈증을 풀어줄 단비 같은 책이라고 믿어 의심치 않습니다.

학생들을 가르치면서 어떻게 영어 단어를 효율적으로 암기시킬 것인가에 대해서 많은 고민을 해 오고 있었습니다. 그런 기회에 수능 기출어휘, 12년간의 평가원 어휘, 5년간의 EBS 교재 어휘를 빈출횟수와 출처가 어디인지 명확하게 제시된 단어를 만든다는 것에 매료되어 작업에 참여하게 되었습니다. 학생들에게 사막의 오아시스와 같은 단어장이 될 수 있다고 확신합니다. 예문도 기출문장을 통해 단어의미 파악을 할 수 있도록 하였고, Daily Mission을 통해 단어의 뜻과 파생어까지 기출예문을 통해 실전 연습을 할 수 있도록 잘 구성되어 있는 단어장입니다. '수직보카'가 학생들에게 최고의 단어장이 되는데 손색이 없을 거라고 자부합니다.

하상범
부산 마이다스 영어

❝ 수직보카는 ❞

모든 수능·평가원 모의고사 그리고 지난 5년간의 EBS 수능연계교재의 모든 지문을 데이터화하였습니다. ❶ 1994학년도 1차 수능부터 가장 최근 수능까지 전체 문항 ❷ 2003학년도 9월 평가원부터 가장 최근 평가원까지 전체 문항 ❸ 수능에서 70% 연계대상이었던 2010년부터 2014년까지 EBS의 영어교재 모두를 분석하였습니다.

수직보카는 수능 영어교재 역사상 처음으로 현재까지의 모든 수능과 평가원 모의고사의 어휘는 물론 EBS 수능 연계교재의 어휘까지 분석한 후 철저하게 빈도순으로 배치하였습니다. 본 책의 제작방식은 특허로 보호받고 있습니다.

수능과 평가원 기출횟수 위주의 기본 어휘 중심편 Start와 EBS 수능 연계교재 빈도를 함께 반영하여 중급이상 학습자까지 고려한 Master로 구분하여 무늬만 수능용 교재인 타 어휘학습교재와 절대적으로 차별화된 수능 최적화 어휘 학습의 완결판입니다.

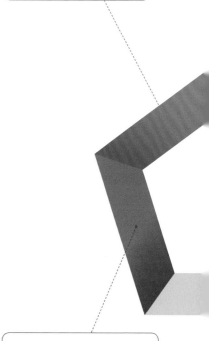

1. 수능영어의 모든 어휘를 100% 빈도순으로 복원했습니다. 특허등록

대부분 학생들이 어휘책을 어떻게 학습할까요? 어휘 학습은 다른 부분과 달리 교재의 가장 앞에서부터 순서대로 학습하는 것이 정석입니다. 중간에 포기하게 되면 다시 처음부터 보기 때문에 앞부분은 그 만큼 반복할 확률이 높습니다. 따라서 '가장 중요한 단어'일수록 먼저 나와야 하는 것은 어찌 보면 당연히 지켜져야 하는 원칙입니다. '가장 중요한 단어'란 어떤 단어인지 객관적으로 수치화시켜 증명하기 위해, 수직보카의 모든 단어에는 수능과 평가원에서의 출제 연도와 출제 빈도가 표시되어 있습니다. 이는 '가장 중요한 단어'의 기준을 저자의 주관적인 느낌이나 판단이 아닌, 과학적이고 끈질긴 다년간의 데이터 분석을 통해 객관적인 수치로 보여주고자 했던 연구진의 고집이 만들어낸 결과입니다. 본 교재가 수험생에게 갖는 가장 큰 의의는 공부하면 한 만큼 바로 효과를 볼 수 있도록 과학적인 데이터로 뒷받침하고 수치로 증명해내는 유일한 교재라는 점에 있습니다.

2. 공부한 만큼 효과를 볼 수 있도록 과학적으로 고안된 유일한 교재입니다.

3. 단 한 권으로 EBS 수능 연계 교재 어휘까지 학습합니다.

수능영어에서 EBS 수능 연계교재의 중요성은 아무리 강조해도 지나침이 없습니다. 그러나 연계교재의 어휘까지 숙달하기 위해 수능용 단어 따로 EBS 어휘 따로 학습하지 마십시오. 수직보카 Master에서는 수능 및 평가원 기출 어휘에 기존 EBS 수능 연계교재 어휘까지 포함한 출제 빈도순으로 수록하여 수직보카 단 한 권으로 모든 수능과 평가원 기출 어휘는 물론 EBS 연계 어휘까지 완벽하게 학습할 수 있도록 하였습니다.

4. 선택적 집중(selective attention)학습이 가능한 '테마분석'은 약점파트를 적극적으로 공략하고 자연스럽게 보완할 수 있도록 도와줍니다.

6일의 학습을 끝낼 때마다 나오는 Theme Analysis(테마분석)은 기초부터 고난도까지 정리되어, 부족한 약점 파트를 집중 공략할 수 있도록 구성하였습니다.
1권은 먼저 기초 불규칙 동사 100개를 알파벳 순서가 아닌 빈도순으로 배치하였고, 이어서 반드시 알아야 하는 분위기·심경 관련 형용사를 정리하였고, 많은 수험생들이 가장 빈번하게 혼동하는 어휘들 Part 1, 2에 나눠 수록하였습니다. 마지막으로 수능 평가원 EBS 연계교재를 통틀어 단 한 번이라도 나온 모든 고난도 불규칙 동사 100개를 제시하여, 학습 효과를 극대화할 수 있도록 하였습니다.
2권은 수능 어휘장의 완결판을 지향하는 기획 의도에 따라 지난 5년간의 EBS 수능 연계교재에서, 수능과 평가원에서는 아직 출제되지 않았지만 빈번하게 쓰인 어휘를 같은 그룹끼리 묶고 빈도순으로 제시하여, 완벽한 어휘 학습을 원하는 수험생에게 수능 영어 어휘 학습의 끝이 어디인지 객관적으로 증명하였습니다.

5. 수준별 학습이 가능하도록 두 권의 책으로 구성하여 휴대성과 접근성을 높였습니다.

수직보카는 수준별 학습이 가능하도록 교재를 구성하였습니다. 수능영어를 처음 시작하는 고1, 2 학생 수능영어를 준비하는 수험생은 Start를 우선순위로 학습 하고, 고3 및 N수생 수험생이나 기초 어휘 수준이 갖추어진 학생은 바로 Master로 시작해도 좋습니다. 교재를 본인의 실력에 맞게 선택 활용할 수 있습니다. 또한 휴대에 부담이 없는 두께와 크기를 반영하였기 때문에 언제 어디서나 학습의 효율을 극대화 할 수 있습니다.

표제어

표제어 아래의 숫자는 수능 및 평가원 모의고사에 출제된 표제어와 관련 어휘의 총 기출횟수를 의미하고 □□□은 학습 후 스스로 점검(3회)을 해보기 위한 칸입니다.

예 crime : crime 계열 어휘가 총 7회 출제

수능·평가원 기출횟수 7

EBS 수능 연계교재 출제 횟수

해당 표제어가 수능 및 평가원 모의고사에 출제된 총 횟수와 EBS 수능 연계교재 출제 횟수를 반영하여 빈도순 배열의 의미를 살렸습니다.

예 EBS 기출횟수 147

출제 연도

주어진 표제어가 출제된 해당 연도를 수능과 평가원 모의고사로 구분하여 나타냈습니다.

예 09⁹ : 2009년 9월 평가원 모의고사에서 출제

관련 어휘 출제 횟수

표제어의 관련 어휘가 파생되어 출제된 횟수를 별도로 표기하여 나타냈습니다.

예 household³ : 수능·평가원 모의고사에서 household가 총 3회 출제

표제어 뜻

가급적 해당 표제어의 다양한 뜻을 제공하도록 구성하였습니다.

예 a. [형용사]　　ad. [부사]　　conj. [접속사]
　　n. [명사]　　pl. [명사 복수]　　pron. [대명사]
　　v. [동사]　　prep. [전치사]

예문

예문은 가급적 최신 예문을 반영하려 하였고, 다의어의 경우 최소 두 문장 이상을 제시하였으며, 예문이 긴 경우 목표 단어학습에 저해되지 않는 범위에서 수정하였습니다.

예문의 출처

제시된 예문에 대한 수능 및 평가원 모의고사의 출처를 제시하였습니다.

예 *122201문장삭제 : 2012학년도 수능 22번 1번째 문장으로 문제유형은 문장삭제

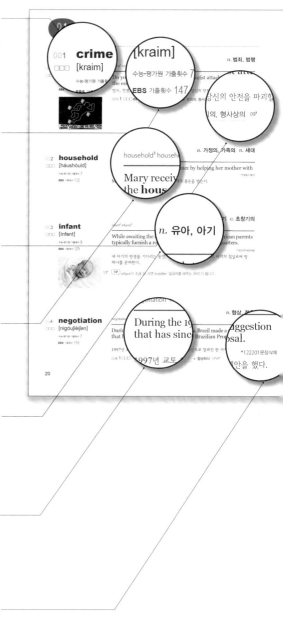

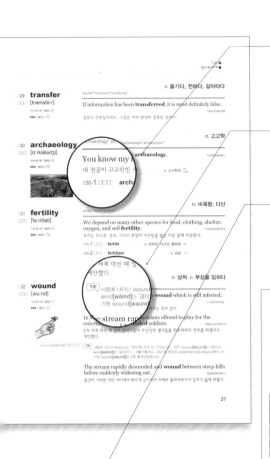

Group Words

표제어를 제외한 같은 계열 어휘들은 뜻과 함께 출처를 별도로 표기하여 학습 동기부여를 일으키도록 구성하였습니다.

Tip

해당 어휘에 대한 보충 설명과 함께 출처도 별도로 제시하였습니다.

Daily Mission

그날 학습한 내용을 점검할 수 있도록 Basic과 Advanced로 구성하였습니다. Advanced의 정답은 책뒤에 있습니다.

Theme Analysis

지난 5년간의 EBS 수능 연계교재에서, 수능과 평가원에서는 아직 출제되지 않았지만 빈번하게 쓰인 어휘를 같은 그룹끼리 묶고 빈도순으로 제시하였습니다.

Advanced

출제 빈도가 낮지만 상위권 학생들을 위해 별도로 구성되었으며, 수능, 평가원, EBS 수능연계교재의 빈도를 취합하여 재배열하였습니다.

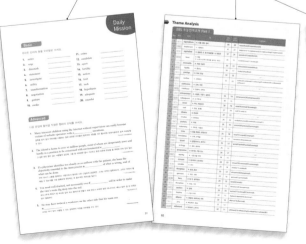

Contents

Week 1

1	crime	43	reinforce	85	sensor
2	household	44	administer	86	portion
3	infant	45	explosion	87	random
4	negotiation	46	interval	88	sum
5	statement	47	endure	89	payment
6	debate	48	renew	90	sacrifice
7	conserve	49	secondary	91	scream
8	transformation	50	approximate	92	slavery
9	poverty	51	nonetheless	93	anthropologist
10	investigate	52	external	94	widespread
11	peer	53	inability	95	zone
12	proportion	54	circular	96	guard
13	tolerance	55	conform	97	solar
14	inch	56	dig	98	substitute
15	executive	57	solid	99	welfare
16	gesture	58	adolescence	100	deprive
17	assess	59	disorder	101	forth
18	adequate	60	inhabit	102	descendant
19	cultivate	61	norm	103	deceive
20	gentle	62	thrive	104	impose
21	notion	63	distort	105	royal
22	diminish	64	suppress	106	alienation
23	protein	65	classify	107	entrance
24	statistical	66	ingredient	108	accelerate
25	digest	67	allergic	109	aside
26	candidate	68	compliment	110	loosen
27	orient	69	trigger	111	conquer
28	vehicle	70	pile	112	faith
29	transfer	71	genuine	113	curriculum
30	archaeology	72	battle	114	depict
31	fertility	73	initiative	115	heavily
32	wound	74	greet	116	sculpture
33	retire	75	shrink	117	wildlife
34	hypothesis	76	remote	118	companion
35	utility	77	plot	119	avenue
36	prison	78	declare	120	dedicate
37	urge	79	interfere	121	cue
38	counsel	80	obligation	122	asset
39	awake	81	inspect	123	stereotype
40	knee	82	sophisticated	124	overwhelm
41	apart	83	inherit	125	ruin
42	trait	84	confront	126	obey

04 Day

127	facial
128	rob
129	scatter
130	patent
131	fossil
132	forgive
133	telescope
134	launch
135	simultaneously
136	sheet
137	command
138	iron
139	badly
140	intimate
141	pop
142	caution
143	spare
144	violate
145	readily
146	constitute
147	defeat
148	nuclear
149	debt
150	dimension
151	invasion
152	transition
153	entry
154	prevail
155	bowl
156	mount
157	trail
158	distress
159	eager
160	alike
161	stare
162	trace
163	sphere
164	extract
165	conversely
166	commute
167	tribal
168	crack

05 Day

169	kingdom
170	dynamic
171	advocate
172	ratio
173	herd
174	attain
175	fold
176	formula
177	retain
178	boost
179	contradict
180	stem
181	salary
182	astonish
183	era
184	prospect
185	chief
186	worldwide
187	ridiculous
188	liquid
189	vague
190	shade
191	usage
192	exert
193	split
194	etc.
195	deposit
196	aesthetic
197	drill
198	luxurious
199	strict
200	territory
201	alert
202	rigid
203	therapy
204	spontaneous
205	aspiration
206	crawl
207	discriminate
208	tempt
209	venture
210	raw

06 Day

211	embrace
212	profound
213	ambition
214	panic
215	hostility
216	chew
217	pretend
218	exploit
219	nurture
220	core
221	glance
222	certificate
223	recruit
224	storage
225	asleep
226	compel
227	substantial
228	vivid
229	spray
230	precious
231	pronunciation
232	bury
233	prominent
234	pour
235	weave
236	energetic
237	rear
238	retail
239	hinder
240	warranty
241	diagnose
242	acid
243	convert
244	virtue
245	radiate
246	ban
247	wooden
248	broadcast
249	homeless
250	loan
251	passive
252	sequence

n. 범죄, 범행

001 □□□ **crime**
[kraim]

수능·평가원 기출횟수 7
EBS 기출횟수 147

crime⁵ crimes¹ criminal¹

Do you fear that **crime**, war, or terrorist attacks will disrupt the economy and your security? *124302문장배열

범죄, 전쟁, 혹은 테러리스트들의 공격이 경제와 당신의 안전을 파괴할까봐 두렵습니까?

001-1 □□□ **criminal**　　　*n.* 범인 *a.* 범죄의, 형사상의　09⁹

a. 가정의, 가족의　*n.* 세대

002 □□□ **household**
[háushòuld]

수능·평가원 기출횟수 7
EBS 기출횟수 132

household³ households⁴

Mary receives a weekly allowance by helping her mother with the **household** chores. *10(9)17듣기

Mary는 집안일로 엄마를 도움으로써 매주 용돈을 받는다.

n. 유아, 아기　*a.* 초창기의

003 □□□ **infant**
[ínfənt]

수능·평가원 기출횟수 9
EBS 기출횟수 129

infant⁵ infants⁴

While awaiting the birth of a new baby, North American parents typically furnish a room as the **infant**'s sleeping quarters. *102101네모어법

새 아기의 탄생을 기다리는 동안, 북미의 부모들은 일반적으로 아기의 침실로써 방 하나를 준비한다.

13⁶　(TIP) infant가 조금 더 크면 toddler '걸음마를 배우는 아이'가 됩니다.

n. 협상, 절충

004 □□□ **negotiation**
[nigóuʃièiʃən]

수능·평가원 기출횟수 7
EBS 기출횟수 118

negotiation⁴ negotiate² negotiations¹

During the 1997 Kyoto **negotiations**, Brazil made a suggestion that has since become known as the Brazilian Proposal. *122201문장삭제

1997년 교토 협상 중 브라질은 그 후 브라질 제안으로 알려진 한 가지 제안을 했다.

004-1 □□□ **negotiate**　　　*v.* 협상하다　12⁹·07⁹

n. 진술, 성명, 말

005 **statement**
□□□ [stéitmənt]

수능·평가원 기출횟수 8

EBS 기출횟수 111

statement⁵ statements³

Scientific **statements** or remarks, even when they are valid, reliable, and comprehensive, are not literature. *11(6)3807글의요지

과학적인 진술과 소견만으로는 그것들이 타당하고, 믿을 수 있고, 그리고 포괄적이라고 할지라도 문학이 아니다.

---

v. 논의하다, 논쟁하다 *n.* 논쟁, 토론

006 **debate**
□□□ [dibéit]

수능·평가원 기출횟수 7

EBS 기출횟수 105

debate⁴ debates¹ debating²

As communities became larger, some people had time to reflect and **debate**. *153303빈칸완성

공동체가 더 커짐에 따라, 어떤 사람들은 숙고하고 토론할 시간을 가졌다.

---

v. 보존하다, 아껴쓰다, 보호하다

007 **conserve**
□□□ [kənsə́:rv]

수능·평가원 기출횟수 9

EBS 기출횟수 102

conserve⁴ conservation² conservative¹ conserves¹ conserving¹

We had to **conserve** our energy. *0746-4817장문배열

우리는 우리의 힘을 비축해야 한다.

Now many kinds of superior coffee beans are being decaffeinated in ways that **conserve** strong flavor.

*094001문장배열—주어진문장

이제 많은 종류의 우수한 커피 열매가 강한 맛을 보존하기 위한 방법으로 카페인을 제거해오고 있는 중이다.

007-1 □□□ **conservation** *n.* 보존, 관리 95⁹ 13⁹

007-2 □□□ **conservative** *a.* 보수적인 10⁶

progressive 09
radical 14⁶ • 94⁽¹⁾

(TIP) 영자 신문에서 기존의 것을 보존하려는 정치적 성향을 의미할 때 자주 쓰이며, 그 반대인 '진보적인'은 progressive 또는 radical 입니다.

---

n. 변형, 변화

008 **transformation**
□□□ [trænsfərméiʃən]

수능·평가원 기출횟수 9

EBS 기출횟수 100

transformation⁴ transform¹ transformations¹ transformed² transforming¹

While it received certain fashions over the centuries, it never underwent any major **transformation**. *13(6)3402글의주제

그것은 수세기에 걸쳐서 어떤 유행하는 스타일을 받아들였지만, 결코 어떤 중대한 변화를 겪지는 않았다.

008-1 □□□ **transform** *v.* 변형시키다 04 12⁹·08⁹·03⁹

n. 빈곤, 가난

009 **poverty**
□□□ [pávərti]

수능·평가원 기출횟수 7
EBS 기출횟수 102

Schubert spent his whole life in **poverty**.

*032901밑줄어법

슈베르트는 그의 일생을 가난 속에서 보냈다.

---

v. 연구하다, 조사하다, 수사하다

010 **investigate**
□□□ [invéstəgèit]

수능·평가원 기출횟수 6
EBS 기출횟수 98

investigate³ investigated¹ investigating¹ investigations¹

Studying history is not about memorizing what we have been told — it requires us to **investigate** the past.

*13(9)4301문장배열

역사를 공부하는 것은 우리가 들어왔던 것을 암기하는 것에 관한 것이 아니다. 그것은 우리에게 과거를 조사할 것을 요구한다.

010-1 □□□ **investigation**　　　*n.* 수사, 조사　14예

---

n. 동료, 또래, 동년배

011 **peer**
□□□ [piər]

수능·평가원 기출횟수 9
EBS 기출횟수 88

peer¹ peers⁸

The first edition of *Lives* earned Vasari the praise of his **peers**.

*123804내용일치

*Lives*의 초판이 Vasari로 하여금 동료들의 칭찬을 받게 해 주었다.

When it comes to food choices, young people are particularly vulnerable to **peer** influences.

*11(9)3101내모어휘

음식을 선택하는 데 있어서, 젊은 사람들은 특히 또래의 영향을 많이 받는다.

---

n. 비율, (전체의) 부분

012 **proportion**
□□□ [prəpɔ́ːrʃən]

수능·평가원 기출횟수 4
EBS 기출횟수 93

proportion² disproportionate¹ proportional¹

Web accounted for the third largest **proportion** in both advertising spending and consumer time spent.

*15(6)2504도표

웹은 광고비 지출과 소비자 사용 시간 모두에서 세 번째로 큰 비율을 차지했다.

012-1 □□□ **disproportionate**　　　*a.* 불균등한　10예

012-2 □□□ **proportional**　　　*a.* (~에) 비례하는　14예

n. 관용, 인내, 내성

013 **tolerance**
□□□ [tálərəns]

수능·평가원 기출횟수 9

EBS 기출횟수 87

tolerance³ intolerable¹ intolerance² tolerant² tolerated¹

Unlike freshwater fish, many marine species have little **tolerance** for variations in water quality and temperature.

*06(9)2404빈칸완성

민물 고기와 달리, 많은 바다 물고기는 수질과 온도의 변화에 내성이 거의 없다.

Flexibility and **Tolerance** of Today's Social Clock   *13(9)40글의제목 보기

현대의 사회적 시간에 대한 융통성과 관용

013-1 □□□	tolerate	*v.* 참다, 견디다	94¹
013-2 □□□	tolerant	*a.* 관대한, 참을성이 있는	13⁹·09⁹
013-3 □□□	intolerable	*a.* 참을 수 없는	95
013-4 □□□	intolerance	*n.* 참지 못함, 무관용	12⁹·11⁹

v. 조금씩 움직이다 *n.* (단위)인치

014 **inch**
□□□ [intʃ]

수능·평가원 기출횟수 5

EBS 기출횟수 90

inch² inched¹ inches²

The taste for caramels **inched** slowly up the ranks.   *13(6)4406문장삽입

캐러멜에 대한 기호는 서서히 상위 계층으로 이동했다.

He was **every inch** a poet.   *08(6)3106심경

그는 철저히 시인이었다.

The downhill pole fits comfortably in the hand about two **inches** below the armpit.   *10(6)3007빈출어휘

활강용 폴은 겨드랑의 약 2인치정도 아래쪽에서 손으로 잡기에 딱 맞는다.

> **TIP** 길이의 단위로 쓰일 때 1 inch는 2.54 cm입니다. every inch '철저히, 전부다'입니다.

n. 중역, (조직의)간부

015 **executive**
□□□ [igzékjətiv]

수능·평가원 기출횟수 6

EBS 기출횟수 84

executive⁴ executives²

On behalf of all the **executives**, we wish you well and hope you enjoy your well-earned retirement.   *052505글의목적

모든 중역들을 대표하여, 우리는 귀하의 건강을 빌고 귀하께서 소중히 얻은 퇴임을 즐기시길 기원합니다.

The **executive director** understood that the question of where the new joint agency's headquarters would be was an important question.   *10(6)46-4807장문배열

전무이사는 새로운 합병 단체의 본부가 어디에 위치하느냐의 문제가 중요한 문제임을 이해했다.

> **TIP** 우리가 흔히 이야기하는 대표이사 즉 CEO는 Chief Executive Officer의 약자입니다.

016 **gesture**
□□□ [dʒéstʃər]

수능·평가원 기출횟수 9

EBS 기출횟수 80

n. 몸짓, 동작 *v.* 손짓을 하다

gesture² gestural¹ gestured¹ gestures⁵

Old Hawk **gestured** up at the tall, old cottonwood.   *093801글의요지
Old Hawk는 크고 늙은 사시나무 위로 손짓했다.

The essential role of hand **gestures** is to mark the points of emphasis in our speech.   *033101도표
손동작의 핵심 역할은 우리의 말에서 강조할 요점을 표시하는 것이다.

016-1 □□□ **gestural**   *a.* 몸짓의, 손짓의 06⁹

017 **assess**
□□□ [əsés]

수능·평가원 기출횟수 6

EBS 기출횟수 81

v. 평가하다, 가늠하다

assess¹ assessed¹ assessing³ assessment¹

Difficulty in **assessing** information is aggravated by the overabundance of information at our disposal.   *12(9)2701빈칸완성
정보에 대한 가치 평가의 어려움은 우리가 마음대로 쓸 수 있는 정보의 과잉으로 인해 더 심해진다.

017-1 □□□ **assessment**   *n.* 평가 15⁹

018 **adequate**
□□□ [ǽdikwət]

수능·평가원 기출횟수 4

EBS 기출횟수 83

a. 적절한

adequate³ inadequate¹

Often in social scientific practice, even where evidence is used, it is not used in the correct way for **adequate** scientific testing.   *123001빈칸완성
증거가 사용되는 사회과학 연구의 실제에서 조차도 때때로 그것은 적절한 과학적 검증을 위해 정확하게 활용되지 않는다.

018-1 □□□ **inadequate**   *a.* 부적당한, 미숙한 05⁹

019 **cultivate**
□□□ [kʌ́ltəvèit]

수능·평가원 기출횟수 4

EBS 기출횟수 83

v. 개발하다, 경작하다, 구축하다

cultivate¹ cultivating¹ cultivation²

A wise man will **cultivate** a servant's spirit.   *07(6)4001글의주제
현명한 사람은 봉사 정신을 개발하려고 할 것이다.

019-1 □□□ **cultivation**   *n.* 경작, 재배 11/14⁹⁽⁶⁾

020 **gentle**
□□□ [dʒéntl]

수능·평가원 기출횟수 9

EBS 기출횟수 77

a. 가벼운, 완만한, 온화한

gentle² gentleness¹ gentler² gently⁴

The transformation may take some time and be more **gentle**.

*13(6)2404빈칸완성

그 변화는 어느 정도 시간이 걸리고 더 완만할 수 있다.

020-1 □□□ **gentleness**　　　　　*n.* 관대함　08⁶

---

021 **notion**
□□□ [nóuʃən]

수능·평가원 기출횟수 6

EBS 기출횟수 79

n. 개념, 의견

notion⁵ notions¹

This **notion** turned up repeatedly in nineteenth-century American writing.

*11(6)3103밑줄어휘

이러한 개념은 19세기에 미국인의 글에서 반복적으로 나타났다.

---

022 **diminish**
□□□ [dimíniʃ]

수능·평가원 기출횟수 5

EBS 기출횟수 80

v. 줄어들다

diminish² diminished² diminishing¹

Domesticated species of European animals **diminished** in size and vigor upon crossing the Atlantic.

*11(9)3805내용일치

유럽의 가축으로 기르는 동물 종들도 대서양을 건너면서 크기와 힘이 줄어들었다.

---

023 **protein**
□□□ [próuti:n]

수능·평가원 기출횟수 3

EBS 기출횟수 81

n. 단백질

protein¹ proteins²

Your levels of C-reactive **protein** (a marker of damaging inflammation) have been shown to be higher when you have expectations that are unattainable.

*12(6)3904글의요지

당신이 도달할 수 없는 기대치를 가질 때 당신의 C-reactive 단백질(해로운 감염을 나타내는 표식)의 수치가 더 높은 것으로 밝혀졌다.

---

024 **statistical**
□□□ [stətístikəl]

수능·평가원 기출횟수 4

EBS 기출횟수 79

a. 통계적인, 통계학상의

statistical² statistics²

The lack of women in mathematics is another **statistical** phenomenon.

*10(9)2304문장삭제~삭제문장

수학에서 여성들의 부족함은 또 하나의 통계적 현상이다.

024-1 □□□ **statistics**　　　　*n.* 통계(자료), 통계학　14^·10

TIP 복수형 일 때 '통계(자료)'이고 단수형 일 때 '통계학'입니다.

v. 소화하다, 이해하다

025 **digest**
□□□ [daidʒést]

수능·평가원 기출횟수 9

EBS 기출횟수 71

digest³ digestion³ digestive³

An excessive consumption of the above foods will be very difficult to **digest**. *15(6)2504빈칸완성

위에서 언급된 음식을 과다하게 섭취하면 소화하기가 아주 어려울 것이다.

025-1 □□□ **digestion**   *n.* 소화 13·94¹

025-2 □□□ **digestive**   *a.* 소화의 00 09⁸·07⁸

---

n. 지원자, 후보자

026 **candidate**
□□□ [kǽndidèit]

수능·평가원 기출횟수 8

EBS 기출횟수 72

candidate² candidates⁶

Attractive **candidates** received more than two and a half times as many votes as unattractive candidates. *122405글의주장

매력적인 후보자들이 매력적이지 않은 후보자들보다 두 배 반 이상의 득표를 했다.

---

v. (~을) 지향하게 하다   *n.* 동양

027 **orient**
□□□ [ɔ́ːriənt]

수능·평가원 기출횟수 7

EBS 기출횟수 73

orient⁰ orientation¹ oriented⁵ oriental¹

Knitting is skill-**oriented** with the chance for people to take on increasingly harder challenges. *09(6)3303글의주제

뜨개질은 사람들에게 점점 더 어려운 도전을 할 수 있는 기회를 제공하는 기술지향적인 것이다.

027-1 □□□ **orientation**   *n.* 방향, 지향, 예비교육 11⁹

027-2 □□□ **oriental**   *a.* 동양의 94⁷

---

n. 차량, 수단, 매개체

028 **vehicle**
□□□ [víːikəl]

수능·평가원 기출횟수 6

EBS 기출횟수 74

vehicle³ vehicles³

Greek alphabetic writing was a **vehicle** of poetry and humor.

*064204글의제목

그리스의 알파벳 쓰기는 시와 유머의 수단이었다.

As safety features are added to **vehicles** and roads, drivers feel less vulnerable and tend to take more chances. *134505문단요약

안전장치들이 차량이나 도로에 추가됨에 따라, 운전자들은 위기의식을 덜 느끼게 되고 더 많은 모험을 하는 경향이 있다.

v. 옮기다, 전하다, 갈아타다

029 transfer
□□□ [trǽnsfə́:r]
수능·평가원 기출횟수 9
EBS 기출횟수 70

transfer⁶ transferred² transferring¹

If information has been **transferred**, it is most definitely false.
*064101글의제목

정보가 전해질지라도, 그것은 아주 완전히 잘못된 것이다.

n. 고고학

030 archaeology
□□□ [à:rkiálədʒi]
수능·평가원 기출횟수 9
EBS 기출횟수 70

archaeology² archaeological² archaeologist² archaeologists³

You know my major is **archaeology**.
*06(9)16글의듣기

내 전공이 고고학인 거 알잖아.

030-1 □□□ **archaeological**   a. 고고학의 14⁴¹ 14⁰⁹

n. 비옥함, 다산

031 fertility
□□□ [fə:rtíləti]
수능·평가원 기출횟수 5
EBS 기출횟수 74

fertility² fertile¹ fertilizers²

We depend on many other species for food, clothing, shelter, oxygen, and soil **fertility**.
*13(9)3002빈칸완성

우리는 의식주, 산소, 그리고 토양의 비옥함을 많은 다른 종에 의존한다.

031-1 □□□ **fertile**   a. 비옥한, 다산의, 풍부한 06

031-2 □□□ **fertilizer**   n. 비료 12⁹

n. 상처 v. 부상을 입히다

032 wound
□□□ [wu:nd]
수능·평가원 기출횟수 7
EBS 기출횟수 71

wound⁴ wounded¹ wounds²

Such behaviour is like closing a **wound** which is still infected.
*132305빈칸완성

그러한 행동은 여전히 감염된 상처를 덮어두는 것과 같다.

In World War II, some musicians offered to play for the entertainment of **wounded** soldiers.
*08(6)3301글의주제

2차 세계 대전 때 일부 음악가들이 부상당한 병사들을 위로하려고 연주를 하겠다고 제안했다.

wound[waʊnd] 08⁹ · 03⁹

(TIP) 시험에 나타난 wound는 7회이며 크게 두 가지입니다. 먼저 wound[wu:nd]는 5회이고, wind[wáind]는 '굽이치다, 구불구불하다, 감다'의 뜻으로 wind-wound-wound에서 과거형 wound[waʊnd]로 2회 출제되었습니다.

The stream rapidly descended and **wound** between steep hills before suddenly widening out.
*03(9)3901분위기

물살이 가파른 언덕 사이에서 빠르게 굽이치며 아래로 흘러내려가서 갑자기 넓게 퍼졌다.

v. 은퇴하다, 물러가다

033 **retire**
□□□ [ritáiər]

수능·평가원 기출횟수 7

EBS 기출횟수 70

retire[0] retired[3] retirees[1] retirement[3]

Its low birth rate has resulted in fewer workers supporting more and more **retired** Germans in the generous state welfare system. *10(9)3210연결사

낮은 출생률로 인해 관대한 국가 복지 체계에서 점점 더 많은 은퇴한 독일인들을 부양해야 하는 근로자의 수가 줄어들고 있다.

033-1 □□□ **retirement** *n.* 은퇴, 퇴직 05 11[9]·08[6]

---

n. 가설, 추정

034 **hypothesis**
□□□ [haipáθəsis]

수능·평가원 기출횟수 4

EBS 기출횟수 73

hypothesis[3] hypotheses[1]

Media scholars have used this study to illustrate the "visualization **hypothesis**." *15(9)3808문장삭제

미디어학자들은 '시각화 가설'을 설명하기 위해 이 연구를 이용해 왔다.

---

n. 설비, 유용성

035 **utility**
□□□ [ju:tíləti]

수능·평가원 기출횟수 8

EBS 기출횟수 68

utility[1] utilitarian[2] utilities[3] utilize[1] utilizes[1]

Most CO_2 comes from power **utilities**, industry, and transportation; much less comes from commercial and residential heating. *053305도표

대부분의 CO_2는 전력 설비, 산업, 그리고 운송에서 방출되며, 상업용과 주거용 난방에서는 훨씬 적게 나온다.

Scientific and professional expertise often relies on a particular type of knowledge that is limited to **utility** and rationality considerations. *14B3306빈칸완성

과학적이고 전문적인 지식은 자주 유용성과 합리적인 고려에 한정된 특정 유형의 지식에 의존한다.

035-1 □□□ **utilize** *v.* 활용하다 08[9]·07[9]

036 **prison**
□□□ [prízn]

수능·평가원 기출횟수 **7**

EBS 기출횟수 **69**

n. 교도소, 감옥, 수감제도

prison² imprison¹ imprisonment¹ prisoner² prisons¹

A pianist in China who had been in **prison** for seven years played as well as ever soon after he was set free.   *002404빈칸완성

7년 동안 감옥에 갇혀 있었던 중국의 한 피아니스트는 석방된 직후에도 전처럼 연주를 잘 했다.

036-1 □□□   **imprison**   *v.* ~을 가두다, 투옥하다 08

036-2 □□□   **imprisonment**   *n.* 구속, 투옥 10⁶

037 **urge**
□□□ [ə:rdʒ]

수능·평가원 기출횟수 **8**

EBS 기출횟수 **67**

n. 충동, 열망 *v.* 재촉하다, 강조하다

urge⁴ urged² urges²

His **urge** for self-preservation will not down.   *12(9)3307밑줄어휘

자기 보전에 대한 그의 열망은 수그러들지 않았다.

Your grandmother **urged** you **to** eat plenty of what she called roughage.   *07(9)2301문장삽세

여러분의 할머니는 여러분들에게 소위 섬유질 식품이란 것을 많이 섭취할 것을 강조하셨다.

> **TIP** urge 목적어 to 동사원형은 '목적어가 ~하도록 재촉하다, 강조하다'는 뜻입니다. to부정사를 목적보어로 취하는 동사는 나올 때마다 계속 강조한다고 약속했습니다.

038 **counsel**
□□□ [káunsəl]

수능·평가원 기출횟수 **7**

EBS 기출횟수 **68**

n. 충고, 변호인 *v.* 충고하다, 상담하다

counsel² counseled¹ counseling² counselor¹ counselors¹

Any reader who feels she or he needs legal advice should consult legal **counsel**.   *09(9)4106글의목적

법률적인 조언이 필요하다고 느끼는 독자는 변호사의 자문을 구하는 것이 좋다.

Over the years, I have frequently **counseled** people who wanted better jobs to show more initiative.   *07(9)2104내모어법

수년간에 걸쳐서, 나는 좀 더 독창력을 발휘하기 위해 더 나은 직장을 원하는 사람들에게 수시로 조언을 해 주었다.

98 · 13⁹   > **TIP** 명사로 counsel이 보통 원로나 전문가에 의한 충고, 조언이라면 counselling은 좀 더 일반적인 상담이나 조언의 의미를 나타냅니다.

a. 깨어있는

039 **awake**
□□□ [əwéik]

수능·평가원 기출횟수 9
EBS 기출횟수 65

awake⁴ awaken¹ awakened¹ awakens¹ awoke²

Curveballs are the universe's way of keeping us **awake**.

*10(9)3907글의요지

커브공은 우리를 깨어있게 해주는 우주의 방법이다.

039-1 □□□ **awaken**　　　　*v.* 깨다, 불러일으키다 06·02 / 06⁹

---

n. 무릎

040 **knee**
□□□ [ni:]

수능·평가원 기출횟수 9
EBS 기출횟수 65

knee² kneel¹ knees⁴ knelt²

The water level seemed to jump from her **knees** to her waist.

*113002심경

수위가 그녀의 무릎에서 허리로 갑자기 올라왔다.

040-1 □□□ **kneel**　　　　*v.* 무릎을 꿇다 12⁹·10⁶·06⁹

---

ad. (거리상으로) 떨어져

041 **apart**
□□□ [əpá:rt]

수능·평가원 기출횟수 7
EBS 기출횟수 67

How can you create closeness when the two of you are hundreds of miles **apart**?

*104401필자주장

너희 두 사람이 수백 마일 떨어져 있을 때 어떻게 친밀한 관계를 이룰 수 있을까?

10 • 94¹¹ • 14⁰ᴬ　　**TIP** apart from '~을 제외하고, ~외에는'라는 뜻의 전치사입니다.

---

n. 특성

042 **trait**
□□□ [treit]

수능·평가원 기출횟수 7
EBS 기출횟수 66

trait³ traits⁴

We automatically assign to good-looking individuals such favorable **traits** as talent, kindness, honesty, and intelligence.

*134401문장삽입

우리는 재능, 친절함, 정직 그리고 지성과 같은 좋은 특성들을 잘생긴 사람들에게 무의식적으로 부여한다.

Basic

주어진 단어의 뜻을 우리말로 쓰세요.

1. retire _____
2. urge _____
3. diminish _____
4. statement _____
5. investigate _____
6. utility _____
7. transformation _____
8. negotiation _____
9. gesture _____
10. awake _____

11. crime _____
12. candidate _____
13. apart _____
14. fertility _____
15. notion _____
16. trait _____
17. inch _____
18. hypothesis _____
19. adequate _____
20. transfer _____

Advanced

다음 문장에 들어갈 적절한 형태의 단어를 쓰세요.

1. Many innocent children using the Internet without supervision can easily become victims of website operators with c_____ intentions.
   감독을 받지 않고 인터넷을 사용하는 많은 순진한 아이들이 범죄적인 의도를 가진 웹사이트 운영자들에게 쉽게 희생당할 수 있다. *09(9)49-5009장문독해

2. The island is home to over 10 million people, most of whom are desperately poor and hardly in a position to be concerned with environmental c_____.
   그 섬은 천만 명이 넘는 사람들의 집인데, 그들 중 대부분은 몹시 가난하고 환경 보존에 관심을 둘 위치에 전혀 있지 않다. *13(9)3008빈칸완성

3. If a physician identifies too closely as co-sufferer with the patient, she loses the objectivity essential to the most precise a_____ of what is wrong, and of what can be done.
   만약 의사가 고통을 함께하는 사람으로서 환자와 너무 긴밀하게 공감하면, 그녀는 무엇이 잘못되는지, 그리고 무엇이 행해질 수 있는지를 가장 정확하게 판단하는 데 필수적인 객관성을 잃는다. *15(9)3204빈칸완성

4. You need well drained, not necessarily over f_____ soil in order to make the vine's roots dig deep into the soil.
   포도나무의 뿌리가 땅 속으로 깊이 파고 들어가게 만들기 위해 반드시 비옥한 땅은 아니더라도 배수시설이 잘 된 비옥한 땅이 필요하다. *062203문장삭제

5. He may have noticed a weakness on the other side that his team can u_____.
   코치는 자기 팀이 이용할 수 있는 상대편의 약점을 간파했을 수도 있다. *08(9)4403문장배열

v. 강화시키다

043 **reinforce**
□□□ [rìːinfɔ́ːrs]

수능·평가원 기출횟수 5
EBS 기출횟수 68

reinforce⁴ reinforced¹

They can **reinforce** unequal and unjust relationships.

*14B3309빈칸완성

그것들은 불공평하고 부당한 관계를 강화시킬 수 있다.

---

v. 관리하다

044 **administer**
□□□ [ædmínəstər]

수능·평가원 기출횟수 7
EBS 기출횟수 65

administer⁰ administered¹ administering¹ administration⁴ administrative¹

New conquests were not **administered**, just economically exploited.

*07(9)3605내용일치

새로운 정복지는 관리되지 않았고, 단지 경제적으로 착취되었다.

044-1 □□□ **administration**   n. 행정, 행정부, 정권 14⁽9N⁾·14⁽6M⁾·14⁽6A⁾·07⁹

044-2 □□□ **administrative**   a. 행정상의 07⁹

---

n. 폭발, 폭발적인 증가

045 **explosion**
□□□ [iksplóuʒən]

수능·평가원 기출횟수 8
EBS 기출횟수 63

explosion⁴ explode¹ exploding¹ explosions¹ explosive¹

New technologies have revealed that many things can produce infrasound, from earthquakes and thunderstorms to trains and underground **explosions**.

*0447-4803장문독해

새로운 기술은 지진과 천둥에서부터 기차와 지하 폭발에 이르기까지, 많은 것들이 초저주파음을 만들어 낼 수 있음을 밝혀냈다.

045-1 □□□ **explode**   v. 폭발하다, 폭발적으로 증가하다 14⁽9N⁾·04⁹

045-2 □□□ **explosive**   a. 폭발성의, 폭발하기 쉬운 10⁶
                       n. 폭발물

---

n. 간격, 사이, 음정

046 **interval**
□□□ [íntərvəl]

수능·평가원 기출횟수 9
EBS 기출횟수 61

interval⁰ intervals³ intervene¹ intervening¹ intervention³ interventions¹

Schedule **intervals** of productive time and breaks so that you get the most from people.

*12(6)2205필자주장

사람들로부터 최상의 것을 얻어낼 수 있도록 생산적인 시간과 휴식 시간들의 간격을 계획해라.

046-1 □□□ **intervene**   v. 개입하다 15·12

046-2 □□□ **intervention**   n. 개입 15·14⁹·13

v. 지속되다, 견디다

047 **endure**
□□□ [ɪndjúər]

수능·평가원 기출횟수 9

EBS 기출횟수 61

endure³ endurance² endured¹ endures¹ enduring²

For a whole year, this relationship **endured**, and there was no doubt that Spindle saved Mel's life. *08(9)49-5007장문독해

꼬박 일 년간 이 관계는 지속되었고 Spindle이 Mel의 목숨을 구한 것은 의심의 여지가 없었다.

City governments were not able to **endure** the complaints and the operating difficulties. *07(6)3206내용불일치

시 당국은 불평의 소리와 운영상의 어려움을 견뎌낼 수가 없었다.

047-1 □□□ **endurance** *n.* 인내 13 06⁶

---

v. 갱신하다, 새롭게 하다

048 **renew**
□□□ [rinjú:]

수능·평가원 기출횟수 8

EBS 기출횟수 62

renew¹ renewed⁷

Books can be **renewed** once for the original loan period unless they are on reserve. *071805지칭추론

책은 대출 예약이 되어 있지 않다면 처음 빌려주는 기간 동안 한번 갱신을 할 수 있다.

---

a. 부차적인, 중등 교육의, 두 번째의

049 **secondary**
□□□ [sékəndèri]

수능·평가원 기출횟수 8

EBS 기출횟수 62

secondary⁶ secondhand²

Price is a **secondary** consideration. *08(9)3708글의요지

가격은 부차적인 고려대상이다.

The intention to convey certain experiences to viewers is sometimes **secondary** to the intention to express the artistic imagination creatively. *14(9B)2502글의제목

보는 사람들에게 어떤 경험을 전달하기 위한 의도는 때때로 예술적 상상력을 창의적으로 표현하고자 하는 의도에 비해 부차적이다.

049-1 □□□ **secondhand** *a.* 중고(품)의, 간접적인 13 12⁹

---

a. 근사치인 *v.* 가까워지다

050 **approximate**
□□□ [əpráksəmèit]

수능·평가원 기출횟수 7

EBS 기출횟수 63

approximate³ approximately¹ approximates² approximations¹

As industrialization peaks, the birth rate falls and begins to **approximate** the death rate. *08(9)3606문장삽입

산업화가 최고조에 이르면서 출산율이 떨어져 사망률과 비슷해지기 시작한다.

050-1 □□□ **approximation** *n.* 접근, 근사치 06

051 nonetheless

ad. 그럼에도 불구하고

□□□ [nɑ̀nðəlés]

수능·평가원 기출횟수 6

EBS 기출횟수 64

15 · 14⁶ · 12 · 11 · 08 ·
06 · 04 · 00 · 94⁽¹⁾ ·
14⁹ᴮ · 14⁶ᴮ · 14⁶ᴬ · 13⁶ ·
12⁶ · 10⁹ · 09⁹ · 05⁶

Nonetheless, they usually throw away a very nutritious part of the fruit—the peel. *0749-5002장문독해

그럼에도 불구하고, 그들은 대개 과일에서 영양분이 매우 풍부한 부분인 껍질을 버린다.

(TIP) 같은 뜻으로 22회 출제된 nevertheless가 있습니다.

052 external

a. 외적인, 외부의 pl. 외형, 외모

□□□ [ikstə́ːrnəl]

수능·평가원 기출횟수 7

EBS 기출횟수 63

external³ externalizing¹ externals²

When there is no compelling **external** explanation for one's words, saying becomes believing. *12(6)2003네모어법

한 사람의 말에 대해 설득력 있는 외적인 설명이 없을 때, 말하는 것이 곧 믿는 것이 된다.

052-1 □□□ **externalize**   v. 구체화하다, 표면화하다 09⁸

053 inability

n. 무능, 불능

□□□ [ìnəbíləti]

수능·평가원 기출횟수 4

EBS 기출횟수 66

inability³ disabilities¹

The **inability** to remember your name and identity is exceedingly rare in reality. *13(9)4505문단요약

당신의 이름과 신분을 기억하지 못하는 것은 현실에서는 매우 드문 일이다.

053-1 □□□ **disability**   n. 장애 06

054 circular

a. 원형의, 순회하는

□□□ [sə́ːrkjələr]

수능·평가원 기출횟수 9

EBS 기출횟수 60

circular⁵ circulates² circulation²

Further into the **circular** pattern, the wind quickly turns downward. *13(6)4207문장삭제

그 순환 형태 속으로 더 깊이 들어가게 되면, 바람이 급격히 아래 방향으로 바뀐다.

054-1 □□□ **circulate**   v. 순환하다, 유포하다 09 14⁹ᴮ

054-2 □□□ **circulation**   n. 순환, (신문)발행부수 09⁶·05⁶

055 conform

v. 따르다, 일치하다

□□□ [kənfɔ́ːrm]

수능·평가원 기출횟수 7

EBS 기출횟수 62

conform³ conforming¹ conformity³

Larger groups also put more pressure on their members to **conform**. *1541-4206장문독해

규모가 더 큰 집단은 또한 구성원들에게 순응하도록 더 큰 압력을 가한다.

055-1 □□□ **conformity**   n. 순응 12 13⁹·11⁹

v. 파다

056 **dig**
☐☐☐ [dig]

수능·평가원 빈도횟수 9

EBS 빈도횟수 59

dig⁶ digging² dug¹

Get out there and start **digging**, and the benefits multiply.

*083303글의주제

저기 밖에 나가서 땅 파기를 시작해 보라. 그러면 이익은 배가될 것이다.

---

a. 단단한, 고체의, 무늬가 없는

057 **solid**
☐☐☐ [sάlid]

수능·평가원 빈도횟수 8

EBS 빈도횟수 60

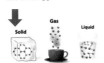

solid⁵ solidifies¹ solidness¹ solids¹

If I am fighting with a strong and **solid** opponent, he will attack me.

*08(9)2605빈칸완성

만약 내가 강하고 굳건한 상대와 싸우고 있다면, 그는 나를 공격할 것이다.

The Domestic category makes up about a third of total urban **solid** waste.

*15(9)2603도표

가정 폐기물 부문은 도시 전체 고형 폐기물 총량의 약 3분의 1을 차지한다.

| 057-1 ☐☐☐ | **solidify** | *v.* 굳어지다, 굳히다 | ¹⁵⁶ |
| 057-2 ☐☐☐ | **solidness** | *n.* 굳건함, 굳음 | ⁰¹ |

---

n. 청소년기, 사춘기

058 **adolescence**
☐☐☐ [ædəlésəns]

수능·평가원 빈도횟수 5

EBS 빈도횟수 63

adolescence³ adolescent¹ adolescents¹

If we want to describe our society in terms of age, we may come up with four age groups—childhood, **adolescence**, maturity, and old age.

*084201글의제목

나이를 기준으로 사회집단을 설명하고자 한다면 우리는 유년기, 청소년기, 장년기, 노년기라는 4개의 연령집단을 제시할 것이다.

| 058-1 ☐☐☐ | **adolescent** | *n.* 청소년 | ⁰⁸·⁹⁴² |

---

n. 무질서, 장애

059 **disorder**
☐☐☐ [disó:rdər]

수능·평가원 빈도횟수 4

EBS 빈도횟수 64

disorder¹ disorderly¹ disorders¹ orderly¹

A psychological **disorder**

*08(9)26빈칸완성 보기

심리적 장애

| 059-1 ☐☐☐ | **disorderly** | *a.* 무질서한 | ⁰⁹⁶ |
| 059-2 ☐☐☐ | **orderly** | *a.* 정돈된 | ¹⁵⁶ |

v. 살다, 거주하다, 서식하다

060 **inhabit**
□□□ [inhǽbit]

수능·평가원 기출횟수 4
EBS 기출횟수 64

inhabit[1] inhabitants[1] inhabited[3] inhabiting[1] inhabits[1]

As we explore together the virtual world that floats on the edge of this material life, the many imaginative territories you **inhabit** bring back another reality. *10(9)46-4701장문독해

우리가 이 물질적인 삶의 가장자리에 떠있는 가상 세계를 함께 탐험할 때, 당신이 거주하는 많은 상상의 영토들이 또 다른 현실 세계를 생각나게 한다.

(TIP) '살다'라는 의미의 live는 자동사, inhabit는 타동사입니다. 그래서 inhabit은 live in과 같으며 inhabit의 뒤에는 in을 쓰면 안됩니다.

060-1 □□□ **inhabitant**   n. 거주자, 주민 94[7]

---

n. 표준, 일반적인 것

061 **norm**
□□□ [nɔ:rm]

수능·평가원 기출횟수 6
EBS 기출횟수 61

norm[1] abnormal[1] norms[4]

Parent-infant 'co-sleeping' is the **norm** for approximately 90 percent of the world's population. *102105네모어법

부모와 유아가 같이 자는 것은 세계 인구의 약 90퍼센트 사람들에게는 일반적인 것이다.

061-1 □□□ **abnormal**   a. 비정상적인 07[6]

---

v. 번창하다, 잘 자라다

062 **thrive**
□□□ [θraiv]

수능·평가원 기출횟수 2
EBS 기출횟수 65

thrive[0] thrived[1] thriving[1]

Chef Walter Potenza owns three **thriving** Italian restaurants on Rhode Island. *04(9)3601글의목적

요리사인 Walter Potenza는 Rhode Island에서 세 개의 번창하는 이탈리안 식당을 소유하고 있다.

Patience **thrived** on danger. *13(6)3606내용일치

Patience(스파이 이름)는 위험 속에서 잘 성장했다.

---

v. (사실을)왜곡하다

063 **distort**
□□□ [distɔ́:rt]

수능·평가원 기출횟수 8
EBS 기출횟수 58

distort[1] distorted[2] distorting[1] distortion[1] distortions[1] distorts[2]

They will **distort** the truth to escape from your negative reaction. *092505빈칸완성

그들은 당신의 부정적인 반응을 피하기 위해 진실을 왜곡할 것이다.

063-1 □□□ **distortion**   n. 왜곡, 찌그러뜨림 13/09[6]

064 **suppress**
□□□ [səprés]

수능·평가원 기출횟수 6

EBS 기출횟수 60

v. 억압하다, 가라앉히다, 참다

suppress¹ oppress¹ suppressed¹ suppresses¹ suppressing¹ suppression¹

Plato is sure that the representation of cowardly people makes us cowardly; the only way to prevent this effect is to **suppress** such representations.   *154002문단요약

플라톤은 비겁한 사람들의 표현은 우리를 비겁하게 만들기 때문에, 이러한 영향을 막는 유일한 방법은 그러한 표현들을 억누르는 것이라고 확신한다.

064-1 □□□ **suppression**   *n.* 억제, 진압 ¹³

064-2 □□□ **oppress**   *v.* 억압하다, 탄압하다, 억누르다 ⁰⁸ᵘ

(TIP) 어원으로 보면 suppress가 아래로 누르는 느낌의 억압이고 oppress는 반대로 누르는 느낌 의 억압입니다. 어느 쪽에서 눌러도 억압하다의 느낌은 비슷하지 않을까요?

065 **classify**
□□□ [klǽsəfài]

수능·평가원 기출횟수 6

EBS 기출횟수 60

v. 분류하다

classify² classification¹ classified³

There are many everyday misunderstandings which are **classified** as "folk" understandings.   *064501문단요약

'보통 사람들의' 생각으로 분류되는 많은 잘못된 일상의 생각들이 있다.

065-1 □□□ **classification**   *n.* 분류 ⁰⁹ᵘ

066 **ingredient**
□□□ [ingríːdiənt]

수능·평가원 기출횟수 9

EBS 기출횟수 56

n. 구성요소, 성분, 재료

ingredient² ingredients⁷

Teenagers should be aware of the fact that endurance is an essential **ingredient** contributing to someone's success.   *06(6)4505문단요약–요약문장

십대들은 인내가 어떤 사람의 성공에 기여하는 근본적인 요소라는 사실을 알아야만 한다.

067 **allergic**
□□□ [ələ́ːrdʒik]

수능·평가원 기출횟수 8

EBS 기출횟수 57

a. 알레르기가 있는

allergic⁴ allergies³ allergy¹

Don't buy a shaggy dog if you're **allergic**.   *12(9)1803글의목적

알레르기가 있다면 털이 많은 개를 사지 마라.

067-1 □□□ **allergy**   *n.* 알레르기 ¹⁴ᴬ
14⁰⁸ᴮ·12ᴮ·07⁶

02 Day

068 **compliment**

□□□ [kámpləmənt]

수능·평가원 기출횟수 7

EBS 기출횟수 58

n. 칭찬 *v.* 칭찬하다

compliment¹ complimentary¹ complimented¹ compliments⁴

I am shameless enough to take all **compliments** at their face value.   *102005글의목적

나는 모든 칭찬을 있는 그대로 받아들일 정도로 뻔뻔하다.

068-1 □□□ **complimentary**   *a.* 칭찬하는 [10]

TIP 참고로 '무료의'라는 뜻도 있습니다. Water is complimentary. '물은 무료입니다'에서 처럼 주로 호텔 같은 곳에서 자주 쓰이는 표현입니다.

069 **trigger**

□□□ [trígər]

수능·평가원 기출횟수 6

EBS 기출횟수 59

v. 유발하다, 작동시키다 *n.* 방아쇠

trigger² triggered³ triggering¹

Reading classical texts benefits the mind by catching the reader's attention and **triggering** moments of self-reflection.
*15(9)4001문단요약

고전 텍스트를 읽는 것은 독자들의 관심을 사로잡아 자기 성찰의 순간을 촉발함으로써 정신에 유익하다.

070 **pile**

□□□ [pail]

수능·평가원 기출횟수 8

EBS 기출횟수 56

n. 축적, 산더미 *v.* 쌓다

pile³ piled² piles² piling¹

She spends weeks on the high pastures cutting hay and then carries huge **piles** of it on her head the several miles down to the barn.   *11(6)49-5003장문독해

그녀는 고지대의 초지에서 몇 주 동안 건초를 베어 커다란 건초 더미를 머리에 이고 수마일 떨어진 헛간으로 나른다.

After dinner he built a fire, going out into the stormy weather for wood he had **piled** against the garage.   *102901분위기

저녁식사 후에 그는 불을 피우고 자신이 차고에 쌓아둔 나무를 가지러 폭풍을 무릅쓰고 밖으로 나갔다.

071 **genuine**

□□□ [dʒénjuin]

수능·평가원 기출횟수 8

EBS 기출횟수 56

a. 순수한, 진정한

genuine⁷ genuinely¹

If you learn the proper techniques, then the passion, if it is **genuine**, will come through.   *10(6)3407필자주장

만약 당신이 적절한 기술을 배운다면, 열정은, 그것이 진심이라면, 뚜렷이 나타날 것이다.

072 **battle**
□□□ [bǽtl]

수능·평가원 기출횟수 8

EBS 기출횟수 58

n. **전투**   *v.* **싸우다**

battle⁴ battlefield² battles¹ battling¹

An instantaneous and strong impulse moved him to **battle** with his desperate fate.   *11(6)4402심경

순간적이고 강한 충동에 의해 그는 절망적인 자신의 운명에 맞서 싸웠다.

072-1 □□□   **battlefield**   *n.* 전장, 싸움터   07·97

---

073 **initiative**
□□□ [iníʃiətiv]

수능·평가원 기출횟수 6

EBS 기출횟수 57

n. **주도권, 독창력, 계획, 결단력**

initiative⁵ initiate¹

Over the years, I have frequently counseled people who wanted better jobs to **show** more **initiative**.   *07(9)2104내모어법

수년간에 걸쳐서, 나는 좀 더 독창력을 발휘하기 위해 더 나은 직장을 원하는 사람들에게 수시로 조언을 해 주었다

If you dare to **take the initiative** in self-revelation, the other person is much more likely to reveal secrets to you.   *11(9)3508글의주제

당신이 용기를 내어 솔선하여 자기 자신을 드러내면, 다른 사람도 당신에게 비밀을 훨씬 더 잘 드러낼 것이다.

> **TIP** 지금까지 평가원에서만 5회 등장하였는데 take와 함께 쓰인 경우가 4회입니다. take the initiative '솔선해서 하다'란 뜻으로 알아두시길 바랍니다. 그리고 show initiative는 '독창력을 발휘하다'입니다.

073-1 □□□   **initiate**   *v.* 시작하다, 가입시키다   13⁶

---

074 **greet**
□□□ [griːt]

수능·평가원 기출횟수 6

EBS 기출횟수 56

v. **~에게 인사하다**

greet¹ greeted² greeting³

A waiter who **greeted** customers with the question got more orders than waiters who didn't.   *08(9)2706빈칸완성

질문으로 손님에게 인사하는 웨이터는 그렇지 않은 웨이터보다 더 많은 주문을 받았다.

Each time he **greeted** me joyfully.   *1348-5024장문배열

매번 그는 나를 즐겁게 반겼다.

> **TIP** 타동사이기 때문에 greet with 사람으로 쓰지 않습니다.
> Jason Lee greeted Jane Kim with a smile. 'Jason Lee가 Jane Kim을 미소로 환영했다' 는 식으로는 쓸 수 있습니다.

v. 수축하다, 감소하다, 줄이다, 움츠러들다

075 **shrink**
☐☐☐ [ʃriŋk]

수능·평가원 기출횟수 6

EBS 기출횟수 56

shrink¹ shrinkage¹ shrinking² shrinks²

In extremely dry conditions, the living rock cactus literally **shrinks** into the surrounding rocky soil. *15(9)2705내용일치

매우 건조한 환경에서는 돌선인장은 말 그대로 주변의 돌투성이 토양 속으로 오그라든다.

The world's food supply has become largely dependent on a **shrinking** list of breeds designed for maximum yield. *12(9)4107글의제목

전 세계의 식량 공급은 최대 생산을 목적으로 점점 감소하고 있는 목록의 품종들에 크게 의존하고 있다.

075-1 ☐☐☐ **shrinkage** *n.* 수축 ¹¹

---

a. 외딴, 멀리 떨어진

076 **remote**
☐☐☐ [rimóut]

수능·평가원 기출횟수 6

EBS 기출횟수 56

remote⁵ remotely¹

We did live 'by the side of the road', but in a place so **remote** it was extremely difficult to be a 'friend to man.' *1046-4804장문배열

우리는 '도로변에' 실제로 살았었지만 너무 외진 곳이어서 '사람들에게 친구가' 되기에는 정말로 어려웠다.

---

n. 줄거리, 음모, 작은 땅 조각

077 **plot**
☐☐☐ [plat]

수능·평가원 기출횟수 4

EBS 기출횟수 58

Toward the end of the American Revolution, she became deeply involved in a **plot** to overthrow the king. *13(6)3607내용일치

독립전쟁이 끝날 무렵, 그녀는 (영국)왕을 전복시키려는 음모에 깊이 개입했다.

She believed that the general **plot** and motivation of the great tragedy would always be clear. *123505글의주제

그녀는 그 위대한 비극 작품의 일반적인 줄거리나 동기는 항상 분명할 것이라고 생각했다.

He put the twenty-by-thirty-foot structure on a small **plot** of land in Pleasant Hill. *14B43-4507장문독해

그는 Pleasant Hill에 있는 작은 구획의 땅에 가로 세로 20피트와 30피트의 건축물을 지었다.

v. 선언하다, 말하다

078 **declare**
□□□ [dikléər]

수능·평가원 기출횟수 3
EBS 기출횟수 59

declare[0] declared[2] declares[1]

He stops for a moment, turns to the crowd, and **declares**,
"Now I'll show you what the inside looks like." *13(6)2302글의요지

그는 잠시 멈추더니, 군중을 향해 돌아서서 선언한다. "이제 제가 여러분에게 그 속
부분이 어떻게 생겼는지 보여 드리겠습니다."

v. 방해하다, 간섭하다

079 **interfere**
□□□ [intərfíər]

수능·평가원 기출횟수 9
EBS 기출횟수 52

14[6] · 03 · 98 · 95 ·
12[6] · 04[6]

interfere[3] interference[3] interferes[1] interfering[2]

When there is no immediate danger, it is usually best to
approve of the child's play without **interfering**. *152105글의주제

당면한 위험이 없을 때는 간섭하지 말고 아이의 놀이를 인정해 주는 것이 대개 제일 좋다.

(TIP) '~를 방해하다'라고 할 때, 전치사 with를 함께 써야 합니다. 전치사 없이 쓸 때는
interrupt를 씁니다.

079-1 □□□ **interference** *n.* 간섭, 참견, 방해 [11] [12⁹·11⁹]

n. 의무, 책임, 도리

080 **obligation**
□□□ [àbləgéiʃən]

수능·평가원 기출횟수 9
EBS 기출횟수 52

obligation[2] obligated[1] obligating[1] obligations[2] obligatory[2] oblige[0] obliged[1]

Family members carry out the **obligations** of their roles.
*09(9)2206문장삭제

가정의 구성원들은 그들의 역할이 지닌 의무를 수행한다.

080-1 □□□ **obligate** *v.* 강요하다 *a.* 불가피한 [06] [13⁶]
080-2 □□□ **obligatory** *a.* 의무적인, 강제적인 [10⁹·09⁶]
080-3 □□□ **oblige** *v.* 강제로 ~하게 하다 [12]

12 (TIP) oblige 목적어 to 동사원형은 '목적어가 ~하도록 시키다'라는 뜻으로 쓰입니다. 수능에서는
이 형태의 수동태인 be obliged to 동사원형으로 쓰였습니다.

v. 검사하다, 점검하다

081 **inspect**
□□□ [inspékt]

수능·평가원 기출횟수 9

EBS 기출횟수 52

inspect¹ inspection¹ inspections¹ inspector⁶

We appreciate your giving us the opportunity to **inspect** your copier.
*07(6)2001글의목적

저희는 귀하께서 귀하의 복사기를 점검할 기회를 주신 것에 대해 감사하게 생각합니다.

081-1 □□□ **inspection** *n.* 점검, 검사, 순시 14⁽ᵂ⁾·13⁹

---

a. 세련된, 복잡한, 정교한

082 **sophisticated**
□□□ [səfístəkèitid]

수능·평가원 기출횟수 8

EBS 기출횟수 53

sophisticated⁶ sophistication²

It's probably an image of a laboratory filled with glassware and **sophisticated** equipment.
*13(9)4402문장삽입

그것은 아마도 유리기구들과 정교한 장비로 가득한 실험실의 모습일 것이다.

082-1 □□□ **sophistication** *n.* 정교함, 세련, 교양 14⁽ᵂ⁾·13⁶

---

v. 물려받다, 상속받다

083 **inherit**
□□□ [inhérit]

수능·평가원 기출횟수 8

EBS 기출횟수 53

inherit⁰ inherently² inherited⁶

Instead of being **inherited** by the process of Mendelian genetics, it is '**inherited**' by imitation.
*08(6)2502빈칸완성

그것은 멘델식의 유전학의 과정에 의해 유전되는 것이 아니라 모방에 의해 '유전된다'.

083-1 □□□ **inherently** *ad.* 본질적으로, 선천적으로 15/12⁹

---

v. (좋지 않은 것에) 직면하다

084 **confront**
□□□ [kənfrʌ́nt]

수능·평가원 기출횟수 6

EBS 기출횟수 55

confront¹ confronted³ confronting²

One of the mistakes we often make when **confronting** a risk situation is our tendency to focus on the end result.
*152302글의제목

우리가 위험 상황에 맞닥뜨릴 때 자주 저지르는 실수 중의 하나는 마지막 결과에 초점을 맞추는 우리의 경향이다.

Basic

주어진 단어의 뜻을 우리말로 쓰세요.

1. genuine _____
2. circular _____
3. interfere _____
4. plot _____
5. confront _____
6. inability _____
7. disorder _____
8. trigger _____
9. solid _____
10. battle _____

11. interval _____
12. reinforce _____
13. compliment _____
14. classify _____
15. greet _____
16. conform _____
17. obligation _____
18. endure _____
19. secondary _____
20. external _____

Advanced

다음 문장에 들어갈 적절한 형태의 단어를 쓰세요.

1. Teenagers should be aware of the fact that **e**_____ is an essential ingredient contributing to someone's success.
   십대들은 인내가 어떤 사람의 성공에 기여하는 근본적인 요소라는 사실을 알아야만 한다. *06(6)4505문단요약-요약문장

2. Instead of focusing on immigrants' **d**_____ in English, why not encourage them to maintain their abilities in their mother tongues while they learn English?
   이민자들이 영어에 무능한 것에 초점을 맞추는 대신에, 그들이 영어를 배우는 동안에 그들의 모국어에 대한 능력을 유지하도록 왜 장려하지 않는가? *062507빈칸완성

3. Unlike deviance in other settings, deviance in sports often involves an unquestioned acceptance of and extreme **c**_____ to norms and expectations.
   다른 분야에서의 일탈과는 달리, 스포츠에서의 일탈은 종종 규범과 기대에 대한 아무런 의심 없는 수용과 극단적인 순응을 수반한다. *11(9)2601빈칸완성

4. Armstrong also worked on the major problem of radio reception — electrical **i**_____.
   Armstrong은 또한 라디오 수신의 주된 문제인 전기 간섭을 개선하기 위해 애를 썼다. *12(9)3805내용일치

5. The first Everesters were **o**_____ to trek 400 miles from Darjeeling across the Tibetan plateau to reach the foot of the mountain.
   초기 에베레스트 등반가들은 Darjeeling에서 티베트의 고원을 가로질러 에베레스트의 산기슭에 이르는 400마일의 거리를 이동해야 했다. *123703내용일치

---

085 **sensor**
□□□ [sénsər]

수능·평가원 기출횟수 6

EBS 기출횟수 55

n. **감지 장치**

sensor[2] sensors[3] sensory[1]

The technique involves sending a low frequency ultrasonic signal through the cheese to a **sensor** at the other side.
*10(6)3205글의주제

그 기술은 낮은 주파수의 초음파 신호를 치즈에 관통시켜 반대편 감지 장치로 보내는 것을 포함한다.

085-1 □□□ **sensory**　　　*a.* 감각적인, 지각의 [11]

---

086 **portion**
□□□ [pɔ́ːrʃən]

수능·평가원 기출횟수 4

EBS 기출횟수 57

n. **부분, 몫**

portion[3] portions[1]

An overweight teen may devour huge **portions** when alone.
*11(9)3104네모어휘

과체중의 십대는 혼자 있게 되면 많은 양을 게걸스럽게 먹을 지도 모른다.

---

087 **random**
□□□ [rǽndəm]

수능·평가원 기출횟수 4

EBS 기출횟수 57

a. **임의의, 무작위의**

random[2] randomly[2]

Young writers can examine how often a successful author starts with an apparently **random** series of ideas.
*07(6)2603빈칸완성

젊은 작가들은 성공한 작가가 얼마나 흔히 명백하게 임의의 아이디어들을 가지고 작품을 시작하는 지를 확인할 수 있다.

---

088 **sum**
□□□ [sʌm]

수능·평가원 기출횟수 4

EBS 기출횟수 57

n. **합계, 액수**　*v.* **합계하여 (~이) 되다**

The economic aspect of culture is simply the **sum** of the choices people make regarding these areas of their lives.
*14(6B)3702연결사

문화의 경제적인 면은 사람들이 삶의 이러한 영역에 대해 그들이 하는 선택의 단순한 합이다.

In sum, classical music and jazz both aim to provide a depth of expression and detail.
*072707빈칸완성

요약하자면, 고전 음악과 재즈는 모두 깊이 있는 표현과 세부사항을 제공하려고 한다.

(TIP) 예문에서 보듯 in sum으로 쓰일 경우 in short와 같이 '간단히, 요약하자면'으로 쓰입니다.

089 **payment**
☐☐☐ [péimənt]

수능·평가원 기출횟수 9

EBS 기출횟수 51

n. 급여, 지불

payment⁶ payments¹ payoff¹ prepaid¹

'Payment' is the most preferred factor for both male and female job seekers in this age group.
*083502도표

'급여'가 이 연령대에서 일을 찾는 남성과 여성 모두에게 가장 선호되는 요소이다.

Thank you for sending your check in **payment** of your July bill.
*94(1)2501글의목적

7월분 대금 청구서 지불을 위해서 수표를 보내주신 데 대해 감사드립니다.

| 089-1 ☐☐☐ | **payoff** | *n.* 급료 지불(일), 보수 ⁰⁹ |
| 089-2 ☐☐☐ | **prepaid** | *a.* 선불된 ¹⁰⁹ |

---

090 **sacrifice**
☐☐☐ [sǽkrəfàis]

수능·평가원 기출횟수 8

EBS 기출횟수 52

n. 희생 *v.* 바치다, 희생하다

sacrifice³ sacrificed¹ sacrifices³ sacrificing¹

Their glory lies in their **sacrifices**.
*073306글의주제

그들의 영광은 그들의 희생에 있다.

---

091 **scream**
☐☐☐ [skri:m]

수능·평가원 기출횟수 8

EBS 기출횟수 52

v. 소리치다 *n.* 비명, 환호

scream³ screamed² screaming³

I heard the lifeguard **scream**.
*122305심경

나는 구조원이 외치는 소리를 들었다.

---

092 **slavery**
☐☐☐ [sléivəri]

수능·평가원 기출횟수 8

EBS 기출횟수 52

n. 노예, 노예제도

slavery³ slave¹ slaves⁴

Costa Rica became the first Latin American country to abolish **slavery**.
*10(6)3607내용일치

Costa Rica는 라틴아메리카에서 노예제도를 폐지한 첫 번째 나라가 되었다.

093 anthropologist

☐☐☐ [æ̀nθrəpálədʒist]

수능·평가원 기출횟수 7

EBS 기출횟수 53

n. 인류학자

anthropologist² anthropological¹ anthropologists² anthropology²

It is the way in which most cultural **anthropologists** earn and maintain their professional standing. *12(9)2103밑줄어법

그것은 대부분의 문화 인류학자들이 자신들의 전문적인 지위를 얻고, 그것을 유지하는 방식이다.

TIP anthropolog◆ 계열 어휘들은 여러 해에 걸쳐서 나타나고 있습니다. 조금 어려워 보여도 꼭 손으로, 입으로 반복해서 익혀두세요.

093-1 ☐☐☐ **anthropological** *a.* 인류학의 12⁹

093-2 ☐☐☐ **anthropology** *n.* 인류학 08 12⁹

---

094 widespread

☐☐☐ [wáidspred]

수능·평가원 기출횟수 5

EBS 기출횟수 55

a. 널리퍼진, 광범위한

Gross human inequality is still **widespread**. *153201빈칸완성

엄청난 인간 불평등이 아직도 널리 퍼져 있다.

---

095 zone

☐☐☐ [zoun]

수능·평가원 기출횟수 5

EBS 기출횟수 55

n. 지역, 부분

zone³ zones²

Oaks grow widely throughout the mild temperature **zone** of the Northern Hemisphere. *08(6)3808내용일치

오크 나무는 북반구의 온대 지역에서 널리 자라고 있다.

095-1 ☐☐☐ **distortion** *n.* 왜곡, 찌그러뜨림 13 09⁶

---

096 guard

☐☐☐ [gɑːrd]

수능·평가원 기출횟수 4

EBS 기출횟수 56

v. 보호하다, 지키다

guard³ guarding¹

"This tree," he said, "has stood **guard** over our family all its life." *093803글의요지

"이 나무는 평생 우리 가족을 지켜 왔어요." 하고 그가 말했다.

a. 태양의

097 solar
□□□ [sóulər]

수능·평가원 기출횟수 9

EBS 기출횟수 50

Solar energy can be a practical alternative energy source for us in the foreseeable future. *153504문장삭제-삭제문장

태양에너지가 예측 가능한 미래에 우리를 위한 실용적인 대체 에너지원이 될 수 있다.

v. 대체하다 *n.* 대리인, 대체물

098 substitute
□□□ [sʌ́bstitjùːt]

수능·평가원 기출횟수 9

EBS 기출횟수 50

substitute⁴ substituting¹ substitutions⁴

Jim never became a starter, but he was always the first **substitute** to go in the game. *15(9)43-4515장문배열

Jim은 결코 선발 선수는 되지 못했지만 항상 경기에 처음으로 교체되어 들어가는 선수였다.

TIP substitute A for B 'B를 A로 대체하다, 바꾸다'이며 축구중계에서 자주 들리는 표현입니다.

098-1 □□□ **substitution**   *n.* 대체 ⁰⁹

n. 복지

099 welfare
□□□ [wélfɛ̀ər]

수능·평가원 기출횟수 7

EBS 기출횟수 52

Anita became interested in social **welfare**. *043103글의목적

Anita는 사회 복지에 관심을 가지게 되었다.

v. 빼앗다, 박탈하다

100 deprive
□□□ [dipráiv]

수능·평가원 기출횟수 7

EBS 기출횟수 52

deprive¹ deprivation³ deprivations¹ deprived²

Anyone who lost his or her temper too easily **was deprived of** the right to be accepted as a member of the community. *08(6)3003연결사

너무 쉽게 화를 내는 사람은 누구라도 공동체의 일원으로 받아들여질 권리를 박탈당했다.

TIP 주로 deprive 뒤에 of를 써서 '～을 빼앗다'라고 합니다. 그리고 deprive A of B는 'A로부터 B를 빼앗다'입니다. 혼동하기 쉬운 표현인 derive from '～로 부터 나오다'와 derive A from B 'B로부터 A를 얻다'도 함께 정리하세요.

100-1 □□□ **deprivation**   *n.* 손상, 박탈 14⁶
15⁶·10⁶

ad. 앞으로

101 forth

☐☐☐ [fɔːrθ]

수능·평가원 기출횟수 6

EBS 기출횟수 64

She threw her head back, laughed in disbelief, and shook her head **back and forth**. *12(9)2005네모어법

그녀는 머리를 뒤로 젖히고, 불신의 웃음을 짓고, 머리를 앞뒤로 흔들었다.

You can show that salt receptors are different from the others **and so forth**. *12(6)4510문단요약·요약문장

당신은 짠맛을 감지하는 감각기는 다른 감각기들과는 다르다는 것 등등에 대해서도 보여줄 수 있다.

12⁶ • EBS14 • EBS13 • EBS12 • EBS11 • EBS10

(TIP) and so forth는 '등등'이란 뜻으로 and so on과 같은 의미입니다.

n. 자손, 후예

102 descendant

☐☐☐ [diséndənt]

수능·평가원 기출횟수 7

EBS 기출횟수 52

descendant⁰ descendants⁵ descended¹ descent¹

An isolated group living in Malaysia appeared to be the **descendants** of humans who left Africa around 65,000 years ago. *11(9)4203글의제목

말레이시아에 사는 한 고립된 부족이 약 65,000년 전에 아프리카를 떠났던 인간들의 후손인 것 같다.

| 102-1 ☐☐☐ | **descend** | *v.* 내려오다, 내려앉다 ᵒ³⁹ |
| 102-2 ☐☐☐ | **descent** | *n.* 하강, 내리막, 혈통 ¹³ |

v. 속이다, 현혹하다

103 deceive

☐☐☐ [disíːv]

수능·평가원 기출횟수 6

EBS 기출횟수 53

deceive¹ deceit¹ deceivers¹ deceives¹ deceptive²

An alchemist commonly used a double-bottomed melting pot to **deceive** the audience. *07(6)2301문장삭제

연금술사는 청중들을 속이기 위해 보통 이중 바닥의 도가니를 이용하였다.

| 103-1 ☐☐☐ | **deceit** | *n.* 속임수, 사기 ¹²⁶ |
| 103-2 ☐☐☐ | **deceptive** | *a.* 기만적인, 현혹하는 ¹⁵ ¹³⁹ |

v. 강요하다

104 **impose**
□□□ [impóuz]
수능·평가원 기출횟수 4
EBS 기출횟수 55

impose² imposed¹ imposes¹

Few young people are completely free of food-related pressures from peers, whether or not these pressures are **imposed** intentionally. *11(9)3105내모어휘

음식과 관련된 압박이 의도적으로 강요된 것이든 혹은 그렇지 않든, 또래들로부터 그러한 압박에서 완전히 자유로운 젊은 사람들은 거의 없다.

a. 왕족의, 왕의

105 **royal**
□□□ [rɔ́iəl]
수능·평가원 기출횟수 8
EBS 기출횟수 50

royal⁷ royalty¹

Thanks to the printing press, the display of **royal** power could now be depicted in printed pictures. *05(6)2301민칸완성

인쇄기 덕분에 이제 인쇄된 그림으로 왕권을 과시할 수 있었다.

105-1 □□□ **royalty** *n.* 왕족, 인세, 사용료 [14]

n. 소외, 격리

106 **alienation**
□□□ [èiljənéiʃən]
수능·평가원 기출횟수 8
EBS 기출횟수 50

alienation⁵ alien¹ alienated¹ aliens¹

There is little or none of that **alienation** of young from old so marked in modern industrial societies. *114503문단요약

현대 산업 사회에서 아주 두드러지는 어른과 아이 간의 소외가 거의 없거나 아예 없다.

106-1 □□□ **alien** *n.* 외계인 *a.* 외국의 [15·13]
106-2 □□□ **alienate** *v.* 소외감을 느끼게 하다 [11]

n. 입구, 입장, 입학

107 **entrance**
□□□ [éntrəns]
수능·평가원 기출횟수 6
EBS 기출횟수 52

entrance⁵ entrances¹

It was thought that the **entrance** fee would motivate users to keep them cleaner. *07(6)3203내용불일지

그 입장 요금은 사용자로 하여금 그 화장실을 보다 깨끗이 유지하게 자극할 것이라고 여겨졌다.

97 **TIP** 참고로 the entrance exam은 '입학 시험'입니다.

v. 가속화하다

108 **accelerate**
□□□ [æksélərèit]

수능·평가원 기출횟수 4

EBS 기출횟수 54

accelerate⁰ accelerates¹ accelerating¹ acceleration²

Giving people the latitude and flexibility to apply their talents rapidly **accelerates** progress. *124201글의제목

사람들에게 그들의 재능을 적용할 수 있는 자유와 융통성을 주는 것은 발달을 바르게 가속화한다.

108-1 □□□ **acceleration** *n.* 가속 14⁽⁰⁰⁾·13⁹

---

ad. 따로, ~외에, 한쪽으로

109 **aside**
□□□ [əsáid]

수능·평가원 기출횟수 9

EBS 기출횟수 48

They finally gave up, putting the work **aside** so that they could concentrate on other activities. *08(6)4002문장삽입

마침내 그들은 다른 활동에 집중하기 위해서 그 일을 제쳐두면서 연구를 포기했다.

Small pains seem monumental, and important things get pushed **aside** as if they were insignificant. *06(9)3103필자주장

작은 고통이 대단해 보이고, 중요한 것들이 하찮은 것처럼 한편으로 치워진다.

Aside from modifying the current game, there is some concern that players may suffer arm injuries. *0649-5011장문배열

현재의 경기를 수정하는 것과 별도로 선수들이 팔에 부상을 입게 될 지도 모른다는 걱정이 있다.

10 · 94⁽¹⁾ · 14⁶ᴬ TIP 이처럼 from과 함께 묶여서 전치사로 쓰일 때, 같은 뜻으로 apart from이 있습니다.

---

v. 분해하다, 풀어주다

110 **loosen**
□□□ [lúːsən]

수능·평가원 기출횟수 9

EBS 기출횟수 48

loosen³ loose² loosely² loosening¹ loosens¹

Every process of decaffeination starts with steaming the green beans to **loosen** the bonds of caffeine. *094003문장배열

모든 카페인 제거의 과정은 카페인의 결합을 분해하기 위하여 녹색 콩을 찌는 것으로 시작한다.

110-1 □□□ **loose** *a.* 헝클어진, 느슨한, 헐거운 13⁹·12⁹

v. 정복하다, 지배하다, 이기다

111 conquer

□□□ [káŋkər]

수능·평가원 기출횟수 8

EBS 기출횟수 49

conquer⁵ conquered¹ conquering¹ conquests¹

He would **conquer** the evil that had taken possession of him.

*11(6)4403심경

그는 그를 장악하였던 악을 정복할 요량이었다.

Although they were well organized militarily, the Mongols had no developed concept for ruling **conquered** populations.

*07(9)3604내용일치

군사적으로는 잘 조직되어 있기는 했지만, 몽골 제국은 정복된 주민들을 지배한다는 발전된 개념을 가지고 있지 않았다.

111-1 □□□ **conquest**   n. 정복(지) 07⁹

---

n. 믿음, 신념

112 faith

□□□ [feiθ]

수능·평가원 기출횟수 8

EBS 기출횟수 49

faith⁵ faithful² faithfully¹

Some of us have **faith** that we shall solve our food problems.

*074203글의제목

우리들 중 일부는 식량문제를 해결할 거라는 믿음을 가지고 있다.

112-1 □□□ **faithful**   a. 충실한, 믿을 수 있는 00 05⁶

---

n. 교육과정

113 curriculum

□□□ [kəríkjələm]

수능·평가원 기출횟수 8

EBS 기출횟수 49

curriculum⁷ extracurricular¹

They adopted a **curriculum** consisting of running, climbing, swimming and flying.

*9752-5302장문독해

그들은 달리기, 등산, 수영, 비행으로 구성된 교육과정을 채택했다.

113-1 □□□ **extracurricular**   a. 과외의, 07

정식 과목 이외의, 본 업무 이외의

(TIP) 실제 미국영어에서 extracurricular activities '특별교육활동'의 의미로 빈번하게 쓰입니다.

---

v. 묘사하다, 그리다

114 depict

□□□ [dipíkt]

수능·평가원 기출횟수 7

EBS 기출횟수 50

depict³ depicted⁴

His idea was to **depict** humorous crowd scenes in various locations.

*14(9A)3902문장삽입

그의 생각은 다양한 장소에 있는 재미있는 군중 장면을 묘사하는 것이었다.

115 heavily
□□□ [hévili]

수능·평가원 기출횟수 7

EBS 기출횟수 50

ad. 심하게, 상당히, 무겁게

Red foxes readily return to areas where they have been **heavily** hunted in the past. *08(9)4007내용일치

붉은 여우들은 과거에 심하게 쫓겼던 지역으로 서슴없이 되돌아온다.

Over time farmers came to rely **heavily** on broadly adapted, high-yield crops. *12(9)4102글의제목

시간이 흐르면서, 농부들은 넓게 개작되고, 높은 수확률을 가진 작물에 크게 의존하게 되었다.

Sugar producing countries have invested **heavily** in alcohol projects. *07(9)3307글의주제

설탕 생산국은 알코올 사업에 큰 투자를 하고 있다.

116 sculpture
□□□ [skʌ́lptʃər]

수능·평가원 기출횟수 7

EBS 기출횟수 50

n. 조각품

sculpture¹ sculptor² sculptors¹ sculptures³

With his **sculptures**, Elffers hopes to share that joy. *054305글의제목

Elffers는 그의 조각품들로 그 기쁨을 나누기를 희망한다.

117 wildlife
□□□ [wáildlaif]

수능·평가원 기출횟수 9

EBS 기출횟수 47

n. 야생 생물

NAS National **Wildlife** Refuge, Houston *15(6)2302내용일치

Houston의 NAS 국립 야생 생물 보호지구

118 companion
□□□ [kəmpǽnjən]

수능·평가원 기출횟수 9

EBS 기출횟수 47

n. 동반자, 친구

companion⁷ companions²

If you are alone you are completely yourself, but if you are accompanied by a single **companion** you are half yourself. *073807글의요지

혼자 있을 때 당신은 자신의 완전한 면모를 갖추지만, 어느 한 사람과 함께 있게 되면 당신은 자신의 반쪽만 갖추게 된다.

We are busy wondering, "what does my **companion** see or think of this?" *11(9)46-4711장문독해

우리는 내 동료가 무엇을 보는지 궁금해 하느라 분주하다.

119 **avenue**

□□□ [ǽvənjùː]

수능·평가원 기출횟수 8
EBS 기출횟수 48

n. 거리

avenue⁷ avenues¹

The bus rolled down Madison **Avenue**.
*15(9)2007심경

버스가 Madison가(街)를 따라 천천히 굴러갔다.

120 **dedicate**

□□□ [dédikèit]

수능·평가원 기출횟수 6
EBS 기출횟수 50

v. 헌납하다, 바치다

dedicate⁰ dedicated⁶

They didn't have computers for every classroom, but at least
they had **dedicated** and caring teachers.
*06(6)46-4813장문독해

그들의 모든 교실에 컴퓨터가 있지는 않지만, 적어도 그들은 헌신적이고 정성껏
돌봐주는 교사들을 가지고 있습니다.

121 **cue**

□□□ [kjuː]

수능·평가원 기출횟수 6
EBS 기출횟수 50

n. 단서, 신호

cue³ cues³

The nymphs use an external **cue**.
*153802문장삽입

애벌레들이 외부의 신호를 사용한다.

122 **asset**

□□□ [ǽset]

수능·평가원 기출횟수 5
EBS 기출횟수 51

n. 자산

asset³ assets²

Remember, your family is your greatest **asset**.
*1516-17듣기

너의 가족이 가장 큰 자산이라는 것을 기억해라.

123 **stereotype**

□□□ [stériətàip]

수능·평가원 기출횟수 2
EBS 기출횟수 54

n. 고정관념

stereotype¹ stereotypes¹

This is a **stereotype**, but it has a large grain of truth.
*13(9)2804빈칸완성

이것은 고정관념이지만, 많은 진실을 갖고 있다.

03
Day

v. **압도하다, 제압하다**

124 **overwhelm**
□□□ [òuvərhwélm]

수능·평가원 기출횟수 7
EBS 기출횟수 48

overwhelm⁰ overwhelmed¹ overwhelming⁶

When there is a long pause in the conversation, people feel an **overwhelming** need to fill it. *103307글의주제

대화가 장시간 끊기게 되면 사람들은 그것을 채워야 한다는 압도적인 필요를 느낀다.

---

v. **망치다, 파괴하다** *n.* **폐허**

125 **ruin**
□□□ [rúːin]

수능·평가원 기출횟수 7
EBS 기출횟수 48

ruin⁴ ruined³

I could see all my hopes and plans I had with my dad being **ruined**. *06(6)49-5016장문배열

나의 모든 희망과 아빠와 세웠던 모든 계획들이 무너지고 있는 것을 나는 볼 수 있었다.

---

v. **복종하다, 따르다**

126 **obey**
□□□ [oubéi]

수능·평가원 기출횟수 6
EBS 기출횟수 49

obey³ disobedient² obedience¹ obedient¹ obeyed¹

Air does not **obey** national boundaries. *03(9)2401빈칸완성

공기는 국경선을 따르지 않는다.

126-1 □□□	**obedience**		*n.* 순종 ⁹⁷
126-2 □□□	**obedient**	*a.* 순종적인, 복종하는	⁰⁵⁹
126-3 □□□	**disobedient**	*a.* 반항하는, 거역하는	¹⁴⁹

Basic

주어진 단어의 뜻을 우리말로 쓰세요.

1. guard _____
2. sum _____
3. overwhelm _____
4. descendant _____
5. dedicate _____
6. anthropologist _____
7. deceive _____
8. solar _____
9. entrance _____
10. avenue _____

11. aside _____
12. asset _____
13. substitute _____
14. royal _____
15. wildlife _____
16. widespread _____
17. heavily _____
18. conquer _____
19. portion _____
20. slavery _____

Advanced

다음 문장에 들어갈 적절한 형태의 단어를 쓰세요.

1. This emotional and **s**_____ appeal of soft cookies is apparently at least as strong as are the physical cravings that the product satisfies.
   분명히, 부드러운 쿠키에 대한 이런 감정적이고 감각적인 매력은 적어도 그 상품이 충족시키는 신체적인 갈망만큼이나 강하다.
   *114408문장삽입

2. They avoid situations that may bring about physical **d**_____, including pain, hunger, and a need for sleep.
   그들은 고통, 배고픔, 잠의 필요와 같은 신체적인 손상을 불러일으키는 상황을 피한다.
   *10(6)2402빈칸완성

3. Oxygen will be left in the stratosphere — perhaps misleading **a**_____ into thinking the planet is still inhabited.
   산소는 성층권에 남아서 어쩌면 외계인들이 지구가 여전히 생명체가 살고 있다고 착각을 하게 만들 수도 있다.
   *13(6)2406빈칸완성

4. New **c**_____ were not administered, just economically exploited.
   새로운 정복지들은 관리되지 않았으며, 경제적으로 착취되었을 뿐이다.
   *07(9)3605내용일치

5. Computers have two special qualities that very young kids find irresistible: infinite patience and **o**_____.
   컴퓨터는 매우 어린 아이들이 불가항력적인 것으로 느끼는 두 가지 특별한 성질을 가지고 있다: 무한한 인내와 순종.
   *972702빈칸완성

127 **facial**
□□□ [féiʃəl]

수능·평가원 기출횟수 6

EBS 기출횟수 49

a. 얼굴의

Ekman and his colleagues studied the **facial** reactions of students to a horrific film. *083104연경사

Ekman과 그의 동료들은 무서운 영화를 본 학생들의 얼굴에 나타난 반응을 연구했다.

128 **rob**
□□□ [rɑb]

수능·평가원 기출횟수 6

EBS 기출횟수 49

v. 강탈하다

rob³ robbed² robbers¹

You leap to the conclusion that the man in the black jacket has **robbed** the bank. *11(9)4307문장배열

당신은 검은 재킷을 입은 사람이 은행에서 강도질을 했다고 속단한다.

129 **scatter**
□□□ [skǽtər]

수능·평가원 기출횟수 4

EBS 기출횟수 51

v. 흩어지다, 분산시키다

scatter⁰ scattered⁴

After Beethoven's death these sketchbooks were **scattered**. *11(6)4003문장삽입

베토벤의 사후에 스케치북들은 여기저기로 흩어졌다.

130 **patent**
□□□ [pǽtənt]

수능·평가원 기출횟수 3

EBS 기출횟수 52

n. 특허(권) *v.* 특허를 얻다

patent⁰ patenting¹ patents²

Between 1930 and 1933, the inventor filed five **patents** on FM. *12(9)3806내용일치

1930년과 1933년 사이에 그 발명가는 FM에 관한 다섯 개의 특허를 출원했다.

131 **fossil**
□□□ [fásl]

수능·평가원 기출횟수 2

EBS 기출횟수 53

n. 화석

fossil¹ fossils¹

Clothes document personal history for us the same way that **fossils** chart time for archaeologists. *123306내모어휘

화석이 고고학자들에게 시간을 나타내는 것과 같은 방식으로 옷은 우리에게 개인의 이력을 보여준다.

132 **forgive**
□□□ [fərgív]

수능·평가원 기출횟수 9
EBS 기출횟수 45

v. 용서하다

forgive³ forgiveness² forgiving⁴

I would like to ask for the kindness in your heart to **forgive** my unintended offense.
*102004글의목적

제가 의도치 않게 기분을 상하게 해드린 것에 대해 너그러이 용서해주시기를 부탁드립니다.

12⁹ · 12⁶ · 07⁶ **TIP** 형용사 형태인 forgiving은 '너그러운'으로도 쓰입니다.

132-1 □□□ **forgiveness** *n.* 용서 03·98

133 **telescope**
□□□ [téləskòup]

수능·평가원 기출횟수 9
EBS 기출횟수 45

n. 망원경

telescope⁵ microscope¹ microscopic¹ telescopes¹ telescopic¹

We explore the universe by observing it with all kinds of **telescopes**.
*022307빈칸완성

우리는 온갖 종류의 망원경으로 관찰함으로써 우주를 탐사하고 있다.

15⁶ **TIP** scope는 telescope, microscope 등과 같이 '관찰용 기구'로서 쓰일 수도 있지만 '범위, 영역'으로 평가원에서 출제된 적이 있습니다.

133-1 □□□ **telescopic** *a.* 망원경의 14⁽⁶ᴬ⁾

133-2 □□□ **microscope** *n.* 현미경 14⁽⁶ᴮ⁾

133-3 □□□ **microscopic** *a.* 미세한, 현미경의(에 의한) 11⁶

134 **launch**
□□□ [lɔ:ntʃ]

수능·평가원 기출횟수 9
EBS 기출횟수 45

v. 시작하다, 발사하다, 출시하다 *n.* 개시, 출시

launch⁴ launched⁴ launching¹

The **launch** of the euro, Europe's single currency, brought about an increase in the cost of living.
*09(6)3802글의요지

유럽의 단일 통화인 유로화의 도입(시작)이 생활비의 상승을 초래했다.

Companies sometimes see profits increase after a rival's **launch**.
*14(6B)3604빈칸완성

경쟁사가 (신제품을) 출시한 후에 때로는 회사의 이익이 증가하기도 한다.

Some lifeguards immediately **launched** their surf boat and set out toward the troubled swimmer.
*08(9)4306분위기

몇몇의 구조대원들은 즉시 구명용 보트를 물위에 띄우고 곤경에 처한 사람 쪽으로 나아갔다.

Macon was capable of **launching** five small planes in midair.
*13(9)3603내용일치

Macon 호는 상공에서 다섯 대의 소형 비행기들을 발진시킬 수 있었다.

ad. 동시에, 일제히

135 **simultaneously**
□□□ [sàiməltéiniəsli]

수능·평가원 기출횟수 7
EBS 기출횟수 47

simultaneously⁶ simultaneous¹

New media can be defined by four characteristics **simultaneously**.   *153401연결사

새로운 매체란 네 가지 특징 모두에 의해 동시에 정의될 수 있다.

135-1 □□□ **simultaneous**   *a.* 동시의 ¹³⁶

---

n. 판, (종이)한 장, (천)한 장

136 **sheet**
□□□ [ʃiːt]

수능·평가원 기출횟수 7
EBS 기출횟수 47

sheet⁶ sheets¹

Sheet steel and aluminum have been increasingly used since World War II.   *08(9)1804지칭추론

2차 세계대전 이후로는 강철판과 알루미늄판의 사용이 증가되었다.

Publishers of **sheetmusic** thought that it would lead to 'an universal music education.'   *10(6)4503문단요약

악보를 발행하는 사람들은 그것이 '보편적인 음악 교육'을 유발할 것이라고 생각했다.

A clean **sheet of paper** is lying in front of you and you have to fill it up.   *082401빈칸완성

깨끗한 종이 한 장이 당신 앞에 놓여 있고 당신은 그것을 채워야만 한다.

---

n. 통제, 명령 *v.* 명령하다

137 **command**
□□□ [kəmǽnd]

수능·평가원 기출횟수 7
EBS 기출횟수 47

command³ commands⁴

Are they all following the **commands** of a leader?   *13(6)2103밑줄어법
그들은 모두 한 지도자의 명령을 따르고 있는 것인가?

The center hole allows the kite to respond quickly to the flyer's **commands**.   *063104내모어휘
중앙의 구멍은 연이 연을 날리는 사람의 통제에 빨리 반응하게 해 준다.

---

n. 철, 쇠 *v.* 다림질하다

138 **iron**
□□□ [áiərn]

수능·평가원 기출횟수 4
EBS 기출횟수 50

iron³ unironed¹

It also means that we will be trapped in the '**iron** cage' of bureaucracy.   *12(9)49-5019장문독해

그것은 또한 우리가 관료주의의 '철창'에 갇힐 것이라는 것을 의미한다.

138-1 □□□ **unironed**   *a.* 다림질되지 않은 ¹³⁹

139 **badly**
□□□ [bǽdli]

수능·평가원 기출횟수 9

EBS 기출횟수 44

ad. 형편없게, 심하게, 몹시

Although he wrote many beautiful pieces of music, he dressed **badly** and hardly ever cleaned his room. *003105내용일치

그는 비록 아름다운 음악을 많이 작곡했지만, 옷차림이 형편없었고, 방청소도 거의 하지 않았다.

140 **intimate**
□□□ [íntəmit]

수능·평가원 기출횟수 7

EBS 기출횟수 46

a. 친밀한, 사소한, 아늑한

intimate⁵ intimacy²

They were symbolically less **intimate**. *12(6)2403빈칸완성

그것들은 상징적으로 볼 때 덜 친밀한 것이었다.

Although fewer people have **intimate** knowledge of our lives, many people - mostly unknown to us - know something about us. *10(9)2804빈칸완성

비록 우리 삶을 잘 알고 있는 사람들이 점점 더 적어지지만, 대부분 우리에게 알려지지 않은 많은 사람들이 우리에 관한 무언가를 알고 있다.

EBS14 • EBS13 • EBS12 • EBS10　(TIP) 혼동어휘로 intimidate '겁먹게 하다, 협박하다'가 있습니다.

140-1 □□□ **intimacy** *n.* 친밀함, 친교 12ᴬ·07⁹

141 **pop**
□□□ [pap]

수능·평가원 기출횟수 7

EBS 기출횟수 46

v. 튀어나오다 *n.* 팝(뮤직)

pop⁶ popping¹

When ice forms, they can walk out to a hole near where the seals are swimming, then sit and wait for a seal to **pop** its head up to breathe. *12(6)4408문장삽입

얼음이 얼 때 곰들은 바다표범들이 헤엄치는 근처 한 구멍으로 걸어 갈 수 있고, 그 다음 앉아서 바다표범이 숨을 쉬기 위해서 머리를 (구멍 위로) 내밀 때 까지 기다린다.

The classification of **pop** music *09(6)32글의주제 보기

팝 음악의 분류

11　(TIP) 참고로 pop-up은 인터넷을 하다보면 빈번히 등장하는 용어입니다.
It virtually stops all **pop-ups**. *11ᴬ듣기
그것은 사실상 모든 **팝업창**을 정지시킨다.

142 **caution**
☐☐☐ [kɔ́ːʃən]

수능·평가원 기출횟수 7

EBS 기출횟수 46

n. 조심, 경고 *v.* ~에게 경고하다

caution² cautioned¹ cautioning¹ cautious¹ cautiously¹ precautions¹

Occasionally when someone, usually a child, opened it without sufficient **caution**, an egg would fall out and break on the kitchen floor. *11(9)48-5010장문배열

가끔 누군가가, 보통은 어린아이지만, 충분히 주의를 기울이지 않고 그것을 열 때, 계란이 떨어져서 부엌 바닥에 깨지곤 하였다.

From that time it has been the custom to ridicule the people who act like they know what they do not with the pointed **caution**, "Stick to your last!" *113608내용일치

그때부터 자신이 모르는 것을 아는 것처럼 행동하는 사람을 "네 하던 일이나 계속해라!"라는 빗댄 신랄한 경고의 말로써 조롱하는 것이 관습이 되었다.

| 142-1 ☐☐☐ | **cautious** | *a.* 조심스러운, 신중한 13⁹ |
| 142-2 ☐☐☐ | **precaution** | *n.* 예방 조치 10⁶ |

143 **spare**
☐☐☐ [spɛər]

수능·평가원 기출횟수 6

EBS 기출횟수 47

a. 여분의 *v.* 나누다, 면하게 하다

spare³ spared² sparing¹

It is just far enough off the beaten path to have been **spared** damage from tourists. *11(6)3605내용일치

그것은 사람들이 다니는 길에서 벗어나 충분히 멀리 있어서 관광객으로 인한 훼손을 면했다.

144 **violate**
☐☐☐ [váiəlèit]

수능·평가원 기출횟수 6

EBS 기출횟수 47

v. 위반하다

violate² violates¹ violating¹ violation¹ violations¹

The person will tend to feel guilty when his or her own conduct **violates** that principle. *152205글의주제

그 사람은 자기 자신의 행동이 그 원칙에 위배되면 죄책감을 느끼는 경향이 있을 것이다.

| 144-1 ☐☐☐ | **violation** | *n.* 방해 13, 06⁹ |

145 **readily**
☐☐☐ [rédəli]

수능·평가원 기출횟수 6

EBS 기출횟수 47

ad. 즉시, 기꺼이, 손쉽게, 선뜻

readily⁵ readiness¹

Calculators, computers, and other forms of technology are **readily** available. *14(9B)3705연결사

계산기와 컴퓨터, 그리고 다른 형태의 기술을 쉽게 이용할 수 있다.

| 145-1 ☐☐☐ | **readiness** | *n.* 준비가 됨 09⁶ |

146 constitute
[kánstətjùːt]
수능·평가원 기출횟수 6
EBS 기출횟수 47

v. 구성하다, ~로 여겨지다, 설립하다

constitute² constitutes⁴

Those theories, though they describe the same phenomenon, **constitute** very different versions of reality.
*132903연결사

그 이론들은 비록 같은 현상을 설명하고 있지만, 현실에 대한 아주 다른 견해를 구성한다.

The latter **constitutes** a deliberate and voluntarily adopted discipline based on an appreciation of the benefits of doing so.
*132303빈칸완성

후자는 그렇게 하는 것의 이점들을 이해하는 것을 토대로한 의도적이고 자발적으로 취해진 규율로 여겨진다.

147 defeat
[difíːt]
수능·평가원 기출횟수 5
EBS 기출횟수 48

n. 패배 *v.* 패배시키다, 좌절시키다

defeat¹ defeated⁴

The remaining bacteria are forced to evolve and **defeat** the antibiotic.
*07(6)4507문장배열

남아있는 박테리아는 진화해서 항생제를 이겨야 하는 상황에 어쩔 수 없이 처해진다.

Although we shall get honey and other products, the objective for pollination of mustard may be **defeated**.
*15(9)3310빈칸완성

비록 우리는 꿀과 다른 생산품들을 얻기는 하겠지만, 겨자 꽃가루받이의 목적은 좌절될 수 있다.

TIP defeated는 상황에 따라 과거동사면 '패배시켰다' 즉 '승리하였다'가 될 수도 있고 과거분사면 '패배를 당한' 즉 '졌다'는 의미가 될 수도 있습니다. 항상 주의하세요.

148 nuclear
[njúːkliər]
수능·평가원 기출횟수 5
EBS 기출횟수 48

a. 원자력의, 핵의

The source that showed the biggest increase was **nuclear**, which rose from 2.1% in 1971 to 13.8% in 2007.
*123604도표

가장 큰 증가를 보여준 에너지원은 원자력이었는데, 1971년 2.1퍼센트에서 2007년 13.8퍼센트로 올라갔다.

149 debt
[det]
수능·평가원 기출횟수 5
EBS 기출횟수 48

n. 빚, 의존, 은혜

debt⁴ debts¹

Clearly, his **debt** to culture will vary with the nature of his education.
*114505문단요약

분명히, 문화에 대한 이런 의존은 그의 교육의 성질에 따라 다를 것이다.

I saved money and started to pull myself out of **debt**.
*07(6)46-4809장문배열

나는 돈을 저축했고 빚에서 벗어나기 시작했다.

150 **dimension**
☐☐☐ [diménʃən]

수능·평가원 기출횟수 4

EBS 기출횟수 49

n. 차원, 관점

dimension¹ dimensional¹ dimensions¹ multidimensional¹

All these are deep pleasures which combine all my senses and momentarily transport me into another **dimension** of living.

*10(9)46-4703장문독해

이 모든 것들은 내 모든 감각을 결합시켜주는 깊은 즐거움이며 잠시 나를 다른 차원의 생활로 데려가 준다.

TIP '3차원'을 뜻할 때 명사는 three dimentions, 형용사 형태는 three-dimensional로 씁니다.

| 150-1 ☐☐☐ | **dimensional** | *a.* 차원의, 차수의 ⁰⁵ |
| 150-2 ☐☐☐ | **multidimensional** | *a.* 다차원의, 다양한 ¹⁴⁽⁹ᴱ⁾ |

151 **invasion**
☐☐☐ [invéiʒən]

수능·평가원 기출횟수 3

EBS 기출횟수 50

n. 침략, 침해, 침입

invasion¹ invaded¹ invasions¹

The densely structured wood is resistant to **invasion** by insects and other potential pests.

*113707내용일치

조밀하게 조직을 갖춘 나무는 곤충들이나 다른 잠재적인 해충들의 침입에 내성이 있다.

| 151-1 ☐☐☐ | **invade** | *v.* 침입하다 ¹⁴⁹ |

152 **transition**
☐☐☐ [trænzíʃən]

수능·평가원 기출횟수 3

EBS 기출횟수 50

n. 변동, 변천, 과도기

According to the theory of demographic **transition**, nations go through several developmental stages.

*08(9)3602문장삽입

인구 변동 이론에 따르면 국가들은 여러 발달 단계를 거친다.

153 **entry**
☐☐☐ [éntri]

수능·평가원 기출횟수 3

EBS 기출횟수 50

n. 출품(작), 출전, 입장, 가입, 응모, 입력

entry² entries¹

Failure to comply with any of the above rules will disqualify the **entry**.

*12(6)1806글의목적

위의 규정 중의 어느 하나라도 따르지 않으면 출품의 자격이 상실됩니다.

154 **prevail**
□□□ [privéil]

수능·평가원 기출횟수 9
EBS 기출횟수 43

v. 보급되다, 유행하다, 우세하다

prevail² prevailed¹ prevailing¹ prevails¹ prevalence¹ prevalent³

The remaining bacteria will reestablish themselves and **prevail** once again. *07(6)4507문장배열

그 다음에 남아있는 박테리아는 회복해서 다시 한 번 널리 퍼지게 될 것이다.

154-1 □□□ **prevalence** *n.* 유행 ⁰⁷

154-2 □□□ **prevalent** *a.* 널리 행해지는, 보급된, 일반적인 10-08 09⁹

155 **bowl**
□□□ [boul]

수능·평가원 기출횟수 9
EBS 기출횟수 43

n. 그릇, 사발 *v.* 볼링하다

bowl⁷ bowling¹ bowls¹

You end up on the couch with a **bowl** of chips or bag of cookies in your hand. *124109글의제목

당신은 한 사발의 감자튀김이나 한 봉지의 쿠키를 손에 들고 결국 소파에 앉는다.

156 **mount**
□□□ [maunt]

수능·평가원 기출횟수 9
EBS 기출횟수 43

n. 산, (받침)대 *v.* 오르다

mount⁶ mountaineer¹ mounting¹ mounts¹

Now you cannot climb **Mount** Everest without special permission from the government of Nepal. *994402전후추론

이제 당신은 네팔정부의 특별 허가 없이는 에베레스트 산을 올라갈 수 없다.

When someone is threatening to go to war, or **mounting** a huge public relations campaign to justify it, the news media have a responsibility to question everything. *14B3904문장삽입~십입문장

누군가가 전쟁을 시작하겠다고 위협하거나 엄청난 선전 활동을 벌여 그것을 정당화하려 한다면, 뉴스 매체는 모든 것을 의심해야 할 책임이 있다.

157 **trail**
□□□ [treil]

수능·평가원 기출횟수 8
EBS 기출횟수 44

n. 오솔길, 자국 *v.* 따르다, 따라걷다

trail⁵ trailing¹ trails²

Advertising dollars have simply been following the migration **trail** across to new technologies. *132005네모어법

광고비는 새로운 기술로 이동하는 코스를 단순히 따라가고 있다.

157-1 □□□ **trailing** *a.* 뒤를 따르는, 질질끌리는 ⁰⁸

158 **distress**
□□□ [distrés]

수능·평가원 기출횟수 8

EBS 기출횟수 44

v. 괴롭히다 *n.* 괴로움, 슬픔, 고민

distress⁶ distressed²

I will not be **distressed** when no one is available to help me; I will be excited when I am available to help someone.
*07(6)4008글의주제

나는 나에게 도움을 줄 사람이 아무도 없을 때 괴로워하지 않을 것이다; 내가 누군가에게 도움을 줄 수 있을 때 나는 기뻐할 것이다.

When we are unable to set healthy limits, it causes **distress** in our relationships.
*14B2303글의요지

건전한 한계를 설정할 수 없을 때, 그것은 우리의 관계에 고통을 야기한다.

---

159 **eager**
□□□ [íːgər]

수능·평가원 기출횟수 8

EBS 기출횟수 44

a. 갈망하는, 간절한

eager⁴ eagerly⁴

None of this has stopped **eager** parents from purchasing Mozart CDs for their babies.
*14(6)3406빈칸완성

이중 어느 것도 열성적인 부모들이 자기 아이들을 위해 모차르트의 음반을 사는 것을 막지는 못하였다.

He is **eager** to achieve something for himself.
*05(9)3806문단요약

그는 스스로 어떤 일을 성취하기를 열망한다.

05⁶ · 05⁹ **TIP** be eager to 동사원형 '~을 하고 싶어하다'이며 평가원에서만 2회 출제되었습니다.

---

160 **alike**
□□□ [əláik]

수능·평가원 기출횟수 6

EBS 기출횟수 46

a. 비슷한 *ad.* 둘 다, 똑같이

Children and adults **alike** want to hear positive remarks.
*012706빈칸완성

아이들과 어른들은 똑같이 긍정적인 말을 듣고 싶어 한다.

---

161 **stare**
□□□ [stɛər]

수능·평가원 기출횟수 6

EBS 기출횟수 46

v. 응시하다 *n.* 응시

stare⁰ stared³ stares¹ staring²

They just **stared at** Jim and said, "What do you mean you don't sing? You talk!"
*11(6)4306문장배열

그들은 그를 바라보며 말했다, "노래를 못한다니 무슨 말이요? 당신은 말을 하지 않소!"

stare at 08⁶ · 11⁶ · 04⁶
glance 13 · 06 · 03 ·
12⁶ · 11⁹ · 08⁹
glimpse 12⁹ · 06⁹
gaze 14^ · 10 · 12⁹
glare 94^)

TIP 지금까지 출제된 '보다' 계열의 일부를 살펴 볼까요?
stare at '~을 주시하다', glance '(재빠르게) 흘끗 보다', glimpse '잠깐 보다, 언뜻 보다', gaze '뚫어지게 보다', glare '노려보다' 등이 있습니다.

n. 발자국 v. 추적하다

162 **trace**
□□□ [treis]

수능·평가원 기출횟수 6

EBS 기출횟수 46

trace² traced¹ traces³

You can **trace** the painful process by which Beethoven edged toward the music that we know.

*11(6)4005문장삽입

우리는 베토벤이 우리가 오늘날 알고 있는 음악을 향해 조금씩 나아갔던 고통스런 과정을 추적할 수 있다.

n. 구, 천체, 분야, 영역

163 **sphere**
□□□ [sfiər]

수능·평가원 기출횟수 5

EBS 기출횟수 47

sphere¹ hemisphere⁴

In the political **sphere**, the result was democracy, in which supporters of rival policies vied for rhetorical supremacy.

*15(6)3103빈칸완성

정치적 영역에서 그 결과는 민주주의였는데, 민주주의에서 경쟁 상대 정책의 지지자들은 수사적인 우위를 차지하려고 다투었다.

163-1 □□□ **hemisphere**   a. 반구, 반구체 13
15⁹·12⁶·08⁶

v. 추출하다 n. 추출물

164 **extract**
□□□ [ikstrǽkt]

수능·평가원 기출횟수 5

EBS 기출횟수 47

extract⁰ extracted² extracting² extracts¹

When molecules were **extracted** from fruits and vegetables and made into supplements, they did not reduce cancer.

*14(9B)2404글의주제

분자들을 과일과 채소에서 추출하여 보조제로 만들었을 때, 암을 줄이지 못했다.

ad. 정반대로, 역으로

165 **conversely**
□□□ [kənvə́ːrsli]

수능·평가원 기출횟수 5

EBS 기출횟수 47

Nor, **conversely**, do we soar too high on our successes.

*14(9B)41-4207장문독해

반대로, 우리는 성공을 좇아서 너무 높이 날아오르지도 않는다.

v. 통근하다

166 commute
□□□ [kəmjúːt]

수능·평가원 기출횟수 5

EBS 기출횟수 47

commute¹ commuter¹ commuters¹ commuting²

'**Commuting**' is a more favored factor for women than for men. *083506도표

'통근'은 여전히 남성에게보다 여성에게 더 선호되는 요소이다.

a. 부족의

167 tribal
□□□ [tráibəl]

수능·평가원 기출횟수 4

EBS 기출횟수 48

tribal² tribe¹ tribes¹

Interestingly, art in **tribal** societies is frequently abandoned after it has served its purpose. *104104글의제목

흥미롭게도, 부족 사회의 예술은 그 목적을 이룬 후에는 자주 버려진다.

167-1 □□□ **tribe**   n. 부족, 종족 ¹⁴¹ ⁰⁴⁹

n. 균열 v. 해독하다, 때리다, 갈라지다

168 crack
□□□ [kræk]

수능·평가원 기출횟수 3

EBS 기출횟수 49

crack² cracks¹

To make progress in science, we need to **crack** the cosmic code. *12(9)2804빈칸완성

과학에서 진보를 이루기 위해서 우리는 우주의 암호를 해독할 필요가 있다.

Sea water is swallowed up by these **cracks** in the ocean bed. *10(6)2706빈칸완성

바다의 해저에 있는 이러한 균열로 바닷물이 빨려 들어간다.

Basic

주어진 단어의 뜻을 우리말로 쓰세요.

1. sheet _____
2. eager _____
3. bowl _____
4. distress _____
5. fossil _____
6. dimension _____
7. caution _____
8. invasion _____
9. tribal _____
10. spare _____

11. commute _____
12. debt _____
13. nuclear _____
14. scatter _____
15. mount _____
16. alike _____
17. readily _____
18. rob _____
19. prevail _____
20. defeat _____

Advanced

다음 문장에 들어갈 적절한 형태의 단어를 쓰세요.

1. If so, get in touch with the person you wronged, and ask for
   f_____ in all sincerity.
   만약 그렇다면, 해를 끼친 그 사람에게 다가가 진실한 마음으로 용서를 구하라.   *034602글의요지

2. By taking a few **p**_____ and practicing common sense, you and
   your pet can have a happy and healthy August.
   몇 가지의 예방 조치를 취하고 기본 상식을 익힌다면, 당신과 당신의 반려동물은 행복하고 건강한 8월을
   보낼 수 있다.   *10(6)06듣기

3. Penalties are given for various physical **v**_____ that go beyond the
   sport's permissive rules of contact.
   그 스포츠에서 접촉이 용인되는 규칙을 넘어서는 다양한 신체적 방해에 대해서는 벌칙이 주어진다.
   *06(9)2102네모어법

4. The cycles of Western economies had a significant impact on the
   p_____ of objects that emphasized design over styling — and the
   other way round.
   서양의 경제 주기는 디자인을 스타일링보다 강조한, 혹은 그 반대를 강조한 물건의 유행에 중대한 영향을
   끼쳤다.   *073402연결사

5. When I imagined myself standing on a spot in the southern
   h_____, the answer came to me.
   나는 내가 남반구에 어느 한 장소에 서있다고 상상했을 때, 그 해답은 내게 떠올랐다.   *12(6)49-5011장문배열

169 **kingdom**
□□□ [kíŋdəm]

수능·평가원 기출횟수 2

EBS 기출횟수 50

n. 왕국

It was the site of the ancient **kingdom** of Nepal. *052003네모어법

그곳은 고대 네팔 왕국이 있었던 곳이다.

170 **dynamic**
□□□ [dainǽmik]

수능·평가원 기출횟수 9

EBS 기출횟수 42

a. 역동적인, 활기있는 *n.* 역학, 강약법

dynamic[6] dynamics[3]

Our mind is strengthened by contact with **dynamic** and well-ordered minds. *08(9)2607빈칸완성

우리의 정신은 역동적이고 질서가 잡힌 정신과의 접촉으로 강화된다.

Overdoing-it-deviance is grounded in different social **dynamics** from the **dynamics** that occur in the 'antisocial deviance.' *11(9)2606빈칸완성

과잉행동일탈은 '반사회적 일탈'에서 발생하는 역학과는 다른 사회적 역학에 근거한다.

No matter what style of music you write, you need to understand **dynamics** and speed, the uses of harmony and rhythm. *10(6)3403필자주장

어떠한 양식의 음악을 작곡하든지 당신은 강약법과 속도, 화성법의 이용 그리고 리듬을 이해할 필요가 있다.

171 **advocate**
□□□ [ǽdvəkit]

수능·평가원 기출횟수 8

EBS 기출횟수 43

v. 지지하다, 옹호하다 *n.* 옹호자

advocate[2] advocacy[4] advocates[1] advocating[1]

A mediator who 'takes sides' is likely to lose all credibility, as is an **advocate** who seeks to adopt a neutral position.

*124505문단요약

'편을 드는' 중재자는 중간 입장을 취하려고 하는 옹호자가 그렇게 되듯이 모든 신뢰성을 잃게 된다.

171-1 □□□ **advocacy**   *n.* 옹호 [12]

172 **ratio**

□□□ [réiʃou]

수능·평가원 기출횟수 8

EBS 기출횟수 43

n. 비율

ratio⁷ ratios¹

Our self-esteem is determined by the **ratio** of our actualities to our supposed potentialities. *11(9)2803빈칸완성

우리의 자부심은 우리가 가상하는 잠재력에 대한 우리의 현실의 비율에 의해 결정된다.

173 **herd**

□□□ [hə:rd]

수능·평가원 기출횟수 6

EBS 기출횟수 45

n. (짐승의) 떼

herd⁴ herders¹ herds¹

Afterward she cooks a huge breakfast and either takes the **herd** to the meadow or cards some wool. *11(6)49-5002장문독해

그런 다음에 그녀는 푸짐한 아침 식사를 준비하고 소떼를 목초지로 데려가거나 양털을 빗질하여 다듬는다.

174 **attain**

□□□ [ətéin]

수능·평가원 기출횟수 6

EBS 기출횟수 45

v. 얻다

attain⁴ attaining¹ unattainable¹

Some experiences can be enjoyable if we have worked hard to **attain** them. *113101네모어휘

어떤 경험들을 얻기 위해서 우리가 열심히 노력했다면, 그것들을 즐길 수도 있다.

174-1 □□□ **unattainable** *a.* 도달하기 어려운 ¹²⁶

175 **fold**

□□□ [fould]

수능·평가원 기출횟수 5

EBS 기출횟수 46

v. 접다

fold¹ folded¹ unfolded¹ unfolding²

They are easily **folded** and take up little space. *04(9)1802지칭추론

그것들은 쉽게 접히고 공간을 적게 차지한다.

175-1 □□□ **unfold** *v.* 펼치다 ¹⁴⁽⁹⁾·¹⁴⁽⁶⁾·⁰⁷⁶

176 **formula**
□□□ [fɔ́ːrmjələ]

수능·평가원 기출횟수 5

EBS 기출횟수 46

n. 공식

formula³ formulate¹ formulation¹

What was his magic **formula**?　　　*11(9)3503글의주제

그의 마법의 공식은 무엇인가?

176-1 □□□ **formulation** 　　　*n.* 공식 체계 12⁹

176-2 □□□ **formulate** 　　　*v.* 만들어 내다, 표현하다 15⁸

---

177 **retain**
□□□ [ritéin]

수능·평가원 기출횟수 3

EBS 기출횟수 48

v. (계속)보유하다, 유지하다, 간직하다

retain¹ retained¹ retaining¹

Once you've learned it, you'll probably **retain** it as well as a younger person.　　*06(9)3804글의요지

일단 자료를 학습하면 당신은 젊은 사람들만큼 잘 그것을 기억하게 될것이다.

---

178 **boost**
□□□ [buːst]

수능·평가원 기출횟수 2

EBS 기출횟수 49

v. 끌어 올리다, 드높이다

Monocropping vast fields with the same genetically uniform seeds helps **boost** yield.　　*12(9)4103글의제목

유전적으로 똑같은 획일적인 씨앗으로 넓은 들판에서 한 가지 작물만 기르는 것은 수확량을 높인다.

Not only will this help to reinforce information, but it will also **boost** your confidence.　　*06(9)2905내모어휘

이것은 정보를 강화하는 것을 도와줄 뿐만 아니라, 여러분의 자신감을 드높이기도 한다.

---

179 **contradict**
□□□ [kὰntrədíkt]

수능·평가원 기출횟수 2

EBS 기출횟수 49

v. 모순되다, 부정하다

contradict⁰ contradicting¹ contradictory¹

Your body is **contradicting** your words.　　*08(9)3301글의주제

몸이랑 대사랑 맞지 않아요.

179-1 □□□ **contradictory** 　　　*a.* 모순되는 06⁹

n. 줄기

180 **stem**
☐☐☐ [stem]

수능·평가원 기출횟수 9
EBS 기출횟수 41

Stem

94 · 06⁹

stem⁵ stems⁴

The banana tree is the largest plant on earth without a woody **stem**.

*08(6)2802네모어휘

바나나 나무는 목질로 된 줄기가 없는, 지상에서 가장 큰 나무이다.

The word paradigm **stems from** the Greek word paradeigma, which means pattern.

*06(9)3001연결사

paradigm이란 단어는 그리스 단어 paradeigma에서 유래하는데, 그것은 유형을 의미한다.

(TIP) 실제 시험에서 stem이 동사로 쓰인 경우가 2회 있었는데 모두 stem from '~에서 기인하다, ~에서 유래하다'의 뜻으로 쓰였습니다.

---

n. 급여, 봉급

181 **salary**
☐☐☐ [sǽləri]

수능·평가원 기출횟수 9
EBS 기출횟수 41

salary⁵ salaries⁴

She gave Betty two months' **salary**.

*121908밑줄추론

그녀는 Betty에게 두 달 분의 급여를 주었다.

---

v. 깜짝 놀라게 하다

182 **astonish**
☐☐☐ [əstániʃ]

수능·평가원 기출횟수 7
EBS 기출횟수 43

astounding 12 · 13⁶

astonish⁰ astonished³ astonishing¹ astonishment¹ astounding²

The results were **astonishing**.

*07(6)4301글의제목

그 결과는 놀랄만 했다.

When the door was opened, I said "Merry Christmas!" and handed some **astonished** child a beautifully wrapped gift.

*031905밑줄의미

문이 열렸을 때, 나는 "메리 크리스마스!"라고 외치고는 놀란 아이들에게 아름답게 포장된 선물을 건네주었다.

(TIP) 동사로 바로 쓰이기보다 주로 형용사 형태로 심경과 분위기를 나타내 줍니다. 예문에서 보듯, 각각 astonishing '놀라게 하는', astonished '놀란'으로 쓰였습니다. 참고로 철자도 비슷한 astounding 역시 '놀라게 하는'이란 뜻으로 쓰입니다.

182-1 ☐☐☐ **astonishment**　　　n. 깜짝 놀람　¹⁴⁽⁹⁾

---

n. 시대

183 **era**
☐☐☐ [íərə]

수능·평가원 기출횟수 6
EBS 기출횟수 44

era⁴ eras²

Music for motion pictures often serves to authenticate the **era** or to provide a sense of nostalgia.

*15(6)3505문장삽입제

영화 음악은 흔히 시대를 고증하거나 향수의 느낌을 주는 역할을 한다.

n. 가능성, 전망, 예상

184 **prospect**
□□□ [práspekt]

수능·평가원 기출횟수 6
EBS 기출횟수 44

She is not willing to accept feedback about her management style and refuses to even consider the **prospect** of changing her management style.
*10(6)2806네모어휘

그녀는 그녀의 관리 스타일에 대한 반응을 받아들이려 하지 않고, 그녀의 관리 스타일을 변화시킬 것이라는 기대감을 생각조차 하지 않는다.

---

n. 최고위자 a. 주된, 최고의

185 **chief**
□□□ [tʃiːf]

chief³ chiefly²

수능·평가원 기출횟수 5
EBS 기출횟수 45

A fire **chief** needs to issue his orders with absolute clarity.
*103802글의요지

소방서장은 매우 명료하게 그의 명령을 내릴 필요가 있다.

TIP 형용사로 쓰일 때 commander-in-chief '최고 사령관'과 같은 경우를 제외하고는 명사 앞에서 명사 수식으로만 쓰입니다.

---

a. 전 세계적인 ad. 전 세계적으로

186 **worldwide**
□□□ [wə́:rldwáid]

worldwide³ worldly¹

수능·평가원 기출횟수 4
EBS 기출횟수 46

Hunting for food has always been part of human life **worldwide**.
*07(9)2001글의목적

식량 사냥은 언제나 전 세계적으로 인간 생활의 일부였다.

186-1 □□□ **worldly**　　　　　　　a. 세속적인 09⁹

---

a. 우스운, 바보같은, 터무니없는

187 **ridiculous**
□□□ [ridíkjələs]

ridiculous² ridicule¹ ridiculously¹

수능·평가원 기출횟수 4
EBS 기출횟수 46

Some players, such as hard hitting, six-time Wimbledon champ Pete Sampras, call the change "simply **ridiculous**."
*0649-5010장군배열

윔블던 대회에서 6번 우승한 강타를 구사하는 Pete Sampras와 같은 선수들은 그러한 변화를 '그저 우스운' 일이라고 말한다.

187-1 □□□ **ridicule**　　　　　　　a. 조롱하다, 비웃다 ¹¹

188 liquid
□□□ [líkwid]
수능·평가원 기출횟수 2
EBS 기출횟수 48

Liquid

n. 액체

liquid¹ liquids¹

From the Chinese point of view, the spleen likes dryness and warmth in food and dislikes excess of **liquids** and cold.

*09(9)2504빈칸완성

중국인들의 관점으로는 비장은 음식에 들어있는 건조함과 따뜻함을 좋아하며 액체나 차가움이 지나친 것은 싫어한다.

189 vague
□□□ [veig]
수능·평가원 기출횟수 9
EBS 기출횟수 40

a. 희미한, 모호한

vague⁶ vaguely¹ vagueness²

He felt dissatisfied with a **vague** "conception of the brain."

*1346-4707장문독해

그는 모호한 '두뇌의 개념'으로 불만족을 느꼈다.

189-1 □□□ **vagueness** *n.* 애매함 14⁹·10

190 shade
□□□ [ʃeid]
수능·평가원 기출횟수 8
EBS 기출횟수 41

n. 음영, 그늘 *v.* 그늘지게 하다

shade⁴ shaded² shades¹ shady¹

The passenger saw nothing but pretty pictures, painted by the sun and **shaded** by the clouds.

*10(9)4502문단요약

그 승객은 단지 태양빛으로 채색되고 구름으로 그림자가 드리워진 예쁜 그림들만을 보았을 뿐이다.

This helps to keep rooms cool and **shaded**.

*05(6)1802밑줄추론

이것은 방을 시원하고 그늘지게 하는데 도움을 준다.

190-1 □□□ **shady** *a.* 그늘이 드리워진 10⁶

191 usage
□□□ [júːsidʒ]
수능·평가원 기출횟수 8
EBS 기출횟수 41

n. 사용

usage⁶ reusable¹ usable¹

The relative ranking of the Internet **usage** rates by occupation remained unchanged.

*05(6)35도표

직업에 따른 인터넷 사용 비율의 상대적인 순위는 여전히 변하지 않았다.

191-1 □□□ **usable** *a.* 사용가능한 98

191-2 □□□ **reusable** *a.* 재사용할 수 있는 14⁹⁴

v. (힘을) 쓰다, 발휘하다, 가하다

192 exert
□□□ [igzə́:rt]

수능·평가원 기출횟수 7

EBS 기출횟수 42

exert³ exerted¹ exerting¹ exertion¹ exerts¹

The social clock still **exerts** pressure to keep pace with your peers.　　　　*13(9)4006글의제목

사회의 시계는 여전히 여러분의 동년배들과 보조를 맞추어 나가도록 압력을 가한다.

192-1 □□□　**exertion**　　　　　n. 노력, 분투 ⁹⁷

v. 쪼개다, 분열시키다, 찢다

193 split
□□□ [split]

수능·평가원 기출횟수 6

EBS 기출횟수 43

Latin American nations developed societies **split** by class conflict between rich and poor.　　　　*10(6)3605내용일치

라틴아메리카 국가들은 빈부의 계층 갈등으로 분열된 사회를 만들었다.

Groups with an even number of members may **split** into halves.　　　　*1541-4210장문독해

짝수의 구성원을 지닌 집단은 반반으로 나뉠 지도 모른다.

06 · EBS14 · EBS13 · EBS12 · EBS11 · EBS10

TIP 3단 변화가 split-split-split 입니다. 혼동하기 쉬운 spill-spilt-spilt와 구별하세요.

ad. ~등등

194 etc.
□□□ [etsétərə]

수능·평가원 기출횟수 6

EBS 기출횟수 43

The most preferred type of websites is Search Engines, whereas the least preferred type of websites is Facebook, Myspace, Twitter, **etc.**　　　　*12(6)3602도표

가장 선호되는 유형의 웹사이트는 Search Engines인 반면에, 가장 적게 선호되는 웹사이트는 Facebook, Myspace, Twitter, 등등이다.

TIP and so on과 같은 의미이며 et cetera의 약어입니다. 끝에 '.'을 찍어야 합니다.

n. 퇴적물, 예금　v. 퇴적시키다, 예금하다

195 deposit
□□□ [dipázit]

수능·평가원 기출횟수 5

EBS 기출횟수 44

deposit³ depositing¹ deposits¹

Egyptian civilization was built on the banks of the Nile River, which flooded each year, **depositing** soil on its banks.
　　　　*093306글의주제

이집트 문명은 나일강의 기슭에 건설되었는데, 나일강은 매해 범람했고 강기슭에 토양을 쌓이게 했다.

Erosion of bedrock by glaciers and **deposits** of the eroded materials are characteristic and easily recognizable.　　*08(9)2205밑줄어법

빙하에 의한 기반암의 침식과 침식된 물질의 퇴적물은 독특하고 쉽게 알아 볼 수 있다.

a. 미적인, 미학적인

196 **aesthetic**
□□□ [esθétik]

수능·평가원 기출횟수 5

EBS 기출횟수 44

aesthetic⁴ aesthetics¹

The school offered scholarships for high school students to 'deepen and extend their intellectual, **aesthetic**, and moral interests.' *12(9)46-4805장문배열

그 학교는 '지적이고, 미적이며, 도덕적인 관심을 깊게 하고 넓히려는' 고등학생에게 장학금을 제공했다.

n. 드릴 v. 뚫다, 훈련하다, 훈련받다

197 **drill**
□□□ [dril]

수능·평가원 기출횟수 1

EBS 기출횟수 48

Their use ranges from the **drill** in a dentist's office to saws for cutting rocks, and to glass cutters. *073004네모어휘

그것들의 활용 범위는 치과의 드릴부터 바위 절단용 톱과 유리 절단기까지 이른다.

a. 화려한, 호화로운, 사치스러운, 아주 편안한

198 **luxurious**
□□□ [lʌɡʒúəriəs]

수능·평가원 기출횟수 7

EBS 기출횟수 41

luxurious³ luxuriant¹ luxury³

Woven silk ties are the most **luxurious** of all. *08(9)1902밑줄추론

짠 실크 넥타이가 모든 것 중에서 가장 화려하다.

| 198-1 □□□ | **luxury** | n. 호화로움, 사치 | 09 15⁹·04⁹ |
| 198-2 □□□ | **luxuriant** | a. 풍요로운, 풍성한, 무성한 | 11 |

a. 엄격한, 엄밀한

199 **strict**
□□□ [strikt]

수능·평가원 기출횟수 7

EBS 기출횟수 41

strict⁶ stricter¹

These were costly lessons to learn, but now **stricter** regulations are in place. *152805밑줄어법

이것들은 비싼 대가를 치르고 배우게 된 교훈이었지만, 이제는 더 엄격한 규제들이 시행되고 있다.

n. 영역, 영토

200 **territory**
□□□ [térətò:ri]

수능·평가원 기출횟수 7
EBS 기출횟수 41

territory³ territories⁴

Different departments protected their **territory**. *122106밑줄어법

서로 다른 부서들은 각자의 영역을 보호했다.

---

a. 기민한 v. 경고하다 n. 경계

201 **alert**
□□□ [ələ́:rt]

수능·평가원 기출횟수 5
EBS 기출횟수 43

alert³ alertness¹ alerts¹

One ground squirrel will sound an alarm call that **alerts** other squirrels to run for cover. *15(9)3504문장배열

한 얼룩다람쥐는 다른 다람쥐들이 숨을 곳을 찾아 뛰도록 알리는 경보를 울릴 것이다.

201-1 □□□ **alertness**　　　　　n. 기민함, 각성도 06⁹

---

a. 엄격한, 완고한, 경직된, 굳은

202 **rigid**
□□□ [rídʒid]

수능·평가원 기출횟수 4
EBS 기출횟수 44

rigid³ rigorous¹

Some empires were big, but the **rigid** social control required to hold an empire together was not beneficial to science, just as it was not beneficial to reason. *153306빈칸완성

일부 제국들은 컸지만, 제국을 하나로 뭉치게 하는 데 필요한 엄격한 사회적 통제는 그것이 이성에 이롭지 못했던 것처럼 과학에도 이롭지 못했다.

202-1 □□□ **rigorous**　　　　　a. 철저한, 엄격한 13⁸

EBS14 · EBS12 (TIP) 참고로 명사형은 rigor이며 뜻은 '엄격, 근엄' 입니다.

---

n. 치료

203 **therapy**
□□□ [θérəpi]

수능·평가원 기출횟수 4
EBS 기출횟수 44

The problems of musical **therapy** for two-year-olds *0636글의주제 보기

2세 아이들을 위한 음악 치료의 문제점들

a. **자연적인, 자발적인**

204 spontaneous
□□□ [spɑntéiniəs]

수능·평가원 기출횟수 4

EBS 기출횟수 44

spontaneous EBS14 • EBS13 •
EBS12 • EBS11 • EBS10
spontaneously EBS14 •
EBS13 • EBS12 • EBS11
EBS11 • EBS10

spontaneous³ spontaneity¹

The individual's participation in mass behavior patterns is not a **spontaneous** reaction to random forces.
*15(9)3403빈칸완성

대중 행동 패턴에 개인이 참여하는 것은 임의의 힘에 대한 자발적인 반응이 아니다.

TIP 수능과 평가원에서는 3회만 출제되었습니다만 EBS에서의 빈도는 24회로 상당히 높은 편입니다. 부사인 spontaneously '자연스럽게' 또한 EBS에서만 13회 출제 되었습니다.

204-1 □□□ **spontaneity** *n.* 자연스러움, 자발성 12⁹

---

n. **열망**

205 aspiration
□□□ [æspəréiʃən]

수능·평가원 기출횟수 3

EBS 기출횟수 45

aspiration¹ aspirations¹ aspiring¹

Coins reflect both a country's history and its **aspirations**.
*082304문장삭제-삭제문장

동전은 한 나라의 역사와 열망을 반영한다.

205-1 □□□ **aspire** *v.* 열망하다 12⁶

---

v. **기어가다, 굽실거리다**

206 crawl
□□□ [krɔːl]

수능·평가원 기출횟수 3

EBS 기출횟수 45

crawl² crawling¹

The babies **crawl** onto the mother and stay there for about one week.
*06(6)3708내용일치

새끼들은 어미 위로 기어와서 약 1주일 동안 그곳에 머문다.

---

v. **구별하다, 차별하다**

207 discriminate
□□□ [diskrímənèit]

수능·평가원 기출횟수 2

EBS 기출횟수 46

discriminate¹ discrimination¹

Insects generally do not **discriminate** between organic and conventional as well as we do.
*14(6B)3801문장배열

벌레들은 대개 유기농과 재래 농법을 우리만큼 잘 구별하지 않는다.

207-1 □□□ **discrimination** *n.* 차별, 구별 06⁹

TIP 수능과 평가원에서는 빈칸완성 문제의 보기로만 출제되었습니다.

v. 유혹하다, 충동질하다

208 **tempt**
□□□ [tempt]

수능·평가원 기출횟수 9

EBS 기출횟수 38

tempt⁰ tempted⁵ tempting² tempts²

It is **tempting** to think "if only he had managed to walk to the village, he would have been rescued." *14(6B)3302빈칸완성

"어떻게든 마을까지 걸어가기만 했다면 그는 구조되었을 텐데."라고 생각하고 싶은 유혹도 든다.

If ever my heart **is tempted to** arrogance and pride, I go into that room and remind myself of what I once was. *07(6)3605글의요지

내 마음이 혹시라도 거만과 자부심의 유혹을 받으면, 나는 그 방에 들어가 나 자신에게 한 때 내가 어떤 사람이었는지를 상기시킨다.

14ⁱʰ·13·10·05·
14⁶ᴮ·09⁹·07⁶

TIP be tempted to 동사원형 '~을 하고픈 충동이 생기다'로 알아두세요.

n. 벤처(사업), 모험 v. 과감하게 하다

209 **venture**
□□□ [véntʃər]

수능·평가원 기출횟수 8

EBS 기출횟수 39

venture² ventured³ ventures³

When photography **ventured** to represent living things, they had to be immobilized. *10(6)3105연결사

사진이 과감하게 살아있는 것을 나타내고자 했을 때에는, 그것들을 움직이지 못하도록 해야만 했다.

a. 원래의, 날것의, 가공하지 않은

210 **raw**
□□□ [rɔː]

수능·평가원 기출횟수 8

EBS 기출횟수 39

Particularly those who have spleen problems should not consume **raw** and cold foods in excess. *09(9)2506빈칸완성

특히 비장에 문제가 있는 사람들은 날것과 차가운 음식을 지나치게 섭취하지 말아야 한다.

Basic

주어진 단어의 뜻을 우리말로 쓰세요.

1. dynamic	_____	**11.** discriminate	_____
2. crack	_____	**12.** era	_____
3. ridiculous	_____	**13.** prospect	_____
4. kingdom	_____	**14.** spontaneous	_____
5. retain	_____	**15.** ratio	_____
6. venture	_____	**16.** crawl	_____
7. aesthetic	_____	**17.** split	_____
8. therapy	_____	**18.** etc.	_____
9. fold	_____	**19.** attain	_____
10. territory	_____	**20.** raw	_____

Advanced

다음 문장에 들어갈 적절한 형태의 단어를 쓰세요.

1. The early drafts are not discarded like mistakes, but are viewed as the initial steps in **u**_____ the idea.
초고는 잘못된 생각처럼 폐기되는 것이 아니라, 아이디어를 펼쳐가는 데 있어서 초기 절차로 간주된다.

*07(6)2605빈칸완성

2. A skilled explainer learns to see the intent behind the question and **f**_____ an answer that focuses on understanding instead of efficiency.
숙련된 설명자는 질문 뒤에 있는 의도를 보고 효율성 대신에 이해에 초점을 맞춘 답변을 만들어내는 것을 배운다.

*15(6)41-4220장문독해

3. We have learned to avoid **v**_____ in communication.
우리는 의사소통에 있어서 애매함을 피하라고 배웠다.

*103801글의요지

4. Getting a good night's sleep before the test and eating a nutritious breakfast will enhance you're **a**_____.
시험보기 전날 푹 잠을 자고 영양가 있는 아침식사를 하면 기민함을 증대시켜준다.

*06(9)2906네모어휘

5. Predictability washes away **s**_____, changing the quality of our lives.
예측 가능성은 우리 삶의 질을 바꾸며 자연스러움을 씻어버린다.

*12(9)49-5014장문독해

v. 껴안다, 받아들이다, 맞이하다, ~을 둘러싸다

211 embrace
□□□ [embréis]

수능·평가원 기출횟수 7

EBS 기출횟수 40

embrace⁶ embraced¹

The water seemed to welcome and **embrace** her.   *113011심경

물이 그녀를 반갑게 맞아주고 포옹해 주는 것 같았다.

The trees were already awake and **embraced** by the blue sky.

*08(6)4304분위기

나무들은 이미 깨어나 있었고, 파란 하늘에 둘러싸여 있었다.

It just means you need to **embrace** innovation; otherwise you will not stay on top.   *06(9)4106글의제목

그것은 오로지 당신이 혁신을 받아들일 필요가 있고 그렇지 않으면 정상에 머무르지 못하게 될 것임을 의미한다.

---

a. 심오한, 엄청난, 깊은

212 profound
□□□ [prəfáund]

수능·평가원 기출횟수 7

EBS 기출횟수 40

profound⁵ profoundly²

Fourteenth-century approaches to music had a **profound** and continuing impact on music in later centuries.   *13(6)4001글의제목

음악에 대한 14세기 접근법은 그 후 세기의 음악에 깊이있고 지속적인 영향을 미쳤다.

---

n. 야망, 열망

213 ambition
□□□ [æmbíʃən]

수능·평가원 기출횟수 9

EBS 기출횟수 37

ambition³ ambitions² ambitious⁴

Each of the CEOs was ready to rebuild a leadership identity based on values, strengths, and **ambitions**.   *13(9)2307글의요지

각각의 CEO들은 가치, 능력 그리고 포부에 근거하여 리더십 정체성을 재정립할 준비가 되었다.

213-1 □□□ **ambitious**   *a.* 야심있는   94⁷ 11⁹·11⁶·10⁶

---

n. 공포, 비상, 공황   v. 겁에 질리(게 하)다

214 panic
□□□ [pǽnik]

수능·평가원 기출횟수 9

EBS 기출횟수 37

panic⁶ panicked² panics¹

There was a certain **panic** in his voice that demanded attention.   *122306심경

그의 목소리에는 주의를 요하는 확실한 공포가 배어 있었다.

When subjects had the ability to terminate the noise with a "**panic** button," the negative effects disappeared.   *064303글의요지

피실험자들이 소음을 '비상벨'로 없앨 수 있었을 때, 그러한 부정적인 효과는 사라졌다.

215 **hostility**
□□□ [hɑstíləti]

수능·평가원 기출횟수 8

EBS 기출횟수 38

n. 적의, 반감 *pl.* 전투, 교전

hostility² hostile⁵ hostilities¹

The dictionary defines courage as a 'quality which enables one to pursue a right course of action, through which one may provoke disapproval, **hostility**, or contempt.' *112002밑줄어법

사전은 용기를 '반감, 적의, 또는 경멸을 유발할 수도 있는 올바른 행동의 과정을 추구하게 되는 특질'로 정의한다.

It was World War I, just after the outbreak of **hostilities**.

*05(9)2001밑줄의미

때는 교전 시작 바로 직후인 세계 제 1차 대전이었다.

215-1 □□□ **hostile** *a.* 적대적인 ¹⁴ᴾ·¹⁰

TIP 수능과 평가원에서는 빈칸완성 문제의 보기로만 출제되었습니다.

216 **chew**
□□□ [tʃuː]

수능·평가원 기출횟수 7

EBS 기출횟수 39

v. ~을 씹다

chew³ chewing¹ chewy³

Some fruits have a tough skin, which can be harder to **chew** and to digest. *0749-5012장문독해

일부 과일들은 껍질이 질겨서 씹고 소화시키기가 더 어려울 수 있다.

216-1 □□□ **chewy** *a.* 씹는 맛이 있는 ¹¹·⁰⁹

217 **pretend**
□□□ [priténd]

수능·평가원 기출횟수 7

EBS 기출횟수 39

v. ~인 척하다, 가정하다, 주장하다

pretend¹ pretended¹ pretending³ pretensions²

When we ran into each other at school, she sometimes **pretended** not to recognize me. *12(6)46-4806장문독해

우리가 학교에서 우연히 마주치면, 그녀는 가끔 나를 모르는 체 하였다.

217-1 □□□ **pretension** *n.* 허세, 가식 ¹¹⁹

218 **exploit**
□□□ [éksploit]

수능·평가원 기출횟수 7

EBS 기출횟수 39

v. 이용하다, 착취하다

exploit² exploitation² exploited² exploiting¹

It is evident that humans tend to **exploit** natural resources to benefit themselves. *08(6)4201글의제목

인간이 자신들의 이익을 위해서 천연 자원을 이용하는 경향이 있다는 사실은 명백하다.

New conquests were not administered, just economically **exploited**. *07(9)3605내용일치

새로운 정복지들은 관리되지 않았고, 경제적으로 착취되었을 뿐이다.

218-1 □□□ **exploitation** *n.* 착취, 개발, 이용 ¹⁴⁹⁶·¹⁰⁶

v. 양육하다

219 **nurture**
□□□ [nə́:rtʃər]

수능·평가원 기출횟수 7

EBS 기출횟수 39

nurture⁰ nurtured⁴ nurturing³

The early **nurturing** and later flowering of science required a large and loosely structured, competitive community.

*153307빈칸완성

초기에 과학을 육성하고 나중에 꽃피우는 데는 크고, 느슨하게 조직되며, 경쟁에 기반한 공동체가 필요했다.

A mother's own well-being may conflict with **nurturing** her baby.

*07(6)1904밑줄추론

엄마 자신의 행복이 아기를 양육하는 것과 충돌할지도 모른다고 그녀는 말했다.

n. 핵심, 중심

220 **core**
□□□ [kɔːr]

수능·평가원 기출횟수 7

EBS 기출횟수 39

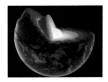

The company aggressively introduced it to the product's **core** audience of young people.

*12(9)2605빈칸완성

그 회사는 그 제품의 핵심 애호가인 젊은이들에게 그 제품을 공격적으로 소개했다.

v. 힐끗 보다, 얼핏 보다

221 **glance**
□□□ [glæns]

수능·평가원 기출횟수 6

EBS 기출횟수 40

glance³ glanced¹ glances¹ glancing¹

While this may not seem like such a bad deal at first **glance**, the animals experience numerous complications.

*12(6)2303문장삭제

처음 얼핏 보기에 이것은 그리 나쁜 거래처럼 보이지는 않겠지만, 동물들은 수많은 복잡한 문제들을 경험한다.

Now and again she would **glance** up at the clock.

*063303심경

가끔씩 그녀는 시계를 힐끗힐끗 보곤 했다.

n. 증명서, 자격증

222 **certificate**
□□□ [sərtífəkit]

수능·평가원 기출횟수 6

EBS 기출횟수 40

certificate⁴ certificates¹ certify¹

We feel as if the day they entered our school were yesterday, and now they will proudly receive their graduation **certificates**.

*082002글의목적

그들이 저희 학교에 입학하던 날이 어제처럼 느껴지는데, 이제 그들은 졸업장을 자랑스럽게 받게 될 것입니다.

222-1 □□□ **certify** *v.* 증명하다 94²

v. 모집하다 n. 신병, 신입 회원

223 **recruit**

□□□ [rikrú:t]

수능·평가원 기출횟수 4

EBS 기출횟수 42

recruit¹ recruited¹ recruitment¹ recruits¹

After graduation, Jeremy joined an organization that **recruits** future leaders to teach in low-income communities.

*1543-4506장문배열

졸업 후에 Jeremy는 저소득 지역사회에서 가르칠 미래의 지도자들을 모집하는 한 단체에 들어갔다.

223-1 □□□ **recruitment**   n. 채용, 신규 모집 94²

---

n. 저장

224 **storage**

□□□ [stɔ́:ridʒ]

수능·평가원 기출횟수 4

EBS 기출횟수 42

The Chinese who had perfected ice **storage** were enjoying fruit-flavored ices by the time Marco Polo visited in the thirteenth century.

*08(6)4402장문배열

얼음 저장법을 완성한 중국인들은 Marco Polo가 13세기에 방문했을 무렵에 과일 맛이 나는 얼음을 즐기고 있었다.

---

a. 잠이 든

225 **asleep**

□□□ [əslí:p]

수능·평가원 기출횟수 4

EBS 기출횟수 42

My dad recalled looking up at the stars in the roofless house as a twelve-year-old kid before falling **asleep**.

*14843-4511장문독해

아버지는 12살 아이였을 때 잠들기 전에 지붕이 없는 집에서 별을 봤던 것을 기억했다.

---

v. 강요하다, 자아내다

226 **compel**

□□□ [kəmpél]

수능·평가원 기출횟수 4

EBS 기출횟수 42

compel¹ compelling¹ compels²

The metaphor **compels** you to start thinking of life. *11(6)4504문단요약

은유는 우리가 인생에 대해 생각해보도록 만든다.

They usually feel this way because their behavior **compels** others to lie to them.

*092502빈칸완성

그들은 주로 그들의 행동이 다른 사람들로 하여금 그들에게 거짓말을 하도록 강제하기 때문에 이렇게 느끼게 된다.

a. 풍부한, 상당한, 실제적인

227 **substantial**
□□□ [səbstǽnʃəl]

수능·평가원 기출횟수 4

EBS 기출횟수 42

The cleared soil was rich in minerals and nutrients and provided **substantial** production yields. *122805빈칸완성

개간된 토양은 미네랄과 영양분이 풍부하였고 상당한 양의 농작물을 산출하였다.

The city's wealth originally came from the **substantial** tolls it placed passing merchants. *11(6)3606내용일치

그 도시가 부유해진 것은 원래 지나가는 상인들에게 부과한 상당한 통행료에서 비롯되었다.

---

a. 생생한, 선명한

228 **vivid**
□□□ [vívid]

수능·평가원 기출횟수 3

EBS 기출횟수 43

One of the more amusing aspects of this age is the child's often **vivid** imagination. *104202글의제목

이 연령의 더욱 흥미로운 점들 중 하나는 아이의 빈번하게 나타나는 선명한 상상력이다.

---

v. 뿌리다, 살포하다

229 **spray**
□□□ [sprei]

수능·평가원 기출횟수 3

EBS 기출횟수 43

spray² spraying¹

They think GM crops can offer bigger harvests, better quality, and less need for **spraying** poisons to kill insects. *04(6)46-4709장문독해

그들은 유전자 변형 농작물이 더 큰 수확, 더 나은 품질을 제공하고, 살충제를 덜 뿌릴 수 있게 해 준다고 생각한다.

---

a. 귀중한, 비싼

230 **precious**
□□□ [préʃəs]

수능·평가원 기출횟수 9

EBS 기출횟수 36

What has been preserved of their work belongs among the most **precious** possessions of mankind. *062305글의목적

그들의 작품으로부터 보존되어 왔던 것은 인류의 가장 귀중한 소유물에 속한다.

231 pronunciation
□□□ [prənʌnsiéiʃən]
수능·평가원 기출횟수 9
EBS 기출횟수 36

n. 발성, 발음

pronunciation⁷ pronounce¹ pronounces¹

Don't stop until you finish the poem, even if you don't know the meaning or **pronunciation** of a word. *06(6)2305문장삭제

단어의 의미나 발음을 모르더라도 시를 다 읽을 때까지 멈추지 마라.

231-1 □□□ **pronounce** *v.* 발음하다, 선언하다 12³·07⁶

232 bury
□□□ [béri]
수능·평가원 기출횟수 9
EBS 기출횟수 36

v. 파묻다, 덮어 가리다

bury⁰ buried⁸ burying¹

There is a deep cavern on the island, containing the bones and arms of the Indians, who were **buried** there. *13(6)2006내모어법

이 섬에는 인디언들의 뼈와 무기가 있는 깊은 동굴이 있는데, 인디언들이 그곳에 매장됐었다.

233 prominent
□□□ [prámənənt]
수능·평가원 기출횟수 9
EBS 기출횟수 36

a. 두드러지는, 중요한, 유명한

One **prominent** scholar said, "Anything can look like a failure in the middle." *151807글의요지

한 저명한 학자가 다음과 같이 말했다. "진행되는 도중에는 무엇이든 잘못된 것처럼 보일 수 있다."

234 pour
□□□ [pɔːr]
수능·평가원 기출횟수 7
EBS 기출횟수 38

v. 퍼붓다

pour² poured¹ pouring³ pours¹

Dinner consists of a freeze-dried meal, "cooked" by **pouring** hot water into the package. *153708문장배열

저녁 식사는 용기 안에 뜨거운 물을 부어 '조리되는' 동결 건조식으로 이루어진다.

v. 엮다, 짜다

235 **weave**
□□□ [wiːv]

수능·평가원 기출횟수 7
EBS 기출횟수 38

weave¹ woven⁶

The more legitimately we **weave** art into the fabric of the general curriculum, the better our students will understand the important role art plays in culture. *11(6)3305글의주제

우리가 미술을 더 합법적으로 정규 교과과정의 구조 속에 조직해 넣으면 넣을수록, 우리의 학생들은 미술이 문화에서 하는 중요한 역할을 더 잘 이해할 수 있는 것이다.

a. 정력적인, 혈기왕성한

236 **energetic**
□□□ [ènərdʒétik]

수능·평가원 기출횟수 6
EBS 기출횟수 39

energetic⁴ energized²

You need a program that will give you a more positive and **energetic** life. *15(9)1801글의목적

여러분에게는 더 긍정적이고 활기에 찬 생활을 제공해 줄 프로그램이 필요합니다.

236-1 □□□ **energize**   v. 열정을 돋우다   15⁹·14⁽⁶ᴮ⁾

1. n. 뒤(쪽) a. 뒤(쪽)의
2. v. 기르다

237 **rear**
□□□ [riər]

수능·평가원 기출횟수 5
EBS 기출횟수 40

rear³ rearing²

When the children drew **rear** views of the adults, the size of the heads was not nearly so exaggerated. *08(9)2306문장삽제

아이들이 어른들의 뒷모습을 그렸을 때, 머리의 크기는 거의 그렇게 과장되지 않았다.

Should chaos **rear** its ugly head, the leader was expected to restore normality immediately. *14(6B)3505빈칸완성

혼돈이 그 추한 고개를 들면 지도자는 즉시 정상으로 되돌릴 것으로 기대되었다.

High-density **rearing** led to outbreaks of infectious diseases.

*152802밑줄어법

고밀도의 사육은 전염성 질병의 발발을 초래했다.

TIP 발음과 형태는 같지만 동사일 때와 명사, 형용사일 때 완전히 서로 다른 단어 입니다.

238 **retail**
□□□ [ríːteil]
수능·평가원 기출횟수 5
EBS 기출횟수 40

retail² retailer¹ retailers²

n. 소매   *v.* 소매하다

Whether it is a business-to-business transaction or a **retail** sale, e-commerce shifts the balance of power in favor of the customer. *'05(6)2401빈칸완성

기업과 기업간의 거래이든 소매 거래이든 전자 상거래는 소비자 편으로 유리하게 힘의 균형을 옮기고 있다.

239 **hinder**
□□□ [híndər]
수능·평가원 기출횟수 4
EBS 기출횟수 41

hinder¹ hindering¹ hinders¹ unhindered¹

v. 막다, 방해하다

Responses might include even lobbying for regulations that would **hinder** the rival's expansion. *'14(6B)3602빈칸완성

반응은 심지어 경쟁사의 발전을 방해할 법규를 위해 로비하는 것까지도 포함될 것이다.

239-1 □□□ **unhindered**   *a.* 방해받지 않는 ¹¹⁹

240 **warranty**
□□□ [wɔ́ːrənti]
수능·평가원 기출횟수 4
EBS 기출횟수 41

warranty³ warranted¹

n. 품질 보증서

Best of all, Dust Away 3000 comes with a lifetime limited **warranty**. *'12(9)06듣기

무엇보다 좋은 점은, Dust Away 3000은 평생 품질 보증을 받습니다.

241 **diagnose**
□□□ [dáiəgnòus]
수능·평가원 기출횟수 4
EBS 기출횟수 41

diagnose⁰ diagnosed³ diagnosis¹

v. 진단하다

For both rural and urban areas, the percentages of male children **diagnosed** with asthma were higher than those of female children for all the periods. *'113802도표

시골과 도시 지역 모두에서, 천식으로 진단받은 남자 아이들의 비율이 전체 기간 동안에 여자 아이들의 비율보다 더 높았다.

241-1 □□□ **diagnosis**   *n.* 진단, 진찰 ¹⁵⁹

n. 산

242 **acid**
□□□ [ǽsid]

수능·평가원 기출횟수 3

EBS 기출횟수 42

amino acid 15 · 09 · EBS14 ·
EBS11 · EBS10
fatty acid EBS11 · EBS10
sulfuric acid EBS11
salicylic acid EBS12
nucleic acid EBS10
hydrochloric acid EBS12
glutamic acid EBS11
L-glutamic acid EBS11
folic(=folate) acid EBS11
acetic acid EBS11

Especially before air quality laws began appearing in the 1970s, particulate pollution was behind **acid** rain, respiratory disease, and ozone depletion. *14(6B)3203빈칸완성

특히 공기 질(과 관련된) 법안이 1970년대에 등장하기 시작하기 전에 분진으로 된 오염 물질은 산성비, 호흡기 질환, 오존 파괴 뒤에 가려져 있었다.

(TIP) '–산' 표현을 정리합니다. 주로 EBS에서 다양한 형태로 등장하였습니다.
amino acid '아미노산', fatty acid '지방산', sulfuric acid '황산', salicylic acid '살리실산', nucleic acid '핵산', hydrochloric acid '염산', glutamic acid '글루타민산', L-glutamic acid 'L–글루타민산', folic(=folate) acid '엽산', acetic acid '아세트산'으로 출제 되었습니다.

v. 전환시키다, 개조하다

243 **convert**
□□□ [kənvə́:rt]

수능·평가원 기출횟수 3

EBS 기출횟수 42

convert² converted¹

The timber was sold on the open market and the soil **converted** to crops and pasture land. *122804빈칸완성

목재가 일반 시장에서 판매되었고, 그 땅은 농경지와 목초지로 바뀌었다.

n. 덕목, 가치, 선행, 장점

244 **virtue**
□□□ [və́:rtʃu:]

수능·평가원 기출횟수 3

EBS 기출횟수 42

virtue¹ virtues²

Patience is clearly an important **virtue**, yet so many people stand in front of their microwaves thinking "Hurry up!" *102408빈칸완성

인내는 분명히 중요한 덕목이지만, 너무 많은 사람들이 "서둘러!"라는 생각을 하며 전자레인지 앞에 서 있다.

With a small shift in perspective we can change this definition to "a plant whose **virtues** have not yet been discovered." *07(6)4202글의제목

약간만 관점을 달리하면 우리는 이 정의를 '가치가 아직 발견되지 않은 식물'로 바꿀 수 있다.

245 radiate
□□□ [réidièit]

수능·평가원 기출횟수 3
EBS 기출횟수 42

v. 퍼지다, 내뿜다

radiate¹ radiation²

The ray flowers **radiate** out from the rim of the disk flowers and reach to the edge of the whole flower.
*09(9)2904밑줄어휘

설상화들은 반상화의 가장자리로부터 방사상으로 퍼져나와 전체 꽃의 끝머리까지 이르고 있다.

245-1 □□□ **radiation**   *n.* 방사선, 복사 ¹⁵⁶

---

246 ban
□□□ [bæn]

수능·평가원 기출횟수 2
EBS 기출횟수 43

v. 금지하다

ban¹ banning¹

Laws **banning** specific dog breeds do not work because any type of dog can be trained to attack.
*07(6)2704빈칸완성

어떠한 개든 공격하도록 조련받을 수 있기 때문에 특정한 품종의 개를 금지하는 법은 효과가 없다.

---

247 wooden
□□□ [wúdn]

수능·평가원 기출횟수 9
EBS 기출횟수 35

a. 나무로 만든(된), 나무의

wooden⁵ wooded¹ woody³

Around them were lots of **wooden** barrels and boards.
*0746-4805장문배열

그들 주변에는 많은 나무통과 나무판이 널려 있었다.

247-1 □□□ **wooded**   *n.* 나무가 우거진 ⁰⁴

247-2 □□□ **woody**   *a.* 숲이 우거진, 나무 재질로 된 ⁰⁴ ⁰⁸⁶

---

248 broadcast
□□□ [brɔ́:dkæ̀st]

수능·평가원 기출횟수 9
EBS 기출횟수 35

n. 방송 *v.* 방송하다, 널리 알리다

broadcast² broadcasting⁷

The French government was reluctant to shoulder the financial burden of developing national networks for television **broadcasting**.
*092803네모어휘

프랑스 정부는 텔레비전 방송을 위한 전국적인 네트워크 구축의 재정적인 부담을 지기를 꺼려하였다.

n. 노숙자 *a.* 집이 없는

249 **homeless**
[houmlis]

수능·평가원 기출횟수 9
EBS 기출횟수 35

homeless[8] homelessness[1]

You give aluminum cans to the **homeless** guy who collects them from the recycling bin. *12(9)3207네모어휘

당신은 재활용 쓰레기통에서 알루미늄 캔을 집어가는 노숙자에게 알루미늄 캔을 준다.

249-1 □□□ **homelessness**　　*n.* 집이 없음, 노숙 [05]

---

n. 대출 *v.* 대출하다

250 **loan**
[loun]

수능·평가원 기출횟수 9
EBS 기출횟수 35

loan[6] loaned[2] loaning[1]

They found that such an offer increased **loan** inquiries by as much as dropping the interest rate five points. *12(6)3007연결사

그들은 그러한 제안으로 인해 이자율을 5퍼센트 포인트 떨어뜨릴 만큼 대출 문의가 증가했다는 것을 알았다.

Videos and DVDs can be **loaned** for 2 days and cannot be renewed. *071806지칭추론

비디오와 DVD는 이틀 동안 대여할 수 있으며 갱신은 할 수 없다.

98 (TIP) loan이 특히 돈을 빌리는 것을 말하는 데 반해, lease는 실물을 빌리는 것을 뜻합니다. 즉 부동산, 장비, 자동차 임대 등이 lease라고 할 수 있습니다.

---

a. 수동적인

251 **passive**
[pǽsiv]

수능·평가원 기출횟수 8
EBS 기출횟수 36

passive[7] passively[1]

It is more comfortable to use the **passive** voice here. *11(9)4005글의요지

여기서는 수동적인 목소리를 사용하는 것이 더 편안하다.

---

n. 순서, 연속 *v.* 차례로 나열하다, 배열하다

252 **sequence**
[síːkwəns]

수능·평가원 기출횟수 7
EBS 기출횟수 37

sequence[4] sequences[2] subsequently[1]

The termination of such interactional **sequences** invariably originates from the human. *13(9)3205네모어휘

그러한 상호 작용의 종료는 항상 사람으로부터 비롯되는 것이 자주 목격된다.

252-1 □□□ **subsequently**　　*ad.* 나중에, 그 뒤에 [10]

Basic

주어진 단어의 뜻을 우리말로 쓰세요.

1. recruit _____
2. prominent _____
3. panic _____
4. precious _____
5. radiate _____
6. diagnose _____
7. passive _____
8. ban _____
9. broadcast _____
10. ambition _____

11. spray _____
12. profound _____
13. pour _____
14. energetic _____
15. certificate _____
16. substantial _____
17. acid _____
18. pretend _____
19. chew _____
20. embrace _____

Advanced

다음 문장에 들어갈 적절한 형태의 단어를 쓰세요.

1. Other Latin American nations suffered **e**_____ from outside the region and developed societies split by class conflict between rich and poor.
   다른 라틴아메리카 국가들이 외부지역에 의해서 착취를 겪고, 빈부의 계급갈등으로 분열된 사회를 전개했다.
   *10(6)3605내용일치

2. Our incredible growth rate leads to a continuous **r**_____ of ambitious programmer analysts who have the desire to make a significant contribution to an expanding company.
   우리의 괄목할 만한 성장률 때문에 확장 중인 회사에 중대한 공헌을 할 바램을 가지고 있는 야심찬 프로그램 분석가를 계속해서 모집하게 되었습니다. * 94(2)2802글의주제

3. When medical science **p**_____ him incurable, he will not resign himself to fate but runs to the nearest quack who holds out hope of recovery.
   의학이 그에게 치유 불가능하다고 선고할 때, 그는 운명을 감수하며 따르지 않고, 회복의 희망을 약속하는 근처 돌팔이 의사에게 달려간다. *12(9)3306밑줄어휘

4. Nature lies outside the urban and agricultural realms, in regions of Earth where natural processes are **u**_____.
   자연은 도시와 농촌 지역 외부에, 다시 말해 자연의 과정이 방해받지 않는 지구의 지역에 존재한다. *11(9)2902빈칸완성

5. We **s**_____ demonstrate this desired likeness to others in various and often subtle ways.
   우리는 그 뒤에 다양하고 종종 미묘한 방법으로 다른 사람들과 비슷해지려는 이런 욕망을 나타낸다. *10(9)2103네모어법

Theme Analysis

EBS 수능연계교재 Part 1

No.	확인	단어	뜻	EBS 총빈도	EBS 교재수	기출형태
1	□□□	expenditure	n. 지출 비용, 경비	60	28	expenditure[25] expenditures[35]
2	□□□	implement	v. 이행하다	41	27	implement[15] implemented[22] implementing[2] implements[2]
3	□□□	equivalent	n. 동등한 것, 등가[등량]물 a. 동등한	37	24	equivalent[31] equivalents[6]
4	□□□	knot	n. 매듭 n. 노트(1시간에 1해리를 달리는 속도)	36	11	knot[23] knots[11] knotted[2]
5	□□□	renewable	a. 재생 가능한	35	15	renewable[33] renewables[2]
6	□□□	loyalty	n. 충성심	34	17	loyalty[32] loyalties[2]
7	□□□	prestige	n. 위세, 명성	32	13	
8	□□□	confess	v. 고백하다	31	22	confess[8] confessed[7] confessing[2] confession[9] confessions[4] confessor[1]
8-1	□□□	confession	n. 고백, 자백			
8-2	□□□	confessor	n. 참회자, 자백자			
9	□□□	entrepreneur	n. 사업주, 기업가, 실업가	31	19	entrepreneur[10] entrepreneurs[21]
10	□□□	subsequent	a. 그 이후의	30	15	
11	□□□	arrest	v. 막다, 체포하다	28	18	arrest[10] arrested[16] arresting[2]
12	□□□	reef	n. 암초, 초(礁)	27	18	reef[13] reefs[14]
13	□□□	chronic	a. 만성의	27	17	
14	□□□	revolve	v. 회전하다	26	22	revolve[6] revolved[5] revolves[4] revolving[11]
15	□□□	posture	n. 자세	26	16	posture[20] postures[4] posturing[2]
16	□□□	autonomy	n. 자치권, 자율성	26	11	
17	□□□	sway	v. 몸을 흔들다, 흔들리다	25	19	sway[13] swayed[5] swaying[7]
18	□□□	translation	n. 번역, 번역물	25	17	translation[19] translations[6]
19	□□□	quote	v. (값을)부르다, 매기다	25	17	quote[9] quoted[9] quotes[5] quoting[2]
20	□□□	ecology	n. 생태, 생태학	25	12	
21	□□□	prospective	a. 예기된, 가망 있는	24	17	
22	□□□	worthy	a. ~을 받을 만한	24	15	
23	□□□	consent	v. 동의하다, 승낙하다	24	13	consent[18] consented[3] consenting[3]
24	□□□	variable	n. 변수	23	18	variable[15] variables[8]
25	□□□	disruption	n. 붕괴, 혼란	23	17	disruption[18] disruptions[5]
26	□□□	garment	n. 외관, 의복	23	16	garment[3] garments[20]
27	□□□	bare	a. 텅 빈, 벌거벗은	23	15	bare[22] bared[1]
28	□□□	deception	n. 속임, 기만	23	13	deception[20] deceptions[3]
29	□□□	auction	n. 경매	23	10	auction[17] auctioned[2] auctions[4]
30	□□□	deplete	v. 고갈시키다	22	15	deplete[5] depleted[16] depleting[1]
31	□□□	alliance	n. 연합체, 동맹단체, 제휴	22	14	alliance[14] alliances[8]
32	□□□	jury	n. 배심원단, 배심	22	12	
33	□□□	withstand	v. 살아남다, 견디다	22	11	withstand[15] withstanding[5] withstands[1] withstood[1]

No.	확인	단어	뜻	EBS 총빈도	EBS 교재수	기출형태
34	□□□	amphibian	n. 양서류	22	7	amphibian[3] amphibians[19]
35	□□□	deteriorate	v. 악화되다	21	18	deteriorate[7] deteriorated[7] deteriorates[3] deteriorating[4]
36	□□□	temptation	n. 유혹	21	17	temptation[18] temptations[3]
37	□□□	correlate	v. 관련이 있다, 상관하다	21	15	correlate[2] correlated[14] correlates[3] correlating[2]
38	□□□	stitch	n. 꿰맴, 바느질	21	13	stitch[6] stitched[4] stitches[8] stitching[3]
39	□□□	inject	v. 주입하다	21	13	inject[4] injected[15] injecting[1] injects[1]
40	□□□	reptile	n. 파충류	21	11	reptile[2] reptiles[19]
41	□□□	comet	n. 혜성	21	8	comet[11] comets[10]
42	□□□	veteran	n. 군 경력자, 퇴역 군인	21	6	veteran[0] veterans[21]
43	□□□	hollow	a. 속이 텅 빈	20	14	hollow[17] hollowed[3]
44	□□□	contamination	n. 오염, 더러움	20	12	
45	□□□	integration	n. 통합	20	12	
46	□□□	neural	a. 신경의	20	12	
47	□□□	imperative	a. 절대 필요한	20	12	imperative[16] imperatives[4]
48	□□□	eclipse	n. (일식, 월식의)식	20	11	eclipse[15] eclipsed[2] eclipses[3]
49	□□□	succession	n. 계승	20	10	
50	□□□	healthcare	n. 건강 관리, 의료	20	9	
51	□□□	fundraising	n. 모금	20	5	
52	□□□	deficit	n. 부족, 적자	19	15	deficit[15] deficits[4]
53	□□□	controversial	a. 논쟁이 되고 있는	19	14	
54	□□□	colonial	a. 식민지의	19	13	colonial[18] colonials[1]
55	□□□	signify	v. 의미하다, 나타내다	19	13	signify[9] signified[2] signifies[1] signifying[7]
56	□□□	encode	v. 암호로 바꾸다	19	13	encode[2] encoded[10] encoding[7]
57	□□□	congress	n. 회의, 의회	19	12	
58	□□□	disprove	v. 반증하다, 틀렸음을 입증하다	19	11	disprove[9] disproved[4] disproving[6]
59	□□□	sole	a. 유일한	19	10	
60	□□□	threshold	n. 문지방, 입구	19	10	threshold[17] thresholds[2]
61	□□□	connotation	n. 함축(된 의미)	19	9	connotation[10] connotations[9]
62	□□□	cortex	n. 피질	19	8	
63	□□□	treaty	n. 조약	19	8	treaty[17] treaties[2]
64	□□□	anonymity	n. 익명성	19	7	
65	□□□	tactic	n. 책략, 작전	18	18	tactic[12] tactics[6]
66	□□□	rodent	n. 설치류	18	15	rodent[3] rodents[15]
67	□□□	claw	n. 발톱	18	13	claw[7] claws[11]
68	□□□	clinical	a. 임상의, 진료의	18	12	

Week 2

Day 07

253	enclose
254	chore
255	ripen
256	liberal
257	ironic
258	grasp
259	moisture
260	flaw
261	afterward
262	foster
263	physiology
264	utterly
265	legend
266	bark
267	shame
268	undergo
269	compromise
270	withdraw
271	elevate
272	refine
273	hug
274	temple
275	parallel
276	district
277	antibiotic
278	marine
279	terrify
280	beverage
281	soak
282	racism
283	ongoing
284	barely
285	openness
286	upward
287	draft
288	lean
289	medieval
290	blossom
291	lessen
292	fame
293	soar
294	biography

Day 08

295	wax
296	glow
297	input
298	navigate
299	column
300	innate
301	dispute
302	spin
303	bug
304	paralyze
305	summarize
306	inquire
307	protest
308	twist
309	clarity
310	impulsive
311	swell
312	marketplace
313	bow
314	gum
315	startle
316	linguistic
317	graze
318	downward
319	arrow
320	conceal
321	bargain
322	altogether
323	reluctant
324	border
325	coal
326	forbid
327	bleed
328	enterprise
329	criteria
330	grave
331	infer
332	modest
333	suspend
334	surpass
335	insult
336	fluid

Day 09

337	spill
338	collapse
339	flourish
340	toxic
341	receipt
342	occupation
343	suburb
344	update
345	simulate
346	confine
347	radical
348	strive
349	boil
350	expire
351	crush
352	precede
353	questionnaire
354	forecast
355	fur
356	vibrate
357	cabin
358	delicate
359	fairy
360	drag
361	evaporate
362	mate
363	empathetic
364	dislike
365	clip
366	strain
367	intake
368	colorful
369	scent
370	harsh
371	spoil
372	straighten
373	gear
374	cotton
375	estate
376	paradox
377	spark
378	rotate

10 Day

379	realm
380	offspring
381	slice
382	versus
383	superficial
384	prime
385	brick
386	awful
387	innocent
388	intuition
389	horn
390	drift
391	wipe
392	trivial
393	bounce
394	altitude
395	transaction
396	outstanding
397	obscure
398	verification
399	fabric
400	steep
401	pioneer
402	genre
403	architecture
404	fatigue
405	privilege
406	dictate
407	forgetful
408	satellite
409	scan
410	abuse
411	accustom
412	thread
413	crystallize
414	dismiss
415	jar
416	exotic
417	degrade
418	drown
419	feather
420	troop

11 Day

421	span
422	booth
423	cherish
424	destiny
425	equation
426	adversity
427	upcoming
428	deficient
429	gaze
430	humidity
431	whisper
432	temper
433	phase
434	penalty
435	refuge
436	collaboration
437	burrow
438	herb
439	shallow
440	impair
441	infinite
442	nut
443	bless
444	ethnic
445	charm
446	exaggerate
447	outlook
448	conscience
449	incline
450	dump
451	presume
452	restrain
453	vanish
454	flock
455	sibling
456	purse
457	pity
458	simplify
459	fragile
460	anniversary
461	inferior
462	evoke

12 Day

463	discard
464	animate
465	remedy
466	unify
467	ambiguous
468	stack
469	analogy
470	conceive
471	flame
472	cite
473	polish
474	clay
475	pasture
476	whistle
477	adulthood
478	correspond
479	folk
480	strip
481	mixture
482	concrete
483	plug
484	breakthrough
485	soothe
486	absurd
487	fierce
488	applause
489	priest
490	combat
491	systematic
492	casually
493	dissolve
494	portable
495	dine
496	discern
497	grip
498	sacred
499	recur
500	heartfelt
501	hatch
502	deviance
503	trustworthy
504	jewelry

_v._ 둘러싸다, 동봉하다

253
□□□ **enclose**
[enklóuz]

수능·평가원 기출횟수 7

EBS 기출횟수 37

enclose⁴ enclosed² enclosure¹

Enclosed is a copy of the original receipt and the repair bill.

*13(6)1808글의목적

원래의 영수증 사본과 수리비 계산서를 동봉합니다.

253-1 □□□ **enclosure**   _n._ 울타리, 동봉물 ¹⁵

_n._ 허드렛일, 잡일

254
□□□ **chore**
[tʃɔːr]

수능·평가원 기출횟수 6

EBS 기출횟수 38

chore¹ chores⁵

In the midst of her **chores**, my mother spent time reading.

*13(9)48-5005장문배열

집안의 허드렛일을 하시는 도중에, 어머니는 책을 읽으며 시간을 보내셨다.

_v._ 익다, 익히다

255
□□□ **ripen**
[ráipən]

수능·평가원 기출횟수 6

EBS 기출횟수 38

ripen³ ripe¹ ripening¹ ripens¹

Usually, breadfruit is gathered before it **ripens** and is cooked on hot stones.

*063905내용일치

보통 빵나무 열매는 익기 전에 따서 뜨거운 돌 위에서 요리가 된다.

255-1 □□□ **ripe**   _a._ 익은, 여문 ⁰⁷⁸

_a._ 자유주의적인, 관대한, 교양의

256
□□□ **liberal**
[líbərəl]

수능·평가원 기출횟수 5

EBS 기출횟수 39

liberal³ liberated¹ liberates¹

Unusual of the time, this **liberal** father gave his daughters a full classical education including painting.

*11(6)3703내용일치

그 당시로 특이하게 이 교양이 풍부한 아버지는 자기 딸들에게 그림을 포함한 최고의 고전교육을 시켰다.

256-1 □□□ **liberate**   _v._ 해방시키다 ¹⁵ᵇ·¹⁴⁽ᵉᵉ⁾

a. 반어적인

257 ironic
□□□ [airánik]

수능·평가원 기출횟수 4
EBS 기출횟수 40

ironic² ironically¹ ironies¹

It may sound **ironic**, but if you have experienced a lot of failure, you are actually in a better position to achieve success than people who have not.   *12(9)4208글의제목

이는 반어적으로 들릴 수도 있지만, 만약 당신이 많은 실패를 경험했다면, 당신은 사실 그렇지 않은 사람보다 성공을 성취할 수 있는 더 나은 위치에 있는 것이다.

| 257-1 □□□ | **irony** | *n.* 역설적인 상황, 아이러니, 반어법 13⁶ |
| 257-2 □□□ | **ironically** | *ad.* 반어적으로 14⁶ |

v. 붙잡다, 이해하다 *n.* 이해, 통제

258 grasp
□□□ [græsp]

수능·평가원 기출횟수 4
EBS 기출횟수 40

grasp³ grasped¹

We miss countless opportunities to improve their **grasp** of other subjects as well.   *11(6)3303글의주제

우리는 또한 다른 과목들에 대한 그들의 이해를 향상시켜주는 수많은 기회를 놓치고 있다.

She **grasped** it tightly as a powerful fish took her line.   *992202심경

힘센 고기가 그녀의 낚싯줄을 물었을 때 그 소녀는 그것을 꽉 움켜쥐었다.

n. 수분, 습도

259 moisture
□□□ [móistʃər]

수능·평가원 기출횟수 4
EBS 기출횟수 40

By measuring the change in the speed and size of the emerging signal, the **moisture** and porosity of the cheese can be mapped.   *10(6)3206글의주제

나타나는 신호의 속도와 크기의 차이를 측정함으로써, 치즈의 수분과 기공이 정밀하게 묘사될 수 있다.

n. 결함, 흠

260 flaw
□□□ [flɔː]

수능·평가원 기출횟수 2
EBS 기출횟수 42

flaw¹ flawless¹

This is the fundamental **flaw**.   *153204빈칸완성

이것은 근본적으로 잘못된 것이다.

| 260-1 □□□ | **flawless** | *a.* 완벽한 11⁶ |

ad. 후에, 나중에

261 afterward
□□□ [金ftərwərd]

수능·평가원 기출횟수 9

EBS 기출횟수 34

afterward⁵ afterwards⁴

Afterward, all of the children were asked what they thought would happen next in the story.   *15(9)3804문장삭제

나중에 모든 어린이는 그 이야기에서 다음에 무슨 일이 일어날 것으로 생각하는지에 대해 질문을 받았다.

TIP afterwards는 영국식 표현입니다.

---

v. 조성하다, 촉발시키다, 양육하다, 촉진하다

262 foster
□□□ [fɔ́:stər]

수능·평가원 기출횟수 5

EBS 기출횟수 38

foster⁴ fosters¹

Great companies **foster** a tension between continuity and change.   *12(9)2901어휘추론

훌륭한 기업은 지속성과 변화 사이의 긴장을 조성한다.

Children raised in households that **foster** communication find it easier to talk to others about their disappointments, fears, frustrations, and other emotions later in life.

*14(9A)41-4208장문독해

의사소통을 조성하는 가정에서 자란 아이들은 나중에 살아가면서 다른 사람들에게 자신의 실망, 두려움, 좌절, 그리고 기타 감정들을 말하는 것을 더 쉽게 여긴다.

---

n. 생리 기능, 생리학

263 physiology
□□□ [fìziálədʒi]

수능·평가원 기출횟수 4

EBS 기출횟수 39

physiology³ physiological¹

Most of the systems in animal and human **physiology** are controlled by homeostasis.   *123404글의주제

동물과 사람의 생리 기능 체계의 대부분은 항상성에 의해서 조절된다.

263-1 □□□ **physiological**   *a.* 생리적인 ¹²

---

ad. 완전히, 전혀

264 utterly
□□□ [Átərli]

수능·평가원 기출횟수 3

EBS 기출횟수 40

utterly² uttering¹

Zoo life is **utterly** incompatible with an animal's most deeply-rooted survival instincts.   *12(6)2307문장삭제

동물원 생활은 동물에게 가장 깊이 뿌리내리고 있는 생존본능과 절대로 조화를 이룰 수 없다.

264-1 □□□ **utter**   *v.* 말을 하다 *a.* 완전한 ¹²⁶

n. 전설

265
□□□
legend
[lédʒənd]

수능·평가원 기출횟수 9

EBS 기출횟수 33

legend⁴ legendary³ legends²

A **legend** explaining tea's origins involves Dharma, the father of Zen Buddhism. *05(9)2801문장삽입

차의 기원을 설명해주는 전설은 선불교의 아버지인 Dharma와 관련이 있다.

265-1 □□□ **legendary**   *a.* 전설적인, 아주 유명한 ⁹⁸₀₉⁸·₀₆⁸

1. *v.* 짖다 *n.* 짖는 소리
2. *n.* 나무껍질

266
□□□
bark
[bɑːrk]

수능·평가원 기출횟수 8

EBS 기출횟수 34

bark³ barking⁵

Nowhere, indeed, was any sign or suggestion of life except the **barking** of a distant dog. *063205분위기

멀리 개 짖는소리를 제외하고는 실제로 어느 곳에도 생명체의 흔적이나 기색이 없었다.

These hardy colonists dug caves along the side of a cliff, made a roof of **bark** supported by poles, and their "castles" were complete. *07(6)4106문장삽입

이 억센 개척자들은 절벽의 측면을 따라서 동굴을 파고, 나무껍질로 만든 지붕을 기둥으로 받쳐 그들의 '성'을 완성했다.

n. 부끄러움, 수치

267
□□□
shame
[ʃeim]

수능·평가원 기출횟수 7

EBS 기출횟수 35

shame⁶ shameless¹

To my **shame**, Ms. Price believes her. *07(6)2805심경

창피하게도 Price 부인은 그녀를 믿고 있다.

Shame flushed through me. *13(9)48-5016정문배열

부끄러움이 갑작스레 날 덮쳤다.

267-1 □□□ **shameless**   *a.* 뻔뻔한 ¹⁰

v. 겪다, 경험하다

268
□□□
undergo
[ʌndərgóu]

수능·평가원 기출횟수 7

EBS 기출횟수 35

undergo³ undergone² underwent²

Children who learn to fear thunder by watching their parents react to it have **undergone** similar conditioning. *10(9)3405글의주제

부모님이 천둥에 반응하는 것을 목격함으로써 천둥에 대한 두려움을 알게 된 아이들도 비슷한 조건화를 겪는다.

n. 타협, 절충 v. 타협하다, 훼손하다

269 compromise
□□□ [kámprəmàiz]

수능·평가원 기출횟수 7

EBS 기출횟수 35

compromise² compromised³ compromises¹ compromising¹

Individuals in a population that has exceeded the carrying capacity of its habitat may have poor health and suffer from malnutrition because of the **compromised** living conditions.

*14(6B)41-4202장문독해

서식지의 수용력 범위를 초과한 집단의 개체들은 위태로워진 생활 조건으로 인하여 허약한 건강 상태를 갖게 되고 영양실조로 고통을 받을 수 있다.

When it was time to go off to university, he agreed to study chemical engineering as a **compromise** with his father.

*15(9)3005빈출추론

대학에 갈 무렵이 되었을 때, 그는 자신의 아들이 수학자로서는 생계를 꾸릴 수 없을 거라고 걱정하는 아버지와의 절충안으로 화학 공학을 공부하는 것에 동의했다.

v. 물러나다, 철수하다, 취소하다, 철회하다

270 withdraw
□□□ [wiðdrɔ́ː]

수능·평가원 기출횟수 5

EBS 기출횟수 37

withdraw³ withdrawal¹ withdrawing¹

I'd like to **withdraw** money from my account.   *15(9)05듣기

계좌에서 돈을 인출하고 싶어요.

270-1 □□□ **withdrawal**　　n. (계좌에서의) 인출, 철수　11

v. 향상시키다, 올리다

271 elevate
□□□ [éləvèit]

수능·평가원 기출횟수 5

EBS 기출횟수 37

elevate¹ elevated¹ elevation² escalate¹

It's the inspiring expressions that **elevate** the food into a more exciting experience.   *09(6)2602빈칸완성

음식을 보다 흥미로운 경험으로 고양시키는 것은 바로 영감을 불러일으키는 표현들이다.

escalate 15 (TIP) 엘리베이터(elevator)가 자연스럽게 떠오르죠? 동시에 에스컬레이터(escalator)도 비슷한 의미입니다. 동사로는 escalate '상승하다'이며 수능에도 1회 출제되었습니다.

271-1 □□□ **elevation**　　n. 고도　12·05

271-2 □□□ **escalate**　　v. 확대(증가)하다, 확대(증가)시키다.　15

272 **refine**
□□□ [rifáin]

수능·평가원 기출횟수 4
EBS 기출횟수 38

v. 정제하다, 맑게 하다

refine¹ refined³

Even the most **refined** and precise research data are only raw
materials which may or may not become literature.   *11(6)3805글의요지

가장 정제되고 정확한 연구 자료조차도 문헌이 될 수도 있고 안 될 수도 있는 원료일
뿐이다.

273 **hug**
□□□ [hʌg]

수능·평가원 기출횟수 4
EBS 기출횟수 38

n. 포옹 *v.* 껴안다, 포옹하다

hug³ hugged¹

I gave him a **hug** and a fish.   *10(9)4003글의요지

저는 그를 안아주고 물고기를 줬어요.

274 **temple**
□□□ [témpəl]

수능·평가원 기출횟수 4
EBS 기출횟수 38

n. 사원

temple² temples²

Knowledge of writing was confined to professionals who
worked for the king or **temple**.   *064203글의제목

글을 아는 것은 왕이나 사원에서 일하는 전문가에게 한정되었다.

275 **parallel**
□□□ [pǽrəlèl]

수능·평가원 기출횟수 3
EBS 기출횟수 39

v. 유사하다, 평행하다 *n.* 평행선

parallel¹ parallels¹ unparalleled¹

It **parallels** advocacy in so far as it tends to involve a process
of negotiation.   *124502문단요약

이것은 협상의 과정을 수반하는 경향이 있다는 점에서 옹호와 유사하다.

275-1 □□□   **unparalleled**   *a.* 비할(견줄) 데 없는 ¹³

n. **지역, 구역**

276 **district**
□□□ [dístrikt]

수능·평가원 기출횟수 2
EBS 기출횟수 40

Tomorrow he would go into the roaring downtown **district** and find work.
*11(6)4406심경

내일, 이제 그는 법석대는 시내 지역으로 들어가서 일자리를 찾게 될 것이었다.

---

n. **항생제**

277 **antibiotic**
□□□ [æ̀ntibaiátik]

수능·평가원 기출횟수 2
EBS 기출횟수 40

The bacteria prevail until doctors discover an **antibiotic** that exposes a weakness in the bacteria and kills most of them.
*07(6)4506문장배열

박테리아는 의사가 박테리아의 약점을 노출시키고 그 대부분을 죽이는 항생제를 발견할 때까지는 널리 퍼진다.

---

a. **바다의, 해양의** *n.* **해병대**

278 **marine**
□□□ [mərí:n]

수능·평가원 기출횟수 8
EBS 기출횟수 33

Although polar bears are powerful **marine** mammals, they're too slow to catch a seal in open water.
*12(6)4407문장삽입

북극곰이 강한 해양 포유류이기는 하지만, 얼지 않은 바다에서 바다표범을 잡기에는 너무 느리다.

---

v. **무섭게 하다**

279 **terrify**
□□□ [térəfài]

수능·평가원 기출횟수 7
EBS 기출횟수 34

terrify[0] terrified[6] terrifying[1]

I had no idea that I was in for one of the most **terrifying** experiences of my life.
*122302심경

내 삶에서 가장 무서운 경험 중의 하나가 날 기다리고 있으리라고는 꿈에도 생각지 못했다.

280 **beverage**
□□□ [bévəridʒ]

수능·평가원 기출횟수 7
EBS 기출횟수 34

n. 음료

beverage³ beverages⁴

FREE **beverage** included in ticket price

*152609내용일치

'무료' 음료가 입장권 가격에 포함됨

281 **soak**
□□□ [souk]

수능·평가원 기출횟수 7
EBS 기출횟수 34

v. (흠뻑) 적시다, 흡수하다, 빨아들이다

soak² soaked⁴ soaking¹

Soak your tongue for 15 seconds in a sour solution, such as unsweetened lemon juice!

*12(6)4501문단요약

설탕을 넣지 않은 레몬주스 같은 신 맛이 나는 용액 속에 15초 동안 당신의 혀를 적셔라!

282 **racism**
□□□ [réisizəm]

수능·평가원 기출횟수 7
EBS 기출횟수 34

n. 인종차별주의

racism³ racial² racist²

Kate and Jamie were the youngest of the winning teams in the Stop **Racism** National Video Competition in 1998.

*09(6)2701빈칸완성

Kate와 Jamie는 1998년에 Stop Racism National Video Competition (인종차별을 막기 위한 전국 비디오 경연대회)에서 우승한 팀의 가장 막내였다.

282-1 □□□ **racial**   *a.* 인종의, 민족의 ⁰⁹·⁹⁴¹

283 **ongoing**
□□□ [ángouiŋ]

수능·평가원 기출횟수 6
EBS 기출횟수 35

a. 계속 진행 중인

Teach yourself to use your camera in a way that enhances your **ongoing** experiences.

*113207밑줄어휘

진행중인 경험을 강화하는 방식으로 카메라를 사용할 수 있도록 스스로를 가르쳐라.

284 barely
□□□ [bɛ́ərli]

수능·평가원 기출횟수 6
EBS 기출횟수 35

ad. 거의~아닌, 간신히

I **barely** realized that the 180th day had arrived. *08(9)46-4812장문배열
나는 180번째 날이 왔음을 거의 깨닫지 못했습니다.

---

285 openness
□□□ [óupənnəs]

수능·평가원 기출횟수 6
EBS 기출횟수 35

openness⁴ openly²

n. 개방성, 진솔함

Every lawn steps right up to the street in a gesture of
openness and welcoming. *11(6)3107밑줄어휘
개방성과 환영의 제스쳐로 모든 잔디는 거리에 솟아오르고 있다.

In a community built on trust and **openness**, students feel
secure and can develop the self-confidence. *0445-4604장문독해
신뢰와 진솔함 위에 세워진 공동체 속에서, 학생들은 안정감을 느끼고 자신감을
발전시킬 수 있다.

285-1 □□□ **openly** *ad.* 공개적으로 01·94¹

---

286 upward
□□□ [ʌ́pwərd]

수능·평가원 기출횟수 6
EBS 기출횟수 35

a. 위쪽을 향한

When she stretches her legs out horizontally after her feet
leave the stage, her center of mass moves **upward**. *08(9)2903·그림어휘
그녀의 발이 무대를 벗어난 후 다리를 수평으로 뻗을 때, 그녀의 질량 중심은 위로
이동한다.

---

287 draft
□□□ [dræft]

수능·평가원 기출횟수 6
EBS 기출횟수 35

draft⁴ drafts²

n. 초고, 초안

Make writing as easy for you as you can by not being
concerned with how good the first **draft** is. *082408빈칸완성
초고가 얼마나 좋으냐에 대해 신경쓰지 않음으로써, 당신이 할 수 있는 한 글쓰기를
쉬운 것으로 만들어라.

288 **lean**
□□□ [liːn]

수능·평가원 기출횟수 5
EBS 기출횟수 36

v. ~에 기대다, 기울(이)다 *a.* 야윈, 수확이 적은

lean³ leaned¹ leaning¹

He **leaned** his head back and closed his eyes.   *04(6)3304분위기

그는 머리를 뒤로 젖히고 눈을 감았다.

In years of bountiful crops people ate heartily, and in **lean** years they starved.   *15(9)2301글의제목

농작물이 풍부한 해에는 사람들이 마음껏 먹었고, 수확이 적은 해에는 굶주렸다.

---

289 **medieval**
□□□ [mìːdíːvəl]

수능·평가원 기출횟수 3
EBS 기출횟수 38

a. 중세의

Medieval tempera painting can be compared to the practice of special effects during the analog period of cinema.   *15(6)3204빈칸완성

중세의 템페라 화법은 영화를 아날로그 방식으로 제작하던 시기의 특수효과 실행에 비유될 수 있다.

---

290 **blossom**
□□□ [blásəm]

수능·평가원 기출횟수 9
EBS 기출횟수 31

n. 꽃 *v.* 활기를 띠다

blossom¹ bloom² bloomed¹ blossoming¹ blossoms⁴

When the plant flowers, it heats its **blossoms** to above 86°F for as long as four days.   *093702내용일치

그 식물이 꽃을 피울 때, 그것은 4일 동안 화씨 86도 이상까지 그것의 꽃에 열을 가한다.

290-1 □□□   **bloom**   *n.* 꽃 *v.* 꽃이 피다, 번영하다   14¹ 12⁹·11⁶

---

291 **lessen**
□□□ [lésn]

수능·평가원 기출횟수 9
EBS 기출횟수 31

v. 줄이다, 감소시키다

lessen³ lessened³ lessening¹ lesser²

They believed that mechanized music **lessened** the ideal of beauty by 'producing the same after same, with no soul, no joy, no passion.'   *10(6)4505문단요약

그들은 기계화된 음악은 '영혼도 즐거움도 열정도 없이 그저 반복적으로 생산해냄'으로써 이상적인 아름다움을 감소시켰다고 믿었다.

291-1 □□□   **lesser**   *a.* 더 적은. 덜한   13⁶

---

n. 명성

292 fame
□□□ [feim]

수능·평가원 기출횟수 9

EBS 기출횟수 31

He gained **fame** as leader of the Fauves' 1905 show. *13(6)1906밀출추론

그는 야수파 화가들의 1905년 전시회의 리더로서 명성을 얻었다.

---

v. 솟아오르다, 비상하다

soar⁴ soaring⁴

293 soar
□□□ [sɔːr]

수능·평가원 기출횟수 8

EBS 기출횟수 32

"I want to **soar** to the moon," Delia thought. *15(9)2009심경

"나는 달까지 솟아오르고 싶어."라고 Delia는 생각했다.

---

n. 전기(傳記)

biography⁴ autobiographies¹ autobiography¹ biographical¹

294 biography
□□□ [baiágrəfi]

수능·평가원 기출횟수 7

EBS 기출횟수 33

"**Biography** of Marie Curie," Rob said absently as he was
typing on his computer. *101906지칭추론

"Marie Curie의 전기(傳記)요." Rob은 컴퓨터 자판을 치며 멍하니 말했다.

294-1 □□□	**biographical**	*a.* 전기적인	¹²
294-2 □□□	**autobiography**	*n.* 자서전	⁰⁸

Basic

주어진 단어의 뜻을 우리말로 쓰세요.

1.	liberal	_____	**11.** bark	_____
2.	soak	_____	**12.** moisture	_____
3.	racism	_____	**13.** afterward	_____
4.	ripen	_____	**14.** utterly	_____
5.	refine	_____	**15.** blossom	_____
6.	foster	_____	**16.** temple	_____
7.	flaw	_____	**17.** hug	_____
8.	legend	_____	**18.** lessen	_____
9.	undergo	_____	**19.** openness	_____
10.	biography	_____	**20.** grasp	_____

Advanced

다음 문장에 들어갈 적절한 형태의 단어를 쓰세요.

1. Homeostasis is the ability of an organism to maintain internal equilibrium by adjusting its **p**_____ processes.
항상성은 생리적인 과정들을 조절하여 내적인 평형상태를 유지하는 생명체의 능력이다.   *123403글의주제

2. Without playing a note or **u**_____ a word, he placed the instrument back in its case.
한 곡조도 연주하지 않고 한 마디의 말도 하지 않은 채, 그 악기를 다시 케이스에 넣었다.   *12(6)4105글의제목

3. Lydia did have some very uncomfortable toes because they became **s**_____ and frozen on her way to school.
Lydia는 등교길에 발가락들이 물에 젖고 얼어서 실제로 몇 개의 발가락이 정말 매우 불편했다.   *14(9A)2807밑줄어휘

4. How lucky we will be if, like the walnut, we blossom and **b**_____ in every aspect of the life that is given us.
우리에게 주어진 인생의 모든 면에서, 우리가 호두처럼 활기를 띠고 꽃을 피운다면 우리는 얼마나 운이 좋겠는가.   *11(6)4210글의제목

5. He combined **b**_____ anecdotes with critical comment.
그는 전기적인 일화들을 비판적인 언급과 결합시켰다.   *123805내용일치

295 wax
□□□ [wæks]

수능·평가원 기출횟수 7
EBS 기출횟수 33

n. 왁스 *v.* 왁스를 바르다, 달이 점점 커지다
wax⁴ waxing³

Here, the **waxing** moon appears to be on the left. *12(6)49-50기2장문배열
이곳에서, 상현달(차 가는 달)은 왼쪽 편에 있는 것처럼 보인다.

Patience Lovell Wright was a successful artist who specialized in creating **wax** figures of famous people. *13(6)3601내용일치
Patience Lovell Wright는 유명 인사들의 밀랍 모형을 만드는 일을 전문으로 하던 성공적인 예술가였다.

> TIP wax가 moon과 함께 쓰일 때에는 달이 점점 커지는 느낌을 떠올려야 합니다. 초승달에서 점점 커져서 상현달이 되는데 이를 waxing moon이라고 합니다.

296 glow
□□□ [glou]

수능·평가원 기출횟수 6
EBS 기출횟수 34

v. 빛나다, 상기되다 *n.* 불빛, 감정, 홍조
glow⁵ glowing¹

It was made calm by the **glow** of the firelight that played on familiar things that had long been unconsciously a part of him. *054402심경
그 방은 그도 모르게 오랫동안 그의 일부가 된 친숙한 물건들 위에 일렁이는 불빛으로 평온하게 만들어져 있었다.

You will cause plankton to release tiny pulses of light, leaving beautiful **glowing** wakes trailing behind you. *082704빈칸완성
당신은 플랑크톤으로 하여금 작은 파동의 빛을 방출하게끔 하여, 아름답게 빛나는 자국이 당신의 뒤를 따르도록 남겨 놓을 것이다.

297 input
□□□ [ínpùt]

수능·평가원 기출횟수 6
EBS 기출횟수 34

n. 조언, 입력
input⁵ inputs¹

Your **input** will help us make an educational plan for your child. *11(6)06듣기
당신의 조언은 당신의 아이를 위해 우리가 교육 플랜을 만들어가는데 도움을 줄 것입니다.

298 navigate
□□□ [nǽvəgèit]

수능·평가원 기출횟수 6
EBS 기출횟수 34

v. 항해하다, 길을 찾다
navigate¹ navigating¹ navigation³ navigator¹

They sailed across 2,400 miles of open ocean in large canoes, **navigating** by the sun and stars. *06(6)1803지칭추론
그들은 큰 카누를 타고 태양과 별에 의지해 항해하며 광활한 바다를 2400마일이나 가로질러 갔다.

298-1 □□□ **navigation** *n.* 항해 14(9시)·06⁶

299 column
□□□ [kάləm]

수능·평가원 기출횟수 6
EBS 기출횟수 34

n. **칼럼, 세로 배열, 단(락), 기둥, 소속**

column[4] columns[2]

The famous food critic who writes the newspaper food **column**   *12(9)16듣기
신문 음식 칼럼을 쓰는 그 유명한 음식 평론가

When we have made an error, as for example in adding up a **column** of figures, we have a tendency to repeat it again and again.   *10(6)2601빈칸완성
우리가 어떤 실수를 할 때, 예를 들면 세로 배열로 된 숫자들을 더해나가는 것과 같은 경우에는 동일한 실수를 반복해서 하는 경향이 있다.

The view from those seats in Section B is partially blocked by a **column**.   *10(9)05듣기
섹션 B에 있는 좌석에서의 시야는 부분적으로 기둥에 가려진다.

300 innate
□□□ [inéit]

수능·평가원 기출횟수 4
EBS 기출횟수 36

a. **타고난**

innate[3] innately[1]

These patterns are **innate** in every one of us.   *13(9)2408빈칸완성
이러한 형태들은 우리 개개인 모두가 타고나는 것이다.

301 dispute
□□□ [dispjú:t]

수능·평가원 기출횟수 2
EBS 기출횟수 38

n. **분쟁, 논란**   *v.* **반박하다, 다투다**

dispute[0] disputes[2]

They helped elect many officials and mediated labor **disputes**.   *093604내용일치
그들은 많은 공직 선거를 도왔고 노동 분쟁을 중재했다.

302 spin
□□□ [spin]

수능·평가원 기출횟수 2
EBS 기출횟수 38

v. **돌리다, (실을)짓다**   *n.* **회전**

spin[1] spinning[1]

They can then be used directly to **spin** turbines for the production of electricity.   *07(9)1804지칭추론
그런 다음, 그것들은 전기의 생산에 필요한 터빈을 돌리는데 직접적으로 사용될 수 있다.

n. 벌레, 작은 곤충

303 **bug**
□□□ [bʌg]

수능·평가원 기출횟수 1

EBS 기출횟수 39

A first aid kit will be invaluable if you suffer scratches, **bug** bites, or other minor injuries.
*15(9)16-17듣기

찰과상이나 벌레물림 또는 다른 작은 부상을 겪고 있다면 구급상자는 매우 유용할 것입니다.

v. 마비시키다, 무력하게 하다

304 **paralyze**
□□□ [pǽrəlàiz]

수능·평가원 기출횟수 9

EBS 기출횟수 30

paralyze² paralysis¹ paralyzed⁴ paralyzes¹ paralyzing¹

I tried to paddle back to shore but my arms and legs were **paralyzed**.
*122309심경

나는 물가로 돌아가기 위해 노를 저으려 했지만 내 팔과 다리는 마비되어 있었다.

304-1 □□□ **paralysis**　　　　　n. 마비 13⁶

v. 요약하다, 개괄하다

305 **summarize**
□□□ [sʌ́məràiz]

수능·평가원 기출횟수 9

EBS 기출횟수 30

summarize⁴ summarized⁴ summarizes¹

They **summarize** the major world and national news stories.
*013304문장삽입

그들은 주요한 국제 뉴스와 국내 뉴스를 요약한다.

v. 묻다, 알아보다

306 **inquire**
□□□ [inkwáiər]

수능·평가원 기출횟수 7

EBS 기출횟수 32

inquire³ inquired² inquiries¹ inquiry¹

After going to see the accommodations, he came up to the purser's desk and **inquired** if he could leave his valuables in the ship's safe.
*11(9)2103네모어법

숙박시설을 살펴본 후에, 그는 선박의 사무장의 자리로 와서 자신의 귀중품들을 배의 금고에 보관해 둘 수 있겠느냐고 물었다.

306-1 □□□ **inquiry**　　　　　n. 문의, 조사, 심리 15⁶·12⁶

v. 항의하다 n. 항의

307 **protest**
□□□ [prətést]

수능·평가원 기출횟수 7
EBS 기출횟수 32

protest² protestant¹ protestant¹ protested² protests¹

When I open my mouth to **protest**, nothing comes out.

*07(6)2807심경

내가 항변하려고 입을 열려고 할 때 내 입에서는 아무 말도 나오지 않는다.

307-1 □□□ **protestant** n. (개)신교도 10⁹

v. 비틀다, 비틀리다

308 **twist**
□□□ [twist]

수능·평가원 기출횟수 6
EBS 기출횟수 33

twist² twisted² twisting²

When they thought they were alone, their faces **twisted** into vivid mixes of uncomfortable feelings.

*083106연결사

그들이 혼자 있다고 생각했을 때에는 불편한 감정이 생생하게 뒤범벅이 되어 그들의 얼굴은 일그러졌다.

n. 명료함

309 **clarity**
□□□ [klǽrəti]

수능·평가원 기출횟수 6
EBS 기출횟수 33

clarity⁵ clarify¹

The other company proceeded with more seeming **clarity** and discipline, dividing the problem into its parts.

*122105밑줄어법

다른 회사는 문제를 각 부문으로 나누면서 겉으로 보기에는 보다 명료하게 그리고 질서 있게 일을 진행했다.

309-1 □□□ **clarify** v. 분명하게 하다, 투명하게하다 11

a. 충동적인

310 **impulsive**
□□□ [impʌ́lsiv]

수능·평가원 기출횟수 5
EBS 기출횟수 34

impulsive² impulse² impulsiveness¹

A recent study found that the ability to self-regulate — to pay attention to a task and control **impulsive** behavior — was more important than intelligence for early academic success.

*09(6)3902글의요지

최근의 한 연구는 자기 조절 능력, 즉 과업에 집중하고 충동적인 행동을 억제하는 능력이 조기 학업 성취에 있어 지능보다 더 중요하다는 것을 발견했다.

310-1 □□□ **impulse** n. 충동 06 11⁶

310-2 □□□ **impulsiveness** n. 충동성 09⁶

311 swell
□□□ [swel]

수능·평가원 기출횟수 5

EBS 기출횟수 34

v. **부풀리다, 팽창하다**

swell¹ swells¹ swollen³

Your ankle is already starting to **swell**. *1308듣기

네 발목이 벌써 부어오르기 시작했어.

---

312 marketplace
□□□ [máːrkitpleis]

수능·평가원 기출횟수 5

EBS 기출횟수 34

n. **시장, 중심지**

marketplace⁴ marketplaces¹

Our beliefs, values, thoughts, and emotions are highly conditioned to match the needs of the **marketplace**. *15(9)3408빈칸완성

우리의 신념, 가치, 생각, 그리고 감정은 시장의 요구에 맞추도록 크게 조절된다.

---

313 bow
□□□ [bou]

수능·평가원 기출횟수 4

EBS 기출횟수 35

n. **활, 인사** *v.* **휘다, 절하다**

bow⁰ bowed¹ bowing¹ bows²

Humility dictates that in the presence of royalty, as in church, heads are **bowed**. *14A3304빈칸완성

겸양은 교회에서처럼 왕족이 있는 곳에서 고개가 숙여지도록 지시한다.

---

314 gum
□□□ [gʌm]

수능·평가원 기출횟수 4

EBS 기출횟수 35

n. **잇몸, 고무질, 점성**

gum¹ gums³

Red **gums** can indicate gum disease in animals. *13(9)09듣기

붉은 잇몸은 동물의 잇몸 질환을 알려 줄 수 있다.

315 **startle**
□□□ [stá:rtl]

수능·평가원 기출횟수 3

EBS 기출횟수 36

v. **깜짝 놀라게 하다**

startle⁰ startled² startlingly¹

At the same time her heart was thumping and she **startled** at every sound.   *963806심경

동시에 그녀의 가슴은 두근거렸고 모든 소리에 놀랐다.

315-1 □□□   **startlingly**   *ad.* 놀랍게도 ¹¹⁹

316 **linguistic**
□□□ [liŋgwístik]

수능·평가원 기출횟수 1

EBS 기출횟수 38

a. **언어(학)의**

The **linguistic** shovel paves the way for a cultural road.
                                                      *1327빈칸완성 보기

언어의 삽(도구)이 문화의 길을 가능하게 한다.

> **TIP** 이 문장을 제대로 이해하기 위해서는 먼저 덴마크 속담 하나를 살펴봐야 합니다.
> Praise paves the way to friendship. 칭찬은 우정으로의 길을 닦는다.
> 즉 칭찬을 하면 할수록 우정은 더 깊어진다는 뜻입니다. 이 속담을 응용하여 만든
> 문장입니다. 참고하세요.

317 **graze**
□□□ [greiz]

수능·평가원 기출횟수 8

EBS 기출횟수 30

EBS14 · EBS13 · EBS10

v. **풀을 뜯다, 방목하다**

graze² grazing⁴ overgrazing²

Garrett Hardin used the example of an area of pasture on which all the cattle-owners are permitted to **graze** their animals free of charge.   *132801빈칸완성

Gerrett Hardin은 모든 소의 주인들이 무료로 그들의 동물들을 풀을 먹이도록 허용되는 한 목초지 지역의 예를 사용했다.

> **TIP** 철자가 비슷한 glaze의 경우 '광택제'입니다.

317-1 □□□   **overgraze**   *v.* 지나치게 많이 방목하다 ¹³·¹²

318 **downward**
□□□ [dáunwərd]

수능·평가원 기출횟수 7

EBS 기출횟수 31

a. **아래쪽으로 내려가는** *ad.* **아래쪽으로**

It keeps you from moving **downward** toward the earth's center.   *12(6)4203글의제목

그것은 당신이 지구 중심을 향해 아래쪽으로 내려가는 것을 막는다.

> **TIP** 주로 downward는 형용사, downwards가 부사로 쓰이지만, 미국 영어에서는
> 부사 downwards 대신에 downward를 쓰기도 합니다.

n. 화살

319 **arrow**
□□□ [ǽrou]

수능·평가원 기출횟수 7

EBS 기출횟수 31

arrow[6] arrows[1]

One way to help keep life's slings and **arrows** from knocking you off course is to ensure your life is multidimensional.

*14(9B)41-4214장문독해

살면서 날아 오는 돌과 화살이 (인생의) 항로를 벗어나지 못하도록 막는데 도움이 되는 한 가지 방법은 여러분의 삶이 다차원적이라는 것을 확실하게 하는 것이다.

v. 감추다

320 **conceal**
□□□ [kənsíːl]

수능·평가원 기출횟수 6

EBS 기출횟수 32

conceal[4] concealed[1] conceals[1]

If the coin is tossed and the outcome is **concealed**, people will offer lower amounts when asked for bets.

*122603빈칸완성

동전이 던져지고 그 결과가 감춰지는 경우, 내기를 걸라는 요청을 받을 때 사람들은 더 적은 금액을 걸려 할 것이다.

n. 거래, 싸게 사는 물건, 흥정

321 **bargain**
□□□ [báːrgən]

수능·평가원 기출횟수 6

EBS 기출횟수 32

bargain[5] bargaining[1]

Surely I could convince people to feel lucky about the **bargain**.

*1046-4812장문배열

분명 나는 사람들이 그 거래에 대해 운이 좋고 느끼도록 확신을 심어줄 수 있었다.

ad. 완전히

322 **altogether**
□□□ [ɔ̀ːltəgéðər]

수능·평가원 기출횟수 6

EBS 기출횟수 32

We are tempted to ignore opportunity costs **altogether** in making decisions.

*09(9)2404빈칸완성

우리는 결정을 할 때 기회비용을 완전히 무시하고 싶어진다.

323 **reluctant**
□□□ [rilʌ́ktənt]

수능·평가원 기출횟수 5

EBS 기출횟수 33

a. 꺼리는, 마지못해 하는, 주저하는

reluctant⁴ reluctance¹

The mind may **be reluctant to** think properly when thinking is all it is supposed to do.
*112805빈칸완성

사고가 해야 할 일의 전부일 때 정신은 올바로 생각하는 것을 꺼릴 지도 모른다.

> TIP be unwilling to 동사원형 '~하는 것을 꺼려하다'와 같습! 다. 실제 시험에서는 모두 'be reluctant to 동사원형' 형태로 쓰였습니다. 'be unwilling to 동사원형'은 아직 출제되지 않았습니다.

323-1 □□□ **reluctance** 　　　　*n.* 마지못해 함, 꺼림 ¹⁴

324 **border**
□□□ [bɔ́ːrdər]

수능·평가원 기출횟수 5

EBS 기출횟수 33

n. 경계, 국경 *v.* 가장자리를 이루다

border² bordered¹ borderline¹ borders¹

In 1921 the Tibetan government opened its **borders** to foreigners.
*123702내용일치

1921년에 티베트 정부는 외국인들에게 국경을 개방했다.

324-1 □□□ **borderline** 　　　　*n.* 경계선 ⁰²

325 **coal**
□□□ [koul]

수능·평가원 기출횟수 5

EBS 기출횟수 33

n. 석탄

Besides **coal** and peat, hydro was the only source that accounted for more than 20% of the total electricity generation in both 1971 and 2007.
*123606도표

석탄과 토탄을 제외하고, 수력은 1971년과 2007년 모두에서 전체 전력 생산의 20퍼센트 이상을 차지한 유일한 에너지원이었다.

326 **forbid**
□□□ [fərbíd]

수능·평가원 기출횟수 5

EBS 기출횟수 33

prohibit 95 · 94⁽¹⁾ · 05⁹ ·
EBS14 · EBS13 · EBS12 · EBS10
ban 07⁶ · EBS14 · EBS13 ·
EBS12 · EBS11

v. 금지하다

forbid⁰ forbade¹ forbidden² forbids²

Playing with food was **forbidden**.
*054303글의제목

음식을 가지고 노는 것은 금지되었다.

> TIP '목적어가 ~하는 것을 막다'라고 할 때 forbid 목적어 to 동사원형으로 쓰고, 같은 뜻인 prohibit과 ban 등은 목적어 뒤에 to 동사원형 대신 from *ing를 씁니다.

v. 피를 흘리다

327 **bleed**
□□□ [bli:d]
수능·평가원 기출횟수 4
EBS 기출횟수 34

bleed⁰ bleeding² bloodletting¹ bloody¹

His nose was still **bleeding** a bit.   *09(6)46-4808성문배열

그의 코에는 여전히 약간의 피가 흐르고 있었다.

327-1 □□□	**bloodletting**	n. 출혈	06⁹
327-2 □□□	**bloody**	a. 피투성이의	05⁹

n. 기업(체), 사업, 기획, 진취적인 정신

328 **enterprise**
□□□ [éntərpràiz]
수능·평가원 기출횟수 3
EBS 기출횟수 35

enterprise² enterprises¹

Send a message of respect and inspire people to be creative and use their individual talents toward the goals of the **enterprise**.   *124202글의제목

존중의 메시지를 보내고 사람들이 창의성을 발휘하고 그들의 개인적인 재능을 기업의 목표를 향해 사용할 마음이 들게 하라.

They were never meant to be profit-making **enterprises**, but a method to help pay the cost of cleaning the restrooms.

*07(6)3202내용일치

그것들은 이윤을 남기기 위한 사업으로 계획된 것은 전혀 아니었고, 화장실을 청소할 비용을 지불하는데 보탬을 주기 위한 방법이었다.

n. pl. 기준, 척도

329 **criteria**
□□□ [kraitíəriə]
수능·평가원 기출횟수 3
EBS 기출횟수 35

The **criteria** that they use to evaluate products and services in one of their roles may be quite different from those used in another role.   *06(9)3403글의주제

그들이 자신의 한 역할에서 상품과 서비스를 평가하기 위해 사용하는 척도는 다른 역할에서 사용되는 척도와 상당히 다를 것이다.

TIP 단수형은 criterion입니다. 시험에서 복수 형태로만 등장하였고 일반적으로도 복수 형태가 훨씬 자주 쓰이기 때문에 복수 형태를 표제어로 설정하였습니다.

330 **grave**
□□□ [greiv]

수능·평가원 기출횟수 8
EBS 기출횟수 29

n. 무덤 a. 근엄한, 진지한, 심각한

grave⁵ engraved¹ gravely²

His bushy eyebrows made his great eyes flash with a more **grave** fire.   *08(6)3103심경

그의 숱이 많은 눈썹들은 그의 큰 눈이 더 근엄한 불꽃으로 번쩍이게 했다.

The little girl directed her to a **grave** and placed the rose on it.   *10(6)1908게출추론

그 작은 소녀는 그녀에게 무덤으로 가는 길을 가르쳐 주었고, 그 장미를 무덤 위에 놓았다.

330-1 □□□   **engrave**   v. 새기다 12

331 **infer**
□□□ [inféːr]

수능·평가원 기출횟수 7
EBS 기출횟수 30

v. 추론하다, 뜻하다, 암시하다

infer⁴ inference² inferred¹

We don't **infer** that all persons with red hair are more closely related to each other than they are to those with dark hair.

*14(6A)3705연결사

우리는 머리카락이 빨간 모든 사람이 머리카락이 짙은 사람에게보다 서로에게 더 밀접하게 관련되어 있다고 추론하지 않는다.

331-1 □□□   **inference**   n. 추론, 추리 15

332 **modest**
□□□ [mádist]

수능·평가원 기출횟수 6
EBS 기출횟수 31

a. 적당한, 겸손한, 간소한, 수수한

modest⁵ modesty¹

Television sets were priced beyond the means of a general public whose **modest** living standards, especially in the 1930s and 1940s, did not allow the acquisition of luxury goods.   *092806네모어휘

텔레비전 수상기는 검소한 생활수준으로 인해 특히 1930년대와 1940년대에 사치스런 상품을 취득할 수 없었던 일반 대중의 수입을 넘어서는 가격이 매겨져 있었다.

Population growth slows drastically, reaching a stage of very **modest** growth which is seen in many European nations today.   *08(9)3607문장삽입

인구 성장이 급격히 둔화되어, 오늘날 많은 유럽 국가에서 나타나는 아주 적정 수준의 성장 단계에 이르게 된다.

Hmm. I'd say the hardest part is staying **modest**.   *022107빈칸완성

음, 가장 힘든 점은 겸손함을 유지하는 것이라고 말씀드리고 싶습니다.

332-1 □□□   **modesty**   n. 겸손 10

333 **suspend**
□□□ [səspénd]

수능·평가원 기출횟수 5

EBS 기출횟수 32

v. 일시정지하다, 매달다, 정학시키다

suspend⁰ suspended³ suspension²

In 1973, a campaign forced the project to be **suspended**.

*10(9)3705내용일치

1973년에 한 캠페인 때문에 그 계획은 어쩔 수 없이 중단되었다.

Every man is born into the world with two bags **suspended** from his neck, one in front and one behind, and both are full of faults.

*973601글의주제

모든 사람은 목에 두 개의 주머니를 매달고 세상에 태어나는데 하나는 앞에, 하나는 뒤에 있으며, 둘 다 결점으로 가득차 있다.

The principal **suspended** the boys for a day.

*10(6)49-5013장문독해

교장선생님은 그 남학생들을 하루 동안 정학시켰다.

04⁶ • EBS14 • EBS13 • EBS12 • EBS10

TIP) 진행되고 있는 것을 일시적으로 중단한다는 느낌인 반면에 postpone은 다른 일이 일어나거나 완료 될때까지 계획 또는 약속을 나중으로 연기한다는 의미입니다.

333-1 □□□ **suspension** *n.* (일시)정지, 매달기, 정학 10⁶

334 **surpass**
□□□ [sərpǽs]

수능·평가원 기출횟수 3

EBS 기출횟수 34

v. ~을 능가하다, 뛰어넘다

surpass¹ surpassed¹ unsurpassed¹

Persons who are daring in taking a wholehearted stand for truth often achieve results that **surpass** their expectations.

*112005밑줄어법

진리를 위한 진심 어린 입장을 취하는 것에 대담한 사람들은 종종 그들의 기대를 능가하는 결과를 성취한다.

334-1 □□□ **unsurpassed** *a.* 뛰어난 10⁶

335 **insult**
□□□ [ínsʌlt]

수능·평가원 기출횟수 3

EBS 기출횟수 34

v. 모욕하다 *n.* 모욕

insult⁰ insulted¹ insulting¹ insultingly¹

If he thought I'd be **insulted**, he was wrong.

*11(6)1908밑줄추론

내가 모욕을 느낄것이라고 그가 생각했다면, 그가 잘못 생각한 것이다.

335-1 □□□ **insultingly** *ad.* 모욕적으로, 무례하게도 11⁶

336 **fluid**
□□□ [flúːid]

수능·평가원 기출횟수 2

EBS 기출횟수 35

n. 액체, 유동체 *a.* 유동적인, 부드러운

fluid¹ fluids¹

Ancient Greek and Roman costume was always **fluid** and live.

*13(6)3404글의주제

고대 그리스 로마 의상은 항상 가변적이었고 살아 있었다.

Basic

주어진 단어의 뜻을 우리말로 쓰세요.

1. reluctant _____
2. gum _____
3. fluid _____
4. inquire _____
5. innate _____
6. coal _____
7. input _____
8. infer _____
9. border _____
10. dispute _____

11. criteria _____
12. insult _____
13. arrow _____
14. modest _____
15. bargain _____
16. bug _____
17. clarity _____
18. impulsive _____
19. wax _____
20. spin _____

Advanced

다음 문장에 들어갈 적절한 형태의 단어를 쓰세요.

1. Some people believe this may be due to the **P**_____ work ethic.
   어떤 사람들은 이것이 개신교도들의 직업윤리 때문일지도 모른다고 생각한다.   *10(9)3202연결사

2. An instantaneous and strong **i**_____ moved him to battle with his desperate fate.
   순간적이고 강한 충동에 의해 그는 절망적인 자신의 운명에 맞서 싸웠다.   *11(6)4402심경

3. There are **b**_____ cases that fit partly into one category and partly into another.
   일부는 한 범주에 속하면서도 부분적으로는 다른 범주에 맞는 경계선상에 놓인 경우들이 있다. *022604빈칸완성

4. They found that they could understand and predict events better if they reduced passion and prejudice, replacing these with observation and **i**_____.
   그들은 격정과 편견을 줄이고 이것들을 관찰과 추론으로 바꾸면 사건을 더 잘 이해하고 예측할 수 있음을 깨달았다.   *153304빈칸완성

5. One author after another severely criticized "the Englishman's **i**_____ inhospitable brick wall topped with broken bottles.
   모든 저자들은 '영국인들의 부서진 병으로 덮혀진 모욕적으로 냉대하는 큰 장벽'을 맹렬히 비난했다.   *11(6)3104밑줄어휘

v. 흘리다, 쏟다

337 spill
☐☐☐ [spil]

수능·평가원 기출횟수 2
EBS 기출횟수 35

spill⁰ spilled²

Somebody **spilled** juice all over the bench. *0615듣기

누군가가 의자에 온통 주스를 쏟았다.

v. 붕괴되다, 실패하다

338 collapse
☐☐☐ [kəlǽps]

수능·평가원 기출횟수 2
EBS 기출횟수 35

collapse¹ collapsed¹

Companies that change constantly but without any consistent
rationale will **collapse** just as surely as those that don't
change at all. *12(9)2904어휘추론

끊임없이 변화하지만 일관적인 원칙이 없는 기업은 전혀 변화하지 않는 기업만큼이나
확실히 붕괴하기 마련이다.

v. 번영하다, 번창하다

339 flourish
☐☐☐ [flə́:riʃ]

수능·평가원 기출횟수 2
EBS 기출횟수 35

flourish¹ flourished¹

Bokator **flourished** when the Khmer Rouge took power in
1975. *12(6)3306밑줄어휘

bokator는 Khmer Rouge가 1975년 정권을 잡았을 때 번영했다.

a. 유독성의

340 toxic
☐☐☐ [táksik]

수능·평가원 기출횟수 1
EBS 기출횟수 36

High-yield varieties are genetically weaker crops that require
expensive chemical fertilizers and **toxic** pesticides. *12(9)4104글의제목

수확량이 높은 종들은 값비싼 화학 비료와 유독성 살충제를 필요로 하는 유전적으로
약한 작물이다.

341 **receipt**
□□□ [risíːt]

수능·평가원 기출횟수 9

EBS 기출횟수 27

n. **영수증**

Here are your gloves, card and **receipt**. *15(9)09듣기

여기 장갑과 카드, 영수증 있습니다.

---

342 **occupation**
□□□ [àkjəpéiʃən]

수능·평가원 기출횟수 7

EBS 기출횟수 29

n. **직업, 점령**

occupation³ occupations⁴

A common mistake in talking to celebrities is to assume that they don't know much about anything else except their **occupations**. *072601빈칸완성

명사들에게 이야기할 때 흔히 저지르는 실수는 그들이 자신들의 직업을 제외한 다른 어떤 것에 대해서는 많이 알고 있지 않다고 가정하는 것이다.

---

343 **suburb**
□□□ [sʌ́bəːrb]

수능·평가원 기출횟수 6

EBS 기출횟수 30

n. **근교, 교외**

suburb¹ suburban² suburbs³

To drive through virtually any American **suburb** today is to see how completely such views have triumphed. *11(6)3107밑줄어휘

오늘날 사실상 미국의 근교를 운전하는 것은 그러한 생각들이 얼마나 완전히 승리해왔는지를 보는 것이다.

343-1 □□□ **suburban**   *a.* 교외의, 도시 주변의   10⁶·08⁶

---

344 **update**
□□□ [ʌ́pdeit]

수능·평가원 기출횟수 6

EBS 기출횟수 30

v. **갱신하다**

update³ updated³

If we were not inclined to **update** the value of our options rapidly so that they concur with our choices, we would likely second-guess ourselves to the point of insanity. *14(9B)3602빈칸완성

우리가 선택한 것과 일치하도록 옵션의 가치를 재빨리 새롭게 하려 하지 않는다면, 우리는 뒤늦게 자신을 비판하여 미칠 지경으로 몰고 갈 가능성이 있다.

I strongly believe that 20 billion won is a reasonable price for a school equipped with modern facilities and **updated** computers. *06(6)46-4805장문독해

저는 200억원이 현대적인 시설과 최신식 컴퓨터를 갖춘 학교를 위해 적절한 액수라고 강력히 믿고 있습니다.

v. 흉내 내다, 모의시험을 하다

345 **simulate**
□□□ [símjəlèit]

수능·평가원 기출횟수 6

EBS 기출횟수 30

simulate³ simulated² simulation¹

These environments may **simulate** the wild. *12(6)2302문장삭제

이런 환경들은 야생을 흉내 내는 것이다.

345-1 □□□ **simulation** n. 모의 실험, 시뮬레이션 07

v. 한정하다, 넣다, 가두다

346 **confine**
□□□ [kənfáin]

수능·평가원 기출횟수 6

EBS 기출횟수 30

confine⁰ confined⁶

The traditionally trained painters were previously **confined** mostly to exact copy of natural objects. *07(9)2801네모어휘

전통적인 훈련을 받은 화가들은 이전에 주로 자연의 사물을 그대로 베껴 그리는 것에 한정되어 있었다.

a. 심한, 과격한 n. 급진주의자

347 **radical**
□□□ [rædikəl]

수능·평가원 기출횟수 6

EBS 기출횟수 30

radical¹ radically¹ radicals⁴

My husband and I have to contend with **radical** differences between what our children think about a given situation and what we think about it. *94(1)3005빈칸완성

남편과 나는 주어진 상황에 대해 우리 자식들이 생각하는 것과 우리가 생각하는 것 사이의 심한 차이점에 대해 논쟁해야 한다.

v. 노력하다, 투쟁하다

348 **strive**
□□□ [straiv]

수능·평가원 기출횟수 5

EBS 기출횟수 31

strive³ strived¹ striven¹

Even though we **strive** to be error-free, it's inevitable that problems will occur. *08(6)2002글의목적

비록 실수가 없게 하려고 노력하지만, 문제가 발생하는 것은 어쩔 수 없습니다.

349 **boil**
☐☐☐ [bɔil]

수능·평가원 기출횟수 5

EBS 기출횟수 31

v. 끓다, 끓이다

boil¹ boiled³ boiling¹

Native Americans and New England pioneers **boiled** and ate the nuts of the white oak.   *08(6)3807내용일치

인디언과 뉴잉글랜드 지방의 개척자들은 하얀 오크 나무의 견과를 끓여서 먹었다.

---

350 **expire**
☐☐☐ [ikspáiər]

수능·평가원 기출횟수 4

EBS 기출횟수 32

v. 만료되다, 만기가 되다

expire⁰ expiration² expired²

About thirty percent of food waste is food that people bought and forgot to eat before it **expired**.   *15(9)08듣기

음식물 쓰레기의 약 30퍼센트는 사람들이 사놓고 유효기간이 만료되기 전에 먹는다는 걸 잊어버린 음식이다.

350-1 ☐☐☐ **expiration**   *n.* 만기, 만료, 종결 ¹⁵⁹

---

351 **crush**
☐☐☐ [krʌʃ]

수능·평가원 기출횟수 2

EBS 기출횟수 34

v. 으스러뜨리다, 구겨넣다

crush¹ crushed¹

Some wolf spiders use their front legs to catch their prey, and then they bite and **crush** the prey.   *06(6)3705내용일치

일부 독거미들은 앞다리를 이용하여 먹이를 잡고서 그 먹이를 입으로 물어서 뭉개버린다.

---

352 **precede**
☐☐☐ [prisí:d]

수능·평가원 기출횟수 2

EBS 기출횟수 34

v. ~에 앞서다, ~에 선행하다

precede¹ unprecedented¹

The immediacy and intimacy of the media have somehow allowed the events and persons of so-called "fame" to **precede** those of worthiness.   *07(9)3202필자주장

그 매체의 즉시성과 친밀성은 소위 '유명세' 있는 사건과 사람을 가치 있는 사건과 사람보다 우선하도록 만들었다.

352-1 ☐☐☐ **unprecedented**   *a.* 전례없는 ¹⁴⁽⁹⁸⁾

n. 설문지

353 **questionnaire**
□□□ [kwèstʃənέər]
수능·평가원 기출횟수 9
EBS 기출횟수 26

questionnaire³ questionnaires⁶

Questionnaires and interviews given to 334 people examined their sociability—the quantity and quality of their relationships in everyday life. *⁰⁹⁽⁶⁾²³⁰⁴문장식제

334명에게 설문지를 주고 면접을 해 그들의 사교성, 즉 일상생활에서 인간관계의 양과 질을 측정했다.

---

n. 예보 *v.* 예상하다, 예측하다

354 **forecast**
□□□ [fɔ́:rkæ̀st]
수능·평가원 기출횟수 8
EBS 기출횟수 27

forecast⁶ forecasts²

It **forecasts** talent, health, and happiness. *⁰⁵⁴²⁰⁹글의제목
그것은 재능과 건강과 행복을 예측해준다.

Jane and Tom were very disappointed by the weather **forecast**. *¹⁴⁽⁹ᴮ⁾²⁰듣기
Jane과 Tom은 일기 예보에 매우 실망했다.

---

n. 부드러운 털, 모피

355 **fur**
□□□ [fə:r]
수능·평가원 기출횟수 8
EBS 기출횟수 27

fur⁵ furry² furs¹

A **fur** importer had once offered him a place as driver. *¹¹⁽⁶⁾⁴⁴⁰⁷심경
한 모피 수입업자가 언젠가 그에게 운전사 일자리를 제안한 적이 있었다.

The bottom of the Nambawi is bordered with **fur**. *⁰⁷³¹⁰⁸밑줄어휘
남바위의 아랫부분은 털로 테가 둘려져 있다.

355-1 □□□ **furry**　　　*a.* 털로 덮인 ¹²⁹·⁰⁶⁶

---

v. 떨다, 진동하다

356 **vibrate**
□□□ [váibreit]
수능·평가원 기출횟수 7
EBS 기출횟수 28

vibrate¹ vibrates¹ vibrating¹ vibration³ vibrations¹

The net forces on its pieces are restoring forces, which will cause the string to **vibrate** and thus make sounds. *⁰⁹²⁹⁰⁷그림어휘
각각의 부분들에서 합력은 복원력이며, 그것은 줄이 진동을 하게하고 결과적으로 소리를 만들어 낸다.

356-1 □□□ **vibration**　　　*n.* 진동 ¹⁵ ⁰⁸·⁰⁷⁶

n. 오두막집, 선실

357 **cabin**
□□□ [kǽbin]

수능·평가원 기출횟수 7

EBS 기출횟수 28

cabin⁴ cabins³

The winter storm blew against the windows throwing snow
high against the sides of the small log **cabin**.   *053802분위기

겨울 폭풍이 작은 통나무집 옆에다 눈을 높게 쌓이게 하면서 창문에 몰아쳤다.

The **cabins** are beautifully decorated, some with fireplaces.   *06(6)3603내용일치

객실은 아름답게 꾸며져서 일부 객실에는 벽난로가 있다.

---

a. 미세한, 연약한, 까다로운

358 **delicate**
□□□ [délikət]

수능·평가원 기출횟수 7

EBS 기출횟수 28

delicate⁶ delicacy¹

It is **delicate** and faded so you can no longer read the pattern
name printed on the back.   *14(9B)2608지칭추론

그것은 깨지기 쉽고 색이 희미해져서 더 이상 접시 뒷면에 인쇄된 문양 이름을 읽을 수가 없다.

The trunk contains a large amount of water and is extremely
delicate.   *08(6)2803네모어휘

줄기는 많은 양의 수분을 포함하고 있고 몹시 가냘프다.

358-1 □□□ **delicacy**   *n.* 섬세함 ¹¹⁶

---

n. 요정

359 **fairy**
□□□ [fέəri]

수능·평가원 기출횟수 7

EBS 기출횟수 28

Traditional **fairy tales** show heroines who are usually
beautiful and passive.   *04(9)4201글의주제

전통적인 동화들은 일반적으로 아름답고 순종적인 여주인공들을 보여준다.

TIP 실제 기출 형태를 보면 fairy가 단독으로 쓰이는 경우는 없었고, '동화'란 뜻으로 fairy tale이
6회, fairy story로 1회 등장하였습니다.

---

v. (질질)끌다, (마우스를)드래그하다

360 **drag**
□□□ [drǽg]

수능·평가원 기출횟수 6

EBS 기출횟수 29

drag⁴ dragged¹ dragging¹

Moisture is stored in the root, and during droughts the root
shrinks, **dragging** the stem underground.   *15(9)2706내용일치

수분은 뿌리 속에 저장되고, 가뭄 기간에는 뿌리가 오그라들어 줄기를 땅속으로 끌어당긴다.

The hours **dragged by** as I waited at the hotel.   *06(6)49-5009장문배열

호텔에서 기다리고 있을 때 시간은 느리게 지나갔다.

TIP drag by는 '느릿느릿 지나가다'입니다. 이때, by는 없어도 상관없습니다.

361 evaporate
□□□ [ivǽpərèit]

수능·평가원 기출횟수 6
EBS 기출횟수 29

v. 증발하다(시키다), 사라지다

evaporate⁰ evaporated¹ evaporates¹ evaporating¹ evaporation³

These wind bursts can occur in clear air when rain **evaporates** high above the ground. *13(6)4202문장삭제

이 급격한 하강기류는 지상 높은 곳에서 비가 증발될 때 맑은 하늘에서도 발생할 수 있다.

361-1 □□□ **evaporation** *n.* 증발 ¹³₁₀⁶·₀₈⁸

---

362 mate
□□□ [meit]

수능·평가원 기출횟수 6
EBS 기출횟수 29

n. 짝, 동료 *v.* 짝짓다

mate³ mates³

It rewards insects with a stable environment that enhances their ability to eat, **mate**, and prepare for flight. *093705내용일치

그것은 곤충들에게 먹고 짝짓고 비행을 준비하는 능력을 향상시켜주는 안정적인 환경으로 보답한다.

Simmons became convinced that this competition for **mates** was what drove the evolution of the neck. *062906문장배열

Simmons는 짝을 얻기 위한 이러한 경쟁이 목의 진화를 촉진한 것이라는 확신을 하게 되었다.

---

363 empathetic
□□□ [èmpəθétik]

수능·평가원 기출횟수 5
EBS 기출횟수 30

a. 공감할 수 있는

empathetic³ empathy²

Empathetic distress occurs when people realize that their actions have caused harm or pain to another person. *133004빈출어휘

공감할 수 있는 고통은 자신들의 행동이 다른 사람에게 손해나 고통을 일으켰음을 깨달을 때 생긴다.

363-1 □□□ **empathy** *n.* 감정 이입, 공감 ¹⁵⁹

---

364 dislike
□□□ [disláik]

수능·평가원 기출횟수 4
EBS 기출횟수 31

v. 싫어하다 *n.* 반감

dislike³ dislikes¹

She was believed to **dislike** this person. *12(6)2004내모어어법

그녀는 이 사람을 싫어한다고 여겨졌다.

365 clip
□□□ [klip]

수능·평가원 기출횟수 4

EBS 기출횟수 31

v. 오려내다

clip² clipper¹ clipping⁰ clippings¹

For years I kept the scrapbooks in my room with magazine **clippings** of great players.
*0946-4815장문배열

몇 년 동안 나는 내 방에 잡지에서 유명한 선수들을 오린 사진들과 함께 스크랩북을 보관했다.

365-1 □□□ **clipper**   n. (무엇을) 깎는 도구, 가위   12⁶

366 strain
□□□ [strein]

수능·평가원 기출횟수 3

EBS 기출횟수 32

1. n. 긴장(팽팽함) v. 삐다
2. n. 변종

Future artificial skins could incorporate sensors not only for pressure and temperature, but also for light, humidity, **strain**, or sound.
*08(9)3905내용일치

미래의 인공 피부는 압력과 온도뿐만 아니라 빛, 습도, 긴장, 또는 소리에 대한 감지기들을 하나로 통합할 수 있을 지도 모른다.

This is similar to the situation facing a **strain** of infectious bacteria.
*07(6)4505문장배열

이것은 전염성 박테리아의 변종에 맞닥뜨리는 상황과 비슷하다.

sprain 13 • 15⁹ • 11⁶
stain 13⁹ • 14⁰⁸ • 14⁶ᴬ • 12⁶

TIP 혼동하기 쉬운 어휘가 두 개 sprain과 stain이 있습니다. sprain은 명사로 '염좌, 삐기'이고 동사로 '삐다'입니다. 동사로는 strain과 같은 의미로 쓰이지만 명사는 다릅니다. stain은 '얼룩, 얼룩지게 하다'입니다. 주의하세요.

367 intake
□□□ [ínteik]

수능·평가원 기출횟수 1

EBS 기출횟수 34

n. 섭취(흡입)량

Fiber helps to lessen calorie **intake** because people don't feel hungry even though they eat less.
*0749-5005장문독해

식이 섬유는 칼로리 섭취를 줄이는데 도움이 되는데, 이는 사람들이 덜먹어도 배고픔을 느끼지 못하기 때문이다.

368 colorful
□□□ [kʌ́lərfəl]

수능·평가원 기출횟수 9

EBS 기출횟수 25

a. 화려한

colorful⁸ colorless¹

Most of you would probably prefer the more **colorful** option.
*11(6)2402빈칸완성

아마도 대부분 더욱 화려한 것을 선호할 것이다.

368-1 □□□ **colorless**   a. 무색의, 창백한   08

n. 냄새, 향기

369 **scent**
□□□ [sent]

수능·평가원 기출횟수 9

EBS 기출횟수 25

scent³ scents⁶

The faint **scent** of pine that lingers on it is all that remains of someone's sixteenth summer. *123303내모어휘

그것에 남아있는 은은한 소나무 향이 바로 누군가의 열여섯 살 여름의 모든 잔존물이다.

---

a. 혹독한, 거친, 거슬리는

370 **harsh**
□□□ [hɑːrʃ]

수능·평가원 기출횟수 8

EBS 기출횟수 26

harsh⁶ harsher¹ harshness¹

The **harsh** immigrant life pushed my grandmother to support her family. *14A43-4502장문독해

혹독한 이주민의 삶이 그녀로 하여금 가족을 부양하도록 내몰았다.

This was especially the case in New England, where winters were **harsh**. *07(6)4104문장삽입

이것은 특히 뉴잉글랜드에서 그러한데, 그곳의 겨울은 혹독했다.

370-1 □□□ **harshness** n. 가혹함 ¹¹

---

v. 망치다, 상하다

371 **spoil**
□□□ [spɔil]

수능·평가원 기출횟수 8

EBS 기출횟수 26

spoil⁴ spoiled⁴

I drank some **spoiled** milk. *15(9)08듣기

나는 상한 우유를 조금 먹었어.

Many hands make light work, but at the same time, too many cooks **spoil** the broth. *06(9)2301문장식제

백지장도 맞들면 낫다, 그러나 동시에, 요리사가 많으면 국을 망친다.

---

v. 정리하다, 똑바르게 하다

372 **straighten**
□□□ [stréitn]

수능·평가원 기출횟수 7

EBS 기출횟수 27

straighten⁰ straightened³ straightforward⁴

Good leaders **straightened** things out. *14(6B)3504빈칸완성

훌륭한 지도자들은 상황(문제)을 해결했다.

372-1 □□□ **straightforward** a. 간단한, 정직한 ⁰⁸·⁰⁵ ¹⁵⁹·¹⁴⁽⁹⁸⁾

373 **gear**
□□□ [giər]

수능·평가원 기출횟수 7

EBS 기출횟수 27

n. 장치, 장비, 기어 *v.* 맞추다, 장치하다

gear² geared² gears³

Children who wear protective **gear** during their games have a tendency to take more physical risks. *134507문단요약

게임을 하는 동안 보호 장비를 착용한 어린이들은 더 많은 신체적인 위험을 무릅쓰는 경향이 있다.

This lighting up lasts long enough to shift the brain into a higher **gear**, encouraging further reading. *15(9)4006문단요약

이 점화는 뇌를 고단 기어로 전환할만큼 충분히 오래 지속되어, 더 심화된 독서를 권장한다.

---

374 **cotton**
□□□ [kátn]

수능·평가원 기출횟수 7

EBS 기출횟수 27

n. 목화, 무명, 실

cotton⁴ cottonwood³

The above chart shows the economic advantage of transgenic **cotton** farming over conventional farming in four countries in 2003. *09(6)3501도표

위의 도표는 2003년 4개국의 재래식 농업에 대한 유전자 변형 면화 농업의 경제적 장점을 보여준다.

374-1 □□□　**cottonwood**　　　*n.* 미루나무 09

---

375 **estate**
□□□ [istéit]

수능·평가원 기출횟수 7

EBS 기출횟수 27

n. 소유지, 재산

By his mid-twenties, the man with the "Midas touch" had established his own business and made a fortune through stocks and **real estate** investments. *07(6)3106내용일치

'마이다스의 손'을 지닌 그는 20대 중반에 자신의 회사를 설립하여 주식과 부동산 투자를 통해 큰돈을 벌었다.

TIP 실제 시험에서는 real-estate와 real estate라는 형태로 '부동산'으로 출제되었습니다.

n. 역설, 모순

376 **paradox**
□□□ [pǽrədàks]

수능·평가원 기출횟수 6

EBS 기출횟수 28

paradox¹ paradoxes⁴ paradoxical¹

We are trapped deep in a **paradox** deciding on the best
course of action, then doing something else.
*12(6)2103밑줄어법

우리는 가장 나은 행동을 결정하고는 다른 것을 하는 모순에 깊이 사로잡혀 있다.

One of the little understood **paradoxes** in communication is
that the more difficult the word, the shorter the explanation.
*112501빈칸완성

의사소통에 있어서 거의 잘 이해되지 않는 역설 중의 하나는 단어가 어려우면
어려울수록 설명은 더욱더 짧아진다는 것이다.

376-1 □□□ **paradoxical**   *a.* 역설의, 역설을 좋아하는 [13]

n. 불꽃   *v.* 불꽃을 튀기다

377 **spark**
□□□ [spɑːrk]

수능·평가원 기출횟수 5

EBS 기출횟수 29

spark¹ sparked² sparking¹ sparks¹

Only after a good deal of observation do the **sparks** in
the bubble chamber become recognizable as the specific
movements of identifiable particles.
*152006글의주제

상당한 양의 관찰이 있은 뒤에야 거품 상자의 불꽃은 확인 가능한 미립자의 구체적
운동으로서 인식될 수 있게 된다.

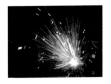

v. 교대하다, 회전하다, 회전시키다

378 **rotate**
□□□ [róuteit]

수능·평가원 기출횟수 4

EBS 기출횟수 30

rotate² rotatable¹ rotation¹

The molecules in the liquid-crystal layer sandwiched between
the two lenses **rotate**, altering the way they bend light.
*07(9)2907밑줄어법

두 렌즈 사이에 끼어 있는 액체 결정체 층에 있는 분자들이 회전하고, 렌즈가 빛을
굴절시키는 방식을 변경시킨다.

378-1 □□□ **rotatable**   *a.* 회전 가능한 [08]

378-2 □□□ **rotation**   *n.* 순환, 교대 [13]

Basic

주어진 단어의 뜻을 우리말로 쓰세요.

1. spark _____
2. paradox _____
3. questionnaire _____
4. empathetic _____
5. dislike _____
6. rotate _____
7. strain _____
8. gear _____
9. mate _____
10. intake _____

11. spoil _____
12. cabin _____
13. scent _____
14. harsh _____
15. evaporate _____
16. colorful _____
17. fur _____
18. toxic _____
19. update _____
20. strive _____

Advanced

다음 문장에 들어갈 적절한 형태의 단어를 쓰세요.

1. Some 6th grade boys at a **s**_____ elementary school were fooling around on the playground.
   교외의 한 초등학교에서 몇 명의 6학년 남학생들이 운동장에서 놀고 있었다. *10(6)49-5001장문독해

2. Sir Arthur Conan Doyle, the creator of Sherlock Holmes, had a great sense of **d**_____ where other persons' feelings were concerned.
   Sherlock Holmes의 창작자인 Sir Arthur Conan Doyle은 타인의 감정에 관해서 대단히 섬세한 감각이 있었다. *11(6)2001밑줄어법

3. Salt cannot leave the sea by **e**_____ because the water vapor leaves it behind.
   수증기가 소금을 남겨두고 없어지기 때문에 증발로 인해 소금이 바다로부터 없어질 수는 없다.
   *10(6)2703빈칸완성

4. **E**_____ is a character trait that we value in ourselves, in our friends and colleagues.
   공감은 우리 자신과 친구와 동료에게서 우리가 소중하게 여기는 성격적 특성이다. *15(9)3201빈칸완성

5. The **h**_____ of their surroundings is a vital factor in making them strong and sturdy.
   그 나무의 주변 환경의 가혹함이 그 나무들을 강하고 튼튼하게 만드는 지극히 중요한 요인이다. *113709내용일치

n. 영역, 분야, 지역, 왕국, 영토

379 realm
□□□ [relm]

수능·평가원 기출횟수 4

EBS 기출횟수 30

realm¹ realms³

Nature lies outside the urban and agricultural **realms**, in regions of Earth where natural processes are unhindered.

*11(9)2902빈칸완성

자연은 도시와 농촌 지역 외부에, 다시 말해 자연의 과정이 방해받지 않는 지구의 지역에 존재한다.

While detailed knowledge of a single area once guaranteed success, today the top rewards go to those who can operate with equal confidence in different **realms**.

*082606빈칸완성

한 분야의 세세한 지식이 한 때 성공을 보장해 준 반면, 오늘 날 최고의 포상은 다양한 분야에서 동일한 자신감을 가지고 일할 수 있는 사람들에게 돌아간다.

n. 아이, 자식, 자손

380 offspring
□□□ [ɔ́ːfsprìŋ]

수능·평가원 기출횟수 3

EBS 기출횟수 31

The contemporary child must travel much further than the **offspring** of primitive man to acquire the world view of his elders.

*114506문단요약

현대의 아이는 어른의 세계관을 획득하기 위해 원시인의 아이보다 더 멀리 여행을 해야 한다.

n. 얇은 조각 v. 얇게 썰다, 나누다, 분할하다

381 slice
□□□ [slais]

수능·평가원 기출횟수 3

EBS 기출횟수 31

slice¹ slices²

The mannered man raised a slippery **slice** of tofu.

*11(6)2105네모어법

그 예절이 바른 사람은 미끄러운 두부 조각을 입에 가져갔다.

prep. ~대, ~와 비교하여

382 versus
□□□ [və́ːrsəs]

수능·평가원 기출횟수 2

EBS 기출횟수 32

Many struggles such as rich **versus** poor are fought under deeply held beliefs.

*034502글의요지

부유함 대 빈곤함과 같은 많은 투쟁들이 깊게 박혀있는 믿음을 바탕으로 이루어지고 있다.

(TIP) 영화 제목 *Freddy vs. Jason*처럼 흔히 vs.로 줄여서 쓰는 것에 익숙하죠.

383 **superficial**
□□□ [sùːpərfíʃəl]
수능·평가원 기출횟수 2
EBS 기출횟수 32

a. 피상적인

This is what becomes our 'identity,' an identity grounded on all the **superficial** differences we distinguish between ourselves and others.
*10(9)2104네모어법
이것은 우리의 '정체성', 즉 우리가 우리 자신과 다른 사람들을 구별하는 모든 피상적인 차이들에 기초를 둔 정체성이 되는 것이다.

384 **prime**
□□□ [praim]
수능·평가원 기출횟수 2
EBS 기출횟수 32

a. 주요한, 최고의, 전형적인

The **prime** focus has been placed on the role of technology in distance learning.
*05(6)3404글의제목
주요 쟁점은 원격 교육에서의 기술의 역할에 있다.

385 **brick**
□□□ [brik]
수능·평가원 기출횟수 8
EBS 기출횟수 25

n. 벽돌

brick⁴ bricks⁴

Wood has been welcome as an alternative material for a long time in building houses instead of cement or **bricks**.
*14(9B)3102빈칸완성
목재는 시멘트나 벽돌 대신, 집을 지을 때 하나의 대체재로서 오랫동안 환영받아 왔다.

386 **awful**
□□□ [ɔ́ːfəl]
수능·평가원 기출횟수 7
EBS 기출횟수 26

a. 두려운, 굉장한

awful⁴ awfully³

I was in an **awful** hurry to get to the bank before they closed.
*1109듣기
나는 은행이 닫히기 전에 도착하기 위해서 굉장히 서둘렀다.

Your trip sounds really **awful**.
*05(9)16듣기
당신의 여행은 정말 끔찍한 것처럼 들린다.

386-1 □□□ **awfully** *ad.* 몹시, 정말 12-98 07⁶

a. **순수한, 단순한, 결백한**

387 **innocent**
□□□ [ínəsnt]

수능·평가원 기출횟수 7

EBS 기출횟수 26

Many **innocent** children using the Internet without supervision can easily become victims of website operators with criminal intentions. *09(9)49-5009정문독해

감독을 받지 않고 인터넷을 사용하는 많은 순진한 아이들이 범죄적인 의도를 가진 웹사이트 운영자들에게 쉽게 희생당할 수 있다.

Almost every man claimed he was **innocent**. *13(9)1903밑줄추론

거의 모든 노예들은 자신이 무죄라고 주장했다.

n. **직관(력)**

388 **intuition**
□□□ [ìntjuíʃən]

수능·평가원 기출횟수 6

EBS 기출횟수 27

intuition² intuitions⁴

Only after some time and struggle does the student begin to develop the insights and **intuitions**. *152004글의주제

어느 정도의 시간과 노력이 있은 뒤에야 학습자는 통찰력과 직관력을 발달시키기 시작한다.

n. **뿔, 경적소리, 뿔피리**

389 **horn**
□□□ [hɔːrn]

수능·평가원 기출횟수 5

EBS 기출횟수 28

horn³ horns²

Two cows might vary in size, color, size of **horns**, ability to survive the cold and amount of milk produced. *05(9)44-4507정문배열

두 마리의 암소는 크기, 색상, 뿔의 크기, 추위에서 살아남는 능력과 우유 생산량이 서로 다를 수 있다.

v. **떠다니다, 표류하다**   *n.* **표류, 유입**

390 **drift**
□□□ [drift]

수능·평가원 기출횟수 5

EBS 기출횟수 28

drift¹ adrift¹ drifting³

Not only does the 'leaf fish' look like a leaf, but it also imitates the movement of a **drifting** leaf underwater. *071901지칭추론

'leaf fish'는 나뭇잎처럼 보일 뿐만 아니라, 물속에서 떠다니는 잎의 움직임을 흉내 낸다.

This has been mainly caused by the **drift** of large numbers of people from the rural areas. *9649-5002장문독해

이것은 주로 농촌 지역으로부터 다수의 사람들의 유입에 의한 것이다.

390-1 □□□   **adrift**   *a.* 포류하는 ¹²

391 **wipe**
□□□ [waip]

수능·평가원 기출횟수 5

EBS 기출횟수 28

v. 지우다, 닦다

wipe⁰ wiped¹ wiping⁴

If you have stains on your shoes, try **wiping** them with a banana peel.

*14(6B)04듣기

만약에 네 신발에 얼룩이 묻는다면, 바나나 껍질로 그것을 닦아 보아라.

---

392 **trivial**
□□□ [tríviəl]

수능·평가원 기출횟수 5

EBS 기출횟수 28

a. 사소한, 하찮은

trivial⁴ trivialize¹

These actions might seem **trivial** at first but may turn out to be miracles later.

*03(9)3206글의제목

이러한 행동들은 처음에는 사소해 보일지 모르지만 후에는 기적으로 변할지도 모른다.

392-1 □□□ **trivialize**   *v.* 하찮아 보이게 만들다 11ᵉ

---

393 **bounce**
□□□ [bauns]

수능·평가원 기출횟수 4

EBS 기출횟수 29

v. 튀(기)다, 반송되다 *n.* 튀어 오름

bounce¹ bounced¹ bounces¹ bouncing¹

When the light from an object hits a person, only some of it **bounces** off.

*103406글의주제

한 물체에서 나오는 빛이 사람과 부딪칠 때 그것 중 오로지 일부만이 반사된다.

---

394 **altitude**
□□□ [ǽltətjùːd]

수능·평가원 기출횟수 4

EBS 기출횟수 29

n. 고도

altitude³ altitudes¹

Their knowledge of the deadly effects of extreme **altitude** was limited and their equipment was poor.

*123704내용일치

극한의 고도로 인해 발생하는 치명적인 영향에 대한 그들의 지식은 제한적인 것이었으며 그들의 장비는 보잘 것 없었다.

n. 거래

395 **transaction**
□□□ [trænsǽkʃən]

수능·평가원 기출횟수 3

EBS 기출횟수 30

transaction² transactions¹

An executed purpose is a **transaction** in which the time and energy spent on the execution are balanced against the resulting assets.

*112603빈칸완성

수행된 목적은 수행하는데 소비된 시간과 에너지가 결과로 나타난 자산과 균형을 이루는 거래이다.

a. 두드러진

396 **outstanding**
□□□ [àutstǽndiŋ]

수능·평가원 기출횟수 3

EBS 기출횟수 30

Jim Nelson, a junior at Manti High School, was an **outstanding** athlete.

*15(9)43-4501장문배열

Manti 고등학교 2학년생인 Jim Nelson은 뛰어난 운동선수였다.

a. 모호한, 이해하기 힘든

397 **obscure**
□□□ [əbskjúər]

수능·평가원 기출횟수 2

EBS 기출횟수 31

As they reviewed the budget, one man's eye caught the salary figure being paid to the **obscure** keeper of the spring.

*05(6)48-5007장문독해

그들이 예산을 검토하고 있을 때 누구인지 알 수 없는 샘 관리인에게 지급되고 있는 봉급의 수치가 한 남자의 눈에 띄었다.

n. 확인, 입증

398 **verification**
□□□ [vèrəfikéiʃən]

수능·평가원 기출횟수 2

EBS 기출횟수 31

verification¹ verifies¹

Observations should be subject to public **verification**.

*15(9)2801내모어법

관찰된 사실들은 공개 검증을 받아야 한다.

398-1 □□□ **verify**   *v.* 증명하다, 확인하다 ¹³ᵇ

(TIP) 수능과 평가원에서는 문단요약 문제의 보기로만 출제되었습니다.

n. 구조, 직물, 조직, 천

399 fabric
□□□ [fǽbrik]
수능·평가원 기출횟수 2
EBS 기출횟수 31

The **fabric** is partially made from recycled plastic bottles.
*14(9A)2308글의목적

그 천은 일부가 재활용된 플라스틱 병으로 만들어 집니다.

---

a. 높은, 가파른

400 steep
□□□ [stiːp]
수능·평가원 기출횟수 9
EBS 기출횟수 23

steep⁶ steeper¹ steepest¹ steeply¹

Steep gasoline taxes and continuous investment in public transportation have produced compact cities. *094503문단요약

높은 유류세, 대중교통에 대한 끊임없는 투자 그리고 다른 정책들은 상대적으로 밀집된 도시들을 만들어왔다.

It was built where the slow-moving Duoro River flows to the Atlantic through the **steep** hills guarding the seashore. *09(9)3602내용일지

그것은 천천히 흐르는 도루강이 해안가를 지켜보고 있는 가파른 언덕을 관통하여 대서양으로 흐르는 곳에 지어졌다.

---

n. 개척자 *v.* 개척하다

401 pioneer
□□□ [pàiəníər]
수능·평가원 기출횟수 9
EBS 기출횟수 23

pioneer¹ pioneered¹ pioneering² pioneers⁵

Native Americans and New England **pioneers** boiled and ate the nuts of the white oak. *08(6)3807내용일지

인디언과 뉴잉글랜드 지방의 개척자들은 하얀 오크 나무의 견과를 끓여서 먹었다.

Men of his kind **pioneered** this form of writing about the public and private self. *133307내용일지

그와 같은 사람들이 공적 자아와 사적 자아에 대한 이런 형태의 글쓰기를 개척했다.

---

n. 장르, 유형, 형식

402 genre
□□□ [ʒáːnrə]
수능·평가원 기출횟수 9
EBS 기출횟수 23

genre⁶ genres³

I feel that your poems show considerable promise, despite your youth and lack of experience in this **genre**. *072102글의목적

저는 귀하의 젊음과 이 장르에서의 경험의 부족에도 불구하고 당신의 시들이 상당한 가능성을 보여준다고 느끼고 있습니다.

n. 건축물, 건축학

403 **architecture**
□□□ [áːrkətèktʃər]

수능·평가원 기출횟수 6

EBS 기출횟수 29

Beautiful modern **architecture** plays a big role in the comeback of Chattanooga. *103707내용일치

아름다운 현대식 건축물이 Chattanooga의 재현에 큰 역할을 하고 있다.

13 · 12 · 13⁹ · 11⁶ · 07⁹ (TIP) architect '건축가' 제법 많이 등장합니다. 함께 알아두세요.

n. 피로

404 **fatigue**
□□□ [fətíːg]

수능·평가원 기출횟수 8

EBS 기출횟수 24

This phenomenon, called adaptation, reflects the **fatigue** of receptors sensitive to sour tastes. *12(6)4505문단요약

이러한 현상은 적응이라 불리는데 신맛에 민감한 미각 감각기의 피로(약화)를 반영한다.

n. 특권

405 **privilege**
□□□ [prívəlidʒ]

수능·평가원 기출횟수 8

EBS 기출횟수 24

privilege⁴ privileged² underprivileged¹ under-privilege¹

Some users take advantage of this **privilege** by sending spam mail, using e-mail to abuse people, and hacking into government and corporate systems. *09(9)49-5008장문독해

어떤 사용자들은 스팸 메일을 보내거나 다른 사람을 비난하기 위해 이메일을 사용하고 정부나 회사의 시스템에 무단으로 침입함으로써 이 특권을 이용한다.

405-1 □□□ **under-privileged**   *a.* 소외계층의 ¹²₀₉⁶

v. ~영향을 주다, 지시하다, 구술하다

406 **dictate**
□□□ [díkteit]

수능·평가원 기출횟수 7

EBS 기출횟수 25

dictate¹ dictated¹ dictates³ dictatorship²

The requirements of fashion have **dictated** some curious designs. *074005문장배열

유행을 끌기 위한 필요는 몇몇 호기심을 끄는 디자인에 영향을 주었다.

The key is to learn how to use your instincts to support, not **dictate**, your decisions. *063706글의주제

중요한 것은 여러분의 결정을 지시하는 것이 아닌 뒷받침해주기 위해서 직감을 사용하는 법을 배우는 것이다.

406-1 □□□ **dictatorship**   *n.* 독재 정권 ⁹⁷₁₃⁶

a. 잘 잊어 먹는, 건망증이 있는

407 forgetful
□□□ [fərgétfəl]

수능·평가원 기출횟수 6
EBS 기출횟수 26

forgetful³ unforgettable³

How can you be so **forgetful**? *04(6)12듣기

당신은 어떻게 그렇게 잘 잊나요?

407-1 □□□ **unforgettable**   a. 잊지 못할 14^·08 08⁹

---

n. (인공)위성, 위성장치

408 satellite
□□□ [sǽtəlàit]

수능·평가원 기출횟수 6
EBS 기출횟수 26

satellite⁴ satellites²

Recently, television-news coverage, assisted by the new **satellite** technology, began to bring "instant news" into our living rooms. *07(9)3201필자주장

최근에 텔레비전 뉴스 보도는 새로운 인공위성 기술의 도움을 받아 우리들 거실에 '실시간 뉴스'를 가지고 오기 시작했다.

---

v. 살펴보다, 훑어보다

409 scan
□□□ [skæn]

수능·평가원 기출횟수 6
EBS 기출횟수 26

scan³ scanned¹ scanning¹ scans¹

She stopped for a moment and anxiously **scanned** the river before her. *113003심경

그녀는 잠시 멈추고 걱정스러운 듯이 앞 쪽에 있는 강물을 훑어보았다.

---

v. 남용하다, 학대하다

410 abuse
□□□ [əbjúːz]

수능·평가원 기출횟수 6
EBS 기출횟수 26

abuse² abused² abuses¹ abusing¹

We readily blame the child who **abuses** the furniture. *10(9)2402빈칸완성

우리는 가구를 함부로 사용하는 아이를 즉시 나무란다.

411 **accustom**
□□□ [əkʌstəm]

수능·평가원 기출횟수 6
EBS 기출횟수 26

v. 익숙하게 하다

accustom⁰ accustomed⁶

People **are accustomed to** using blankets to make themselves warm.
*022401빈칸완성

사람들은 자신을 따뜻하게 하기 위해서 담요를 사용하는데 익숙하다.

I will say that you were so generous that you took our breath away, even **accustomed** as we are to your thoughtfulness.
*994502글의목적

저는 당신이 너무 너그러우셔서, 비록 당신의 사려 깊음에 익숙함에도, 당신이 우리를 놀라게 했다고 말하겠습니다.

TIP) be used to *ing '~하는데 익숙하다'와 같습니다. 여기서 to는 전치사이기 때문에 동사원형을 쓸 수 없습니다.

412 **thread**
□□□ [θred]

수능·평가원 기출횟수 6
EBS 기출횟수 26

n. 실, 맥락 *v.* (전체를 꿰뚫고) 흐르다

thread⁴ threading¹ threads¹

Laid before me was, I realized, a scene of almost classical rural beauty — the woods in the background, a twisting stream **threading** through it all.
*09(6)4303분위기

나는 내 앞에 거의 전형적인 시골의 아름다운 장면 (뒤편의 숲, 그 모두의 사이를 구불구불 흘러 지나가는 시냇물) 이 내 앞에 놓여있음을 깨달았다.

413 **crystallize**
□□□ [krístəlàiz]

수능·평가원 기출횟수 6
EBS 기출횟수 26

v. 결정체를 이루다, 확고해지다

crystallize⁰ crystal² crystallized³ crystallizing¹

"I think maybe the air **crystallized** on him," said the crow.
*08(6)46-4813장문배열

"나는 공기가 단단해졌을 거라고 생각해." 까마귀가 말했다.

413-1 □□□ **crystal** *n.* 결정체, 크리스탈 08⁶·07⁹

414 **dismiss**
□□□ [dismís]

수능·평가원 기출횟수 5
EBS 기출횟수 27

v. 해고하다, 묵살하다, 떨쳐버리다

dismiss³ dismissed¹ dismisses¹

Poe **dismisses** the argument that any ideas are so deep or subtle that they're "beyond the compass of words."
*1346-4703장문독해

Poe는 어떤 생각이 매우 심오하고 미묘해서 그것들은 '말의 범위를 넘어선다'는 주장을 일축한다.

n. 단지, 항아리

415 **jar**
□□□ [dʒɑːr]

수능·평가원 기출횟수 5

EBS 기출횟수 27

jar³ jars²

What's in this big **jar**?   *11(6)13듣기

이 큰 병에 무엇이 있을까?

Those in the public eye have an unfortunate tendency to apologize only after they have been found **with a hand in the cookie jar**.   *11(9)4002글의요지

사람들의 주목을 받는 그들은 현장에서 들킨 이후에만 사과하는 유감스러운 경향을 가지고 있다.

TIP 엄마 몰래 과자 집어 먹으려다가 과자 항아리 속에 손이 들어가 있는 상황이 딱 걸렸다고 생각해 보세요. 딱 걸린 '범죄 현장'이 떠오르시나요?

---

a. 색다른, 낯선, 이국적인

416 **exotic**
□□□ [igzátik]

수능·평가원 기출횟수 4

EBS 기출횟수 28

Some of the early personal accounts of anthropologists in the field sound exciting, adventuresome, certainly **exotic**.   *12(9)2104밑줄어법

인류학자들의 초기의 개인적인 이야기들 중 몇몇을 읽어보면 흥미진진하고, 모험적이며, 색다르게 들린다.

It inspired in me countless childhood daydreams about meeting new people from **exotic** places.   *1046-4802장문배열

그것은 낯선 곳에서 온 새로운 사람들을 만나는 것에 대한 수많은 어린 시절의 꿈을 나에게 불러 일으켰다.

---

v. 분해되다, 저하시키다, 비하하다

417 **degrade**
□□□ [digréid]

수능·평가원 기출횟수 4

EBS 기출횟수 28

degrade⁰ biodegradable² biodegrade¹ degrading¹

Degrading his ability to use the scientific language needed for good salesmanship   *14B35빈칸완성 보기

능숙한 상술(설득력)에 필요한 과학적 용어를 사용하는 자신의 능력을 저하시키는 것

417-1 □□□ **biodegrade**   v. 자연분해 되다   119

417-2 □□□ **biodegradable**   a. 생물 분해(자연분해)성의   119

v. 익사하다, 잠기게하다

418 **drown**
□□□ [draun]

수능·평가원 기출횟수 2

EBS 기출횟수 30

drown¹ drowned¹

She was about to be **drowned** by the creature. *992206분위기

그녀는 그 생명체 때문에 거의 익사할 지경이었다.

The constant noises of electronic devices will **drown** out the sounds of the birds singing in the morning. *0849-5008장문독해

전자 장치의 끊임없는 소음들은 아침에 새가 지저귀는 소리들을 잠식시킬 것이다.

n. 깃털

419 **feather**
□□□ [féðər]

수능·평가원 기출횟수 2

EBS 기출횟수 30

feather¹ feathers¹

They were made of pieces of animal skin stuffed with **feathers** or hay. *081905지칭추론

그것들은 안에 깃털이나 건초를 채운 동물의 가죽 조각으로 만들어졌다.

n. 무리, 병력, 군대

420 **troop**
□□□ [tru:p]

수능·평가원 기출횟수 2

EBS 기출횟수 30

In one **troop**, a taste for caramels was developed by introducing this new food into the diet of young minors.

*13(6)4405문장삽입-삽입문장

한 무리에서 이 새로운 음식을 어린 새끼들의 식사에 처음 선보임으로써 캐러멜 맛보기가 전개되었다.

Basic

주어진 단어의 뜻을 우리말로 쓰세요.

1. versus _____
2. obscure _____
3. trivial _____
4. crystallize _____
5. dismiss _____
6. brick _____
7. jar _____
8. feather _____
9. altitude _____
10. realm _____

11. prime _____
12. fabric _____
13. bounce _____
14. pioneer _____
15. slice _____
16. fatigue _____
17. satellite _____
18. innocent _____
19. thread _____
20. transaction _____

Advanced

다음 문장에 들어갈 적절한 형태의 단어를 쓰세요.

1. While detailed knowledge of a single area once guaranteed success, today the top rewards go to those who can operate with equal confidence in different r_____.
   한 분야의 세세한 지식이 한 때 성공을 보장해 준 반면, 오늘 날 최고의 포상은 다양한 분야에서 동일한 자신감을 가지고 일할 수 있는 사람들에게 돌아간다. *082606빈칸완성

2. Don't miss this opportunity to make your school life u_____!
   학교생활을 잊지 못하게 할 기회를 놓치지 마세요! *08(9)12듣기

3. People are a_____ to using blankets to make themselves warm.
   사람들은 자신을 따뜻하게 하기 위해서 담요를 사용하는데 익숙하다. *022401빈칸완성

4. Many people believe that a snowflake cannot last more than a few minutes indoors because it is a frozen water c_____.
   많은 사람들은 눈송이가 얼어있는 물의 결정체이기 때문에 실내에서는 몇 분 이상동안 지속될 수 없다고 믿는다. *08(6)1901밑줄추론

5. It inspired in me countless childhood daydreams about meeting new people from e_____ places.
   그것은 낯선 곳에서 온 새로운 사람들을 만나는 것에 대한 수많은 어린 시절의 꿈을 나에게 불러 일으켰다. *1046-4802장문배열

11 Day

n. 기간, 범위

421 **span**
□□□ [spæn]

수능·평가원 기출횟수 1
EBS 기출횟수 31

span⁰ spans¹

Many of today's kids have longer attention **spans** than we think.   *'09(6)3305글의주제

오늘날의 많은 아이들은 우리가 생각하는 것보다 더 긴 집중 시간을 갖고 있다.

---

n. (칸막이를 한) 작은 공간, 전시장, 점포, 부스

422 **booth**
□□□ [bu:θ]

수능·평가원 기출횟수 9
EBS 기출횟수 22

booth⁶ booths³

The driver must get out of the car, pump the gas, and walk over to the **booth** to pay.   *'09(6)2204밑줄어법

운전사는 차에서 내려, 휘발유를 주유하고, 돈을 내기 위해 부스로 걸어간다.

---

v. 소중히 하다, 마음에 품다

423 **cherish**
□□□ [tʃériʃ]

수능·평가원 기출횟수 8
EBS 기출횟수 23

cherish³ cherished⁴ cherishes¹

Free access for all people to the outdoors is a much **cherished** right.   *'14(6B)2504글의제목

모든 사람이 비용 없이 야외로 나갈 수 있게 하는 것은 매우 소중한 권리이다.

---

n. 운명

424 **destiny**
□□□ [déstəni]

수능·평가원 기출횟수 6
EBS 기출횟수 25

destiny⁴ destined²

The gods control a man's **destiny**, and one cannot fight the gods.   *'10(6)4206글의제목

신들은 인간의 운명을 통제하기 때문에 인간은 신과 싸울 수 없다.

424-1 □□□ **destine**   v. 운명짓다, 정해지다 ⁰⁵·⁹⁴¹

05 · 94⁽¹⁾ (TIP) 수동태 형태로 be destined to '~할 운명이다'로 2회 출제되었습니다.

n. 방정식, 등식, 동일시

425 equation
□□□ [iːkwéiʒən]

수능·평가원 기출횟수 6
EBS 기출횟수 25

equation⁴ equate¹ equating¹

The great aspiration of modern societies has been to reverse this **equation**.
*09(6)2504빈칸완성
현대 사회의 대단한 열망은 이 방정식을 뒤집는 것이었다.

425-1 □□□ **equate** *v.* 동일시하다 15⁶·09⁹

---

n. 역경

426 adversity
□□□ [ædvə́ːrsəti]

수능·평가원 기출횟수 6
EBS 기출횟수 25

adversity⁵ adversities¹

People who had weathered repeated **adversity** had learned to bounce back.
*12(9)4206글의제목
반복된 역경을 무사히 헤쳐 나갔던 사람들은 다시 회복하는 것을 배웠다.

---

a. 다가오는, 곧 있을

427 upcoming
□□□ [ʌpkʌ́miŋ]

수능·평가원 기출횟수 5
EBS 기출횟수 26

Her teacher, Mr. Adams, has given her the role of Juliet in the **upcoming** school play, *Romeo and Juliet*.
*13(6)17듣기
그녀의 선생님인 Mr. Adams는 곧 있을 학교 연극인 로미오와 줄리엣에서 줄리엣 역을 그녀에게 맡겼다.

---

a. 부족한, 불완전한

428 deficient
□□□ [difíʃənt]

수능·평가원 기출횟수 5
EBS 기출횟수 26

deficient⁴ deficiency¹

Each plant is **deficient** in an essential amino acid. *093902글의요지
각각의 식물은 필수 아미노산이 부족하다.

428-1 □□□ **deficiency** *n.* 결핍 09

n. 응시, 시선 v. 응시하다

429 **gaze**
□□□ [geiz]

수능·평가원 기출횟수 5
EBS 기출횟수 26

gaze⁴ gazing¹

Their **gaze** fell heavy upon me. *12(9)3112심경

그들의 시선이 나에게 무겁게 내려앉았다.

---

n. 습도, 습기

430 **humidity**
□□□ [hju:mídəti]

수능·평가원 기출횟수 4
EBS 기출횟수 27

humidity³ humid¹

Other park conditions such as wind and **humidity** also affect whether a ball sails over the fences, and players know this.

*14A41-4203장문독해

바람과 습도와 같은 다른 야구장 조건들도 야구공이 펜스를 넘어가는지에 영향을 미치는데, 선수들이 이것을 알고 있다.

430-1 □□□ **humid**　　　　　　a. 습한 06

---

v. 속삭이다

431 **whisper**
□□□ [hwíspər]

수능·평가원 기출횟수 4
EBS 기출횟수 27

whisper² whispered¹ whispering¹

His pride began to **whisper** that he could do it. *05(6)2502분위기

그의 자존심은 그도 할 수 있다고 속삭이기 시작했다.

---

n. 화, 성질

432 **temper**
□□□ [témpər]

수능·평가원 기출횟수 4
EBS 기출횟수 27

temper³ temperament¹

John was as famous for his tennis skills as he was for his fits of **temper** on the court. *11(6)1901빈출추론

John은 테니스 기술로 유명하지만, 그에 못지 않게 코트 위에서 화를 터트리는 것으로 유명하다.

99 • 08⁶ (TIP) '화를 내다'라고 할 때 동사 lose와 함께 씁니다. 한편, 수능과 평가원에 출제된 적은 없습니다만 반대말은 keep one's temper '화를 참다'입니다.

432-1 □□□ **temperament**　　　　　n. 기질 09

433 **phase**
□□□ [feiz]

수능·평가원 기출횟수 4
EBS 기출횟수 27

n. 단계, (변하는) 상(모습) *v.* 단계적으로 하다

phase³ phases¹

A special feature of the real estate rental market is its tendency to undergo a severe and prolonged contraction **phase**. *15(9)2901밑줄어휘

부동산 임대 시장의 특별한 특징은 그것이 심한 장기적 경기 수축기를 겪는 경향이 있다는 것이다.

What **phase** is the moon in, I wonder? *12(6)49-5002장문배열

달이 지금은 어떤 상일까?하고 나는 궁금해 한다.

---

434 **penalty**
□□□ [pénəlti]

수능·평가원 기출횟수 4
EBS 기출횟수 27

n. 처벌, 벌금, 페널티

penalty¹ penalized¹ penalties²

Such penalties result in a player being sent to an isolated area called the **penalty** box. *06(9)2103네모어법

그러한 벌칙은 페널티 박스라 불리는 고립된 장소에 해당 선수를 보낸다.

434-1 □□□ **penalize** *v.* 처벌하다, 불리하게 만들다 97

---

435 **refuge**
□□□ [réfju:dʒ]

수능·평가원 기출횟수 4
EBS 기출횟수 27

n. 보호시설, 은신처, 피난처

refuge³ refugees¹

We arrive at the **refuge** at about 10:00 am. *15(6)2306내용일치

우리는 오전 10시경에 보호구역에 도착합니다.

---

436 **collaboration**
□□□ [kəlæbəréiʃən]

수능·평가원 기출횟수 3
EBS 기출횟수 28

n. 공동 작업, 협력

collaboration¹ collaborations¹ collaborative¹

Through his **collaborations** with Linnaeus and others, Ehret provided illustrations for a number of significant horticultural publications. *152405내용일치

Linnaeus를 비롯한 다른 이들과의 공동 작업을 통해서, Ehret은 많은 중요한 원예 출판물의 삽화를 제공했다.

436-1 □□□ **collaborative** *a.* 공동의 14(08)

n. 은신처   v. 굴(을) 파다

437 **burrow**
□□□ [bə́:rou]

수능·평가원 기출횟수 3

EBS 기출횟수 28

burrow² burrowed¹

I decided to put him in a new **burrow**.   *1348-5021장문배열

나는 그를 새로운 은신처에 두기로 결심했다.

n. 식용식물, 약초, 향초

438 **herb**
□□□ [hə:rb]

수능·평가원 기출횟수 2

EBS 기출횟수 29

herb⁰ herbs²

A large basket of **herbs** rests against the fence to the west.

*082105네모어법

풀이 들어 있는 큰 바구니가 서쪽 울타리에 기대어 놓여 있다.

a. 얕은, 얇은

439 **shallow**
□□□ [ʃǽlou]

수능·평가원 기출횟수 2

EBS 기출횟수 29

shallow¹ shallower¹

He handed him the oars, knowing the water was **shallow**.

*05(6)2505심경

그는 물이 얕은 곳이라는 것을 알고 노를 그에게 건네주었다.

v. 손상시키다, 해치다

440 **impair**
□□□ [impέər]

수능·평가원 기출횟수 1

EBS 기출횟수 30

impair⁰ impaired¹

If strong bonds make even a single dissent less likely, the performance of groups and institutions will be **impaired**.

*112202문장삭제

만약 강한 유대관계가 작은 반대조차도 덜 가능하게 만든다면, 집단과 단체의 성과는 손해를 입을 것이다.

441 **infinite**
☐☐☐ [ínfənit]
수능·평가원 기출횟수 8
EBS 기출횟수 22

a. **무한한, 끝없는**

infinite⁵ infinitely¹ infinity²

After two days at sea, I finally saw the land of **infinite** opportunities.
*132203심경

바다에서 이틀을 보낸 후에, 나는 마침내 무한한 기회의 땅을 보았다.

441-1 ☐☐☐   **infinity**   *n.* 무한대, 무한히 많음 ¹¹·⁰⁵

---

442 **nut**
☐☐☐ [nʌt]
수능·평가원 기출횟수 8
EBS 기출횟수 22

n. **견과, 호두**

nut⁵ nuts² nutshell¹

If one **nut** can do it, so can you.
*11(6)4212글의제목

하나의 호두가 그렇게 할 수 있다면, 당신도 그렇게 할 수 있는 것이다.

442-1 ☐☐☐   **nutshell**   *n.* 견과껍질 ¹¹⁶

---

443 **bless**
☐☐☐ [bles]
수능·평가원 기출횟수 6
EBS 기출횟수 24

v. **축복을 빌다**

bless¹ blessed² blessing³

The green revolution was a mixed **blessing**.
*12(9)4101글의제목

녹색 혁명은 뒤섞인 축복이었다.(해가 될 수도 득이 될 수도 있다.)

---

444 **ethnic**
☐☐☐ [éθnik]
수능·평가원 기출횟수 5
EBS 기출횟수 25

a. **민족의**

I've seen couples from different **ethnic** groups merge into harmonious relationships.
*1146-4705장문독해

나는 다른 인종 집단 출신의 부부들이 조화로운 관계로 함께 사는 것을 보아왔다.

n. 매력 *v.* 매혹하다

445 **charm**
□□□ [tʃɑːrm]

수능·평가원 기출횟수 4

EBS 기출횟수 26

charm² charming³

The age of 3½ is not without its **charm**. *104201글의제목

3.5세라는 나이는 매력이 없지는 않다.

Her response to the death of her lover was undeniably **charming**. *0547-4814장문독해

사랑하는 사람의 죽음에 대한 그녀의 반응은 더할 나위 없이 매혹적이었다.

v. 과장하다, 과장해서 말하다

446 **exaggerate**
□□□ [igzǽdʒərèit]

수능·평가원 기출횟수 4

EBS 기출횟수 26

exaggerate¹ exaggerated² exaggeration¹

This will, in some cases, lower subtle information about light versus dark differences, and in other cases **exaggerate** such differences. *063003-그림어휘

어떤 경우에는 이것이 명암의 차이에 대한 미묘한 정보를 낮추고, 또 다른 경우에는 그 차이점들을 과장하기도 할 것이다.

446-1 □□□ **exaggeration** *n.* 과장 ¹¹

n. 견해, 시야, 사고방식

447 **outlook**
□□□ [áutlùk]

수능·평가원 기출횟수 4

EBS 기출횟수 26

outlook³ outlooks¹

This presents only one of several **outlooks** on physics. *0949-5004장문독해

이것은 물리학의 몇 가지 견해 중 오직 하나만을 제시한다.

The level of a person's mental **outlook** and activity has much more to do with length and quality of life than does actual age. *044003글의주제

사람의 수명이나 삶의 질은 나이보다 정신적인 시야나 정신 활동의 정도와 훨씬 더 많은 관련이 있다.

n. 양심, 가책

448 **conscience**
□□□ [kánʃəns]

수능·평가원 기출횟수 4

EBS 기출횟수 26

A **conscience** does not develop by itself, so the job of building one is ours. *073905글의요지

양심은 저절로 계발되는 것이 아니어서, 양심을 축적시키는 일은 우리들의 몫이 된다.

---

v. ~쪽으로 기울다

449 **incline**
□□□ [inkláin]

수능·평가원 기출횟수 3

EBS 기출횟수 27

incline⁰ inclined³

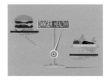

They already know their best employment option and **are** not **inclined to** move around between jobs. *09(9)3905문장삽입

그들은 이미 그들의 최상의 취업 선택(직업)을 알고 있으며, 직업을 옮길 마음이 없다.

Motivated by feelings of guilt, they **are inclined to** make amends for their actions. *133005밑줄어휘

죄책감으로 인해 자극을 받을 때, 사람들은 자신의 행동에 대해 보상을 하려는 경향이 있다.

TIP 숙어 형태인 be inclined to '~하는 경향이 있다'로 출제되었습니다.

---

v. 내려놓다

450 **dump**
□□□ [dʌmp]

수능·평가원 기출횟수 3

EBS 기출횟수 27

dump² dumped¹

I **dumped** my things and went out to look around the town. *09(9)3003심경

짐들을 내려놓고 마을을 둘러보러 나갔다.

---

v. 정하다, 추정하다, 간주하다

451 **presume**
□□□ [prizú:m]

수능·평가원 기출횟수 3

EBS 기출횟수 27

presume¹ presumably²

Darwin's theories of evolution **presume** that individuals should act to preserve their own interests. *12(6)2702빈칸완성

다윈의 진화론은 자기 자신의 이익을 보호하기 위해 행동한다고 가정한다.

451-1 □□□ **presumably** *ad.* 아마, 짐작하건대 14⁽⁹⁾⁰·11⁶

452 **restrain**
☐☐☐ [ristréin]

수능·평가원 기출횟수 2
EBS 기출횟수 28

v. **참다, 제한하다**

restrain¹ restraint¹

Apelles was unable to **restrain** himself, for he knew that the criticism was unjust.
         *113606내용일치

Apelles는 참을 수가 없었는데, 그는 그 비판이 부당하다는 사실을 알고 있었기 때문이었다.

452-1 ☐☐☐ **restraint**   *n.* 자제, 규제, 통제 ¹³

---

453 **vanish**
☐☐☐ [vǽniʃ]

수능·평가원 기출횟수 2
EBS 기출횟수 28

v. **사라지다**

Even stands with regular spots and hours occasionally **vanish**.
         *13(6)3907글의제목

심지어 일정한 자리와 영업시간이 정해져 있는 노점들도 때때로 사라지기도 한다.

---

454 **flock**
☐☐☐ [flɑk]

수능·평가원 기출횟수 2
EBS 기출횟수 28

EBS14 • EBS13 • EBS12 • EBS10

n. **떼**   *v.* **모이다**

flock¹ flocks¹

The same goes for **flocks** of birds.
         *13(6)2102밑줄어법

새떼도 마찬가지이다.

TIP '(주로 조류와 동물 등의) 무리, 떼'를 뜻합니다. 한편 swarm은 '(곤충 등의) 무리, 떼'를 뜻합니다.

---

455 **sibling**
☐☐☐ [síbliŋ]

수능·평가원 기출횟수 1
EBS 기출횟수 29

n. **(한 명의)형제자매**

sibling⁰ siblings¹

Necessity of intervening in disputes between **siblings**
         *1521글의주제 보기

형제자매 사이의 논쟁에 끼어들 필요성

456
□□□

purse
[pə:rs]

수능·평가원 기출횟수 9
EBS 기출횟수 20

n. **지갑, 자금력, 상금**

She took two dollars from her **purse** and rang it up on the
cash register.   *11(9)1906밑줄추론

그녀는 자신의 지갑에서 2달러를 꺼내서 현금 등록기에 넣었다.

457
□□□

pity
[píti]

수능·평가원 기출횟수 8
EBS 기출횟수 21

pity⁷ pitiful¹

n. **연민, 동정심**

The emotion of **pity** is still in our genes.   *12(6)2705빈칸완성

연민의 감정은 여전히 우리 유전자 속에 남아 있다.

457-1 □□□   **pitiful**   *a.* 측은한, 가련한   07

458
□□□

simplify
[símpləfài]

수능·평가원 기출횟수 7
EBS 기출횟수 22

simplify⁶ oversimplify¹ simplified⁶

v. **단순화시키다, 쉽게 하다**

All movement of product parts on this is **simplified**, with no
crossing over, backtracking, or repetition.   *10(9)1804밑줄추론

이것 위에서 모든 부품의 움직임은 건너뛰기, 되돌아가기, 또는 반복하는 것 없이
단순화된다.

458-1 □□□   **oversimplify**   *v.* 지나치게 단순화하다   13⁹

459
□□□

fragile
[frǽdʒəl]

수능·평가원 기출횟수 6
EBS 기출횟수 23

fragile⁵ fragility¹

a. **연약한, 부서지기 쉬운**

We are **fragile** creatures in an environment full of danger.
                                                   *14(6B)2403글의주제

우리는 위험으로 가득 찬 환경에 살고 있는 연약한 존재이다.

459-1 □□□   **fragility**   *n.* 부서지기 쉬움, 여림, 허약   15

n. 기념일

460 anniversary
□□□ [æ̀nəvə́ːrsəri]

수능·평가원 기출횟수 5

EBS 기출횟수 24

We're currently celebrating our 4th **anniversary** and offering two medium pizzas for the price of one. *14(9B)14듣기

저희는 4주년을 기념하며 하나 가격에 두개의 미디엄 피자를 드리고 있어요.

---

a. 열등한, ~보다 못한, 하위의 *n.* 하급자

461 inferior
□□□ [infíəriər]

수능·평가원 기출횟수 5

EBS 기출횟수 24

The **inferior** competitor loses out and the competitively superior species takes over. *15(9)41-4205장문독해

열등한 경쟁자가 패배하여 경쟁적으로 우수한 종이 장악하게 된다.

---

v. (기억 등을)일깨우다, 불러일으키다

462 evoke
□□□ [ivóuk]

수능·평가원 기출횟수 5

EBS 기출횟수 24

evoke⁴ evoked¹

He had become an open-minded person himself, and openness **evoked** openness. *11(9)3506글의주제

그 스스로가 허심탄회한 사람이 되었고, 마음이 열림은 마음이 열림을 더욱 불러 일으켰다.

Basic

주어진 단어의 뜻을 우리말로 쓰세요.

1.	charm	_____	11. upcoming	_____
2.	restrain	_____	12. deficient	_____
3.	whisper	_____	13. humidity	_____
4.	destiny	_____	14. simplify	_____
5.	purse	_____	15. cherish	_____
6.	inferior	_____	16. conscience	_____
7.	dump	_____	17. shallow	_____
8.	phase	_____	18. span	_____
9.	temper	_____	19. sibling	_____
10.	infinite	_____	20. presume	_____

Advanced

다음 문장에 들어갈 적절한 형태의 단어를 쓰세요.

1. We generally e_____ myths with the ancient Greeks or Romans.
   우리는 일반적으로 신화를 고대 그리스 신화나 로마 신화와 같은 것으로 생각한다. *09(9)4301글의제목

2. Corn in Latin America is traditionally ground or soaked with limestone, which makes available a B vitamin in the corn, the absence of which would otherwise lead to a d_____ disease.
   라틴 아메리카에서 옥수수는 전통적으로 갈거나 석회암에 담가 왔는데, 이는 옥수수에 있는 비타민 B를 이용 가능하게 하므로, 이렇게 하지 않을 경우에는 비타민 B의 부족으로 영양소 결핍증에 이를 수 있다. *093903글의요지

3. Recently many teachers have started placing a greater emphasis on problem solving, hands-on experiences, and c_____ work.
   최근에 많은 교사들은 문제 해결, 직접 경험 그리고 공동 작업에 더 큰 중점을 두기 시작했다. *14(9B)3703연결사

4. They help us narrow the i_____ of possible futures down to one or, at least, a few.
   그것들은 우리를 무한히 가능한 미래를 하나, 혹은 적어도 몇 개로 좁히게 해주는데 도움을 준다. *054007글의요지

5. The tendency to deny all previous values in favor of their opposites is just as much of an e_____ as the earlier onesidedness.
   정반대의 것을 지지하여 이전의 모든 가치를 거부하는 성향은 더 이전의 일방적인 것만큼 과장되어 있는 것이다. *112906빈칸완성

463 **discard**
□□□ [diská:rd]

수능·평가원 기출횟수 4

EBS 기출횟수 25

v. 버리다, 폐기하다

discard¹ discarded³

The early drafts are not **discarded** like mistakes, but are viewed as the initial steps in unfolding the idea. *'07(6)2605빈칸완성

초고는 잘못된 생각처럼 폐기되는 것이 아니라 생각을 전개하기 위한 첫 단계로 본다.

464 **animate**
□□□ [ǽnəmèit]

수능·평가원 기출횟수 4

EBS 기출횟수 25

v. 만화영화로 만들다, 생기를 불어넣다

animate⁰ animated¹ animation¹ animations²

This is a difficult character to portray especially considering that it's an **animated film**. *'10(9)08듣기

만화영화라는 것을 고려하면, 이것은 묘사하기 어려운 인물이다.

TIP 설마 animation은 아는데 animate를 모른다고 하진 않겠죠.

464-1 □□□ **animation**   *n.* 생기, 만화영화 ⁰⁷ᴬ

465 **remedy**
□□□ [rémədi]

수능·평가원 기출횟수 3

EBS 기출횟수 26

n. 치료제, 치료(약) *v.* 치료하다

remedy¹ remedied¹ remedies¹

Our progress in understanding has not **remedied** the social ills of the world. *153206빈칸완성

이해에 있어서의 우리의 진보는 세계의 사회적인 불행을 치유하지 못해왔다.

466 **unify**
□□□ [júːnəfài]

수능·평가원 기출횟수 3

EBS 기출횟수 26

v. ～을 통합하다

unify⁰ unified² unifying¹

To create a **unifying** theme for the many crowd scenes, he invented a character of a backpacking tourist who would appear in each location. *'14(9A)3903문장삽입~삽입문장

많은 군중 장면들을 위한 통일된 테마를 만들어 내기 위해, 그는 각 장소마다 등장하는 배낭을 멘 관광객 캐릭터를 만들어 냈다.

a. 애매한, 불명확한

467 ambiguous
□□□ [æmbígjuəs]
수능·평가원 기출횟수 3
EBS 기출횟수 26

ambiguous¹ unambiguous¹ unambiguously¹

The boundaries among business units were deliberately **ambiguous**.   *122104밑줄어법

사업 단위 간의 경계는 의도적으로 불명확했다.

467-1 □□□ **unambiguous**   a. 모호하지 않은, 분명한 ¹³⁶

---

n. 다량, 무더기

468 stack
□□□ [stæk]
수능·평가원 기출횟수 3
EBS 기출횟수 26

stack¹ stacked¹ stacks¹

Ice cream makers add **stacks** of sugar.   *11(6)2805빈칸완성

아이스크림 제조업자들은 엄청난 양의 설탕을 추가한다.

---

n. 비유

469 analogy
□□□ [ənǽlədʒi]
수능·평가원 기출횟수 2
EBS 기출횟수 27

analogy¹ analogies¹

An **analogy** carried throughout the book compares the moral brain to a camera with automatic settings.   *12(9)4502문단요약

그 책 전체에서 다루어지는 비유는 도덕적인 두뇌를 자동 설정기능이 있는 사진기에 비유한다.

---

v. 상상하다, (생각을)마음속으로 하다, 임신하다

470 conceive
□□□ [kənsíːv]
수능·평가원 기출횟수 1
EBS 기출횟수 28

conceive⁰ conceived¹

I have never had a thought which I could not set down in words, with even more distinctness than that with which I **conceived** it.   *1346-4704장문독해

나는, 생각을 품었을 때의 명확함보다 훨씬 더 명확함을 가진 상태에서, 글로 기록할 수 없는 생각을 가져본 적이 없다.

471 **flame**
□□□ [fleim]

수능·평가원 기출횟수 **1**

EBS 기출횟수 **28**

n. **불꽃, 화염**

flame⁰ flames¹

Flames were dancing under them, now blue and then red, comforting my body and soul. *07(6)49-5004장문독해

푸른색이고 때론 붉은색이기도 한 불꽃이 그들 밑에서 춤추며 내 몸과 영혼을 달래주고 있었다.

472 **cite**
□□□ [sait]

수능·평가원 기출횟수 **1**

EBS 기출횟수 **28**

v. **언급하다, 소환하다, 표창하다**

cite⁰ cited¹

One of the most commonly **cited** reasons for keeping a pet animal is for the companionship it can provide. *13(9)3201내모어휘

가장 흔하게 언급되는 애완동물을 키우는 이유 중 하나는 그것이 주는 친밀한 관계를 위함이다.

473 **polish**
□□□ [póuliʃ]

수능·평가원 기출횟수 **8**

EBS 기출횟수 **20**

n. **광택제** *v.* **윤을 내다, 다듬다, 퇴고하다**

polish³ polished² polishes¹ polishing²

Creeping plants cover the **polished** silver gate. *082103내모어법

덩굴 식물들은 윤이 나는 은빛의 대문을 덮고 있다.

There will be time for revising and **polishing** any ideas you want to pursue later. *082409빈칸완성

당신이 나중에 추구하기를 원하는 생각들을 교정하고 다듬을 시간이 있을 것이다.

474 **clay**
□□□ [klei]

수능·평가원 기출횟수 **8**

EBS 기출횟수 **20**

n. **진흙, 점토**

She was a big woman with gray skin, like **clay**. *10(9)3104심경

그녀는 찰흙 같은 회색 피부를 가지고 있는 체구가 큰 여자였다.

n. 목초지, 목장

475 pasture
□□□ [pǽstʃər]

수능·평가원 기출횟수 8

EBS 기출횟수 20

pasture⁶ pastoral¹ pastures¹

The disadvantage is that the extra grazing contributes to the deterioration of the **pasture**.　*132804빈칸완성

단점은 추가적인 방목은 목초지 약화의 원인이 된다는 것이다.

475-1 □□□　**pastoral**　　　*a.* 전원(생활)의　⁰⁹⁶

---

n. 경적, 호각

476 whistle
□□□ [hwísəl]

수능·평가원 기출횟수 7

EBS 기출횟수 21

She grabbed the **whistle** out of her bag and blew it hard three times.　*14(9A)43-4513장문독해

그녀는 가방에서 호각을 꺼내 쥐고 힘차게 세 번 불었다.

---

n. 성인

477 adulthood
□□□ [ǽdʌlthʊd]

수능·평가원 기출횟수 7

EBS 기출횟수 21

As you mature into **adulthood**, birth order becomes insignificant.　*092105네모어법

어른이 되어감에 따라, 태어난 순서는 별로 중요하지 않게 된다.

---

v. 일치하다, 상응하다, 서신 왕래를 하다

478 correspond
□□□ [kɔ̀ːrəspánd]

수능·평가원 기출횟수 6

EBS 기출횟수 22

correspond² corresponding¹ correspondingly¹ corresponds²

Brain responses **correspond** to people's self-reports that social support from a loved one helps reduce stress.　*13(6)2608빈칸완성

뇌 반응은 사랑하는 사람으로부터의 사회적인 지지가 스트레스를 줄이는데 도움이 된다는 사람들의 자기 보고와 일치한다.

478-1 □□□　**correspondingly**　　*ad.* 상응하여, 서로맞게　⁰⁹

479 **folk**
□□□ [fouk]

수능·평가원 기출횟수 6

EBS 기출횟수 22

n. pl. 사람들, 보통 사람 *a.* 민속의, 민간의

Not just plain **folk** hold these misconceptions.   *064502문단요약

오로지 소박한 평민들만이 이러한 잘못된 생각을 갖고 있는 것은 아니다.

480 **strip**
□□□ [strip]

수능·평가원 기출횟수 5

EBS 기출횟수 23

v. 벗(기)다 *n.* 가늘고 긴 조각

strip⁴ stripped¹

Italy had been **stripped** of forest cover.   *122803빈칸완성

이탈리아를 덮고 있던 삼림이 벌채되었다.

481 **mixture**
□□□ [míkstʃər]

수능·평가원 기출횟수 5

EBS 기출횟수 23

n. 혼합물

I made a **mixture** of milk and baby cereal for him.   *1348-5010장문배열

나는 그를 위해 우유와 유아용 시리얼 혼합물을 만들었다.

482 **concrete**
□□□ [kánkri:t]

수능·평가원 기출횟수 5

EBS 기출횟수 23

a. 구체적인, 콘크리트의

Making such a description **concrete** and detailed requires not just inspiration but certain practical tools and skills.   *10(6)3402필자주장

그러한 묘사를 구체적이고 상세하게 만드는 데는 영감뿐만 아니라 어떤 실용적인 도구와 기술이 필요하다.

The average life of a street tree surrounded by **concrete** and asphalt is seven to fifteen years.   *10(6)2102내용어법

콘크리트와 아스팔트로 둘러싸인 나무들의 평균 수령은 7년에서 15년이다.

v. 꽂다, 막다 *n.* 플러그, 마개

483 plug
□□□ [plʌg]
수능·평가원 기출횟수 4
EBS 기출횟수 24

plug³ plugged¹

I always say to my family, "Just remember to **plug** me in when you go to bed, so I can wake up in the morning full of energy." *051807지칭추론

나는 항상 가족들에게 "내가 아침에 기운이 넘치는 상태로 잠이 깰 수 있도록 잠자러 갈 때 나를 콘센트에 꽂는 것을 잊지 마."라고 말한다.

n. 약진, 돌파구

484 breakthrough
□□□ [bréikθrù:]
수능·평가원 기출횟수 4
EBS 기출횟수 24

breakthrough³ breakthroughs¹

Every victory one person makes is a **breakthrough** for all. *114007글의요지

한 사람이 만드는 모든 승리는 모두에게 획기적인 약진이다.

v. 진정시키다, 위로하다, 달래주다

485 soothe
□□□ [su:ð]
수능·평가원 기출횟수 4
EBS 기출횟수 24

soothe² soothes¹ soothing¹

I had turned toward her in shock, but she did not cuddle or **soothe**. *11(9)48-5019장문배열

나는 충격을 받아 그녀를 향해 돌아봤지만, 그녀는 꼭 껴안아 주거나 위로해주지도 않았다.

a. 터무니없는

486 absurd
□□□ [æbsə́:rd]
수능·평가원 기출횟수 4
EBS 기출횟수 24

It is also **absurd** to attempt to preserve items. *1249-5012장문독해

품목들을 보호하려고 시도하는 것 또한 터무니없다.

487 **fierce**
□□□ [fiərs]

수능·평가원 기출횟수 4

EBS 기출횟수 24

a. 무시무시한, 격심한

fierce³ fiercely¹

These **fierce** radicals, built into life as both protectors and avengers, are potent agents of aging. *14B2710밑줄어법

보호자인 동시에 보복자로 생명체의 일부가 되어 있는 이런 사나운 활성 산소는 노화의 강력한 동인이다.

488 **applause**
□□□ [əplɔ́ːz]

수능·평가원 기출횟수 4

EBS 기출횟수 24

n. 박수

applause³ applauded¹

The audience responded with deafening **applause**. *12(6)4106글의제목

청중들은 귀가 멍멍할 정도의 큰 박수로 응답했다.

488-1 □□□ **applaud**   *v.* 갈채를 보내다, 박수를 치다 ⁹⁸

489 **priest**
□□□ [priːst]

수능·평가원 기출횟수 4

EBS 기출횟수 24

n. 성직자

priest³ priests¹

The names of **priests** serving in the church have been preserved from the eighteenth century on. *12(9)3705내용일치

그 교회에서 종사하는 성직자들의 이름은 18세기로부터 계속해서 보존되어왔다.

490 **combat**
□□□ [kámbæt]

수능·평가원 기출횟수 3

EBS 기출횟수 25

n. 전투 *v.* 싸우다

Strength training can help **combat** risk factors for heart disease and diabetes. *123905글의요지

체력 훈련은 심장 질환이나 당뇨병을 일으킬 수 있는 위험 요인들과 맞서 싸우는 데에도 도움을 줄 수 있다.

a. **체계적인**

491 systematic
☐☐☐ [sìstəmǽtik]

수능·평가원 기출횟수 3
EBS 기출횟수 25

systematic² systematically¹

Consumers are the product of the **systematic** deployment of power throughout society.
*15(9)3401빈칸완성

소비자들은 사회 전반에 걸친 권력의 체계적 배치의 산물이다.

491-1 ☐☐☐ **systematically**　　　　*ad.* 조직적으로 14⁹

---

ad. **무심하게, 우연히**

492 casually
☐☐☐ [kǽʒuəli]

수능·평가원 기출횟수 3
EBS 기출횟수 25

casually² casual¹

I sat in a corner sipping the soup slowly, **casually** listening to country fellows' chatting.
*07(6)49-5013장문독해

나는 구석에 앉아서, 천천히 수프를 홀짝이며, 무심하게 시골 친구들의 수다를 들었다.

492-1 ☐☐☐ **casual**　　　　*a.* 가벼운 03⁹

---

v. **용해시키다, 해산하다**

493 dissolve
☐☐☐ [dizálv]

수능·평가원 기출횟수 3
EBS 기출횟수 25

dissolve⁰ dissolved³

As the water evaporated, the traces of **dissolved** salts were gradually concentrated in the shrinking lake.
*133406내용일치

물이 증발하면서 미량의 용해된 소금이 줄어드는 호수에서 서서히 농축되었다.

(TIP) 실제 2회의 시험에서, 총 3회 출제되었는데 모두 dissolved '용해된'입니다.

---

a. **휴대용의**

494 portable
☐☐☐ [pɔ́ːrtəbəl]

수능·평가원 기출횟수 3
EBS 기출횟수 25

We have many different types of **portable** fans over here.
*13(9)01듣기

여기에 다양한 휴대용 선풍기가 있습니다.

495 dine
□□□ [dain]

수능·평가원 기출횟수 3

EBS 기출횟수 25

v. **식사하다, 대접하다**

dine⁰ dined² diners¹

Researchers found that women who **dined** with two or three friends ate 700 calories on average, double that of solo diners.

*08(9)2704빈칸완성

연구자들은 두 세 명의 친구들과 함께 식사 한 여성들이 평균적으로 혼자 식사하는 사람의 두 배인 700칼로리를 먹었다는 것을 발견했다.

---

496 discern
□□□ [disə́:rn]

수능·평가원 기출횟수 2

EBS 기출횟수 26

v. **알아차리다, 파악하다**

discern¹ discernible¹

We can **discern** different colors, but we can give a precise number to different sounds.

*153003네모어휘

서로 다른 색깔은 우리가 분간할 수 있지만, 여러 다른 소리에는 정확한 '숫자'를 부여할 수 있다.

496-1 □□□   **discernible** *a.* 인식 할 수 있는, 보고 알 수 있는 ¹³⁹

---

497 grip
□□□ [grip]

수능·평가원 기출횟수 2

EBS 기출횟수 26

n. **지배, 이해** *v.* **꼭 잡다, 움켜쥐다**

grip⁰ gripped²

'What's happening?' he wondered as he **gripped** the armrests.

*091904지칭추론

'무슨 일이지?' 그는 팔걸이를 잡으면서 의아하게 여겼다.

---

498 sacred
□□□ [séikrid]

수능·평가원 기출횟수 2

EBS 기출횟수 26

a. **신성한, 종교적인**

A water plant called the **sacred** lotus regulates its temperature in order to benefit insects that it needs to reproduce.

*093701내용일치

신성한 연꽃이라 불리는 한 수중 식물은 그것이 번식하기 위해 필요로 하는 벌레들을 이롭게 하기 위해서 그것의 온도를 조절한다.

v. 재발하다, 되풀이되다

499 **recur**
□□□ [rikə́:r]

수능·평가원 기출횟수 2
EBS 기출횟수 26

recur¹ recurrent¹

She was determined to make her students understand that
themes **recur** throughout a piece.   *1148-5002장문배열

그녀는 학생들이 그 주제가 전 악보에 걸쳐 되풀이 되는 것을 이해시키려는 의지가
확고했다.

499-1 □□□   **recurrent**   *a.* 되풀이되는, 순환하는   07⁹

a. 진심 어린

500 **heartfelt**
□□□ [ha:rtfelt]

수능·평가원 기출횟수 9
EBS 기출횟수 18

heartfelt² halfhearted¹ hearted¹ heartily³ heartless¹ wholehearted¹

We see a **heartfelt** appeal for charity.   *12(6)2705빈칸완성

우리는 자선에 대한 진심 어린 호소를 본다 .

500-1 □□□   **heartily**   *ad.* 많이, 진심으로   15⁹·14⁽ᴴ⁾·08⁶

500-2 □□□   **heartless**   *a.* 매정한, 냉혹한   04⁶

500-3 □□□   **hearted**   *a.* ∼한 마음씨의   04⁹

warmhearted 04⁹ •
EBS14 • EBS10
wholehearted 11 • EBS10
halfhearted 11 • EBS12 • EBS10
fainthearted EBS12

(TIP) 형용사hearted 혹은 형용사–hearted로 쓰입니다.
기출표현으로 warmhearted '인정 많은, 친절한', wholehearted '진심 어린, 전폭적인',
halfhearted '마지못해 하는' 등이 있습니다 .

v. 부화하다

501 **hatch**
□□□ [hætʃ]

수능·평가원 기출횟수 8
EBS 기출횟수 19

hatch³ hatched¹ hatching⁴

The young of precocial birds belonging to the same clutch
have a strong incentive to **hatch** as close together in time as
possible.   *10(9)3801내용일치

한 배에서 난 부화 후 곧 활동이 가능한 어린 새들은 가능한 한 서로 가까운 시기에
부화하려는 강력한 동기를 가지고 있다.

n. 일탈

502 **deviance**
□□□ [díːviəns]

수능·평가원 기출횟수 7

EBS 기출횟수 20

deviance[4] deviant[1] deviation[1] deviations[1]

Unlike **deviance** in other settings, **deviance** in sports often involves an unquestioned acceptance of and extreme conformity to norms and expectations. *11(9)2601빈칸완성

다른 분야에서의 일탈과는 달리 스포츠에서의 일탈은 종종 규범과 기대에 대한 아무런 의심 없는 수용과 극단적인 순응을 수반한다.

502-1 □□□ **deviant** *a.* 일탈적인, 벗어난 [11]

502-2 □□□ **deviation** *n.* 벗어남, 일탈 [13][12]

a. 신뢰할 만한, 믿을 수 있는

503 **trustworthy**
□□□ [trʌ́stwə̀ːrði]

수능·평가원 기출횟수 6

EBS 기출횟수 21

trustworthy[4] distrust[2]

Judging from his appearance, he was afraid that he might not be a very **trustworthy** person. *11(9)2105네모어법

그의 외모로 판단하건대, 그다지 신뢰할 만한 사람이 아닐지도 모른다는 사실이 그는 두려웠다.

503-1 □□□ **distrust** *n.* 불신 *v.* 불신하다 [14][14]

n. 보석류, 보석 세공, 보석 장식

504 **jewelry**
□□□ [dʒúːəlri]

수능·평가원 기출횟수 5

EBS 기출횟수 22

jewelry[3] jewel[1] jewels[1]

It's not recommended to leave valuable items such as cameras, laptops, or **jewelry** in your rooms over the break. *12(9)03듣기

카메라, 노트북 컴퓨터, 또는 보석류와 같은 귀중품을 쉬는 시간에 방에 남겨두는 것을 권장하지 않습니다.

504-1 □□□ **jewel** *n.* 보석 [07][15]

Basic

주어진 단어의 뜻을 우리말로 쓰세요.

1. conceive _____
2. combat _____
3. remedy _____
4. hatch _____
5. absurd _____
6. stack _____
7. polish _____
8. soothe _____
9. discern _____
10. heartfelt _____

11. breakthrough _____
12. strip _____
13. cite _____
14. animate _____
15. correspond _____
16. unify _____
17. ambiguous _____
18. adulthood _____
19. systematic _____
20. mixture _____

Advanced

다음 문장에 들어갈 적절한 형태의 단어를 쓰세요.

1. There will be time for revising and **p**_____ any ideas you want to pursue later.
   당신이 나중에 추구하기를 원하는 생각들을 교정하고 다듬을 시간이 있을 것이다.   *082409빈칸완성

2. Making such a description **c**_____ and detailed requires certain practical tools and skills.
   그러한 묘사를 구체적이고 상세하게 만드는 데는 어떤 실용적인 도구와 기술이 필요하다.   *10(6)3402필자주장

3. When it was over, she **a**_____ his passionate performance and clapped for a long time.
   콘서트가 끝났을 때, 그녀는 그의 열정적인 연주에 갈채를 보냈고 오랫동안 박수를 쳤다.   *983003밑줄의미

4. The more **h**_____ our community becomes, the less space we seem to have in our hearts for others.
   우리 사회에 대해 매정해질수록 우리가 다른 사람에 대해 갖는 애정의 공간이 더욱 작아지는 듯하다.

   *04(6)4501글의요지

5. When young men go too far in their acceptance of expectations to become bigger and stronger, they become **d**_____.
   젊은 사람들이 좀 더 몸집이 커지고 힘이 세어지리라는 기대를 지나칠 정도로 수용하게 될 때, 일탈하게 된다.   *11(9)2605빈칸완성

Theme Analysis

No.	확인	단어	뜻	EBS 총빈도	EBS 교재수	기출형태
69	□□□	ascend	v. 올라가다	18	12	ascend[8] ascended[4] ascending[4] ascends[2]
70	□□□	poultry	n. 가금(류)	18	10	
71	□□□	disable	v. 장애를 입히다	18	10	disable[0] disabled[17] disabling[1]
72	□□□	proclaim	v. 선언하다	18	10	proclaim[2] proclaimed[2] proclaiming[2]
72-1	□□□	proclamation	n. 선언, 포고			proclamation[11] proclamations[1]
73	□□□	bid	v. 조건을 제시하다, 입찰하다	18	4	
74	□□□	condemn	v. 비난하다	17	15	condemn[4] condemned[10] condemns[3]
75	□□□	pray	v. 기도하다, 기원하다	17	14	pray[9] prayed[6] praying[2]
76	□□□	tick	v. 째깍째깍 하는 소리를 내다	17	14	tick[4] ticked[2] ticking[8] ticks[3]
77	□□□	array	n. 행렬, 배열	17	13	
78	□□□	keen	a. 간절히 ~하고 싶은, ~을 열망하는	17	12	keen[16] keener[1]
79	□□□	sentiment	n. 정서, 감정	17	12	sentiment[7] sentiments[10]
80	□□□	plantation	n. 농원	17	12	plantation[8] plantations[9]
81	□□□	limb	n. 팔다리	17	12	limb[5] limbs[12]
82	□□□	partial	a. 부분적인	17	11	
83	□□□	grid	n. 망, 망상(網狀)조직	17	10	grid[16] grids[1]
84	□□□	undergraduate	n. (대학) 학부생, 대학생	17	10	undergraduate[11] undergraduates[6]
85	□□□	architectural	a. 건축학의	17	9	
86	□□□	localize	v. 국한시키다	17	9	localize[5] localized[8] localizing[4]
87	□□□	neuron	n. 신경 단위	17	8	neuron[2] neurons[15]
88	□□□	comprise	v. ~으로 구성되다	16	15	comprise[2] comprised[5] comprises[7] comprising[2]
89	□□□	controversy	n. 논쟁, 논란	16	14	controversy[13] controversies[3]
90	□□□	inflict	v. (괴로움 등을)가하다	16	14	inflict[8] inflicted[4] inflicting[2] inflicts[2]
91	□□□	compress	v. 압축하다	16	14	compress[3] compressed[12] compresses[1]
92	□□□	confrontation	n. 대립	16	13	confrontation[13] confrontations[3]
93	□□□	therapeutic	a. 치료의, 치료법의	16	12	
94	□□□	livelihood	n. 생계, 살림	16	12	livelihood[7] livelihoods[9]
95	□□□	plausible	a. 그럴듯한, 정말 같은	16	11	
96	□□□	heroic	a. 영웅적인, 과감한	16	10	
97	□□□	respective	a. 각각의	16	10	
98	□□□	sneeze	n. 재채기 v. 재채기하다	16	10	sneeze[12] sneezed[1] sneezing[3]
99	□□□	premise	n. 전제, 가정	16	10	premise[10] premises[6]
100	□□□	renovate	v. 개조하다, 보수하다	16	9	renovate[0] renovated[15] renovating[1]
101	□□□	multinational	a. 다국적의	16	8	
102	□□□	cavity	n. 구멍, 공동	15	15	cavity[7] cavities[8]

No.	확인	단어	뜻	EBS 총빈도	EBS 교재수	기출형태
103	□□□	arouse	v. 불러일으키다	15	13	arouse[4] aroused[8] arousing[3]
104	□□□	converse	v. 대화하다	15	12	converse[6] conversed[4] conversing[5]
105	□□□	diameter	n. (원의)지름, 직경	15	11	
106	□□□	indigenous	a. 고유의, 토착의	15	11	
107	□□□	dye	n. 염료	15	11	dye[9] dyes[6]
108	□□□	catastrophe	n. 큰 재해, 대변동	15	11	catastrophe[9] catastrophes[6]
109	□□□	optimism	n. 낙관	15	10	
110	□□□	ponder	v. 깊이 생각하다	15	10	ponder[8] pondered[2] pondering[5]
111	□□□	scar	n. 흉터, 마음의 상처	15	10	scar[6] scarred[3] scars[6]
112	□□□	tract	n. 넓은 지면, 지역	15	10	tract[7] tracts[8]
113	□□□	hatred	n. 증오, 미움, 혐오	15	9	
114	□□□	petroleum	n. 석유	15	9	
115	□□□	comparative	a. 상대적인, 비교의	15	8	
116	□□□	turnover	n. 매출량, 회전율	15	8	
117	□□□	aviation	n. 항공	15	7	
118	□□□	senate	n. 상원	15	7	
119	□□□	senator	n. 상원 의원	13	10	senator[4] senators[9]
120	□□□	disclosure	n. 폭로	15	7	disclosure[12] disclosures[3]
121	□□□	cape	n. 곶, 갑	15	6	
122	□□□	earthworm	n. 지렁이	15	5	earthworm[1] earthworms[14]
123	□□□	divorce	v. 이혼하다	14	13	divorce[8] divorced[6]
124	□□□	speculate	v. 추측하다	14	13	speculate[8] speculated[4] speculates[1] speculating[1]
125	□□□	humiliate	v. 창피를 주다	14	13	humiliate[1] humiliated[12] humiliating[1]
126	□□□	periodically	ad. 주기적으로	14	12	
127	□□□	commodity	n. 필수품	14	12	commodity[10] commodities[4]
128	□□□	lure	v. 유혹하다, 불러들이다	14	12	lure[8] lured[2] lures[3] luring[1]
129	□□□	stabilize	v. 안정시키다	14	12	stabilize[7] stabilized[2] stabilizes[1] stabilizing[4]
130	□□□	splendid	a. 화려한, 훌륭한	14	11	
131	□□□	acclaim	v. 환호하다, 칭송하다	14	11	acclaim[6] acclaimed[8]
132	□□□	prescribe	v. 처방하다	14	11	prescribe[4] prescribed[10]
133	□□□	assault	n. 폭행, 공격	14	11	assault[1] assaulted[8] assaulting[3] assaults[2]
134	□□□	proposition	n. 제안, 명제	14	10	proposition[12] propositions[2]
135	□□□	corridor	n. 복도	14	10	corridor[10] corridors[4]
136	□□□	staple	a. 주된, 주요한	14	10	staple[7] staples[7]
137	□□□	slaughter	n. 도살	14	10	slaughter[9] slaughtered[2] slaughtering[3]

Week 3

505	abruptly	547	notable	589	carve
506	humble	548	index	590	deforestation
507	affair	549	kindergarten	591	wit
508	dull	550	noble	592	upright
509	authentic	551	needy	593	outline
510	rude	552	fever	594	inhibit
511	dwell	553	disguise	595	diagram
512	platform	554	cease	596	litter
513	panel	555	edible	597	heritage
514	shed	556	rub	598	preschool
515	seize	557	pale	599	cage
516	nod	558	resume	600	stain
517	overly	559	pave	601	reliant
518	insulate	560	minister	602	deed
519	provoke	561	resignation	603	acquaintance
520	chop	562	faint	604	contaminate
521	stir	563	incompatible	605	recipient
522	duration	564	blend	606	collide
523	skeptical	565	undertake	607	furious
524	loudly	566	republic	608	profile
525	nerve	567	copyright	609	luggage
526	drain	568	dawn	610	voyage
527	flip	569	copper	611	cruel
528	bind	570	intact	612	dip
529	abroad	571	outlet	613	cling
530	undermine	572	insert	614	supreme
531	shorten	573	flee	615	dairy
532	revive	574	designate	616	mill
533	accent	575	proficient	617	hooked
534	disposable	576	fancy	618	comply
535	vertical	577	foretell	619	scheme
536	chase	578	relaxation	620	walnut
537	monetary	579	bitter	621	overnight
538	chamber	580	fake	622	elegant
539	dietary	581	sew	623	laundry
540	federal	582	suck	624	for the sake of
541	cord	583	render	625	script
542	galaxy	584	swallow	626	souvenir
543	subscribe	585	fort	627	machinery
544	respiration	586	wilderness	628	rot
545	adhere	587	creep	629	hierarchy
546	oral	588	ash	630	triumph

16 Day

631	enlarge
632	presidency
633	factual
634	antique
635	steer
636	worsen
637	interdependent
638	problematic
639	latitude
640	famine
641	magnificent
642	dispersal
643	patch
644	paragraph
645	seasonal
646	marvel
647	proverb
648	fluctuation
649	enrich
650	compact
651	orbit
652	segment
653	deck
654	nightmare
655	agenda
656	rage
657	mankind
658	drastically
659	rod
660	meditation
661	median
662	bearable
663	overseas
664	handicap
665	flatter
666	blur
667	lifelong
668	intrigue
669	aisle
670	intricate
671	solemn
672	scold

17 Day

673	shield
674	anchor
675	await
676	nap
677	disrupt
678	entail
679	appetite
680	reform
681	explicit
682	tuition
683	spectrum
684	magnetic
685	manuscript
686	dose
687	lyric
688	haste
689	defect
690	dental
691	roast
692	rubber
693	stun
694	eyesight
695	coherent
696	mold
697	fond
698	chaos
699	leather
700	roam
701	pulse
702	monumental
703	snap
704	solely
705	millennium
706	unbelievable
707	hop
708	glide
709	erosion
710	regain
711	crown
712	strap
713	fragment
714	embed

18 Day

715	propel
716	odor
717	microbial
718	static
719	bump
720	recite
721	kin
722	behalf
723	halfway
724	beg
725	humiliation
726	fare
727	ultraviolet
728	evil
729	execute
730	texture
731	shuttle
732	toll
733	weird
734	decay
735	makeup
736	gem
737	awkward
738	retrieve
739	longevity
740	complement
741	bronze
742	erase
743	sore
744	farewell
745	extrovert
746	swift
747	vigorous
748	leftover
749	altruism
750	masterpiece
751	nourish
752	splash
753	probe
754	frown
755	brute
756	saddle

505 **abruptly**
□□□ [əbrʌ́ptli]

수능·평가원 기출횟수 5
EBS 기출횟수 22

ad. 갑자기

abruptly³ abrupt²

His or her manner will not change significantly or **abruptly**.

*12(9)2006내모어휘

그나 그녀의 태도가 상당히 또는 갑작스럽게 변하지는 않을 것이다.

505-1 □□□ **abrupt**   *a.* 갑작스런 ¹²⁹

506 **humble**
□□□ [hʌ́mbəl]

수능·평가원 기출횟수 5
EBS 기출횟수 22

v. 자존심 상하게 하다   *a.* 겸손한, 비굴한

humble³ humbling¹ humbly¹

Learning to ski is one of the most **humbling** experiences an adult can undergo (that is one reason to start young). *062701빈칸완성

스키를 배우는 것은 어른이 겪을 수 있는 가장 자존심 상하는 경험 중의 하나이다 (그것이 어려서 시작하는 이유이기도 하다).

I will become a **humble** servant. *07(6)4006글의주제

나는 겸손한 봉사자가 될 것이다.

507 **affair**
□□□ [əfέər]

수능·평가원 기출횟수 4
EBS 기출횟수 23

n. 일

affair⁰ affairs⁴

Another way of pursuing relativeness in human **affairs**

*1129빈칸완성 보기

세상 일에서 상대성을 추구하는 또 다른 방식

TIP 19금 용도로 쓰이면 '불륜, 정사' 등을 뜻합니다.
He is having an affair with Jane. '그는 Jane과 일이 있다'가 아닙니다. '그는 Jane과 불륜을 맺고 있다'가 됩니다. 주의하세요.

508 **dull**
□□□ [dʌl]

수능·평가원 기출횟수 4
EBS 기출횟수 23

a. 멍청한, 둔한, 흐릿한

Instead of the **dull** boy who I had hated for a long time, here was someone like me. *09(6)46-4813장문배열

내가 오랫동안 미워했던 멍청한 소년 대신에, 나와 같은 누군가가 여기에 있었다.

a. 진짜의, 믿을 만한, 진정한

509 authentic
□□□ [ɔ:θéntik]
수능·평가원 기출횟수 **4**
EBS 기출횟수 **23**

authentic³ authenticate¹

It brings out the **authentic** flavor of every experience.

*11(9)46-4717장문독해

그것은 모든 경험의 진정한 맛을 이끌어 낸다.

509-1 □□□ **authenticate** v. 진짜임을 증명하다 15⁶

---

a. 거만한, 무례한, 버릇없는

510 rude
□□□ [ru:d]
수능·평가원 기출횟수 **4**
EBS 기출횟수 **23**

rude³ rudely¹

People are often considered to be **rude** unintentionally.

*033801문단요약

사람들은 의도치 않게 종종 거만한 것으로 여겨진다.

---

v. 거주하다

511 dwell
□□□ [dwel]
수능·평가원 기출횟수 **3**
EBS 기출횟수 **24**

dwell⁰ dwelling³

Wolf spiders are a group of ground-**dwelling** hunting spiders.

*06(6)3701내용불일치

독거미들은 땅 위에 살며 사냥하는 거미들 무리이다.

---

n. 발판, 강단, 플랫폼

512 platform
□□□ [plǽtfɔ̀:rm]
수능·평가원 기출횟수 **3**
EBS 기출횟수 **24**

The Web gives it a **platform** where the actions of individuals can have global impact.

*12(9)3202네모어휘

웹은 거기에 개인의 행동이 세계적인 영향을 미칠 수 있는 발판을 제공한다.

513 **panel**
□□□ [pǽnl]

수능·평가원 기출횟수 3
EBS 기출횟수 24

n. 판, 토론 참석자, 패널

panel⁰ paneled¹ paneling¹ panels¹

What waited for me was a wood-**paneled** library.   *12(9)46-4809장문배열
나를 기다린 것은 나무 판으로 된 도서관이었다.

514 **shed**
□□□ [ʃed]

수능·평가원 기출횟수 3
EBS 기출횟수 24

v. (빛을)비추다, 흘리다

shed² shedding¹

It is only to **shed** light on our plans for the future.   *112105네모어법
그것은 단지 미래를 위한 우리의 계획을 비추기 위해서일 뿐이다.

The trees began to **shed** their leaves.   *05(6)48-5010장문독해
나무들은 잎사귀를 떨구기 시작했다.

515 **seize**
□□□ [siːz]

수능·평가원 기출횟수 2
EBS 기출횟수 25

v. 움켜잡다, 장악하다, 체포하다

seize⁰ seized¹ seizes¹

Suddenly fear **seized** him.   *13(6)2503빈칸완성
갑자기 공포가 그를 사로잡았다.

516 **nod**
□□□ [nɑd]

수능·평가원 기출횟수 2
EBS 기출횟수 25

v. 고개를 끄덕이다

nod¹ nodded¹

All you have to do is **nod** your head and say, "Uh-huh."   *09(9)46-4812장문배열

당신은 단지 고개를 끄덕이며, "Uh-huh"라고 말하면 된다.

ad. 너무, 몹시, 지나치게

517 overly
□□□ [óuvərli]

수능·평가원 기출횟수 2
EBS 기출횟수 25

A couple more bites still might taste good, but it quickly becomes **overly** sweet. *133505글의요지

몇 번 더 먹어도 여전히 맛있을 수는 있겠지만, 그것은 금방 지나치게 달게 된다.

---

v. 단열 처리를 하다, 보호하다

518 insulate
□□□ [ínsəlèit]

수능·평가원 기출횟수 1
EBS 기출횟수 26

insulate⁰ insulated¹

They are superbly **insulated** throughout for winter and summer comfort. *961503밑줄추론

그것들은 겨울과 여름의 안락함을 위해 구석구석 최고로 단열 처리되어 있다.

---

v. 유발하다, 자극하다

519 provoke
□□□ [prəvóuk]

수능·평가원 기출횟수 1
EBS 기출횟수 26

The dictionary defines courage as a 'quality which enables one to pursue a right course of action, through which one may **provoke** disapproval, hostility, or contempt.' *112002밑줄어법

사전은 용기를 '반감, 적의, 또는 경멸을 유발할 수도 있는 올바른 행동의 과정을 추구하게 되는 특질'로 정의한다.

---

n. 잘라낸 조각 *v.* 잘게 자르다

520 chop
□□□ [tʃap]

수능·평가원 기출횟수 9
EBS 기출횟수 17

chop² chopped¹ chops¹ chopstick¹ chopsticks⁴

They would **chop** them into salads or soups, can them, or use them to make pies. *1046-4808장문배열

그들은 그것들을 잘게 잘라 샐러드나 스프로 만들거나 통조림으로 만들거나 또는 그것들을 사용하여 파이를 만들 것이다.

 If you **chop** down an aspen tree by a beaver pond, not much will happen. *12(9)3404글의주제

만일 당신이 비버가 사는 연못가의 사시나무 한 그루를 잘라낸다 해도 많은 일이 일어나지는 않을 것이다.

 It takes more microwave time to cook lamb ribs than pork **chops**. *07(6)2906도표

양의 갈빗살은 돼지의 갈빗살보다 전자레인지 조리 시간이 더 걸린다.

02 • 11⁶ (TIP) chopstick '젓가락'
나무를 잘라낸 조각인 막대기 두 개가 젓가락입니다.

v. 휘젓다, 떠오르게 하다, 불러일으키다

521 stir
□□□ [stəːr]

수능·평가원 기출횟수 8

EBS 기출횟수 18

stir⁴ stirred² stirs²

"Kick softly," she told him, "Don't **stir** up the water more than you have to." *0746-4811장문배열

"천천히 발차기를 해. 필요 이상으로 물을 휘젓지 말고."라고 그녀가 그에게 말했다.

Then simply mix together the lemon juice, sugar, and water in a jug, and **stir**. *14(6A)4009문장배열

그런 다음에 그냥 레몬즙, 설탕, 물을 주전자에 넣어 섞어서 저어라.

The thought of conquering the mountain **stirs** me with anticipation. *10(6)2902심경

산을 정복한다는 생각은 나에게 기대감을 불러일으킨다.

TIP 다양한 뜻으로 출제되었는데 '휘젓다'로 4회, '불러일으키다' 3회, '떠오르게 하다' 1회입니다.

n. 지속, 지속 기간

522 duration
□□□ [djuəréiʃən]

수능·평가원 기출횟수 7

EBS 기출횟수 19

duration⁵ durable²

He replaced the missing piece with a burst of static of the same **duration**. *102704빈칸완성

그는 비어있는 부분을 같은 시간동안 지속되는 잡음의 분출로 대체했다.

522-1 □□□ **durable**   a. 내구성 있는, 오래가는 ¹¹⁹·⁰⁴⁹

a. 회의적인, 의심 많은

523 skeptical
□□□ [sképtikəl]

수능·평가원 기출횟수 7

EBS 기출횟수 19

skeptical⁶ skepticism¹

Elites in particular were **skeptical** of television, perceiving it as a messenger of mass culture and Americanization. *092807네모어휘

엘리트들은 텔레비전에 대해 회의적이었고 그것을 대중문화와 미국화의 전령으로 인식했다.

523-1 □□□ **skepticism**   n. 회의(론) ⁰⁹⁶

ad. 큰 소리로, 소란하게

524 loudly
□□□ [láudli]

수능·평가원 기출횟수 6

EBS 기출횟수 20

The large birds laughed so **loudly** that the sparrow became annoyed. *08(6)4614장문배열

큰 새들이 큰 소리로 웃어서, 그 참새는 짜증이 났다.

n. 신경(과민), 뻔뻔함, 초조함

525 nerve
□□□ [nə:rv]

수능·평가원 기출횟수 6

EBS 기출횟수 20

nerve³ nerves³

Kameron could not believe the **nerve** of this neighbor to ask such a thing when he had almost finished the wall.　*09(9)1904밑줄추론

Kameron은 그가 담을 거의 완성했을 때 그러한 것을 부탁하는 이 이웃의 뻔뻔함을 믿을 수가 없었다.

The student who was next in line for an introduction was preoccupied with calming his or her **nerves**.　*114107글의제목

다음 차례의 소개할 학생은 자신의 초조함을 가라앉히는 데 열중하고 있었다.

Her **nerves** were hurting her.　*093001심경

그녀의 신경과민은 그녀를 아프게 하고 있었다.

v. 배수하다, 배출하다　*n.* 고갈시키는 것

526 drain
□□□ [drein]

수능·평가원 기출횟수 6

EBS 기출횟수 20

drain⁰ drainage¹ drained³ draining²

The solution is **drained** off to a separate tank, where the caffeine is drawn out from it.　*094009문장배열

그 용액은 분리된 탱크로 배출되는데, 그곳에서 카페인이 그것으로부터 추출된다.

526-1 □□□　**drainage**　*n.* 유역 10

v. 톡 던지다, 탁 누르다　*n.* 손가락으로 튀기기

527 flip
□□□ [flip]

수능·평가원 기출횟수 6

EBS 기출횟수 20

flip⁴ flipped²

I still **flip** over all handmade pottery pieces.　*13(6)46-4813장문배열

나는 손으로 만든 모든 도자기 작품들을 여전히 뒤집어 본다.

With a **flip** of a switch, the battery sends electricity to patterned electrodes coated on the lens.　*07(9)2906밑줄어휘

스위치를 손으로 살짝 켜면 배터리는 렌즈에 코팅된 무늬 모양의 전극으로 전류를 보낸다.

528 bind
□□□ [baind]

수능·평가원 기출횟수 6
EBS 기출횟수 20

v. 묶다

bind⁴ binding²

These rituals served to **bind** people together and distribute resources.   *15(9)2307글의제목

이러한 의례는 사람들을 서로 묶어주고 자원을 분배하는 역할을 했다.

529 abroad
□□□ [əbrɔ́:d]

수능·평가원 기출횟수 6
EBS 기출횟수 20

ad. 해외에(서)

Many universities now offer Korean language programs in Korea and **abroad**.   *014502필자주장

많은 대학들은 지금 한국에서 그리고 해외에서 한국어 프로그램을 제공하고 있다.

530 undermine
□□□ [ʌndərmáin]

수능·평가원 기출횟수 6
EBS 기출횟수 20

v. 약화시키다

undermine⁰ undermines⁶

Anxiety **undermines** the intellect.   *133104네모어휘

걱정은 지적능력을 약화시킨다.

531 shorten
□□□ [ʃɔ́:rtn]

수능·평가원 기출횟수 5
EBS 기출횟수 21

v. 짧게 하다, 줄이다

shorten² shortened² shortening¹

The phrase 'jack-of-all-trades' is a **shortened** version of 'jack of all trades and master of none.'   *11(9)2001밑줄어법

'jack-of-all-trades(만물박사)'라는 말은 'jack of all trades and master of none (모든 일을 다 잘하지만 정말 잘하는 것은 없는 사람)'이 축약된 형태이다.

v. 되살리다, 재개하다, 되살아나다

532 revive
□□□ [riváiv]

수능·평가원 기출횟수 5
EBS 기출횟수 21

revive² revival¹ revived¹ reviving¹

Unless new plays are given a chance today, there will be nothing to **revive** in the future.
*11(6)4106글의제목

오늘 당장 새로운 연극이 (상연될)기회를 갖지 못한다면 미래에 재공연할 수 있는 것은 하나도 없게 될 것이다.

The project was **revived** four years later in a new and greatly modified form.
*10(9)3706내용일치

그 계획은 엄청나게 변형된 새로운 형태로 4년 후에 재개되었다.

532-1 □□□ **revival**   n. 부활, 재생, 소생 06⁶

---

n. 말씨, 강세, 억양

533 accent
□□□ [æksent]

수능·평가원 기출횟수 4
EBS 기출횟수 22

accent² accents¹ accentuate¹

I had twenty village girls to teach, some of them with such a strong country **accent** that I could hardly communicate with them.
*08(9)2101네모어법

내게는 가르쳐야 할 20명의 시골 소녀들이 있었는데, 그들 중 몇 명은 너무나 강한 시골 사투리를 가지고 있어서 그들과의 거의 의사소통을 할 수가 없었다.

Audiences were delighted to hear their favorite Dickens' characters speak with English **accents**.
*05(9)1906밑줄의미

청중들은 그들이 가장 좋아하는 Dickens의 등장인물들이 영국식 억양으로 말하는 것을 듣고 기뻐했다.

533-1 □□□ **accentuate**   v. 두드러지게 하다 06

---

a. 일회용의

534 disposable
□□□ [dispóuzəbl]

수능·평가원 기출횟수 4
EBS 기출횟수 22

disposable² disposables¹ disposal¹

I found out that from sandwich wrappers to **disposable** drink containers, the average school kid generates 65 pounds of lunch bag waste every year.
*14(9A)2305글의목적

저는 샌드위치 포장지에서 일회용 음료 용기에 이르기까지, 보통의 어린 학생들이 매년 65파운드의 점심 도시락 가방 쓰레기를 만들어낸다는 것을 발견했습니다.

534-1 □□□ **disposal**   n. 처리, 처분 ¹²⁹

TIP 숙어 형태로 출제되었습니다. at one's disposal '~의 마음대로 처리하는'입니다.

a. 수직의

535 **vertical**
□□□ [və́ːrtikəl]

수능·평가원 기출횟수 3

EBS 기출횟수 23

The smallmouth has a series of dark **vertical** bands along its sides.
*103606내용일치

작은입배스는 옆구리를 따라서 검은색 세로 줄무늬가 연속해서 나 있다.

v. 뒤쫓다

536 **chase**
□□□ [tʃeis]

수능·평가원 기출횟수 3

EBS 기출횟수 23

chase⁰ chased¹ chasing²

They did all the things they had planned: watching the crowd, **chasing** foul balls, and cheering.
*07(9)4305분위기

그들은 계획했던 모든 일을 했다: 관중들 구경하기, 파울볼 좇아가(잡)기, 그리고 응원하기.

a. 화폐의, 통화의

537 **monetary**
□□□ [mánətèri]

수능·평가원 기출횟수 3

EBS 기출횟수 23

From the point of view of the **monetary** economy it all looks free.
*12(9)3204내모어휘

화폐 경제의 관점에서 보면 그것은 모두 무료로 보인다.

Starting August 1st, 2005, you will closely follow the activities of the International **Monetary** Fund (IMF).
*06(6)2001글의목적

2005년 8월 1일로부터 귀하는 국제통화기금(IMF)의 활동을 긴밀하게 따르게 될 것입니다.

n. 방, 칸

538 **chamber**
□□□ [tʃéimbər]

수능·평가원 기출횟수 3

EBS 기출횟수 23

The energy from the food heats the water surrounding the **chamber**.
*07(9)3401글의주제

음식에서 나온 에너지는 칸을 둘러싸고 있는 물을 데운다.

a. **식이요법의**

539 dietary
□□□ [dáiətèri]
수능·평가원 기출횟수 3
EBS 기출횟수 23

Dietary fiber helps to lower the level of cholesterol and
blood sugar.   *0749-5004장문독해
식이 섬유는 콜레스테롤과 혈당의 수치를 낮춤에 있어 도움이 된다.

a. **연방의, 연합의**

540 federal
□□□ [fédərəl]
수능·평가원 기출횟수 2
EBS 기출횟수 24

The 1974 Canadian **federal** elections   *134404문장삽입
1974년 캐나다 연방 선거

n. **끈, 줄**

541 cord
□□□ [kɔːrd]
수능·평가원 기출횟수 2
EBS 기출횟수 24

cord⁰ cordless¹ cords¹

A website that sells extension **cords**   *1311듣기
연장선을 파는 웹사이트

541-1 □□□ **cordless**   *a.* 무선의 12⁹

n. **은하, 은하계**

542 galaxy
□□□ [gǽləksi]
수능·평가원 기출횟수 2
EBS 기출횟수 24

The star is merely one of the closest of the **galaxy**'s 200
billion stars.   *092702빈칸완성
그 별은 은하의 2천억 개의 별들 중 가장 가까운 것 중 하나일 뿐이다.

v. **구독하다**

543 **subscribe**
□□□ [səbskráib]

수능·평가원 기출횟수 2

EBS 기출횟수 24

subscribe¹ subscriptions¹

To **subscribe** to his magazine
*13(9)07듣기 보기

그의 잡지를 구독하기 위해서

543-1 □□□ **subscription** *n.* 기부 (청약), 구독료 94¹

---

n. **호흡**

544 **respiration**
□□□ [rèspəréiʃən]

수능·평가원 기출횟수 2

EBS 기출횟수 24

respiration¹ respiratory¹

An animal must depend upon the activities of plants for a
continued oxygen supply for its **respiration**.
*94(1)2102빈칸완성

동물은 호흡하기 위하여 지속적으로 산소를 공급하는 식물의 활동에 의존한다.

544-1 □□□ **respiratory** *a.* 호흡의, 호흡 기관의 14(9월)

---

v. **고수하다, 들러붙다**

545 **adhere**
□□□ [ædhíər]

수능·평가원 기출횟수 2

EBS 기출횟수 24

adhere¹ adhering¹

There is nothing inherently wrong with **adhering to** specific
practices and strategies.
*12(9)2905어휘추론

특정한 관례와 전략을 고수하는 것이 본질적으로 틀린 것은 아니다.

TIP 여기서 to는 전치사 입니다. 뒤에 동사원형이 아닌 명사를 써야 한다는 점에 유의하세요.

---

a. **구두의, 입의**

546 **oral**
□□□ [ɔ́:rəl]

수능·평가원 기출횟수 2

EBS 기출횟수 24

oral¹ orally¹

There are a few pointers about the **oral** recitation of poetry.
*06(6)2302문장삭제

시를 구두로 암송하는 것에 관한 몇 가지 충고가 있다.

Basic

주어진 단어의 뜻을 우리말로 쓰세요.

1. flip _____
2. provoke _____
3. loudly _____
4. revive _____
5. panel _____
6. chase _____
7. duration _____
8. federal _____
9. vertical _____
10. disposable _____

11. skeptical _____
12. affair _____
13. rude _____
14. shed _____
15. galaxy _____
16. undermine _____
17. humble _____
18. oral _____
19. drain _____
20. platform _____

Advanced

다음 문장에 들어갈 적절한 형태의 단어를 쓰세요.

1. Music for motion pictures often serves to **a**_____ the era or to provide a sense of nostalgia.

영화 음악은 흔히 시대를 고증하거나 향수의 느낌을 주는 역할을 한다.   *15(6)3505문장삭제

2. If you **c**_____ down an aspen tree, not much will happen.

만일 당신이 사시나무 한 그루를 잘라낸다 해도 많은 일이 일어나지는 않을 것이다.   *12(9)3404글의주제

3. They are more **d**_____, economical and environment-friendly than paper or plastic bags.

그것들은 종이나, 플라스틱 가방보다 더 내구성이 있고, 경제적이고, 친환경적이다.   *04(9)1807지칭추론

4. Difficulty in assessing information is aggravated by the overabundance of information at our **d**_____.

정보에 대한 가치 평가의 어려움은 우리가 처리 할 수 있는 정보의 과잉으로 인해 더 심해진다.   *12(9)2701빈칸완성

5. Our activities are funded mainly by public donations and membership **s**_____.

우리의 활동은 주로 일반 기부금과 회비로 충당됩니다.   *94(1)3902글의목적

14 Day

547 notable
□□□ [nóutəbəl]

수능·평가원 기출횟수 2
EBS 기출횟수 24

a. **주목할 만한, 유명한**

notable¹ notably¹

It is **notable** that we find no evidence in Classical times of tailors or dressmakers.

*13(6)3405글의주제

고대 그리스 로마 시대에 재단사나 재봉사에 대한 어떤 증거도 없다는 것은 주목할 만하다.

548 index
□□□ [índeks]

수능·평가원 기출횟수 1
EBS 기출횟수 25

n. **색인, 지수**

index⁰ indexes¹

Page numbers became a possibility, as did **indexes**.

*082504빈칸완성

색인이 가능해진 것처럼 페이지 수를 매기는 것이 가능해졌다.

549 kindergarten
□□□ [kíndərgà:rtn]

수능·평가원 기출횟수 7
EBS 기출횟수 18

n. **유치원**

kindergarten⁶ kindergarteners¹

I think you can pick up Jamie from **kindergarten** more often, right?

*14(9B)06듣기

내 생각에, 당신은 Jamie를 좀 더 자주 유치원에서 데려올 수 있죠, 그렇죠?

550 noble
□□□ [nóubəl]

수능·평가원 기출횟수 7
EBS 기출횟수 18

a. **고상한, 고귀한** *n.* **귀족**

noble⁴ nobleman¹ noblemen¹ nobles¹

As they sat to eat, all eyes were on their **noble** guest.

*11(6)2103모어법

그들이 식사하러 자리에 앉는 동안 모든 시선은 그들의 고귀한 손님에게로 모아졌다.

Machaut traveled to many courts and presented beautifully decorated copies of his music and poetry to his **noble** patrons.

*12(6)3705내용일치

Machaut는 여러 궁정을 여행하면서 자신의 음악과 시를 적은 아름답게 장식된 사본을 자신의 귀족 후견인들에게 선물했다.

551 **needy**
□□□ [níːdi]

수능·평가원 기출횟수 6
EBS 기출횟수 18

a. 가난한, 자신감이 없는, 애정에 굶주린

needy² needless⁴

There is no religious dictum or philosophical principle about helping the **needy**.
*13(9)2903빈칸완성

가난한 사람들을 돕는 것에 관한 종교적인 금언이나 철학적인 원칙은 없다.

551-1 □□□ **needless** *a.* 불필요한 14⁶·14⁴
06⁸·04⁹

---

552 **fever**
□□□ [fíːvər]

수능·평가원 기출횟수 6
EBS 기출횟수 19

n. 열, 흥분

fever⁵ feverishly¹

I've had a **fever** since last night, and it's getting worse.
*11(6)15듣기

어제밤부터 열이 계속 나는데 점점 심해지고 있다.

552-1 □□□ **feverishly** *ad.* 안절부절 못하게, 열광하여 12⁹

---

553 **disguise**
□□□ [disgáiz]

수능·평가원 기출횟수 6
EBS 기출횟수 19

v. 숨기다, 위장하다

disguise⁵ disguising¹

To **disguise** this loss of symbolic value, retailers encouraged shoppers to have their purchases gift-wrapped.
*12(6)2404빈칸완성

이러한 상징적인 가치상실을 숨기기 위해서, 소매상들은 소비자로 하여금 그들이 구입한 물건들을 선물 포장하도록 장려하였다.

---

554 **cease**
□□□ [siːs]

수능·평가원 기출횟수 5
EBS 기출횟수 20

v. 중단되다

cease¹ ceases² ceasing¹ unceasing¹

It was as difficult to stop being a lord as, more darkly, it was to **cease** being a servant.
*09(6)2502빈칸완성

주인이기를 멈추는 것은, 더 어둡게는, 하인이기를 멈추는 것만큼이나 어려웠다.

When we see the non-value in a value or the untruth in a truth, the value or the truth **ceases to exist**.
*112901빈칸완성

우리가 가치 안에서 무가치를 보거나 진실 안에서 허위를 볼 때, 가치 혹은 진실은 더 이상 존재하지 않는다.

11 TIP cease to exist는 '소멸하다, 없어지다'라는 의미의 숙어로 사용되었습니다.

554-1 □□□ **unceasing** *a.* 끊임없는 07

---

a. 먹을 수 있는

555 edible
□□□ [édəbəl]

수능·평가원 기출횟수 5
EBS 기출횟수 20

Many weeds are **edible** and medicinal. *07(6)4203글의제목

많은 잡초는 먹을 수 있으며 약효가 있다.

---

v. 비비다, 문지르다

556 rub
□□□ [rʌb]

수능·평가원 기출횟수 5
EBS 기출횟수 20

rub² rubbed¹ rubbing²

One 35-year-old woman who used to **rub** her eyes with her hands found it helpful to put on make-up when she was tempted to rub. *102306문장삭제

자신의 눈을 손으로 비비곤 했던 35세의 한 여성은 비비고 싶은 충동이 생길 때 화장을 하는 것이 도움이 된다는 것을 발견했다.

---

a. 창백한, 희미한

557 pale
□□□ [peil]

수능·평가원 기출횟수 5
EBS 기출횟수 20

Imaginative readers can create at least a **pale** imitation of the experience. *11(6)2904빈칸완성

상상력이 풍부한 독자들은 적어도 경험의 희미한 모방을 만들 수 있다.

His eyes looked to him enormous, and he was **pale**. *05(9)3204분위기

그의 눈은 그에게 거대해 보였고 그는 창백했다.

---

1. *v.* 다시 시작하다 2. *n.* 이력서

558 resume
□□□ [rizú:m]

수능·평가원 기출횟수 4
EBS 기출횟수 21

If our situation changes, we will call you to **resume** delivery. *111806글의목적

우리의 상황이 변하면, 귀사에 전화를 드려 배달을 다시 돌아가도록 하겠습니다.

To apply, please email a current **resume** and two writing samples to Jason Young at jason@rock2008.com. *09(6)12듣기

지원을 위해서는 현재의 이력서와 두 개의 작문 샘플을 Jason Young의 jason@rock2008.com으로 보내주십시오.

발음기호가 두 개!!!!

TIP 여기서 동사와 명사는 동형이의어(homograph)로, 즉 생긴 건 같지만 다른 단어입니다. 그리고 발음이 다릅니다. 동사일 때 [rizú:m], 명사로 쓰일 때는, résumé로 쓰는 것이 더 익숙하고 [rèzuméi]로 발음합니다.

v. (길을)포장하다

559 **pave**
□□□ [peiv]

수능·평가원 기출횟수 4

EBS 기출횟수 21

pave⁰ paved¹ paves² unpaved¹

It is those explorers, through their unceasing trial and error, who have **paved** the way for us to follow. *074105글의제목

우리가 가야 할 길을 닦은 사람들은 끊임없는 시행착오를 거쳤던 바로 그러한 탐험가들이다.

559-1 □□□ **unpaved** a. 포장되지 않은 ⁴⁽⁹⁾

---

n. 장관, 성직자, 목사

560 **minister**
□□□ [mínistər]

수능·평가원 기출횟수 4

EBS 기출횟수 21

minister¹ ministers¹ ministry²

The six foreign **ministers** posed for photographs. *05(6)44-45장문독해

6명의 외무 장관들이 사진을 위해 포즈를 취했다.

The **minister** told some funny stories at the party. *983602밑줄추론

그 목사님은 파티에서 말한 몇 가지 재미난 이야기를 해주셨다.

560-1 □□□ **ministry** n. (정부의 각)부처, 목사 98 14⁽⁹⁾

---

n. 사임, 사직서, 체념

561 **resignation**
□□□ [rèzignéiʃən]

수능·평가원 기출횟수 4

EBS 기출횟수 21

resignation³ resign¹

You should withdraw your **resignation**. *10(6)14듣기

당신은 사임을 철회해야만 합니다.

561-1 □□□ **resign** v. 감수하다, 사임하다, 체념하다 12⁹

---

v. 기절하다 a. 희미한, 어렴풋한

562 **faint**
□□□ [feint]

수능·평가원 기출횟수 3

EBS 기출횟수 22

faint¹ fainted¹ faintest¹

It is the **faintest** and simplest expression the water ever makes. *10(9)4505문단요약

그것은 물이 만들어낸 가장 희미하고도 가장 단순한 표현이다.

He nearly **fainted** with joy. *002206밑줄추론

그는 기뻐서 거의 기절할 뻔했다.

a. 양립할 수 없는, 공존할 수 없는

563 **incompatible**

□□□ [ìnkəmpǽtəbəl]

incompatible² compatible¹

수능·평가원 기출횟수 3

EBS 기출횟수 22

As in Einstein's formulation, the two theories were mutually **incompatible**. *12(9)2204문장삭제-삭제문장

Einstein의 공식 체계에서처럼 두 가지 이론들은 서로 조화될 수 없었다.

563-1 □□□ **compatible** *a.* 호환이 되는, 화합할 수 있는 14(9)

---

v. 섞다, 섞이다

564 **blend**

□□□ [blend]

blend⁰ blended¹ blending¹ blends¹

수능·평가원 기출횟수 3

EBS 기출횟수 22

When they played the recordings simultaneously, the sounds **blended** sufficiently for the students to recognize their commonality. *1148-5017장문배열

그들이 그 녹음들을 동시에 재생했을 때, 그 소리는 학생들이 그 공통점을 인식할 수 있을 정도로 충분히 뒤섞였다.

---

v. 착수하다, 약속하다

565 **undertake**

□□□ [ʌ̀ndərtéik]

undertake⁰ undertaken¹ undertaking¹

수능·평가원 기출횟수 2

EBS 기출횟수 23

War should be a last resort, obviously, **undertaken** when all other options have failed. *14B3903문장삽입

전쟁은 분명 다른 모든 선택권이 실패했을 때 착수하는 최후의 수단이어야 한다.

---

n. 공화국

566 **republic**

□□□ [ripʌ́blik]

republic⁰ republican¹ republics¹

수능·평가원 기출횟수 2

EBS 기출횟수 23

The **republics** of Latvia and Lithuania emphasize their ethnic identities and their own languages. *974904문장삭제

라트비아와 리투아니아 공화국은 자신들의 민족의 정체성과 언어를 강조하고 있다.

08⁶ (TIP) '대한민국'의 공식 영어 명칭은 Republic of Korea입니다.
참고로 republican은 명사로는 '공화당 지지자', 형용사로 '공화당의'라는 의미가 있지만
실제 평가원에서 Republican Rome '공화정 로마'로만 나왔습니다.
참고로 the Kremlin은 상황에 따라 '구소련' 혹은 '러시아 정부'로 해석됩니다.

566-1 □□□ **republican** *n.* 공화당, 공화당 지지자 08⁶

567 copyright
□□□ [káːpirait]
수능·평가원 기출횟수 2
EBS 기출횟수 23

n. **저작권**

I think we should respect the **copyright** law.
*13(6)15듣기

내가 생각하기에 우리는 저작권 법을 존중해 주어야만 한다.

568 dawn
□□□ [dɔːn]
수능·평가원 기출횟수 2
EBS 기출횟수 23

n. **동틀녘, 새벽, 시작** *v.* **날이 새다**

Since the **dawn** of human history, people living in the rain forests have hunted for bushmeat.
*07(9)2002글의목적

인간의 역사가 시작된 이래로 열대 우림지역에 사는 사람들은 야생동물 고기 사냥을 해왔다.

By the full moon hanging low in the west he knew that it was near the hour of **dawn**.
*063202분위기

서쪽에 낮게 걸려 있는 보름달로 그는 동틀 시간이 가까워 졌다는 것을 알았다.

daybreak 06⁹
sunrise 01 • 12⁶ • 09⁹
sunset 14⁶ • 10 • 06 • 97 •
12⁶ • 08⁹ • 03⁹
moonrise 12⁶
moonset 12⁶
midnight 14⁶ • 14^ • 10 • 02 •
01 • 00 • 98 • 12⁹ • 08⁹
midday 97

TIP 시간대와 관련해서 출제된 표현들 한 번 정리해 봅니다.
daybreak '새벽', sunrise '일출', sunset '일몰', moonrise '월출', moonset '월몰', midnight '자정', midday '정오' 등이 있습니다.

569 copper
□□□ [kápər]
수능·평가원 기출횟수 2
EBS 기출횟수 23

n. **구리, 동전**

A layer of gold dust was put in the bottom of a **copper** or brass pot, and covered with wax.
*07(6)2302문장삭제

구리나 청동 도가니의 바닥에 사금을 씌운 다음 왁스로 발랐다.

570 intact
□□□ [intǽkt]
수능·평가원 기출횟수 2
EBS 기출횟수 23

a. **손상되지 않은, 온전한**

Amnesia most often results from a brain injury that leaves the victim unable to form new memories, but with most memories of the past **intact**.
*13(9)4506문단요약

기억 상실증은 희생자(환자)가 새로운 기억을 형성할 수는 없으나, 대부분의 과거 기억이 손상되지 않은 채로 남아 있는 뇌 손상에서 가장 흔히 비롯된다.

n. 배출구, 할인점, 전기 콘센트

571 **outlet**
□□□ [áutlet]

수능·평가원 기출횟수 2

EBS 기출횟수 23

The lake is fed by the Bear, Weber, and Jordan rivers and has no **outlet**. *133402내용일치

그 호수는 Bear강, Weber강, 그리고 Jordan강에서 물이 유입되지만 (물이)나가는 출구는 없다.

The traditionally trained painters enjoyed an important **outlet**, impressionist art, at the end of the nineteenth century. *07(9)2801네모어휘

전통적인 훈련을 받은 화가들은 19세기 말에 인상파 예술이라는 중요한 배출구를 맞이했다.

> TIP 기출 표현은 아니지만 참고할 내용을 살펴보면, 보통 '할인점'은 outlet mall, outlet store라고 하며, socket outlet는 '전기 콘센트'입니다.

---

v. 삽입하다

572 **insert**
□□□ [insə́:rt]

수능·평가원 기출횟수 2

EBS 기출횟수 23

insert[1] inserted[1]

They **inserted** pressure sensors and temperature sensors in a thin plastic film to create a net-like structure. *08(9)3902글의일치

그들은 그물과 같은 구조를 만들어내기 위해 압력 감지기들과 온도 감지기들을 얇은 플라스틱 필름 속에 삽입했다.

---

v. 달아나다, 도망하다

573 **flee**
□□□ [fli:]

수능·평가원 기출횟수 2

EBS 기출횟수 23

flee[0] fled[1] fleeing[1]

I **fled** back to the relative safety of my own home. *10(9)3108심경

나는 상대적으로 안전한 우리 집으로 다시 도망쳤다.

---

v. 지정하다, 표기하다

574 **designate**
□□□ [dézignèit]

수능·평가원 기출횟수 1

EBS 기출횟수 24

designate[0] designated[1]

World No Tobacco Day was **designated** by the World Health Organization with the aim of forming an anti-smoking culture. *13(9)06듣기

세계 금연의 날은 금연 문화를 형성할 목적으로 세계보건기구(World Health Organization)에 의해 지정되었다.

575 **proficient**
□□□ [prəfíʃənt]
수능·평가원 기출횟수 1
EBS 기출횟수 24

a. 능숙한

The phrase, 'jack-of-all-trades,' refers to those who claim to be **proficient** at countless tasks, but cannot perform a single one of them well.　　　　　*11(9)2002기출어법

만물박사라는 말은 수많은 업무에 능숙하다고 주장하지만, 그것들 중 한 가지도 잘 수행하지 못하는 사람들을 가리킨다.

576 **fancy**
□□□ [fǽnsi]
수능·평가원 기출횟수 7
EBS 기출횟수 17

n. 공상, 흥미, 액세서리(판매점)　a. 고급의, 화려한　v. 원하다, 반하다
fancy⁶ fancies¹

When I was five, she gave me a notebook, and I poured out my **fancies** and my dreams onto the paper.　　*032710내용일치

제가 5살 때, 어머니께서 제게 노트를 한 권 주셨습니다. 그리고 저는 저의 공상과 꿈을 그 종이 위에 쏟아놓았었습니다.

For this metaphor to gain currency, it must capture the **fancy** of many other people for a period of time.　　*11(6)4505문단요약

이 은유가 통용되려면, 일정 기간 동안 그것이 다른 많은 사람들의 흥미를 끌어야만 한다.

She learned that Betty had lost a lot of money at a **fancy** department store.　　*972908밑줄추론

그녀는 Betty가 백화점 액세서리 가게에서 많은 돈을 잃어버렸다는 것을 알았다.

Much contemporary advertising promises these satisfactions, whether from headache remedies, **fancy** foods, or form-fitting mattresses.　　*10(6)2403빈칸완성

오늘날 많은 광고는 그것이 두통 치료제이든, 최고급 음식이든, 체형 교정 매트리스든지 간에 이러한 욕구의 만족을 약속한다.

577 **foretell**
□□□ [fɔ:rtél]
수능·평가원 기출횟수 7
EBS 기출횟수 17

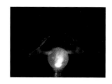

v. 예견하다, 예언하다
foretell⁴ foresee² foreseeable¹

Dreams have been regarded as prophetic communications which would enable us to **foretell** the future.　　*1249-5002장문독해

꿈은 미래를 예언할 수 있게 해주는 예언적인 메시지로 간주되었다.

577-1 □□□ **foresee**　　v. ~일 것이라고 생각하다, 예견하다　14⁽⁹⁾·14⁽⁹⁾

577-2 □□□ **foreseeable**　　a. 예측할 수 있는　15

n. 휴식, 긴장 완화

578 relaxation
□□□ [rìːlækséiʃən]

수능·평가원 기출횟수 6

EBS 기출횟수 18

You will work better if you take time off for **relaxation**.

*08(6)2207밑줄어법

휴식을 위해서 시간을 낸다면 일을 더 잘하게 될 것이다.

---

a. 맛이 쓴, 억울해 하는

579 bitter
□□□ [bítər]

수능·평가원 기출횟수 5

EBS 기출횟수 19

Personally, I don't like the **bitter** taste and roughness of fruit peel.

*0749-5008장문독해

나는 개인적으로 과일 껍질의 쓸쓸한 맛과 거친 느낌을 좋아하지 않는다.

---

n. 가짜 *v.* ~인 척하다, 꾸며내다

580 fake
□□□ [feik]

수능·평가원 기출횟수 5

EBS 기출횟수 19

It seems that most of us know how to **fake** it to some extent.

*153906문장삽입

우리 대부분은 어느 정도까지는 속이는 방법을 알고 있는 것처럼 보인다.

Distinguishing the original from the **fake**

*0531글의주제 보기

진짜와 가짜를 구별하는 것

---

v. 꿰매다, 바느질하다

581 sew
□□□ [sou]

수능·평가원 기출횟수 4

EBS 기출횟수 20

sew¹ sewing¹ sewn¹ sewer⁰ sewers¹

They were first made of pieces of animal skin **sewn** together.

*081905지칭추론

그것은 처음에 동물의 가죽 조각을 실로 꿰매어 붙인 것으로 만들어졌다.

> (TIP) sew-sewed-sewn '꿰매다', sow-sowed-sown '(씨)뿌리다', saw-sawed-sawn '톱질하다' 이들 과거분사의 공통점은 원형에 n을 붙이는 것 대신에 규칙변화, 즉 과거형과 똑같이 쓰이기도 합니다.

581-1 □□□ **sewer**   *n.* 하수구   10⁰

582 **suck**

□□□ [sʌk]

수능·평가원 기출횟수 4

EBS 기출횟수 20

v. 빨다, 흡수하다

suck³ suction¹

At close range the rapid opening of the leaf fish's large jaws enables it to **suck** in the unfortunate individual very easily.

*071905지칭추론

근거리에서 leaf fish가 큰 턱을 빠르게 벌리는 것은 그것이 그 운 없는 먹이를 매우 쉽게 빨아들이는 것을 가능케한다.

582-1 □□□　**suction**　　　　　*n.* 흡입, 빨아들이기　[12]

583 **render**

□□□ [réndər]

수능·평가원 기출횟수 4

EBS 기출횟수 20

v. ~이 되게 하다, (어떤 상태가 되도록)만들다

render⁰ rendered² renders²

Armstrong's innovations **rendered** useless the enormous alternators used for generating power in early radio transmitters.

*12(9)3803내용일치

Armstrong의 혁신들은 초기 라디오 전송장치에서 파워를 생성하기 위해 사용된 거대한 교류발전기를 쓸모없게 만들었다.

They want to have the service **rendered** to them in a manner that pleases them.

*15(6)1904필자주장

그들은 서비스가 자신들을 기분 좋게 만드는 방식으로 제공되기를 원한다.

584 **swallow**

□□□ [swálou]

수능·평가원 기출횟수 4

EBS 기출횟수 20

1. *v.* 삼키다, 억누르다　2. *n.* 제비

swallow² swallowed²

When I came back, I **swallowed** hard at what I saw.

*083011심경

내가 돌아왔을 때, 나는 내가 본 것에 감정을 억누르기 어려웠다.

He wanted the earth to **swallow** him **up**.

*08(9)3111심경

그는 땅이 자기를 삼켜버려 주기를 바랐다.

TIP) 여기서 up은 '위'를 뜻하는 것이 아니라 강조의 느낌입니다.

n. 요새

585 **fort**
□□□ [fɔ:rt]
수능·평가원 기출횟수 4
EBS 기출횟수 20

fort² fortified¹ fortress¹

Janet was now safely hidden inside the piano and curtain **fort** with the rest of the orchestra. *14(9A)43-4522장문독해

바람 소리가 다시 격렬해졌지만, Janet은 이제 오케스트라 나머지 단원들과 피아노와 커튼 요새 안에 안전하게 숨어있었다.

| 585-1 □□□ | fortress | *n.* (대규모의)요새. 성체 | 11⁶ |
| 585-2 □□□ | fortify | *v.* 요새화하다, 강화하다 | 13⁹ |

n. 황무지, 황야

586 **wilderness**
□□□ [wíldərnis]
수능·평가원 기출횟수 3
EBS 기출횟수 21

Wilderness dining has two extremes: gourmet eaters and survival eaters. *153703문장배열

야생에서의 식사는 양극단이 있는데, 그것은 미식가와 생존을 위해 먹는 사람이다.

v. 타고 오르다, 살금살금 움직이다   *n.* 비열한 사람

587 **creep**
□□□ [kri:p]
수능·평가원 기출횟수 3
EBS 기출횟수 21

creep¹ creeping¹ crept¹

Liz saw a dark figure **creep** into the open and draw near to the trees. *13(9)3505심경

Liz는 검은 형체가 공터가 있는 쪽으로 살금살금 기어가 나무 가까이로 가는 것을 보았다.

n. 재, 유골

588 **ash**
□□□ [æʃ]
수능·평가원 기출횟수 3
EBS 기출횟수 21

ash² ashtray¹

Surprises can fall from the sky like volcanic **ash** and appear to change everything. *151806글의요지

놀라운 일이 화산재처럼 하늘에서 떨어질 수도 있고, 모든 것을 바꾸는 것처럼 보일 수도 있다.

| 588-1 □□□ | ashtray | *n.* 재떨이 | 07⁶ |

Basic

주어진 단어의 뜻을 우리말로 쓰세요.

1. proficient _____
2. render _____
3. outlet _____
4. notable _____
5. intact _____
6. fancy _____
7. faint _____
8. index _____
9. republic _____
10. wilderness _____

11. disguise _____
12. foretell _____
13. cease _____
14. creep _____
15. relaxation _____
16. fake _____
17. kindergarten _____
18. suck _____
19. designate _____
20. incompatible _____

Advanced

다음 문장에 들어갈 적절한 형태의 단어를 쓰세요.

1. Machaut traveled to many courts and presented beautifully decorated copies of his music and poetry to his **n**_____ patrons.
   Machaut는 여러 궁정을 여행하면서 자신의 음악과 시를 적은 아름답게 장식된 사본을 자신의 귀족 후견인 들에게 선물했다.   *12(6)3705내용일치

2. It is those explorers, through their **u**_____ trial and error, who have paved the way for us to follow.
   우리가 가야할 길을 닦은 사람들은 끊임없는 시행착오를 거쳤던 바로 그러한 탐험가들이다.   *074105글의제목

3. Much contemporary advertising promises these satisfactions, whether from headache remedies, **f**_____ foods, or form-fitting mattresses.
   오늘날 많은 광고는 그것이 두통 치료제이든, 최고급 음식이든, 체형 교정 매트리스든지 간에 이러한 욕구의 만족을 약속한다.   *10(6)2403빈칸완성

4. Solar energy can be a practical alternative energy source for us in the **f**_____ future.
   태양에너지가 예측 가능한 미래에 우리를 위한 실용적인 대체 에너지원이 될 수 있다.   *153504문장삭제-삭제문장

5. Armstrong's innovations **r**_____ useless the enormous alternators used for generating power in early radio transmitters.
   Armstrong의 혁신들은 초기 라디오 전송 장치에서 파워를 생성하기 위해 사용된 거대한 교류발전기를 쓸모없게 만들었다.   *12(9)3803내용일치

v. 조각하다, ~을 이루어내다

589 carve
□□□ [kɑːrv]

수능·평가원 기출횟수 3

EBS 기출횟수 21

carve¹ carved²

Americans **carve** pumpkins but they never use the stem.

*054307글의제목

미국인들은 호박을 파내 조각하지만, 그 줄기를 전혀 사용하지 않죠.

n. 삼림 벌채, 삼림 개간

590 deforestation
□□□ [difɔ̀ːristéiʃən]

수능·평가원 기출횟수 3

EBS 기출횟수 21

Deforestation left the soil exposed to harsh weather.

*122806빈칸완성

삼림 벌채는 토양이 거친 날씨에 노출되게 했다.

n. 기지, 재치, 분별력

591 wit
□□□ [wit]

수능·평가원 기출횟수 2

EBS 기출횟수 22

wit¹ witty¹

After several futile attempts to teach the role of theme in classical music, the teacher was **at his wit's end**. *1148-5001장문배열

클래식 음악에서의 주제의 역할을 가르치려는 몇번의 시도가 실패한 후에, 그 교사는 어찌할 바를 몰랐다.

> **TIP** 주로 at one's wit's end '어찌할 바를 몰라'로 쓰입니다.

591-1 □□□ **witty** *a.* 재치(기지)있는 ⁹⁸

a. 직립한, 곧은

592 upright
□□□ [ʌ́pràit]

수능·평가원 기출횟수 2

EBS 기출횟수 22

A short time ago some builders left a huge square of plate glass standing **upright** in a field. *08(6)46-4801장문배열

얼마 전에 몇몇 건설업자들이 커다란 정사각형 모양의 판유리를 들판에 똑바로 세워놓았다.

n. 외곽선, 개요 *v.* 윤곽을 그리다

593 outline
□□□ [áutlàin]

수능·평가원 기출횟수 2

EBS 기출횟수 22

outline¹ outlined¹

Groups of this size usually escape the problems we have just **outlined**. *1541-4213장문독해

이 크기를 지닌 집단은 일반적으로 우리가 방금 간략하게 기술했던 그 문제들을 모면한다.

594 **inhibit**
□□□ [inhíbit]

수능·평가원 기출횟수 2
EBS 기출횟수 22

v. 방해하다, 억제하다

inhibit¹ inhibiting¹

Factors **inhibiting** good sleep
숙면을 방해하는 요소들

*12(6)35글의주제 보기

---

595 **diagram**
□□□ [dáiəgræm]

수능·평가원 기출횟수 2
EBS 기출횟수 22

n. 도표, 도형

The above **diagram** shows the average retention rate of learning.

*10(9)3601도표

위에 있는 도표는 서로 다른 처리 유형으로 분류된 여러 가지 교수법에 대해 학습한 다음 24시간 이후의 평균 기억 보유력 비율을 보여준다.

---

596 **litter**
□□□ [lítər]

수능·평가원 기출횟수 1
EBS 기출횟수 23

n. 쓰레기, 깔개 *v.* 어지럽히다

He put cat **litter** in the bottom and straw on top of that.

*1348-5008장문배열

그는 고양이용 깔개를 그 바닥에 넣고 그 위에 짚을 깔았다.

TIP 실제 영어에서는 수능에서 쓰인 '깔개'의 뜻보다 '쓰레기'라는 뜻이 더 자주 쓰입니다.

---

597 **heritage**
□□□ [héritidʒ]

수능·평가원 기출횟수 1
EBS 기출횟수 23

n. 유산, 유적

The child acquires the **heritage** of his culture by observing and imitating adults.

*114502문단요약

아이는 어른들을 관찰하고 모방함으로써 문화 유산을 습득한다.

a. 미취학의 *n.* 유치원

598 preschool
□□□ [pri:sku:l]

수능·평가원 기출횟수 1
EBS 기출횟수 23

What everyday rules for behavior guide parents' efforts to socialize their toddlers and **preschool**-age children?

*13(6)3301글의주제

행동에 관한 어떤 일상적인 규칙이 걸음마를 배우는 아이와 미취학 아동을 사회화하려는 부모의 노력을 인도하는가?

TIP 형용사일 때와 명사일 때 발음은 같고 강세의 차이만 있습니다.

---

n. 우리 *v.* 우리에 가두다

599 cage
□□□ [keidʒ]

수능·평가원 기출횟수 6
EBS 기출횟수 17

Experienced animal trainers take a stool with them when they step into a **cage** with a lion.

*06(6)2601빈칸완성

숙련된 동물 조련사들은 사자와 우리로 들어갈 때 의자를 가지고 간다.

---

n. 얼룩 *v.* 얼룩지게 하다

600 stain
□□□ [stein]

수능·평가원 기출횟수 6
EBS 기출횟수 17

stain⁰ stained¹ stains⁵

With time it is possible to repair a **stained** reputation.

*12(6)2803빈칸완성

시간의 흐름과 함께 얼룩진 평판을 고칠 수 있는 것이다.

---

a. 의존적인, 신뢰하는

601 reliant
□□□ [riláiənt]

수능·평가원 기출횟수 5
EBS 기출횟수 18

reliant³ reliance²

Because of his deafness, the artist was largely **reliant** on the gestures of those he was communicating with.

*07(6)3902글의주제

귀가 먹었기 때문에 그 예술가는 자신과 의사소통을 하던 사람들의 동작에 주로 의존했다.

97 TIP 기출 표현인 self-reliant '자립적인, 독립적인'도 알아 둡시다.

601-1 □□□ **reliance**   *n.* 의존, 신뢰 09/11⁹

602 **deed**
□□□ [di:d]
수능·평가원 기출횟수 5
EBS 기출횟수 18

n. 행동, 업적

deed⁰ deeds⁴ misdeeds¹

Children must be taught to perform good **deeds** for their own sake.
112306필자주장
아이들은 그들 스스로를 위해 좋은 행동을 하도록 가르침을 받아야 한다.

602-1 □□□ **misdeed**   n. 비행, 악행   94²

603 **acquaintance**
□□□ [əkwéintəns]
수능·평가원 기출횟수 5
EBS 기출횟수 18

n. 아는 사람

acquaintance² acquaintances¹ acquaintanceship¹ acquainted¹

I recently saw a news interview with an **acquaintance**.
12(9)2004네모어휘
나는 최근 지인이 뉴스 인터뷰를 하는 것을 봤다.

603-1 □□□ **acquaintanceship**   n. 안면, 면식   14⁰

603-2 □□□ **acquaint**   v. 익히다, 숙지하다   15

604 **contaminate**
□□□ [kəntǽmənèit]
수능·평가원 기출횟수 5
EBS 기출횟수 18

v. 오염시키다

contaminate⁰ contaminated¹ contaminating³ decontaminating¹

He cleared away the sand that would have choked and **contaminated** the fresh flow of water.
05(6)48-5002장문독해
그는 신선한 물의 흐름을 막아 오염시켰을뻔 한 모래를 치웠다.

604-1 □□□ **decontaminate**   v. 정화시키다   12⁸

605 **recipient**
□□□ [risípiənt]
수능·평가원 기출횟수 5
EBS 기출횟수 18

n. 받는 사람, 취득자, 수령인, 수취인

recipient² recipients³

The students wrote a more positive description when the **recipient** liked the person.
12(6)2005네모어법
학생들은 받는 사람이 그 사람을 좋아했을 때 더 긍정적인 기술을 했다.

All four countries have consistently showed a steady increase in the number of U.S. S & E doctoral degree **recipients**.
13(6)3505도표
4개국 모두 미국의 이공계 박사 학위 취득자 수에 있어서 지속적으로 꾸준한 증가를 보여 왔다.

v. 충돌하다, 상충하다

606 **collide**
□□□ [kəláid]

수능·평가원 기출횟수 4

EBS 기출횟수 19

collide¹ collision¹ collisions²

Billiard balls rolling around the table may **collide** and affect each other's trajectories. *'13(6)4302문장배열*

당구대를 돌아다니는 당구공은 충돌해서 서로의 궤도에 영향을 줄지 모른다.

606-1 □□□　**collision**　　　　　　　　*n.* 충돌 　14⁶·14⁴ 07⁴

---

a. 분노한, 사납게 몰아치는

607 **furious**
□□□ [fjúəriəs]

수능·평가원 기출횟수 4

EBS 기출횟수 19

Henry glanced at his coach who looked **furious** as he screamed at him. *'08(9)3110심경*

Henry는 자신에게 소리를 지르면서 분노한 것처럼 보이는 감독님을 힐끗 보았다.

---

n. 측면, 옆 얼굴, 인물 소개　*v.* 윤곽을 그리다

608 **profile**
□□□ [próufail]

수능·평가원 기출횟수 3

EBS 기출횟수 20

The church 'Sveta Bogoroditsa' ('Holy Virgin') in Karlovo has a handsome **profile** with its blue and white bell tower. *'12(9)3701내용일치*

Karlovo에 있는 'Sveta Bogoroditsa'('거룩한 처녀')라는 교회는 푸른색과 흰색의 종탑이 있으며 윤곽이 아름답다.

---

n. (여행용)짐

609 **luggage**
□□□ [lʌ́gidʒ]

수능·평가원 기출횟수 3

EBS 기출횟수 20

I need to check the weight of my **luggage**. *'14(9B)03듣기*

제 짐의 무게를 확인해야 합니다.

TIP luggage는 흔히 영국식 표현에서 많이 쓰이고 미국식 표현으로는 baggage를 많이 씁니다.

610 **voyage**
☐☐☐ [vɔ́iidʒ]

수능·평가원 기출횟수 3
EBS 기출횟수 20

n. 항해

voyage² voyagers¹

This island is said to have obtained its name from the desire Christopher Columbus felt of seeing land on his second **voyage** in 1493.

*13(6)2002네모어법

이 섬은 크리스토퍼 콜럼버스가 1493년에 그의 두 번째 항해에서 육지를 보려고 느꼈던 욕망으로부터 그 이름을 얻게 되었다고 한다.

611 **cruel**
☐☐☐ [krúːəl]

수능·평가원 기출횟수 3
EBS 기출횟수 20

a. 잔인한, 고통스러운

I was just afraid of returning to the **cruel** world, full of suffering and struggling.

*07(6)49-5019정문독해

나는 단지 고통과 투쟁으로 가득한 잔인한 세상으로 돌아가는 것이 두려웠다.

612 **dip**
☐☐☐ [dip]

수능·평가원 기출횟수 2
EBS 기출횟수 21

v. 내려가다, 담그다, 낮추다

dip⁰ dipped²

Feeling thirsty, I took the gourd, **dipped** some water, and drank.

*041903필자주장

목이 말라서, 나는 그 조롱박을 가지고 물을 퍼서 마셨다.

613 **cling**
☐☐☐ [kliŋ]

수능·평가원 기출횟수 2
EBS 기출횟수 21

v. 매달리다, 집착하다

You **cling** ever more tightly to what you already know you can do.

*13(6)2203글의요지

우리는 할 수 있다고 이미 알고 있는 것에 더 단단히 매달리게 된다.

a. 최고의, 최대의, 최상의   n. 절정

614 **supreme**
□□□ [suːpríːm]

수능·평가원 기출횟수 2
EBS 기출횟수 21

supreme¹ supremacy¹

You are in a state of **supreme** delight. *052206빈출어법

당신은 기쁨의 최고의 경지에 도달한다.

---

n. 우유 판매점, 낙농장

615 **dairy**
□□□ [déəri]

수능·평가원 기출횟수 4
EBS 기출횟수 19

Working in the **dairy** he learned that the cream, the best part of milk, always came to the top. *09(6)4504문단요약

우유 판매점에서 일하면서, 그는 우유의 가장 좋은 부분인 크림은 항상 제일 위에 온다는 사실을 알게 되었다.

---

n. 물레방아, 맷돌   v. 갈다, 빻다

616 **mill**
□□□ [mil]

수능·평가원 기출횟수 2
EBS 기출횟수 21

The **mill** wheels moved more slowly and ground to a halt. *05(6)48-5014장문독해

물레방아는 더 천천히 움직이다 끼익하고 멈추었다.

---

a. 중독된

617 **hooked**
□□□ [hukt]

수능·평가원 기출횟수 2
EBS 기출횟수 21

hooked¹ hooking¹

E B White writes of his interest in gardening: "We are **hooked** and are making an attempt to keep the habit." *07(9)2603빈칸완성

E.B. White는 정원 가꾸기에 대한 자신의 관심을 다음과 같이 적고 있다: "우리들은 중독이 되어 있고 그 습관을 계속 유지하기를 꾀하고 있어요."

TIP 참고로 hook는 명사로 '(갈)고리, 낚싯바늘'이며 동사로는 '~에 걸다, 낚다'로 쓰입니다.

618 **comply**
☐☐☐ [kəmplái]

수능·평가원 기출횟수 1

EBS 기출횟수 22

v. **따르다, 응하다**

Failure to **comply** with any of the above rules will disqualify the entry.   *12(6)1806글의목적

위의 규정 중의 어느 하나라도 따르지 않으면 출품의 자격이 상실됩니다.

619 **scheme**
☐☐☐ [ski:m]

수능·평가원 기출횟수 1

EBS 기출횟수 22

n. **계획, 책략**   *v.* **계획하다**

fancy color **scheme**   *11(6)24빈칸완성 보기

화려한 색채의 설계(배합)

620 **walnut**
☐☐☐ [wɔ́:lnʌ̀t]

수능·평가원 기출횟수 9

EBS 기출횟수 13

n. **호두**

walnut⁸ walnuts¹

See how the **walnut** has grown to fill every corner available to it.   *11(6)4207글의제목

그 호두가 자라서 그것이 채울 수 있는 모든 구석을 어떻게 채웠는지를 보라.

621 **overnight**
☐☐☐ [óuvərnàit]

수능·평가원 기출횟수 8

EBS 기출횟수 14

ad. **하룻밤 사이에**

Impressionable teens may well see the final product and imagine that success really can happen **overnight**.   *06(6)4503문단요약

감수성이 예민한 십대들이 최종 결과만 가지고 성공이란 실제로 하룻밤 사이에 일어날 수 있다고 상상하는 것은 당연하다.

622 **elegant**
□□□ [éləgənt]

수능·평가원 기출횟수 7

EBS 기출횟수 15

a. 품격있는, 우아한

elegant⁴ elegance³

A journey aboard the Sea Cloud, which carries only 64 passengers, is an intimate experience on one of the most **elegant** vessels on the sea. *06(6)3605내용일치

승객이 불과 64명밖에 되지 않은 Sea Cloud를 타고 가는 여행은 바다의 가장 격조 높은 선박들 중 하나에서의 아늑한 경험이 된다.

Mathematicians have long suspected that an **elegant** logic lies behind the monument's graceful shape. *06(6)4202문장배열

수학자들은 그 기념물의 우아한 형상 밑바탕에는, 간단명료한 논리가 깔려 있을 것이라고 오랫동안 추측해 왔다.

622-1 □□□ **elegance** *n.* 우아함, 고상함 12·97 12⁹

623 **laundry**
□□□ [lɔ́:ndri]

수능·평가원 기출횟수 7

EBS 기출횟수 15

n. 세탁물, 세탁소

laundry⁶ launderer¹

She had sauce stains on her apron and sometimes allowed the **laundry** to pile up. *13(9)48-5004장문배열

그녀는 앞치마에 소스 얼룩이 묻어 있었고, 가끔은 세탁물이 쌓이도록 내버려두었다.

624 **for the sake of**
□□□ [fər ðə seik əv]

수능·평가원 기출횟수 7

EBS 기출횟수 15

prep. ~을 위해서

for the sake of⁷

Children must be taught to perform good deeds **for their own sake**, not in order to receive stickers, stars, and candy bars. *112306필자주장

아이들은 스티커, 별, 그리고 캔디 바를 받기 위해서가 아니라 그들 스스로를 위해 좋은 행동을 하도록 가르침을 받아야 한다.

No one of them is absolute; each may, in some circumstances, have to be sacrificed in some degree **for the sake of** a greater degree of some other good. *954103전후추론

그것들 중 어느 것도 절대적이지는 않다. 각각의 것들은 어떤 경우에는 더 큰 것의 이익을 위해 어느 정도 희생되어야만 할 수도 있다.

for one's own sake 11 · 05
for heaven's sake 94⁽²⁾

(TIP) 실제 시험에서는 for one's own sake '자신을 위해'로 3회 출제되었습니다. 이 밖에 sake를 활용한 기출표현으로는 for heaven's sake '제발, 맙소사'가 있습니다.

n. **대본, 문자**

625 script
□□□ [skript]
수능·평가원 기출횟수 6
EBS 기출횟수 16

script⁴ scripts²

You mean the scene on page 14 of the **script**? Was anything wrong? *1208듣기

대본 14쪽 장면 말이지? 뭐 잘못된 거라도 있었니?

A related limitation was that few people learned to write this early **script**. *064202글의제목

관련된 한계는 이 초기의 문자를 쓰는 것을 배운 사람들이 거의 없다는 것이다.

n. **기념품**

626 souvenir
□□□ [sùːvəníər]
수능·평가원 기출횟수 6
EBS 기출횟수 16

souvenir⁴ souvenirs²

Where's the nearest **souvenir** shop? *0913듣기

가장 가까운 기념품 가게가 어디에 있습니까?

n. **(집합적)기계, 조직**

627 machinery
□□□ [məʃíːnəri]
수능·평가원 기출횟수 5
EBS 기출횟수 17

Nowadays, automatic **machinery** and industrial robots are taking the place of human workers on this. *10(9)1807밑줄추론

오늘날, 자동화된 기계와 산업용 로봇들이 이것에 대한 작업자들을 대신하고 있다.

When we are disturbed by forces acting on us, our inner **machinery** kicks in and returns us to a balanced state of equilibrium. *123402글의주제

우리에게 영향을 미치는 힘에 의해 우리가 방해를 받을 때, 우리의 내부 조직이 작동하여 우리를 평형이라는 균형 잡힌 상태로 돌아오게 한다.

628 **rot**
□□□ [rɑt]

수능·평가원 기출횟수 4
EBS 기출횟수 18

v. 썩다

rot¹ rotten¹ rotting²

Nature is where fallen logs **rot** and acorns grow and barrier islands shift with the currents. *11(9)2903빈칸완성
자연은 쓰러진 통나무가 썩는 곳과 도토리가 자라는 곳, 그리고 보초 섬이 해류와 함께 이동하는 곳에 존재한다.

628-1 □□□ **rotten**　　　　　*a.* 불쾌한, 썩은 97

629 **hierarchy**
□□□ [háiərɑ̀ːrki]

수능·평가원 기출횟수 4
EBS 기출횟수 18

n. 서열, 계층

hierarchy² hierarchical¹ hierarchies¹

Complex social **hierarchy** *1124빈칸완성 보기
복잡한 사회계층

629-1 □□□ **hierarchical**　　　　*a.* 계급(계층)에 따른 15

630 **triumph**
□□□ [tráiəmf]

수능·평가원 기출횟수 4
EBS 기출횟수 18

n. 승리

triumph¹ triumphantly¹ triumphed¹ triumphs¹

We witness their struggles, **triumphs** and failures. *023702글의주제
우리는 그들의 투쟁과 승리, 그리고 실패를 목격한다.

630-1 □□□ **triumphantly**　　　　*ad.* 의기양양하게 97

Basic

주어진 단어의 뜻을 우리말로 쓰세요.

1. machinery _____
2. reliant _____
3. litter _____
4. comply _____
5. elegant _____
6. walnut _____
7. stain _____
8. souvenir _____
9. preschool _____
10. diagram _____

11. scheme _____
12. for the sake of _____
13. deforestation _____
14. overnight _____
15. rot _____
16. supreme _____
17. wit _____
18. profile _____
19. script _____
20. acquaintance _____

Advanced

다음 문장에 들어갈 적절한 형태의 단어를 쓰세요.

1. Because of their **r**_____ on shared assumptions, most jokes travel very poorly.

   공유되는 가정에 대한 의존 때문에 대부분의 농담은 매우 형편없이 전해진다.   *11(9)3204밑줄어휘

2. In Holland, he became **a**_____ with the Swedish naturalist Carl Linnaeus.

   네덜란드에서, 그는 스웨덴의 박물학자인 Carl Linnaeus를 알게 되었다.   *152404내용일치

3. It is a light and soft cap with elastic pads that stiffen upon **c**_____.

   그것은 충돌할 때 굳어지는 탄력성있는 패드를 가진 가볍고 부드러운 모자이다.   *07(6)3502밑줄어휘

4. A journey aboard the Sea Cloud is an intimate experience on one of the most **e**_____ vessels on the sea.

   Sea Cloud를 타고 가는 여행은 바다의 가장 격조 높은 선박들 중 하나에서의 아늑한 경험이 된다.

   *06(6)3605내용일치

5. When we are disturbed by forces acting on us, our inner **m**_____ kicks in and returns us to a balanced state of equilibrium.

   우리에게 영향을 미치는 힘에 의해 우리가 방해를 받을 때, 우리의 내부 조직이 작동하여 우리를 평형 이라는 균형 잡힌 상태로 돌아오게 한다.   *123402글의주제

16 Day

---

v. 확대하다

631 enlarge
□□□ [enláːrdʒ]

수능·평가원 기출횟수 4
EBS 기출횟수 18

enlarge⁰ enlarged² enlargement¹ enlarging¹

It has now become the largest wish-granting organization in
the world, **enlarging** the experiences of more than eighty
thousand children.   *13(6)49-5016장문독해

그것은 이제 세계에서 가장 큰 소원 들어주기 단체가 되었고 8만 명 이상의
어린이들의 경험을 확장시켜 주었다.

631-1 □□□   **enlargement**   *n.* 확대 ⁰⁸

---

n. 대통령직, 회장직

632 presidency
□□□ [prézidənsi]

수능·평가원 기출횟수 4
EBS 기출횟수 18

presidency³ presidential¹

Mandela chose to leave the **presidency**.   *11(6)2205문장삭제

Mandela 대통령직을 그만 두기로 선택했다.

632-1 □□□   **presidential**   *a.* 대통령의 ¹⁵

---

a. 사실의, 사실에 기반을 둔, 실제의

633 factual
□□□ [fǽktʃuəl]

수능·평가원 기출횟수 4
EBS 기출횟수 18

factual³ counterfactual¹

On tests of **factual** comprehension, these students performed
no differently from other students.   *0949-5006장문독해

사실 이해 시험에서 이 학생들은 다른 학생들과 다를 바 없는 수행능력을 보였다.

---

a. 옛날의   *n.* 골동품

634 antique
□□□ [æntíːk]

수능·평가원 기출횟수 3
EBS 기출횟수 19

Over the years various systems of grading coins have been
developed by **antique** coin specialists.   *082301문장삭제

수년간에 걸쳐 동전에 등급을 매기는 다양한 체계가 옛날 동전 전문가들에 의해
발달되어 왔다.

v. 조종하다, 움직이다

635 **steer**
□□□ [stiər]
수능·평가원 기출횟수 3
EBS 기출횟수 19

steer¹ steers¹ steerable¹

The rider sits on a saddle and **steers** by turning handlebars.
*08(6)2905일줄어휘

타는 사람은 안장에 앉아 포크에 부착된 조종간을 돌리면서 조종을 한다.

635-1 □□□ **steerable**   *a.* 조종 가능한 08⁶

---

v. 악화되다

636 **worsen**
□□□ [wə́:rsən]
수능·평가원 기출횟수 3
EBS 기출횟수 19

worsen¹ worsened¹ worsening¹

Almost four out of five blacks believe race relations will **worsen**.
*993104도료

거의 4/5에 해당하는 흑인들은 인종 관계가 악화될 것으로 믿고 있다.

---

a. 상호 의존적인, 서로 의지하는

637 **interdependent**
□□□ [intərdipéndənt]
수능·평가원 기출횟수 3
EBS 기출횟수 19

interdependent² interdependence¹

Today we are so **interdependent** that the concept of war has become outdated.
*103205연결사

오늘날 우리들은 매우 상호 의존적이기 때문에 전쟁의 개념은 시대에 뒤떨어진 것이 되었다.

637-1 □□□ **interdependence**   *n.* 상호 의존 10

---

a. 문제가 있는, 해결하기 어려운

638 **problematic**
□□□ [prὰbləmǽtik]
수능·평가원 기출횟수 3
EBS 기출횟수 19

The processes of advocacy and mediation can overlap, perhaps with very **problematic** results, as one loses clarity over his or her role.
*124503문단요약

자신의 역할에 대한 명확함을 놓치게 되면서, 옹호와 중재의 과정은 아마도 아주 해결하기 어려운 결과를 수반하며 겹쳐질 수 있다.

n. 자유, 위도

639 **latitude**
□□□ [lǽtətjùːd]

수능·평가원 기출횟수 3
EBS 기출횟수 19

latitude¹ latitudes²

It was generally assumed that Virginia, the region of the North American continent, would have the same climate as the Mediterranean region of Europe, since it lay at similar **latitudes**. *14(6B)2802네모어휘

북미 대륙의 지역인 버지니아는 유럽의 지중해 지역과 비슷한 위도에 놓여 있었기 때문에 그 지역과 똑같은 기후를 가질 것이라고 추정되었다.

> **TIP** 지구과학과 지리 시간에 많이 듣게 되는 '위도'의 뜻으로는 아직 출제되진 않았습니다.

n. 굶주림, 기근

640 **famine**
□□□ [fǽmin]

수능·평가원 기출횟수 3
EBS 기출횟수 19

famine² famines¹

Who will conquer **famine**, farmers or scientists? *12(9)41글의제목

누가 기근을 정복할 것인가, 농부들인가, 과학자들인가?

a. 장엄한, 훌륭한, 웅장한, 멋진

641 **magnificent**
□□□ [mægnífəsənt]

수능·평가원 기출횟수 3
EBS 기출횟수 19

A friend of mine and his wife were in Hawaii, standing on a beach, watching a beautiful sunset, hardly able to believe how **magnificent** the sight was. *1049-5001장문독해

나의 한 친구가 아내와 함께 하와이에 가서 해변에 서서 아름다운 노을을 보고 있었는데 그 광경은 너무 장엄하여 믿을 수가 없을 정도였다.

n. 분산, 확산

642 **dispersal**
□□□ [dispə́ːrsəl]

수능·평가원 기출횟수 3
EBS 기출횟수 19

dispersal² dispersed¹

This male-biased **dispersal** creates an imbalance in the way males and females are related to those individuals around them. *132502빈칸완성

이러한 수컷 편향의 분산은 수컷과 암컷이 주위에 있는 개체들과 관계를 맺는 방식에 있어 불균형을 만든다.

642-1 □□□ **disperse** *v.* 흩어지다, 해산시키다, 확산되다 13⁹

643 **patch**
□□□ [pætʃ]

수능·평가원 기출횟수 3

EBS 기출횟수 19

n. 작은 지역, 조각, 패치

patch¹ patches²

Elimination of all but small **patches** of habitat is especially damaging. *113506글의주제

작은 면적의 서식지들만을 제외하고 모든 서식지들이 파괴되면 그 피해가 심하다.

644 **paragraph**
□□□ [pǽrəgræf]

수능·평가원 기출횟수 3

EBS 기출횟수 19

n. 단락, 절

You read us a **paragraph** in a language that we knew nothing about, and I didn't understand a word of it. *08(9)46-4801장문배열

당신은 우리가 전혀 알지 못하는 언어로 된 단락의 글을 우리에게 읽어 주었고, 나는 한 단어도 이해하지 못했다.

645 **seasonal**
□□□ [síːzənəl]

수능·평가원 기출횟수 3

EBS 기출횟수 19

a. 계절적인

seasonal² seasonally¹

Seasonal variation prevents either group from excluding the other, and there is a shifting balance between the competing species. *15(9)41-4212장문독해

계절적 변화가 어느 한 종이 다른 종을 배제하는 것을 막아주며, 경쟁하는 두 종들 사이에는 이동성 균형이 존재한다.

646 **marvel**
□□□ [máːrvəl]

수능·평가원 기출횟수 3

EBS 기출횟수 19

n. 놀라운 일   *v.* ~에 놀라다

marvel¹ marveling¹ marvelous¹

When people in the future look back on 2005, what tool will they **marvel** that we functioned without? *06(9)4102글의제목

미래에 살게 될 사람들이 2005년을 되돌아 볼 때, 그들은 우리가 어떤 도구 없이 생활했다는 사실에 놀라게 될 것인가?

646-1 □□□ **marvelous**   *a.* 놀라운, 경이로운 ¹⁶

647 **proverb**
□□□ [právə:rb]

수능·평가원 기출횟수 3

EBS 기출횟수 19

n. **속담**

proverb¹ proverbs²

Which of these contradictory **proverbs** shall we believe?

*06(9)2302문장삭제

이 상반되는 속담 중 어느 것을 믿을 것인가?

648 **fluctuation**
□□□ [flʌktʃuéiʃən]

수능·평가원 기출횟수 2

EBS 기출횟수 20

n. **변동, 오르내림, 파동**

fluctuations¹ fluctuate¹

Despite its accuracy, there was no clear use for the device until it was used to measure **fluctuations** in ocean temperature.

*15(9)3108빈칸완성

정확성에도 불구하고 해수 온도의 변화를 측정하는 데 사용될 때까지 그 장비에 대한 분명한 용도가 없었다.

648-1 □□□　**fluctuate**　　　　*v.* 변동(등락)을 거듭하다 ¹⁵

649 **enrich**
□□□ [enrítʃ]

수능·평가원 기출횟수 2

EBS 기출횟수 20

v. **풍요롭게 하다, 강화하다**

enrich⁰ enriches¹ enriching¹

Art **enriches** our spirit.

*994104글의제목

예술은 우리의 영혼을 풍요롭게 해 준다.

650 **compact**
□□□ [kəmpǽkt]

수능·평가원 기출횟수 2

EBS 기출횟수 20

a. **빽빽한, 소형의**

The individuals of the prey species are concentrated in **compact** units rather than dispersed over a much larger area.

*13(9)3405글의주제

먹잇감이 되는 물고기 종들은 더 넓은 지역에 흩어져 있기보다는 매우 조밀한 단위로 모여 있다.

n. 유역, 궤도 v. 궤도를 돌다

651 **orbit**
□□□ [ɔ́:rbit]

수능·평가원 기출횟수 2
EBS 기출횟수 20

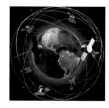

Smooth sailing after the storm, the aircar arrived at the **orbit** of the Island of Paradise. *0846-4811장문배열

폭풍우가 지나간 후에는 순항을 하여 비행선은 Paradise 섬 유역에 도착하였다.

To put the space shuttle into **orbit** costs up to $250 million, no less than a standard rocket. *04(6)3905문장삭제

우주 왕복선을 궤도에 진입시키는 데는 표준 로켓에 못지않은 2억 5천만 달러의 비용이 든다.

n. 조각, 부분, 단편 v. 분할하다

652 **segment**
□□□ [ségmənt]

수능·평가원 기출횟수 2
EBS 기출횟수 20

segment¹ segments¹

He showed them three line **segments**. *112703빈칸완성

그는 그들에게 세 조각의 줄을 보여주었다.

n. 갑판

653 **deck**
□□□ [dek]

수능·평가원 기출횟수 1
EBS 기출횟수 21

The thought appealed to him as he powered up the aircar and it lifted a half-meter or so off the **deck** of the hangar.

*0846-4807장문배열

그가 비행선의 동력을 올리고 그것이 격납고 갑판에서 0.5미터 남짓 상승했을 때도 그 생각이 그의 마음을 사로잡았다.

n. 악몽, 걱정거리

654 **nightmare**
□□□ [náitmɛ̀ər]

수능·평가원 기출횟수 1
EBS 기출횟수 21

Even Snow White gave me a **nightmare**. *04(6)2704빈칸완성

심지어 백설공주까지도 나에게 악몽을 주었다.

n. 의제(안건)

655 **agenda**
□□□ [ədʒéndə]

수능·평가원 기출횟수 1

EBS 기출횟수 21

commercial media's **agenda**
상업 미디어의 안건

*15(9)34빈칸완성 보기

n. 격노(격렬한 분노)

656 **rage**
□□□ [reidʒ]

수능·평가원 기출횟수 1

EBS 기출횟수 21

rage⁰ raging¹

Sometimes you may try to appeal to an emotion in your
audience by imitating it: hysteria by being hysterical, anger by
raging.

*13(6)3003빈칸완성

때때로 당신은 그것을 모방함으로써, 청중에게 있는 감정에 호소하려고 애를 쓸지도
모른다. 예를 들어, 히스테리하게 되면서 히스테리를, 격노하면서 분노를...

n. 인류, 사람들

657 **mankind**
□□□ [mǽnkáind]

수능·평가원 기출횟수 9

EBS 기출횟수 12

An Eskimo once told European visitors that the only true
wisdom lives far from **mankind**.

*064401글의요지

한 에스키모 사람이 유럽인 방문자들에게 유일한 참된 지혜는 인류로부터 멀리 떨어져
살고 있다고 말한 적이 있다.

ad. 급격하게, 철저하게, 과감하게

658 **drastically**
□□□ [drǽstikəli]

수능·평가원 기출횟수 6

EBS 기출횟수 15

drastically⁴ drastic²

The barrier, by **drastically** restricting tidal flows, would have
destroyed much of the marine environment on the Eastern
Scheldt.

*10(9)3704내용일치

그 방파제는 조수의 흐름을 급격하게 막음으로써 Scheldt강 동쪽 해상 환경의
대부분을 파괴했을 것이다.

658-1 □□□ **drastic**   *a.* 과감한, 급격한, 격렬한 97/11°

n. 막대(기)

659 rod
□□□ [rɑd]

수능·평가원 기출횟수 6
EBS 기출횟수 15

A pointed nylon **rod** was stroked across the bottom of the foot three times at intervals of a second.
*11(9)3703내용일치

뾰족한 나일론 막대는 1초씩 간격을 두고 세 번 발바닥을 가로질러 쓰다듬어졌다.

n. 명상

660 meditation
□□□ [mèdətéiʃən]

수능·평가원 기출횟수 6
EBS 기출횟수 15

meditation⁵ meditate¹

Possibilities include special breathing routines, exercise, **meditation**, and distraction.
*13(6)2602빈칸완성

가능한 방법에는 특별한 일상 호흡법, 운동, 명상, 그리고 기분전환(오락)이 포함된다.

660-1 □□□ **meditate**　　　*v.* 명상하다. ~을 꾀하다 ¹³⁹

n. 중앙값

661 median
□□□ [mí:diən]

수능·평가원 기출횟수 6
EBS 기출횟수 15

Golf and baseball both had **median** lifetime earnings above 6 million dollars.
*12(9)3604도표

골프와 야구는 둘 다 6백만 달러 이상의 평생 수입 중앙값을 가졌다.

a. 견딜 만한

662 bearable
□□□ [béərəbəl]

수능·평가원 기출횟수 6
EBS 기출횟수 15

bearable² overbearing¹ unbearable²

Euphemisms help smooth out the 'rough edges' of life, to make the unbearable **bearable** and the offensive inoffensive.
*123103연결사

완곡한 표현은 견딜 수 없는 것을 견딜 만하게 하며, 불쾌한 것을 거슬리지 않게 만들기 위해 삶의 '거친 가장자리'를 부드럽게 만드는 것을 돕는다.

662-1 □□□ **overbear**　　　*a.* 지배하려 하는, 고압적인 ⁰⁹

662-2 □□□ **unbearable**　　　*a.* 견딜 수 없는, 참을 수 없는 ¹²·⁹⁴⁷

_a._ 해외의

663 **overseas**
□□□ [óuvərsíːz]

수능·평가원 기출횟수 5

EBS 기출횟수 16

Some reasons include increasing amounts of contact brought on by **overseas** assignments in the business world. *11(9)3404글의주제

몇 가지 이유 중 하나는 비즈니스 세계에서 해외 업무로 인해 만남의 횟수가 늘어나고 있기 때문이다.

_n._ 장애, 불리한 조건 _v._ 불리하게 만들다

handicap⁰ handicapped³ handicaps²

664 **handicap**
□□□ [hǽndikæ̀p]

수능·평가원 기출횟수 5

EBS 기출횟수 16

It is one of the greatest **handicaps** to getting to know people quickly. *07(6)1801밑줄추론

그것은 사람들을 재빨리 알게 되는 것을 막는 가장 커다란 장애 중의 하나이다.

Ignorance of other languages and cultures **handicaps** the United States in dealing with the rest of the world. *062504빈칸완성

타 언어와 문화에 대한 무지는 미국이 세계의 다른 나라들을 상대하는 것을 불리하게 만든다.

_v._ 아첨하다, 우쭐해 하다

flatter⁰ flattered² flattering¹ flattery¹

665 **flatter**
□□□ [flǽtər]

수능·평가원 기출횟수 4

EBS 기출횟수 17

I am **flattered** to have been chosen to receive this scholarship. *06(9)3202심경

이 장학금을 수여받는 것으로 선발된 것에 나는 우쭐해졌다.

(TIP) flat '평평한'의 비교급인 flatter로 사용된 예는 없습니다.

665-1 □□□ **flattery** _n._ 칭찬, 아첨 ¹⁰

666 blur
□□□ [blə:r]

수능·평가원 기출횟수 4
EBS 기출횟수 17

v. 흐릿해지다 *n.* 흐릿한 것

blur¹ blurred¹ blurry¹ blurs¹

The roles do not become **blurred** and therefore potentially
counterproductive.
그 역할들은 흐려지지 않고 그 결과 역효과를 내지 않는다.
*124504문단요약

666-1 □□□ **blurry**   *a.* 흐릿한, 모호한 ¹³⁶

667 lifelong
□□□ [láiflɔ̀:ŋ]

수능·평가원 기출횟수 4
EBS 기출횟수 17

a. 평생의

As a **lifelong** latecomer, that is how I cured myself. *12(6)2505빈칸완성
이것이 평생 지각자였던 내가 내 자신을 고친 방법이다.

668 intrigue
□□□ [intrí:g]

수능·평가원 기출횟수 4
EBS 기출횟수 17

v. 강한 흥미를 불러일으키다, 음모를 꾸미다 *n.* 음모

intrigue⁰ intrigued² intriguing²

Exactly how cicadas keep track of time has always **intrigued**
researchers.
정확히 어떻게 매미가 시간을 추적하는지는 항상 연구자들의 호기심을 자아내어 왔다.
*153801문장삽입

669 aisle
□□□ [ail]

수능·평가원 기출횟수 4
EBS 기출횟수 17

n. 통로

Classical albums are in this **aisle**, right over here. *11(9)16듣기
클래식 앨범은 이쪽 통로에 있습니다, 바로 여기요.

a. 복잡한, 얽힌

670 **intricate**
□□□ [íntrikət]

수능·평가원 기출횟수 4

EBS 기출횟수 17

intricate³ intricacy¹

For a violinist, optimal experience is mastering an **intricate** musical passage. *113104네모어휘

바이올린 연주자에게 있어서, 최적의 경험은 복잡한 악절을 완벽하게 숙달하는 것이다.

670-1 □□□ **intricacy** *n.* 복잡한 사항[내용] 12⁹

---

a. 장엄한, 엄숙한, 진지한

671 **solemn**
□□□ [sáləm]

수능·평가원 기출횟수 3

EBS 기출횟수 18

Those **solemn** but sweet organ notes had set up a revolution in him. *11(6)4405심경

그 장엄하면서도 감미로운 오르간 선율은 그에게 변혁을 일으켰던 것이다.

---

v. 꾸짖다

672 **scold**
□□□ [skould]

수능·평가원 기출횟수 3

EBS 기출횟수 18

scold¹ scolded¹ scolding⁰ scoldings¹

She kept telling herself that she would **scold** him. *963805심경

그녀는 그를 꾸짖을 것이라고 그녀 스스로에게 말하고 있었다.

Basic

주어진 단어의 뜻을 우리말로 쓰세요.

1. nightmare _____
2. antique _____
3. drastically _____
4. bearable _____
5. meditation _____
6. handicap _____
7. solemn _____
8. agenda _____
9. median _____
10. presidency _____

11. scold _____
12. problematic _____
13. latitude _____
14. segment _____
15. blur _____
16. interdependent _____
17. deck _____
18. marvel _____
19. enrich _____
20. paragraph _____

Advanced

다음 문장에 들어갈 적절한 형태의 단어를 쓰세요.

1. A bicycle is a two-wheeled **s**_____ machine that is pedaled by the rider's feet.
   자전거는 타는 사람이 발로 페달을 밟는, 두 바퀴로 된 조종할 수 있는 기계이다. *08(6)2901밑줄어휘

2. The individuals of the tribe are **d**_____ over a much larger area.
   그 부족의 개인들은 보다 넓은 지역에 흩어져 있다. *13(9)3405글의주제

3. We have to slow down a bit and take the time to contemplate and **m**_____.
   우리는 조금 속도를 늦추고 생각하고 명상할 시간을 가져야 한다. *13(9)2206글의요지

4. I do not think that the compliments might be mere **f**_____.
   나는 그 칭찬들이 단지 아첨일거라고 생각하지 않는다. *102005글의목적

5. The camera lens does not focus properly and the resulting photos are **b**_____ and unclear.
   사진기 렌즈가 초점을 제대로 잡지 못해 그 결과로 나온 사진들이 흐릿하고 분명하지 않습니다.

   *13(6)1804글의목적

673 shield
☐☐☐ [ʃiːld]

수능·평가원 기출횟수 3
EBS 기출횟수 18

n. 방패, 보호물 *v.* 막다, 보호하다

shield² shields¹

One particular Korean kite is the "**shield** kite," which has a unique hole at its center. *063102네모어휘

한 가지 특별한 한국의 연은 '방패연'인데, 그것은 중앙에 한 개의 구멍을 가지고 있다.

674 anchor
☐☐☐ [ǽŋkər]

수능·평가원 기출횟수 3
EBS 기출횟수 18

n. 닻 *v.* 고정시키다

anchor⁰ anchored² anchoring¹

People who move to a new region generally remain **anchored** to the prices in their former location. *09(9)4506문단요약

새로운 지역으로 이주하는 사람들은 일반적으로 그들이 이전에 살던 지역의 가격에 고착화된 상태를 유지한다.

675 await
☐☐☐ [əwéit]

수능·평가원 기출횟수 2
EBS 기출횟수 19

v. 기다리다

await¹ awaiting¹

While **awaiting** the birth of a new baby, North American parents typically furnish a room as the infant's sleeping quarters. *102101네모어법

새 아기의 탄생을 기다리는 동안, 북미의 부모들은 일반적으로 아기의 침실로써 방 하나를 준비한다.

676 nap
☐☐☐ [næp]

수능·평가원 기출횟수 2
EBS 기출횟수 19

n. 낮잠 *v.* 낮잠자다

nap¹ napping¹

They like the unhurried way of life with its long afternoon **nap**. *94(1)3603전후추론

그들은 긴 낮잠을 잘 수 있는 한가로운 생활 방식을 좋아한다.

677 disrupt
☐☐☐ [disrʌ́pt]

수능·평가원 기출횟수 2
EBS 기출횟수 19

***v.* 파괴하다, 붕괴(분열)시키다, ~을 혼란시키다**

disrupt¹ disrupts¹

Do you fear that crime, war, or terrorist attacks will **disrupt** the economy and your security?   *124302문장배열

범죄, 전쟁, 혹은 테러리스트들의 공격이 경제와 당신의 안전을 파괴할까봐 두려운가?

678 entail
☐☐☐ [entéil]

수능·평가원 기출횟수 2
EBS 기출횟수 19

***v.* (필연적 결과로)수반하다, 일으키다, 부과하다**

entail⁰ entails²

By likening the eye to a camera, elementary biology textbooks help to produce a misleading impression of what perception **entails**.   *132601빈칸완성

눈을 카메라에 비유함으로써, 생물학 기본서는 인식이 수반하는 것에 대한 잘못된 인상을 만드는데 기여하고 있다.

679 appetite
☐☐☐ [ǽpitàit]

수능·평가원 기출횟수 2
EBS 기출횟수 19

***n.* 식욕, 욕구**

appetite¹ appetites¹

From giving children extra time to develop into kindergarteners to accommodating their vegetarian **appetites**, parents today are taking their cues from children.   *13(9)2511빈칸완성

아이들에게 유치원생으로 발전할 여분의 시간을 주는 것에서부터 그들의 채식주의적인 식욕을 수용하는 것에 이르기까지, 오늘날 부모들은 아이들에게서 단서를 찾아낸다.

680 reform
☐☐☐ [rifɔ́ːrm]

수능·평가원 기출횟수 2
EBS 기출횟수 19

***n.* 개혁 *v.* 다시 만들다, 개혁하다**

reform¹ reformed¹

He played a key role in **reform** movements in the city and the state, including the Citizens Union, the City Club, and the Good Government Clubs.   *09(9)2805연결사

그는 시민연대, 도시 클럽, 좋은 정부 클럽 등을 포함하여 시와 주(州)의 개혁 운동에서 중요한 역할을 했다.

Artists during the Renaissance **reformed** painting.   *052704빈칸완성

르네상스 시대의 미술가들은 미술을 개혁하였다.

681 **explicit**
□□□ [iksplísit]

수능·평가원 기출횟수 2

EBS 기출횟수 19

a. **명백한, 명시된**

explicit¹ explicitly¹

The raw data of observation rarely exhibit **explicit** regularities.

*12(9)2802빈칸완성

가공하지 않은 관찰자료는 뚜렷한 규칙성을 거의 보이지 않는다.

682 **tuition**
□□□ [tju:íʃən]

수능·평가원 기출횟수 1

EBS 기출횟수 20

n. **수업(료)**

You don't need to pay your **tuition**.

*0617듣기

수업료를 낼 필요가 없습니다.

683 **spectrum**
□□□ [spéktrəm]

수능·평가원 기출횟수 1

EBS 기출횟수 20

n. **영역, 범위**

I've seen people from opposite ends of the **spectrum** economically and politically that ended up in happy, lasting marriages.

*1146-4704장문독해

나는 경제적으로 그리고 정치적으로 반대의 양 끝 영역에 있는 사람들이 행복하고 지속적인 결혼 생활을 하는 것을 보아왔다.

684 **magnetic**
□□□ [mægnétik]

수능·평가원 기출횟수 1

EBS 기출횟수 20

a. **자석 같은, 자성의**

Oh, the **magnetic** strip on your card is damaged.

*15(9)05듣기

오, 당신 카드에 자성이 있는 띠 부분이 손상되었군요.

n. 원고 *a.* 필사본의

685 **manuscript**
□□□ [mǽnjəskrìpt]

수능·평가원 기출횟수 1
EBS 기출횟수 20

manuscript⁰ manuscripts¹

We should work on our **manuscripts** first.
우리는 우선 원고 작업을 해야 된다.

*09(9)11듣기

---

n. 복용량, 투여량

686 **dose**
□□□ [dous]

수능·평가원 기출횟수 1
EBS 기출횟수 20

dose⁰ doses¹

People who drink caffeine regularly require higher **doses** of caffeine to achieve the same effects.
*03(9)3404문장삽입

규칙적으로 카페인을 마신 사람들은 같은 효과를 얻기 위해 더 많은 카페인 복용량을 요구한다.

---

n. 노래 가사, 서정시 *a.* 서정적인

687 **lyric**
□□□ [lírik]

수능·평가원 기출횟수 1
EBS 기출횟수 20

lyric⁰ lyrics¹

For the young child, there is no separation of text and pictures, which are as interdependent as the **lyrics** and melody that make up a song.
*05(6)42-4306장문독해

어린 아이에게는 본문과 그림의 분리란 없는데 왜냐하면 그것들은 하나의 노래를 구성하는 가사와 멜로디만큼 서로 의존하기 때문이다.

---

n. 서두름

688 **haste**
□□□ [heist]

수능·평가원 기출횟수 8
EBS 기출횟수 12

haste³ hasten¹ hasty⁴

In his haste, he didn't realize that his teammates weren't anywhere near him.
*08(9)3102심경

서두르다가 그는 자신의 팀 동료들이 자기 주위에 아무 데도 없다는 것을 깨닫지 못했다.

688-1 □□□	hasten	*v.* 촉진하다, 재촉하다	94¹
688-2 □□□	hasty	*a.* 성급한, 서두른	03·02 15⁹

n. **결함, 결점, 부족**

689 **defect**
□□□ [difékt]

수능·평가원 기출횟수 7

EBS 기출횟수 13

defect³ defective² defects²

A computer company lost its reputation just after major news coverage about a **defect** in its products. *103103내모어휘

어느 컴퓨터 회사의 생산품의 결함에 대한 주요 뉴스의 보도가 있은 직후 그 회사는 그 명성을 잃었다.

689-1 □□□ **defective**　　　　　*a.* 결함이 있는 ⁹⁴¹ ⁰⁸⁶

a. **치아의**

690 **dental**
□□□ [déntl]

수능·평가원 기출횟수 7

EBS 기출횟수 13

dental⁵ dentistry²

The Surgeon Dentist was the first book about **dental** science. *05(9)4006내용일치

*The Surgeon Dentist*는 치의학에 관한 최초의 책이다.

690-1 □□□ **dentistry**　　　　　*n.* 치과 의술 ⁰⁵⁹

v. **굽다, 볶다**

691 **roast**
□□□ [roust]

수능·평가원 기출횟수 7

EBS 기출횟수 13

roast⁴ roasting³

Oh, come on! That's too high. It's twenty-six degrees now. I'm about to **roast**. *12(9)04듣기

오, 이런! 너무 높아요. 지금 26도인데, 구워질 것 같다구요.

n. **고무**

692 **rubber**
□□□ [rʌ́bər]

수능·평가원 기출횟수 4

EBS 기출횟수 16

rubber³ rubbery¹

Tie the papers with a **rubber** band. *04(9)2003밑줄추론

고무 밴드로 종이를 묶어라.

692-1 □□□ **rubbery**　　　　　*a.* 고무의 ⁰⁹

693 stun
[stʌn]

수능·평가원 기출횟수 4
EBS 기출횟수 16

v. 기절시키다, 깜짝 놀라게 하다, 멋지다

stun⁰ stunned² stunning²

Goldfish bowls look **stunning** filled with flower heads or petals, magnifying their contents.
*094202글의제목

금붕어 어항은 내용물을 확대해 보여주기 때문에, 꽃송이나 꽃잎으로 채워지면 멋져 보인다.

---

694 eyesight
[áisàit]

수능·평가원 기출횟수 4
EBS 기출횟수 16

n. 시력

When she was 19 years old, she had a serious car accident and unfortunately lost her **eyesight**.
*06(6)17듣기

19살 때, 그녀는 심각한 자동차 사고를 당했고 불행하게도 시력을 잃었다.

---

695 coherent
[kouhíərənt]

수능·평가원 기출횟수 4
EBS 기출횟수 16

a. 일관성 있는, 논리적인

coherent³ cohesion¹

We find that the solutions to independent clues link together in a consistent and supportive way to form a **coherent** unity.
*12(9)2808빈칸완성

우리는 독립된 단서들에 대한 해법들이 통일성 있는 전체를 형성하기 위해 일관성 있고 보완하는 방식으로 함께 연결되었음을 알고 있다.

Our goal is to respect the artist's intent, but at the same time to make it a visually **coherent** work of art.
*053106글의주제

우리의 목표는 예술가의 의도를 존중하는 것이지만 동시에 그것을 시각적으로 일관성 있는 예술 작품으로 만드는 것이다.

695-1 □□□ **cohesion**   n. 응집성 [11]

TIP 혼동 어휘인 coherence '일관성, 일치, 조화'와 구분하세요.

696 mold
□□□ [mould]

수능·평가원 기출횟수 4
EBS 기출횟수 16

n. 거푸집, 형틀 *v.* 주조하다

mold³ molds¹

If you wish to know what form gelatin will have when it solidifies, study the shape of the **mold** that holds the gelatin.

*15(6)4001문단요약

젤라틴이 굳어질 때에 어떤 모양이 될 것인지 알고 싶다면, 그것을 담는 틀의 모양을 살펴보라.

697 fond
□□□ [fand]

수능·평가원 기출횟수 4
EBS 기출횟수 16

a. 좋아하는

fond² fondly¹ fondness¹

She **was fond of** dressing up her favorite chickens in miniature clothes.

*06(9)3602내용일치

그녀는 자신이 좋아하는 병아리에게 작은 옷을 입히기를 좋아했다.

TIP '~를 좋아하는'이라고 할 때, 전치사 of를 뒤에 씁니다.

697-1 □□□ **fondness**   *n.* 좋아함, 기호, 취미 ¹²⁶

698 chaos
□□□ [kéias]

수능·평가원 기출횟수 4
EBS 기출횟수 16

n. 혼돈

Without them, our lives would be in **chaos**, and we would not get much accomplished.

*11(6)2706빈칸완성

그것들이 없다면 우리의 삶은 혼란에 빠질 것이고, 우리는 많은 것을 해내지 못할 것이다.

TIP 발음 주의하세요. '카오스'가 아닙니다.

699 leather
□□□ [léðər]

수능·평가원 기출횟수 3
EBS 기출횟수 17

n. 가죽 *a.* 가죽으로 만든

I also need **leather** shoes.

*07(9)05듣기

나는 가죽신발도 필요해.

700 roam
□□□ [roum]

수능・평가원 기출횟수 3
EBS 기출횟수 17

v. 배회하다, 걸어 다니다

roam¹ roamed²

According to Cambodian legends, lions once **roamed** the countryside attacking villagers.

*12(6)3301일줄어휘

캄보디아 전설에 따르면 사자들이 한 때 마을 사람들을 공격하며 시골을 돌아다녔다고 한다.

---

701 pulse
□□□ [pʌls]

수능・평가원 기출횟수 3
EBS 기출횟수 17

n. 파동, 맥박, 리듬, 진동

pulse² pulses¹

I used to train with a world-class runner who was constantly hooking himself up to **pulse** meters and pace keepers.

*15(6)3002빈칸완성

나는 맥박 측정기와 평균 속도 계측기에 끊임없이 자신을 연결하는 어떤 세계 일류 선수와 훈련을 하곤 했었다.

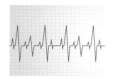

---

702 monumental
□□□ [mànjəméntl]

수능・평가원 기출횟수 3
EBS 기출횟수 17

a. 대단한, 엄청난, 기념비적인

monumental² monument¹

Feeling pleased with myself for having made this **monumental** decision, I proudly announced my plan to my dad.

*11(6)46-4807장문배열

이 대단한 결정을 내린 내 자신에게 기쁨을 느낀 나는 자랑스럽게 아빠에게 내 계획을 말씀드렸다.

702-1 □□□ **monument**   *n.* 기념물, 역사적인 건축물   06⁶

---

703 snap
□□□ [snæp]

수능・평가원 기출횟수 2
EBS 기출횟수 18

v. 잡아채다, 덥석 물다

snap⁰ snapped¹ snaps¹

The smaller fish **snaps** at the 'worm'.

*114202글의제목

더 작은 물고기가 그 '벌레'를 덥석 문다.

Seeing a box of 50 identical greeting cards in a shop, she **snapped** it up.

*981902심경

그녀는 가게에 있는 50장의 같은 인사장 한 상자를 보자마자, 덥석 집어들었다.

ad. **오로지, 단지**

704 **solely**
□□□ [sóulli]

수능·평가원 기출횟수 2

EBS 기출횟수 18

Rome fell **solely** because Christianity weakened the fighting
spirit of the Romans. *12(9)2506빈칸완성
로마는 오로지 기독교가 로마인들의 투쟁 정신을 약화시켰기 때문에 멸망했다.

n. **천 년**

705 **millennium**
□□□ [miléniəm]

수능·평가원 기출횟수 2

EBS 기출횟수 18

millennium[0] millennia[2]

Most of the world's permafrost has been frozen for
millennia, trapping massive amounts of carbon in organic
material. *10(9)3003밑줄어휘
세계의 영구동토층의 대부분은 수천 년간 얼어 있으며, 많은 양의 탄소를 유기물의
형태로 가두고 있다.

(TIP) 복수형은 millennia입니다. 주로 *um으로 끝나는 명사의 복수형이 *a인 경우가
많습니다. 예를 들어, datum의 복수는 data, medium의 복수가 media입니다.

a. **믿기 힘든(어려운)**

706 **unbelievable**
□□□ [ʌnbilíːvəbl]

수능·평가원 기출횟수 2

EBS 기출횟수 18

Wow, $50? That's **unbelievable**. Can I try them on? *07(9)05듣기
와우, 50달러라구요. 믿기 힘든데요. 한번 입어 봐도 되나요?

v. **올라타다, (비행기로)횡단하다**

707 **hop**
□□□ [hɑp]

수능·평가원 기출횟수 2

EBS 기출횟수 18

hop[1] hopping[1]

Hop aboard his poetry train on which each amazing poem
leads to a different destination. *10(9)3502글의목적
각각 서로 다른 목적지로 이끌어 주는 그의 훌륭한 시(詩)기차에 올라타세요.

708 **glide**
□□□ [glaid]
수능·평가원 기출횟수 2
EBS 기출횟수 18

v. 미끄러지듯 나아가다, 활주하다

glide⁰ glided¹ gliding¹

My horse **glided** up and down with the organ music.

*03(9)2608빈칸완성

나의 말은 오르간 음악에 맞춰 아래위로 미끄러지듯 움직였다.

709 **erosion**
□□□ [iróuʒən]
수능·평가원 기출횟수 2
EBS 기출횟수 18

n. 부식, 침식

She prefers following invisible winding trails to save the slopes from **erosion**.

*11(6)49-5004장문독해

그녀는 비탈길이 침식되는 것을 막기 위한 눈에 잘 띄지도 않는 구불구불한 좁은 길을 따라 가는 것을 더 좋아한다.

710 **regain**
□□□ [rigéin]
수능·평가원 기출횟수 2
EBS 기출횟수 18

v. 되찾다, 회복하다

The number of people visiting museums climbed again in 2002, to **regain** the level of the year 2000.

*05(9)10듣기

박물관을 방문한 사람의 수는 2002년에 다시 증가 하여 다시 2000년 수준까지 회복했다.

711 **crown**
□□□ [kraun]
수능·평가원 기출횟수 2
EBS 기출횟수 18

n. 왕관 *v.* 왕위에 앉히다, 완성하다

crown⁰ crowned¹ crowning¹

Where once he had been dogged by failure, now everything he did was **crowned** by success.

*14(6B)43-4519장문배열

한 때 실패가 따라다녔던 곳에서, 이제 그가 하는 모든 일은 성공의 결실을 맺게 되었다.

n. (가죽, 천 등으로 된) 끈

712 strap
□□□ [stræp]

수능·평가원 기출횟수 2
EBS 기출횟수 18

A camera with a **strap** would be nice. *10(9)01듣기
끈이 달린 카메라가 좋을 것 같아요.

---

n. 구절, 파편 v. 분해하다

713 fragment
□□□ [frǽgmənt]

수능·평가원 기출횟수 1
EBS 기출횟수 19

fragment⁰ fragments¹

Like **fragments** from old songs, clothes can evoke both
cherished and painful memories. *123302네모어휘
옛날 노래에 나오는 구절처럼 옷은 소중한 추억과 가슴 아픈 기억을 모두 생각나게 할
수 있다.

---

v. 끼워 넣다, (단단히)박다

714 embed
□□□ [imbed]

수능·평가원 기출횟수 1
EBS 기출횟수 19

embed⁰ embedded¹

Their writing is usually **embedded** in a context of others'
ideas and opinions. *113402글의주제
그들의 글은 다른 사람들의 생각과 견해의 맥락 속에 대개 끼워 넣어진다.

Basic

주어진 단어의 뜻을 우리말로 쓰세요.

1. tuition _____
2. crown _____
3. mold _____
4. reform _____
5. defect _____
6. solely _____
7. lyric _____
8. embed _____
9. eyesight _____
10. leather _____

11. await _____
12. glide _____
13. millennium _____
14. dental _____
15. hop _____
16. rubber _____
17. appetite _____
18. magnetic _____
19. pulse _____
20. explicit _____

Advanced

다음 문장에 들어갈 적절한 형태의 단어를 쓰세요.

1. These events may **h**_____ the occurrence of an international crisis.
   이러한 사건들이 국제적인 위기의 발생을 촉진할 지도 모른다. *94(1)49-5003장문독해

2. We should try to avoid coming to a **h**_____ conclusion about him.
   우리는 그에 대해 성급한 결론을 내리는 것을 피하려고 노력해야한다. *033807문단요약

3. This view of the world is **d**_____ in two fundamental respects.
   이런 세계관은 두 가지 근본적인 점에서 결함이 있다. *08(6)3703글의요지

4. The central problem is that the voters in low-performing groups were trying
   to build social **c**_____ rather than to produce the highest returns.
   중심적인 문제는 낮은 성취를 이룬 집단들의 투표자들은 가장 높은 수익을 만들어 내기 보다는 사교적인
   응집성을 구축하려고 했다는 것이다. *112207문장삭제

5. Mathematicians have suspected that an elegant logic lies behind the
   m_____'s graceful shape.
   수학자들은 그 기념물의 우아한 형태 배후의 명쾌한 이치를 오랫동안 추측해 왔다. *06(6)4202문장배열

715 **propel**
□□□ [prəpél]

수능·평가원 기출횟수 1
EBS 기출횟수 19

v. **나아가게 하다, 추진하다, 몰고 가다**

propel⁰ propelling¹

He placed the tiniest bit of excess pressure on his chopsticks, **propelling** his tofu through the air and onto his neighbor's lap.   *11(6)2105네모어법

그가 젓가락을 쥔 손에 조금 힘을 주자, 두부가 튕겨 나가 이웃 사람의 무릎에 떨어졌다.

716 **odor**
□□□ [óudər]

수능·평가원 기출횟수 1
EBS 기출횟수 19

n. **냄새, 낌새**

Its **odor** is unmistakable, but hard to describe.   *06(9)3302글의주제

그 냄새는 분명하지만, 묘사하기는 힘들다.

717 **microbial**
□□□ [maikróubiəl]

수능·평가원 기출횟수 1
EBS 기출횟수 19

a. **미생물의, 세균의, 세균에 의한**

The transformation may take some time and be more gentle, with an increasingly hot and cloudy atmosphere able to shelter **microbial** life for some time.   *13(6)2404빈칸완성

그 변화가 어느 정도 시간이 걸리고 더 온화하여서 한동안은 미생물 생명체를 보호해 줄 수 있는 점점 더 무덥고 구름 낀 대기를 유지할 수도 있다.

718 **static**
□□□ [stǽtik]

수능·평가원 기출횟수 7
EBS 기출횟수 12

a. **고정적인, 정적인** *n.* **잡음, 정전기**

Scientists have discovered that mobile flowers are visited more often by pollinating insects than their more **static** counterparts.   *11(6)2405빈칸완성

과학자들은 움직이는 꽃들이 그들보다 정적인 다른 꽃들보다 꽃가루를 옮기는 곤충들의 방문을 보다 자주 받는다는 사실을 발견했다.

Most people reported that there was **static** and that it existed apart from the spoken sentence.   *102708빈칸완성

대부분의 사람들은 잡음이 있었고 그것은 발화된 문장과는 분리되어 존재했다고 알렸다.

719 **bump**

□□□ [bʌmp]

수능·평가원 기출횟수 6

EBS 기출횟수 13

n. 융기 *v.* 부딪치다

bump¹ bumped² bumps² bumpy¹

There are ups and downs, fast and slow parts, **bumps** and shaky parts, and even times when you're upside down.

*14A3802문장삭제

오르내림, 빠르고 느린 부분, 부딪침과 흔들리는 부분, 그리고 심지어 거꾸로 뒤집힐 때가 존재한다.

In ancient China, people, when presenting themselves before a superior, knelt down and **bumped** their heads on the floor.

*06(9)3701내용일치

고대 중국에서는 사람들이 윗사람 앞에 모습을 보여야 할 때 무릎을 꿇고 머리가 바닥에 부딪치게 했다.

719-1 □□□ **bumpy**   *a.* 울퉁불퉁한 10

720 **recite**

□□□ [risáit]

수능·평가원 기출횟수 6

EBS 기출횟수 13

v. 암송하다, 자세히 이야기하다

recite⁵ recitation¹

Whether you wear torn jeans or like to **recite** poetry, by doing so you make a statement of belonging to a group of people.

*10(9)2102네모어법

당신이 찢어진 청바지를 입든, 시를 암송하기를 좋아하든, 그렇게 함으로써, 당신은 한 집단의 사람들에 속해 있다는 것을 말해준다.

720-1 □□□ **recitation**   *n.* 낭송. 낭독 06⁹

721 **kin**

□□□ [kin]

수능·평가원 기출횟수 6

EBS 기출횟수 13

n. 동족, 친척

kin⁵ kinship¹

The smartest of our deep ancestors would have stored their excess meat in the bodies and minds of others (not just their own **kin**).

*12(9)4406문장삽입-삽입문장

우리의 먼 조상들 중에 가장 똑똑했던 조상은 (동족뿐만이 아닌) 다른 사람들의 신체와 마음에 여분의 고기를 저장했을 것이다.

721-1 □□□ **kinship**   *n.* 친족 13

n. 이익, 편

722 **behalf**
□□□ [bihǽf]

수능·평가원 기출횟수 5

EBS 기출횟수 14

On behalf of the school, I would like to extend our invitation to you and your family. *082005글의목적
학교를 대표해서, 귀하와 귀하의 가족들까지 초대하고자 합니다.

14⁶ · 13 · 08 · 05 · 08⁶ **TIP** 실제 기출 표현으로 behalf 만 단독으로 쓰인 적은 없습니다. 모두 on behalf of '~을 대표하여' 형태로 출제되었습니다.

ad. 중간에, 어중간하게, 불완전하게

723 **halfway**
□□□ [hǽfwéi]

수능·평가원 기출횟수 5

EBS 기출횟수 14

Where wood is harvested and then transported **halfway** across the globe, the associated energy costs are high. *14(9B)3105빈칸완성
목재가 채취되고 세상을 반이나 가로질러 운반되는 경우, 관련 에너지 비용이 증가하게 되어, 환경에 부정적인 영향을 미친다.

The snow in the driveway was already **halfway** to his knees.
*102902분위기
차량 진입로에는 눈이 벌써 그의 무릎 절반 정도의 깊이로 쌓였다.

v. 간청하다, 구걸하다

724 **beg**
□□□ [beg]

수능·평가원 기출횟수 5

EBS 기출횟수 14

beg⁰ begging⁵

In the downtown area I often see homeless people **begging** for money all around the stoplights. *07(6)46-4803장문배열
나는 시내의 신호등 주위에서 돈을 구걸하는 집 없는 사람들을 종종 본다.

n. 굴욕(감), 창피

725 **humiliation**
□□□ [hjuːmiliéiʃn]

수능·평가원 기출횟수 5

EBS 기출횟수 14

humiliation³ humility²

Every rise in our levels of expectation entails a rise in the dangers of **humiliation**. *11(9)2805빈칸완성
우리의 기대 수준의 모든 상승이 굴욕에 대한 위험성의 상승을 가져온다.

725-1 □□□ **humility** *n.* 겸손 14⁵ 13⁹

726 **fare**
☐☐☐ [fɛər]

수능·평가원 기출횟수 5
EBS 기출횟수 14

n. **요금, 운임**

I had huge difficulty persuading the staff at the bank to cash sufficient traveler's checks to pay the 1,200-krone bus **fare**.

*05(9)2703심경

나는 1,200 크로네의 버스 요금을 지불하기 위해 여행자 수표를 현금으로 바꾸려고 은행에서 직원을 설득하는데 큰 어려움을 겪었다.

---

727 **ultraviolet**
☐☐☐ [ʌltrəváiəlit]

수능·평가원 기출횟수 5
EBS 기출횟수 14

n. **자외선**

ultraviolet² uv³

A band of ozone high above the earth shields the planet from the sun's harmful **ultraviolet**(UV) rays.

*05(6)3203문장삽입

지구 위의 오존층은 지구를 태양의 해로운 자외선으로부터 지켜준다.

---

728 **evil**
☐☐☐ [íːvəl]

수능·평가원 기출횟수 4
EBS 기출횟수 15

n. **악** *a.* **사악한**

He would conquer the **evil** that had taken possession of him.

*11(6)4403심경

그는 자신을 사로잡았던 악을 정복할 것이다.

---

729 **execute**
☐☐☐ [éksikjùːt]

수능·평가원 기출횟수 4
EBS 기출횟수 15

v. **실행하다, 처형하다, 제거하다**

execute⁰ executed³ execution¹

The Khmer Rouge took power in 1975 and **executed** most of the discipline's masters over the next four years.

*12(6)3306밑줄어휘

Khmer Rouge가 1975년 정권을 잡았고 4년에 걸쳐 훈련 담당 무술 사범들을 대부분 처형시켰다.

729-1 ☐☐☐ **execution** *n.* 수행, 처형, 실행 ¹¹

n. 천, 감촉

730 texture
□□□ [tékstʃər]

수능·평가원 기출횟수 4

EBS 기출횟수 15

texture² textured¹ textures¹

Your child experiments with different materials and **textures** and learns about colors by mixing paints together. '07(9)4205글의제목

당신의 자녀가 여러 다른 재료와 천으로 실험을 하고 페인트를 함께 혼합하면서 색에 대해 배운다.

730-1 □□□ **textured** *a.* 질감을 드러낸 [13]

v. 왕복하다, 실어 나르다

731 shuttle
□□□ [ʃʌtl]

수능·평가원 기출횟수 4

EBS 기출횟수 15

The crew of the space **shuttle** must accept great risks in service to all mankind. *04(6)3904글장식제

우주 왕복선의 승무원은 모든 인류에 고용되어 엄청난 위험을 받아들여야만 한다.

n. 통행료

732 toll
□□□ [toul]

수능·평가원 기출횟수 4

EBS 기출횟수 15

toll³ tolls¹

One day, as she was approaching the **toll** booth, she saw a **toll** booth attendant who reminded her of her mother.

*11(9)1903밑줄추론

어느 날 그녀가 통행료 징수소에 가까워지고 있을 때, 어머니의 모습을 떠올리게 해주는 통행료 징수소 직원을 보았다.

a. 기이한, 기묘한

733 weird
□□□ [wíərd]

수능·평가원 기출횟수 3

EBS 기출횟수 16

weird and threatening *08(6)43분위기 보기

기묘하고 위협적인

734 decay
☐☐☐ [dikéi]
수능·평가원 기출횟수 2
EBS 기출횟수 17

v. 썩다, 부패(부식)하다

decay¹ decayed¹

Bristlecone pines grow faster in richer conditions, but die
earlier and soon **decay**.
                                                    *113708내용일치
더 비옥한 상황에 있는 브리슬콘 소나무는 더 빨리 자라지만 더 일찍 죽고 곧 썩는다.

735 makeup
☐☐☐ [meikʌp]
수능·평가원 기출횟수 2
EBS 기출횟수 17

n. 화장

She would never think of covering them up with cream or
makeup.
                                                    *032807문장삭제
그녀는 결코 화장용 크림이나 화장으로 주름살을 감추려고 하지 않는다.

736 gem
☐☐☐ [dʒem]
수능·평가원 기출횟수 2
EBS 기출횟수 17

n. 보석

gem⁰ gems²

Glittering **gems** called diamonds are among the most
precious of human possessions.
                                                    *04(6)2601빈칸완성
다이아몬드라고 불리는 빛나는 보석들은 인간 재산의 가장 귀중한 것들 중에 있다.

737 awkward
☐☐☐ [ɔ́ːkwərd]
수능·평가원 기출횟수 2
EBS 기출횟수 17

a. 서투른, 어색한

awkward¹ awkwardly¹

When every now and then his kicking became **awkward** and
noisy, Margo ordered him to stop.
                                                    *0746-4813장문배열
가끔씩 그의 발차기가 서툴러서 소리가 심할 때, Margo는 그에게 멈추라고 명령했다.

v. 되찾다, 회수하다, 검색하다 *n.* 되찾기

738 retrieve
□□□ [ritríːv]

수능·평가원 기출횟수 2
EBS 기출횟수 17

Media often depict amnesia as a failure to **retrieve** past memories. *13(9)4507문단요약

대중매체는 종종 기억 상실증을 과거의 기억을 되찾지 못하는 것으로 묘사한다.

n. 장수, 수명

739 longevity
□□□ [landʒévəti]

수능·평가원 기출횟수 1
EBS 기출횟수 18

The environmental adversities actually contribute to their **longevity**. *113705내용일치

환경적 역경은 사실 그것들의 장수에 기여한다.

n. 보완물, 보어 *v.* 보완하다, 덧붙이다

740 complement
□□□ [kámpləmənt]

수능·평가원 기출횟수 1
EBS 기출횟수 18

The best picture books contain words and pictures which **complement** each other and are dependent upon each other. *05(6)42-4309장문독해

최고의 그림책은 글과 그림이 어울려 서로를 이해하는데 도움을 주며 또한 상호 보완적이라는 것이다.

n. 청동

741 bronze
□□□ [branz]

수능·평가원 기출횟수 1
EBS 기출횟수 18

She combines her knowledge about animals with humor in her **bronze** sculptures. *06(9)3606내용일치

자신의 청동 조각상에서 그녀는 동물에 관한 자신의 지식을 유머와 결합하였다.

742 erase
□□□ [iréis]

수능·평가원 기출횟수 8
EBS 기출횟수 10

v. **지우다**

erase⁴ eraser¹ erasers¹ erasing²

It is better to do mathematics on a blackboard than on a piece of paper because chalk is easier to **erase**. 　*072303밑줄어법
분필은 보다 쉽게 지울 수 있어서 종이 위보다는 칠판 위에서 수학 문제를 푸는 것이 낫다.

742-1 □□□　　**eraser**　　　　　　　　*n.* 지우개 　09·97

---

743 sore
□□□ [sɔːr]

수능·평가원 기출횟수 8
EBS 기출횟수 10

n. **상처**　*a.* **쓰라린**

The whole thumb was swollen to the wrist and in the center was a little inflamed **sore**. 　*12(9)1905밑줄추론
손목 쪽으로 엄지손가락 전체가 부어있었고, 가운데 새빨개진 작은 상처가 있었다.

I have a **sore** throat, but it's not that serious. 　*1208듣기
나는 목이 아픈데, 그렇게 심한 것은 아니다.

---

744 farewell
□□□ [fὲərwél]

수능·평가원 기출횟수 7
EBS 기출횟수 11

n. **작별(인사)**

We're having a **farewell** party for my younger brother. 　*07(9)04듣기
우리는 나의 동생을 위한 송별 파티를 할 거야.

---

745 extrovert
□□□ [ékstrouvὲːrt]

수능·평가원 기출횟수 7
EBS 기출횟수 11

n. **외향적인 사람**

extrovert⁰ extroverted² extroverts⁵

Lippa did the same thing with actual **extroverts** and compared the results. 　*153904문장삽입
Lippa는 실제 외향적인 사람들과도 똑같은 실험을 하여 그 결과를 비교했다.

a. 재빠른, 신속한

746 swift
□□□ [swift]
수능·평가원 기출횟수 6
EBS 기출횟수 12

swift[2] swifter[1] swiftly[3]

Vision is normally so **swift** and sure, so dependable and informative.   *07(9)2204밑줄어법

시각은 정상적으로는 아주 재빠르고 확실하며, 아주 믿을 만하고 정보력의 가치가 있다.

---

a. 격렬한

747 vigorous
□□□ [vígərəs]
수능·평가원 기출횟수 2
EBS 기출횟수 12

vigorous[4] vigor[2]

Students who engaged in **vigorous** activity outside of school at least 20 minutes per day, three days per week, were found to have higher academic scores.   *10(6)4002글의제목

학교 밖에서 일주일에 세 번, 최소한 20분씩 격렬한 활동에 참여한 학생들은 더 높은 성적을 받았음이 발견되었다.

747-1 □□□ **vigor**   *n.* 힘, 활력 12 11[9]

---

n. 남은 음식, 잔존물, (과거의)잔재, 유물 *a.* 나머지의

748 leftover
□□□ [léftoʊvər]
수능·평가원 기출횟수 5
EBS 기출횟수 13

leftover[3] leftovers[2]

The **leftovers** first have to be removed from the packaging.   *10(6)2503빈칸완성

잔존물들이 우선 포장용기로부터 제거되어야 한다.

The strong pig can race to the dispenser and push the weak pig aside to claim the **leftovers**.   *10(9)4408문장삽입–삽입문장

힘센 돼지는 먹이통으로 달려와서 남은 먹이를 차지하기 위해 약한 돼지를 옆으로 밀쳐낼 수 있다.

---

n. 이타주의

749 altruism
□□□ [ǽltruːìzəm]
수능·평가원 기출횟수 5
EBS 기출횟수 13

Altruism has always existed.   *12(9)3202내모르어휘

이타주의는 항상 존재해 왔다.

n. 걸작, 명작

750 masterpiece
□□□ [mǽstərpìːs]
수능·평가원 기출횟수 4
EBS 기출횟수 14

masterpiece¹ masterpieces³

It was his practice to conceal himself at previews of his paintings in order to hear the public's opinions of his **masterpieces**.
*113602내용일치

자신의 걸작에 대한 대중의 의견을 듣기 위해 그는 그림을 사전 관람할 때 자신이 누구인지 감추는 습관이 있었다.

v. 영양분을 주다, 기르다

751 nourish
□□□ [nə́ːriʃ]
수능·평가원 기출횟수 4
EBS 기출횟수 14

nourish⁰ nourished¹ nourishes¹ nourishing¹ nourishment¹

When mixed with coconut milk, it makes a delicious and **nourishing** pudding.
*063907내용일치

야자유와 섞이면, 그것은 맛있고, 영양가 있는 푸딩이 된다.

EBS14 • EBS12 • EBS10 (TIP) 반의어로 undernourished '영양 결핍의'가 있습니다.

751-1 □□□ **nourishment**   n. 자양분, 자양물, 음식물 ¹³

v. 물을 사방에 튀기다, (물 등이)튀다

752 splash
□□□ [splæʃ]
수능·평가원 기출횟수 4
EBS 기출횟수 14

splash⁰ splashed² splashes¹ splashing¹

The dogs are joyfully **splashing** right through the wet spots.
*132407빈칸완성

개들은 신나게 물을 튀기며 젖은 곳을 지나가고 있다.

v. 조사하다

753 probe
□□□ [proub]
수능·평가원 기출횟수 4
EBS 기출횟수 14

The best tests **probe** knowledge at a deep level.
*13(9)3306글의주제

최고의 시험은 심도 있는 수준에서 지식을 캐묻는다.

v. (얼굴을)찡그리다, 눈살을 찌푸리다,
눈살을 찌푸려 (불허를)나타내다

754 **frown**
□□□ [fraun]

수능·평가원 기출횟수 4

EBS 기출횟수 14

frown⁰ frowned¹ frowning² frowns¹

She speaks hesitatingly while looking away and **frowning**.

*10(6)3804글의요지

그녀는 눈길을 돌리고 얼굴을 찡그리며, 주저하듯이 대답했다.

n. 짐승

755 **brute**
□□□ [bru:t]

수능·평가원 기출횟수 4

EBS 기출횟수 14

brute¹ brutal¹ brutality¹ brutally¹

You cannot act like a greedy **brute** or let your anger get out of control.

*12(6)2907빈칸완성

여러분은 탐욕스러운 짐승처럼 행동할 수 없으며, 분노를 통제할 수 없는 상태가 되도록 놔둘 수 없다.

755-1 □□□	**brutal**	a. 잔혹한, 인정사정 없는 ¹³⁶
755-2 □□□	**brutality**	n. 잔인성, 무자비 ¹⁴⁶

n. 안장

756 **saddle**
□□□ [sǽdl]

수능·평가원 기출횟수 4

EBS 기출횟수 14

A long time ago, a dissatisfied horse asked the gods for a **saddle** that would grow upon him.

*052901빈칸완성

옛날에, 불만이 있는 말 한 마리가 그의 위에서 자라는 안장을 달라고 신들에게 빌었다.

Basic

주어진 단어의 뜻을 우리말로 쓰세요.

1. recite _____
2. gem _____
3. static _____
4. evil _____
5. fare _____
6. ultraviolet _____
7. bump _____
8. odor _____
9. extrovert _____
10. behalf _____

11. microbial _____
12. decay _____
13. execute _____
14. kin _____
15. weird _____
16. frown _____
17. nourish _____
18. swift _____
19. awkward _____
20. erase _____

Advanced

다음 문장에 들어갈 적절한 형태의 단어를 쓰세요.

1. There are a few pointers about the oral **r**_____ of poetry.
   시 낭송에 관한 몇 가지 충고가 있다.   *06(6)2302문장식제

2. Further support for the **k**_____-based alarm-calling hypothesis includes Sherman's finding.
   친족에 근거한 경고음 가설을 추가적으로 지지해주는 것은 Sherman의 발견을 포함한다.   *132504빈칸완성

3. If you stay active after your meal you will have more **v**_____ throughout the evening.
   식사 후에 활동적인 상태에 있게 되면 저녁 내내 더 많은 활력을 얻을 것이다.   *122502빈칸완성

4. It may provide some quick energy but it provides no **n**_____ and doesn't support growth or health.
   그것은 약간의 즉각적인 에너지를 줄지는 모르지만 자양분을 주는 것은 아니며, 성장이나 건강에 도움이 되지 않는다.   *133507글의요지

5. A dictatorship can be **b**_____.
   독재 국가는 잔혹할 수 있다.   *13(6)2802빈칸완성

Theme Analysis

No.	확인	단어	뜻	EBS 총빈도	EBS 교재수	기출형태
138	□□□	sin	n. 죄, 죄악, 과실	14	10	sin[7] sins[7]
139	□□□	skeleton	n. 골격, 구조	14	9	skeleton[11] skeletons[3]
140	□□□	veterinary	a. 수의과의	14	6	
141	□□□	veterinarian	n. 수의사	14	9	veterinarian[7] veterinarians[7]
142	□□□	friction	n. 마찰	14	8	
143	□□□	institutional	a. 공공기관의, 제도적인	14	8	
144	□□□	morale	n. 사기, 의욕	14	8	
145	□□□	rash	n. 발진	14	8	rash[9] rashes[5]
146	□□□	anonymous	a. 익명인	14	7	
147	□□□	obsolete	a. 쓸모없이 (못쓰게) 된	14	7	
148	□□□	magnet	n. 자석	14	7	magnet[6] magnets[8]
149	□□□	twig	n. 잔가지, 가는 가지	14	7	twig[11] twigs[3]
150	□□□	duke	n. 공작	14	5	
151	□□□	clique	n. 파벌, 패거리	14	3	clique[3] cliques[11]
152	□□□	vicious	a. 사악한	13	12	
153	□□□	poll	n. 여론조사, 투표 v. 투표하다	13	12	poll[3] polled[2] polls[8]
154	□□□	excavate	v. 발굴하다	13	11	excavate[3] excavated[9] excavating[1]
155	□□□	sparse	a. 드문, 희박한	13	10	
156	□□□	recession	n. 경기 후퇴	13	10	recession[11] recessions[2]
157	□□□	mortgage	n. 대부금	13	10	mortgage[8] mortgages[5]
158	□□□	cathedral	n. 대성당	13	9	
159	□□□	impartial	a. 공정한	13	9	
160	□□□	mortality	n. 사망률, 죽을 운명	13	9	
161	□□□	resilience	n. 회복력	13	9	
162	□□□	surrender	v. 넘겨주다, 항복하다	13	9	surrender[10] surrendered[3]
163	□□□	dispose	v. 배치하다	13	9	dispose[1] disposed[7] disposing[5]
164	□□□	empathic	a. 공감하는	13	8	
165	□□□	grief	n. 슬픔	13	8	
166	□□□	vocational	a. 직업과 관련된	13	8	
167	□□□	generator	n. 생산자, 발전기	13	8	generator[9] generators[4]
168	□□□	mound	n. 더미, 흙무더기, 작은 언덕	13	8	mound[6] mounds[7]
169	□□□	capitalism	n. 자본주의	13	7	
170	□□□	nasty	a. 끔찍한, 형편없는	13	7	
171	□□□	parliament	n. 의회, 국회	13	7	
172	□□□	robust	a. 튼튼한, 원기왕성한	13	7	

No.	확인	단어	뜻	EBS 총빈도	EBS 교재수	기출형태
173	□□□	unaffected	a. 꾸밈없는, 있는 그대로의	13	7	
174	□□□	queue	n. 줄	13	7	queue[8] queues[5]
175	□□□	plagiarism	n. 표절	13	6	
176	□□□	subtitle	n. 자막	13	5	subtitle[2] subtitles[11]
177	□□□	allegory	n. 우화, 풍자	13	3	
178	□□□	nosebleed	n. 코피	13	2	nosebleed[3] nosebleeds[10]
179	□□□	summon	v. 소환하다	12	12	summon[5] summoned[6] summoning[1]
180	□□□	strand	n. (실 등의)가닥	12	12	strand[1] stranded[7] strands[4]
181	□□□	laden	a. 가득한	12	11	laden[12]
182	□□□	mainland	n. 본토	12	10	
183	□□□	masculine	a. 남자의, 사내다운	12	10	
184	□□□	stray	v. 제 위치를 벗어나다 a. 길을 잃은	12	10	
185	□□□	upbringing	n. 양육, 훈육	12	10	
186	□□□	intrusion	n. (사생활의)침해	12	10	intrusion[11] intrusions[1]
187	□□□	cannon	n. 대포	12	10	cannon[6] cannons[6]
188	□□□	bait	n. 미끼	12	10	bait[7] baited[3] baiting[1] baits[1]
189	□□□	elicit	v. 끌어내다	12	10	elicit[7] elicited[3] eliciting[1] elicits[1]
190	□□□	intimidate	v. 겁을 주다	12	10	intimidate[0] intimidated[5] intimidating[7]
191	□□□	armor	n. 갑옷과 투구, 갑주	12	9	
192	□□□	corruption	n. 타락	12	9	
193	□□□	cozy	a. 아늑한, 친밀한	12	9	
194	□□□	dishonest	a. 정직하지 못한	12	9	
195	□□□	bypass	v. 우회하다, 건너뛰다	12	9	bypass[6] bypassed[2] bypassing[4]
196	□□□	thrust	v. 밀다, 찌르다	12	9	thrust[9] thrusting[2] thrusts[1]
197	□□□	crab	n. 게	12	9	crab[6] crabs[6]
198	□□□	bruise	v. 타박상을 입히다, 상처를 주다	12	9	bruise[0] bruised[5] bruises[7]
199	□□□	pessimism	n. 비관	12	8	
200	□□□	susceptible	a. 민감한, 느끼기 쉬운	12	8	
201	□□□	transit	n. 수송	12	8	
202	□□□	monopoly	n. 독점(권)	12	8	monopoly[9] monopolies[3]
203	□□□	monastery	n. 사원, 수도원	12	8	monastery[7] monasteries[5]
204	□□□	bamboo	n. 대나무	12	7	
205	□□□	blackout	n. 정전, 보도 통제	12	7	blackout[11] blackouts[1]
206	□□□	choir	n. 성가대, 합창단	12	7	choir[10] choirs[2]
207	□□□	plough	n. 쟁기	12	7	plough[3] ploughed[2] ploughing[3] ploughs[4]

Week 4

757	worship
758	dwindle
759	sting
760	swear
761	mighty
762	lid
763	intrinsic
764	gratify
765	clan
766	terrific
767	handout
768	doctoral
769	screw
770	magnify
771	nursery
772	prescription
773	signature
774	aroma
775	submission
776	fieldwork
777	peculiar
778	tidy
779	illuminate
780	imprint
781	infrastructure
782	overlap
783	tender
784	roar
785	patrol
786	expedition
787	cuisine
788	orphanage
789	mandatory
790	naive
791	knight
792	bin
793	perish
794	erupt
795	cheat
796	traumatic
797	grin
798	sleeve

799	vain
800	murder
801	province
802	consensus
803	specimen
804	junk
805	empirical
806	restful
807	subordinate
808	arrogant
809	overtake
810	nervousness
811	bulletin
812	widen
813	unsure
814	legitimate
815	sow
816	mainstream
817	fallacy
818	recess
819	glare
820	exclaim
821	advent
822	sled
823	glitter
824	boast
825	alongside
826	quest
827	congestion
828	notorious
829	loyal
830	hybrid
831	mastery
832	rebellious
833	checkup
834	diploma
835	nectar
836	bunch
837	merge
838	dilute
839	sprint
840	spectacular

841	pat
842	corrupt
843	outward
844	trim
845	bilingual
846	bandage
847	prose
848	dialect
849	tame
850	mutation
851	ally
852	uneasy
853	crude
854	gross
855	prestigious
856	stumble
857	indispensable
858	namely
859	trek
860	tumble
861	rip
862	reap
863	photosynthesis
864	acute
865	curse
866	bulk
867	cosmetic
868	loop
869	rack
870	lottery
871	immense
872	sheer
873	kit
874	mimic
875	paradigm
876	devour
877	stylish
878	linger
879	tremble
880	omit
881	embody
882	geology

22 Day

883	retreat
884	holy
885	accuse
886	surplus
887	thermometer
888	affirm
889	dynasty
890	hospitality
891	pervade
892	buzz
893	rhyme
894	banquet
895	assert
896	lick
897	sturdy
898	liable
899	fraction
900	sticky
901	outnumber
902	maternal
903	choke
904	dispense
905	reign
906	grammatical
907	disconnect
908	tow
909	boredom
910	headquarters
911	beep
912	handy
913	misuse
914	errand
915	aboard
916	weary
917	thirst
918	browse
919	novelty
920	chapel
921	placement
922	petal
923	repay
924	loom

23 Day

925	console
926	loaf
927	playful
928	blink
929	stubborn
930	tease
931	deterioration
932	mindful
933	divert
934	stationary
935	punctuation
936	outrageously
937	optical
938	scoop
939	theft
940	barter
941	pirate
942	rag
943	rustle
944	eloquent
945	robe
946	alcoholic
947	nominate
948	overhead
949	carriage
950	smash
951	tuck
952	fasten
953	retrospect
954	dizzy
955	stride
956	mercy
957	inscription
958	companionship
959	aptitude
960	doom
961	enlighten
962	banner
963	wither
964	sigh
965	furnish
966	spacious

24 Day

967	bang
968	legislation
969	contend
970	veil
971	spit
972	postpone
973	spiral
974	anatomy
975	quotation
976	fraud
977	lament
978	manifest
979	dismay
980	haul
981	ventilate
982	curb
983	hurdle
984	impart
985	inventory
986	depart
987	clap
988	slam
989	prophecy
990	pastime
991	unpaid
992	acoustic
993	parcel
994	barren
995	summit
996	renowned
997	chill
998	aloud
999	frontier
1000	flush
1001	halt
1002	damp
1003	magnitude
1004	amend
1005	theatrical
1006	overhear
1007	improvise
1008	indulge

757 **worship**

□□□ [wə́ːrʃip]

수능·평가원 기출횟수 3
EBS 기출횟수 15

n. 숭배, 예배 *v.* 숭배하다, 예배하다

worship¹ worshipers¹ worships¹

There were some places of **worship** in the city. *08(6)4301분위기

그 도시에는 참배를 할 만한 곳이 몇 군데 있었다.

758 **dwindle**

□□□ [dwindl]

수능·평가원 기출횟수 2
EBS 기출횟수 16

v. 줄어들다

dwindle⁰ dwindling²

Once again, they discussed the company's expenses and **dwindling** revenue. *121902밑줄추론

다시 한 번 그들은 회사의 지출과 줄어드는 수익에 대해 의논했다.

759 **sting**

□□□ [stiŋ]

수능·평가원 기출횟수 2
EBS 기출횟수 16

a. (침 등으로)쏘다, 찌르다 *n.* 침

sting⁰ stinging¹ stings¹

I have a **stinging** sensation and I itch all over. *12(9)08듣기

찌르는 듯한 느낌이 있고 전체가 간지러워요.

760 **swear**

□□□ [swɛər]

수능·평가원 기출횟수 2
EBS 기출횟수 16

v. 선서하다, 맹세하다

swear⁰ swearing¹ sworn¹

The officers finished the day by **swearing** Chris in as the first—and only—honorary state trooper. *13(6)49-5009장문독해

그들은 Chris를 처음이자 유일한 명예 주 경찰대원으로 선서하게 함으로써 그 날을 마무리했다.

a. **강력한, 장대한**

761 **mighty**

□□□ [máiti]

수능·평가원 기출횟수 2

EBS 기출횟수 16

mighty⁰ mightier¹ mightily¹

The pen is **mightier** than the sword.

*12(9)25빈칸완성 보기

펜은 칼보다 더 강하다.

n. **뚜껑**

762 **lid**

□□□ [lid]

수능·평가원 기출횟수 1

EBS 기출횟수 17

An old teapot which has lost its **lid** becomes an ideal container for a bunch of roses picked from the garden.

*094205글의제목

뚜껑이 없어진 오래된 찻주전자는 정원에서 뽑은 장미 한 다발을 위한 이상적인 용기가 된다.

a. **고유한, 본질적인**

763 **intrinsic**

□□□ [intrínsik]

수능·평가원 기출횟수 1

EBS 기출횟수 17

One of the many strengths of the African American community is an **intrinsic** support for the athletic endeavors of African American girls and women.

*15(9)3901문장삭제

미 흑인 사회의 많은 강점 중 하나는 미 흑인 소녀들과 여성들의 체육에의 노력에 대한 본질적인 지지이다.

v. **만족시키다**

764 **gratify**

□□□ [grǽtəfài]

수능·평가원 기출횟수 1

EBS 기출횟수 17

gratify⁰ gratified¹

To give up pretensions is as blessed a relief as to get them **gratified**.

*11(9)2809빈칸완성

가식을 포기하는 것이 만족감을 느끼게 하는 것만큼이나 행복한 위안이 된다.

n. **씨족**

765 **clan**
□□□ [klæn]
수능·평가원 기출횟수 8
EBS 기출횟수 9

A male **clan** head passes his position down to either his younger brother or his sister's son. *11(9)4407문장삽입
씨족의 남성 우두머리는 자신의 지위를 남동생이나 혹은 누이의 아들에게 물려준다.

a. **멋진**

766 **terrific**
□□□ [tərífik]
수능·평가원 기출횟수 7
EBS 기출횟수 10

I heard that it got some **terrific** reviews. *13(6)16듣기
나는 그것이 아주 좋은 평을 좀 얻었다고 들었다.

n. **배포 인쇄물, 유인물**

767 **handout**
□□□ [hǽndàut]
수능·평가원 기출횟수 7
EBS 기출횟수 10

handout³ handouts⁴

I'll do that as soon as I finish putting the **handouts** in the folders. *10(9)04듣기
나는 폴더에 유인물을 넣는 것을 끝내자마자 그것을 할 것이다.

TIP 회수의 느낌이 없이 줄 때에는 handout을, 회수의 느낌을 가지고 나누어 줄 때는 printout을 사용합니다.

a. **박사의**

768 **doctoral**
□□□ [dáktərəl]
수능·평가원 기출횟수 7
EBS 기출횟수 10

doctoral⁵ doctorates²

We expect you to have completed your university studies with a **doctoral** degree in economics. *06(6)2004글의목적
우리는 귀하가 경제학 박사 학위를 가지고 대학을 졸업했기를 기대합니다.

768-1 □□□ **doctorate** *n.* 박사 학위 13^

n. **나사(못)** *v.* **나사로 고정하다**

769 **screw**
□□□ [skru:]
수능·평가원 기출횟수 7
EBS 기출횟수 10

A **screw** is a simple mechanical device. *09(6)2901밑줄어휘
나사못은 단순한 기계적 장치이다.

v. 확대하다

770 **magnify**
□□□ [mǽgnəfài]

수능·평가원 기출횟수 6

EBS 기출횟수 11

magnify² magnified² magnifying²

The man took the necklace, examined it, turned it over, weighed it, and took up a **magnifying** glass to look at it more closely. *12(6)1906밑줄추론

그 보석상은 목걸이를 받아서 조사하고 뒤집어보고 무게를 달아보았고 좀 더 면밀히 보기 위해서 확대경을 집어 들었다.

n. 아기 방, 육아실

771 **nursery**
□□□ [nə́:rsəri]

수능·평가원 기출횟수 6

EBS 기출횟수 11

Switching on the light in the **nursery**, Evelyn found her baby daughter, Julie, tossing feverishly. *12(9)1901밑줄추론

아이 방의 불을 켜자, Evelyn은 그녀의 어린 딸 Julie가 불안하게 뒤척이고 있는 것을 알게 되었다.

n. 처방전, 처방된 약

772 **prescription**
□□□ [priskrípʃən]

수능·평가원 기출횟수 5

EBS 기출횟수 14

In the United States, 25% of all **prescriptions** from pharmacies contain substances derived from plants. *13(9)3003빈칸완성

미국에서는 약국에서 조제되는 모든 처방약의 25%가 식물에서 추출한 물질을 포함하고 있다.

The doctor writes you a **prescription**. *0606듣기

의사가 당신에게 처방전을 써 준다.

pharmacy 09 • 06 • 13⁹
pharmacist EBS13 •
EBS11 • EBS10
health care 08 • 03⁹
over-the-counter EBS12 •
EBS11 • EBS10

(TIP) '처방전'은 주로 듣기에 자주 등장합니다. 이와 관련있는 어휘들을 함께 정리해 봅시다. pharmacy '약국', pharmacist '약사', health care '의료보험', over-the-counter '처방전 없이 살 수 있는' 등이 있습니다.

773 **signature**
□□□ [sígnətʃər]

수능·평가원 기출횟수 5

EBS 기출횟수 12

n. 서명 *v.* 서명하다

signature⁴ signatures¹

Kids under 18 need their parent's **signature** on the registration form to receive it. *071803지칭추론

18세 미만의 아이들이 그것을 받기 위해서는 등록 용지에 부모의 서명을 받아야 한다.

---

774 **aroma**
□□□ [əróumə]

수능·평가원 기출횟수 5

EBS 기출횟수 12

n. 향기

aroma² aromas² aromatic¹

The heat releases an **aroma** that attracts certain insects. *093704내용일치

열은 특정 벌레들을 유혹하는 향기를 발산한다.

774-1 □□□ **aromatic** *a.* 향이 좋은 ¹²⁶

---

775 **submission**
□□□ [səbmíʃən]

수능·평가원 기출횟수 5

EBS 기출횟수 12

n. 제출(출품), 항복

submission⁴ submissions¹

Their **submission** depicted children playing at a nursery. *09(6)2702빈칸완성

그들의 출품작은 육아실에서 놀고 있는 아이들을 묘사했다.

---

776 **fieldwork**
□□□ [fíːldwɜːrk]

수능·평가원 기출횟수 5

EBS 기출횟수 12

n. 현장 연구, 현지 조사

fieldwork⁴ fieldworker¹

Jim performed **fieldwork** in Lesotho, a small nation in Africa. *11(6)4301문장배열→주어진문장

Jim은 아프리카의 작은 나라인 레조토에서 현장 연구를 수행하였다.

777 **peculiar**
□□□ [pikjú:ljər]

수능·평가원 기출횟수 4

EBS 기출횟수 13

a. 특이한, 고유의, 독특한, 특별한

There is an almost **peculiar** correlation between what is in front of our eyes and the thoughts we are able to have in our heads.

*112803빈칸완성

우리 눈앞에 있는 것과 우리가 머릿속에서 생각할 수 있는 사고 사이에는 대개 특이한 상관관계가 있다.

---

778 **tidy**
□□□ [táidi]

수능·평가원 기출횟수 4

EBS 기출횟수 13

a. 잘 정돈된

tidy³ untidiness¹

By the time they reach adolescence, we may expect them to be able to keep their room **tidy** for the first time.

*08(9)3205물지주장

그들이 사춘기에 다다를 무렵에, 우리는 그들이 처음으로 그들의 방을 정돈할 수 있기를 기대할 것이다.

778-1 □□□ **untidiness**　　　　　　　*n.* 지저분함 07⁹

---

779 **illuminate**
□□□ [ilú:mənèit]

수능·평가원 기출횟수 4

EBS 기출횟수 13

v. 조명하다, (이해하기 쉽게)밝히다, 채색하다

illuminate¹ illuminated² illuminates¹

Einstein wanted to **illuminate** the workings of the universe with a clarity never before achieved.

*12(9)2205문장삭제

Einstein은 우주의 원리를 이전의 그 누구보다도 명확하게 규명하고자 했다.

The waxing moon appeared to be **illuminated** on the left side rather than the right side as I had always known it to be.

*12(6)49-5008장문배열

나는 늘 상현달이 있는 모습을 알고 있었기 때문에 그 상현달이 우측 보다는 좌측 편 쪽에 그려진 듯 보였다.

The new techniques of painting intensified and **illuminated** those themes.

*07(9)2803네모어휘

새로운 그림 기법은 그러한 화제를 강화하고 명백히 조명했다.

780 **imprint**
☐☐☐ [imprínt]

수능·평가원 기출횟수 4

EBS 기출횟수 13

n. 자국 *v.* 찍다, 새기다

imprint³ imprinting¹

It's never a permanent **imprint**; the next musician to come along can smooth out the clay and mold it in a completely different way. *07(9)4004문장삽입-삽입문장

그것은 영원한 자국은 결코 아닌데, 다음에 오는 음악가가 그 진흙을 고르게 펴고 그것을 완전히 다른 방식으로 주조할 수도 있다.

It became clear that I was **imprinting** the woodchuck and vice versa. *1348-5014장문배열

내가 그 마멋에게 나를 아로새기고 반대로 그 마멋 또한 나를 그 마음에 새기고 있다는 것이 확실해졌다.

781 **infrastructure**
☐☐☐ [ínfrəstrʌ̀ktʃər]

수능·평가원 기출횟수 4

EBS 기출횟수 13

n. 사회 기반 시설

infrastructure³ infrastructures¹

Rome's agricultural production could not provide sufficient energy to maintain its **infrastructure** and the welfare of its citizens. *122809빈칸완성

로마의 농업 생산은 로마의 사회 기반과 시민들의 복지를 유지하는데 충분한 힘을 제공할 수 없었다.

782 **overlap**
☐☐☐ [òuvərlǽp]

수능·평가원 기출횟수 3

EBS 기출횟수 14

v. 겹쳐지다, 포개다, 공통되다

overlap² overlapping¹

Spineless and flat against the ground, rock cactus has triangular tubercles that **overlap** in a star-shaped pattern. *15(9)2704내용일치

돌선인장은 가시가 없이 바닥에 평평하게 퍼져 있으며, 별 모양 패턴으로 중첩하는 삼각형의 작은 돌기를 가지고 있다.

783 **tender**
☐☐☐ [téndər]

수능·평가원 기출횟수 3

EBS 기출횟수 14

a. 부드러운

The **tender** songs of birds came floating in from the fields beyond the city. *08(6)4303분위기

도시 외곽의 들판에서 새의 부드러운 노래 소리가 울려 퍼졌다.

784 **roar**
□□□ [rɔːr]

수능·평가원 기출횟수 4
EBS 기출횟수 13

_v._ 소리지르다, 휘몰아치다, 으르렁거리다

roar¹ roared¹ roaring¹

Tomorrow, he would go into the **roaring** downtown district and find work.

*11(6)4406심경

내일, 그는 법석대는 시내 지역으로 들어가서 일자리를 찾게 될 것이었다.

The storm boomed and **roared** outside the long-range aircar.

*0846-4810장문배열

장거리 비행선의 밖에서는 폭풍우가 휘몰아 치고 있었다.

---

785 **patrol**
□□□ [pətróul]

수능·평가원 기출횟수 4
EBS 기출횟수 13

_n._ 순찰 _v._ 순찰하다

patrol¹ patrolled¹ patrols¹

He **patrolled** the hills, removed the leaves and branches, and cleared away the sand.

*05(6)48-5002장문독해

그는 산을 순회하면서 나뭇잎과 가지를 제거했고 모래를 치웠다.

---

786 **expedition**
□□□ [èkspədíʃən]

수능·평가원 기출횟수 4
EBS 기출횟수 13

_n._ 탐험(원정)대, 탐험

expedition² expeditions¹

When Napoleon invaded Egypt in 1798, Fourier and other scholars accompanied the **expedition**.

*14B3007내용일치

나폴레옹이 1798년 이집트를 침공했을 때, Fourier와 다른 학자들은 그 원정에 함께했다.

---

787 **cuisine**
□□□ [kwizíːn]

수능·평가원 기출횟수 2
EBS 기출횟수 15

_n._ 요리법, 요리

The specific combinations of foods in a **cuisine** constitute a deep reservoir of accumulated wisdom about diet and health and place.

*093901글의요지

요리법에서 음식의 특수한 조합들은 식단과 건강과 장소에 관한 축척된 지혜의 심오한 저장소를 구성한다.

n. 고아원

788 **orphanage**
□□□ [ɔ́ːrfənidʒ]

수능·평가원 기출횟수 2

EBS 기출횟수 15

orphanage¹ orphan¹

to pay a visit to an **orphanage**

*0807듣기 보기

고아원에 방문하기

788-1 □□□   **orphan**   n. 고아 v. 고아로 만들다 ¹⁴¹

---

a. 의무적인, 강제적인

789 **mandatory**
□□□ [mǽndətɔ̀ːri]

수능·평가원 기출횟수 2

EBS 기출횟수 15

mandatory¹ mandated¹

While this may seem preferable, it is far from **mandatory**.

*1146-4702장문독해

이것이 바람직할지는 모르지만, 그것은 강제적인 것은 아니다.

TIP mandatory와 mandated는 일반 네이티브들도 구분을 쉽게 못 할 정도로 거의 같은 뜻으로 쓰입니다.

789-1 □□□   **mandated**   a. 법에 규정된, 권한을 가진 ¹³

---

a. 순진한, 고지식한

790 **naive**
□□□ [nɑːíːv]

수능·평가원 기출횟수 2

EBS 기출횟수 15

Most of us are also **naive** realists.

*123502글의주제

우리들 대부분은 또한 순진한 현실주의자들이다.

---

n. 기사 v. 기사 작위를 주다

791 **knight**
□□□ [nait]

수능·평가원 기출횟수 2

EBS 기출횟수 15

knight⁰ knighted¹ knights¹

He was even **knighted** by Pope Pius V in 1571.

*123807내용일치

심지어 그는 1571년에 교황 Pius 5세에 의해 기사 작위를 받기도 했다.

n. 통

792 bin
☐☐☐ [bin]
수능·평가원 기출횟수 2
EBS 기출횟수 15

You give aluminum cans to the homeless guy who collects them from the recycling **bin**.
*12(9)3207네모어휘

당신은 재활용 통에서 알루미늄 캔들을 수거해 가는 노숙자에게 알루미늄 캔들을 제공한다.

v. 죽다, 소멸하다

793 perish
☐☐☐ [périʃ]
수능·평가원 기출횟수 2
EBS 기출횟수 15

perish¹ perishes¹

Every work of art is not a mere reproduction, but a unique creation that exists on its own and never **perishes**.
*13(6)4510문단요약-요약문장

모든 미술 작품은 단순한 복제가 아니라 나름의 존재 가치가 있으며 결코 소멸하지 않는 독특한 창작물이다.

14⁶ • 02 • 06⁶ (TIP) '죽다'라는 다른 기출표현으로 pass away '돌아가시다'가 있습니다.

v. (감정을)터뜨리다, 분출하다

794 erupt
☐☐☐ [irʌ́pt]
수능·평가원 기출횟수 2
EBS 기출횟수 15

erupt⁰ erupted¹ erupting¹

The class captain **erupted** into a roar of laughter, and we were embarrassed beyond belief.
*09(6)46-4804장문배열

학급 반장은 갑자기 큰 웃음을 터트렸고 우리는 믿을 수 없을 만큼 당황스러웠다.

We are on volcanoes and they are **erupting**.
*04(9)2504필자어조

우리는 화산옆에 있고 화산은 분출하고 있다.

v. 부정행위를 하다, 속이다

795 cheat
☐☐☐ [tʃiːt]
수능·평가원 기출횟수 1
EBS 기출횟수 16

Employees often steal from their employers, and students **cheat** on their exams.
*94(2)49-5010글의주제

종업원들은 종종 그들의 고용주로부터 도둑질을 하고, 학생은 시험 시간에 부정행위를 한다.

a. 충격적인

796 traumatic
□□□ [trɔːmǽtik]

수능·평가원 기출횟수 1
EBS 기출횟수 16

Individuals who are concerned about a **traumatic** event, such as the threat of the loss of a loved one, will dream about that loved one more. *1249-5004장문독해

사랑하는 사람을 잃게 될지도 모를 위협과 같은 충격적인 일에 대해 염려하고 있는 사람들은 그 사랑하는 사람에 대한 꿈을 더 꾸게 된다.

v. 활짝 웃다

797 grin
□□□ [grin]

수능·평가원 기출횟수 1
EBS 기출횟수 16

A broad **grin** comes on to a hundred and fifty faces. *06(9)4306분위기

150명의 학생들 얼굴에 큰 웃음이 번진다.

n. 소매

798 sleeve
□□□ [sliːv]

수능·평가원 기출횟수 1
EBS 기출횟수 16

sleeve⁰ sleeves¹

It's an ugly sweater with red plastic buttons and a collar and **sleeves** all stretched out. *07(6)2801심경

그것은 빨간색 플라스틱 단추와 옷깃, 그리고 축 늘어진 소매를 지닌 보기 흉한 스웨터이다.

Basic

주어진 단어의 뜻을 우리말로 쓰세요.

1. imprint _____
2. magnify _____
3. nursery _____
4. peculiar _____
5. prescription _____
6. perish _____
7. lid _____
8. illuminate _____
9. orphanage _____
10. doctoral _____

11. intrinsic _____
12. screw _____
13. bin _____
14. naive _____
15. swear _____
16. fieldwork _____
17. worship _____
18. submission _____
19. tender _____
20. aroma _____

Advanced

다음 문장에 들어갈 적절한 형태의 단어를 쓰세요.

1. The doctor writes you a **p**_____.
   의사가 당신에게 처방전을 써 준다.   *0606듣기

2. With plenty of newspaper, trash bags, and aprons, any **u**_____
   can be cleaned up in no time.
   많은 신문지, 쓰레기 봉투와 앞치마가 있으면 어떤 너저분함도 즉시 치워질 수 있다.   *07(9)4204글의제목

3. The new techniques of painting intensified and **i**_____ those
   themes.
   새로운 그림 기법은 그러한 화제를 강화하고 명백히 조명했다.   *07(9)2803네모어휘

4. The storm boomed and **r**_____ outside the long-range aircar.
   장거리 비행선의 밖에서는 폭풍우가 휘몰아 치고 있었다.   *0846-4810장문배열

5. Countries that **m**_____ seat belts are not seeing a reduction in
   road accident fatalities.
   안전벨트를 의무화한 나라들은 도로상의 사고로 인한 사망자 수의 감소를 보지 못하고 있다.   *134501문단요약

799 vain
[vein]
수능·평가원 기출횟수 1
EBS 기출횟수 16

a. 헛된

Tim grabbed the struggling Bob and attempted to pull him toward shore, but in **vain**.
*08(9)4305분위기

Tim은 버둥거리는 Bob을 꽉 잡고는 해안가로 잡아끌려고 해보았지만 허사였다.

800 murder
[mə́ːrdə]
수능·평가원 기출횟수 1
EBS 기출횟수 16

n. 살인 *v.* 학살하다, 살인하다

Now that they have overpopulated, people want to **murder** them.
*06(6)3105심경

그들의 수가 넘치게 되니까, 사람들은 그들을 학살하기를 원한다.

801 province
[právins]
수능·평가원 기출횟수 1
EBS 기출횟수 16

n. 지방, 분야

Guillaume de Machaut, who was famous as both a musician and a poet, was born in the French **province** of Champagne.
*12(6)3701내용일치

음악가이자 시인으로 유명했던 Guillaume de Machaut는 프랑스의 Champagne 지방에서 태어났다.

802 consensus
[kənsénsəs]
수능·평가원 기출횟수 1
EBS 기출횟수 16

n. 의견 일치, 합의

promoting a **consensus** among supporters
*15(6)31빈칸완성 보기

지지자들 간의 의견 일치를 촉진하는 것

803 specimen
□□□ [spésəmən]

수능·평가원 기출횟수 **1**

EBS 기출횟수 **16**

n. **견본, 표본**

Spiny dogfish sharks, the common laboratory **specimen**, locate prey by electroception.

*05(9)2603빈칸완성

실험실에서 가장 흔히 볼 수 있 표본인 가시 돔발 상어는 전기감지를 이용해 먹이의 위치를 알아낸다.

---

804 junk
□□□ [dʒʌŋk]

수능·평가원 기출횟수 **7**

EBS 기출횟수 **9**

n. **쓰레기, 폐물**

Before you have a garage sale, call an antique dealer to help you separate the valuable from the worthless **junk**.

*063805연결사

차고 세일을 하기 전에, 귀중품과 쓸모없는 폐물을 구별하는 것을 도와달라고 골동품 판매상에게 전화를 하라.

I try to avoid **junk** food.

*0514듣기

나는 정크푸드를 먹지 않으려고 노력하고 있다.

> **TIP** junk food '(건강에 좋지 못한 것으로 여겨지는) 인스턴트 음식, 패스트푸드'의 형태로도 한 번 출제되었습니다.

---

805 empirical
□□□ [empírikəl]

수능·평가원 기출횟수 **6**

EBS 기출횟수 **10**

a. **경험적인, 실증적인**

empirical⁴ empirically²

We try to find our way from first principles of geography ('theory'), and from maps of our own making ('**empirical** research').

*13(9)2810빈칸완성

우리는 지리('이론')라는 첫 번째 원리로부터 그리고 우리 자신이 만든 지도('경험적인 조사')로부터 길을 찾으려고 한다.

---

806 restful
□□□ [réstfəl]

수능·평가원 기출횟수 **5**

EBS 기출횟수 **11**

a. **(마음이)편안한**

restful³ restless²

Relaxing in a comfortable chair and reading something light are all good methods to get ready for some **restful** sleep.

*12(6)3502글의주제

편안한 의자에서 긴장을 풀거나 가벼운 어떤 것을 읽는 것은 편안한 잠을 준비하는 좋은 방법들이다.

806-1 □□□ **restless**   *a.* 가만히 못 있는, 쉬지 못하는   14(B)·14(6A)

20 Day

---

n. 하급자 *a.* 종속된, 부수적인

807 **subordinate**
□□□ [səbɔ́ːrdinət]

수능·평가원 기출횟수 5
EBS 기출횟수 11

subordinate⁰ subordinates⁵

This, in turn, encouraged a culture where those **subordinates** did the same, creating a snowball effect.

*13(9)2305글의요지

이것은 나아가 그들의 아랫사람들도 똑같이 하는 문화를 장려했고, 눈덩이 효과를 만들어 냈다.

---

a. 오만한, 거만한

808 **arrogant**
□□□ [ǽrəgənt]

수능·평가원 기출횟수 4
EBS 기출횟수 12

arrogant² arrogance²

We are too **arrogant** and embarrassed to ask the way.

*13(9)2811빈칸완성

우리는 너무 자존심이 세고 멋쩍어서 길을 물어보지 않는다.

808-1 □□□ **arrogance** *n.* 오만

---

v. 추월하다, 제치다, 인수하다, 압도하다

809 **overtake**
□□□ [òuvərtéik]

수능·평가원 기출횟수 4
EBS 기출횟수 12

overtake⁶ overtaken² overtaking²

Some music is capable of **overtaking** the mind until it forgets all else.

*082807네모어휘

어떤 음악은 정신이 그 밖의 모든 것을 잊을 때까지 정신을 압도할 수 있다.

I have often found that the hares who write for the paper are **overtaken** by the tortoises who move studiously toward the goal of mastering the craft.

*11(6)3005필자주장

나는 신문에 글을 쓰는 산토끼들이 그 기술을 습득하려는 목표를 향해 열심히 움직이는 거북이들에 의해서 추월당하는 것을 종종 발견했다.

---

n. 신경과민

810 **nervousness**
□□□ [nə́ːrvəsnis]

수능·평가원 기출횟수 4
EBS 기출횟수 12

Dr. Spooner suffered from **nervousness** and poor eyesight.

*04(6)2303빈칸완성

Dr. Spooner는 신경과민과 좋지 않은 시력으로 고생했다.

n. 고시, 공고

811 bulletin
□□□ [búlətin]

수능·평가원 기출횟수 3
EBS 기출횟수 13

Hey, Stuart. Take a look at the **bulletin** board.   *1115듣기
이봐, 스튜어트, 저 공고판을 봐봐.

v. 넓히다

812 widen
□□□ [wáidn]

수능·평가원 기출횟수 3
EBS 기출횟수 13

widen⁰ widened² widening¹

The stream rapidly descended and wound between steep hills
before suddenly **widening out**.   *03(9)3901분위기
물살이 가파른 언덕 사이에서 빠르게 굽이치며 아래로 흘러내려가서 갑자기 넓게
퍼졌다.

a. 확신하지 못하는

813 unsure
□□□ [ʌnʃúər]

수능·평가원 기출횟수 3
EBS 기출횟수 13

Skiers who are **unsure** of themselves often do this.   *152303글의제목
자신이 없이 스키 타는 사람이 자주 이렇게 한다.

(TIP) 평가원에서만 3회 출제되었습니다. 참고로 unsure는 명사 앞에 쓰지 않습니다. 수식어로
쓰이지 않음에 유의하세요.

a. 정당한, 합당한

814 legitimate
□□□ [lidʒítəmit]

수능·평가원 기출횟수 3
EBS 기출횟수 13

legitimate² legitimately¹

These are **legitimate** concerns that many people share.

    *124303문장배열

이것들은 많은 사람들이 공통적으로 하는 타당한 우려이다.

815 **sow**
□□□ [sou]
수능·평가원 기출횟수 3
EBS 기출횟수 13

v. (씨를) 뿌리다

sow⁰ sowed² sown¹

The farmer sowed seeds and reaped what he **sowed**. *012502빈칸완성
그 농부는 씨를 뿌리고, 그가 뿌린 것을 수확했다.

816 **mainstream**
□□□ [méinstriːm]
수능·평가원 기출횟수 3
EBS 기출횟수 13

n. 주류, 본류 *a.* 주류의

Mainstream repertory is not necessarily the same as the best repertory. *06(6)2103내모어법
주류 레퍼토리가 반드시 최고의 레퍼토리와 같은 것은 아니다.

817 **fallacy**
□□□ [fǽləsi]
수능·평가원 기출횟수 3
EBS 기출횟수 13

n. 오류

Even worse than reaching a conclusion with just a little evidence is the **fallacy** of reaching a conclusion without any evidence at all. *11(9)4301문장배열–주어진문장
단지 약간의 증거만을 가지고 결론에 도달하는 것보다 훨씬 더 나쁜 것은 전혀 어떤 증거도 없이 결론에 이르는 오류이다.

818 **recess**
□□□ [ríːses]
수능·평가원 기출횟수 2
EBS 기출횟수 14

recession EBS13 • EBS12 • EBS11 • EBS10

n. 휴식, 휴업

At school they learned, and very quickly, that children earn Nature Trail tickets for running the quarter-mile track during lunch **recess**. *112302필자주장
그들은 학교에서 점심시간의 휴식 때에 1/4마일 트랙을 달려서 Nature Trail 표를 획득하는 것을 배웠는데, 그것도 아주 빨리 배웠다.

(TIP) recede의 두 명사형인 recess와 recession은 각각 다른 의미를 갖습니다. recess는 '뒤로 물러나는것, 휴식, 구석진 곳'을 의미하지만 recession은 한 걸음 더 나아가 '경기 후퇴, 불경기'를 의미합니다. '불경기'를 나타내는 다른 단어로는 depression과 stagnation이 있습니다. 다만 수능과 평가원에서 depression은 주로 '우울(함)'과 관련해서 쓰였고 '불경기'로 출제된 바는 없습니다. stagnation 또한 아직 출제되지 않았습니다.

819 glare
□□□ [glεər]

수능·평가원 기출횟수 4

EBS 기출횟수 12

n. 환한 빛 *v.* 노려보다

glare¹ glaringly¹

Hour after hour, the changeless **glare** of the hot sky shone upon the same object.

*94(2)3103분위기

시간이 가도, 뜨거운 하늘의 변함 없는 눈부신 빛이 같은 사물을 비췄다.

819-1 □□□ **glaringly**   *ad.* 눈에 띄게 ⁹⁶

820 exclaim
□□□ [ikskléim]

수능·평가원 기출횟수 4

EBS 기출횟수 12

v. (감탄적으로)외치다, 소리치다

exclaim⁰ exclaimed¹ exclamation¹

Seeing Timmy carry a sword, his startled teacher **exclaimed**, "A sword! Whatever do you need a sword in this painting class for?"

*94(1)1703밑줄의미

Timmy가 칼을 가지고 온 것을 보고 놀란 선생님은 소리쳤다. "칼이잖아! 도대체 왜 미술 시간에 칼이 필요하지?"

820-1 □□□ **exclamation**   *n.* 외침, 감탄사, 절규 ¹²⁹

821 advent
□□□ [ǽdvent]

수능·평가원 기출횟수 2

EBS 기출횟수 14

n. 출현, 도래

The **advent** of the railroad would assure the canal's instant downfall.

*113303연결사

철도의 출현이 분명히 운하의 즉각적인 쇠락을 가져올 것이다.

822 sled
□□□ [sled]

수능·평가원 기출횟수 2

EBS 기출횟수 14

n. 썰매

sled¹ sleds¹

The snowmobile offered considerable relative advantages to the Lapps who used reindeer **sleds** as their primary means of transportation.

*11(6)3202내용어휘

스노모빌은 순록썰매를 주요 교통수단으로 이용하던 Lapps족들에게 상당한 상대적 이점을 가져다주었다.

n. 반짝임 *v.* 빛나다

823 **glitter**
□□□ [glítər]

수능·평가원 기출횟수 2

EBS 기출횟수 14

glitter⁰ glittering¹ glitters¹

Glittering gems called diamonds are among the most precious of human possessions.   *042601빈칸완성

다이아몬드라고 불려지는 빛나는 보석들은 인간이 소유하는 가장 귀중한 것들 중 하나이다.

n. 자랑 *v.* 자랑하다

824 **boast**
□□□ [boust]

수능·평가원 기출횟수 2

EBS 기출횟수 14

boast¹ boasts¹

The psychiatrist challenged his colleagues **with a boast**.   *11(9)3502글의주제

그 정신과 의사는 큰소리치면서 동료들의 도전 의식을 북돋았다.

prep. ~와 함께, 나란히

825 **alongside**
□□□ [əlɔ́:ŋsaid]

수능·평가원 기출횟수 2

EBS 기출횟수 14

Over the years, the association has involved leading professional educators and therapists, **alongside** parents.   *10(6)3704내용일치

수년간, 그 협회는 선도적인 전문교육자들과 치료 전문가들 그리고 부모들과 함께 연계하였다.

n. 탐구

826 **quest**
□□□ [kwest]

수능·평가원 기출횟수 2

EBS 기출횟수 14

He sent them each on a **quest**, in turn, to go and look at a pear tree that was a great distance away.   *07(9)46-4803장문배열

그는 그들 각자를 굉장히 멀리 떨어져있는 배나무 한 그루를 가서 보고 오도록 차례로 탐구 여행을 보냈다.

827 congestion
□□□ [kəndʒéstʃən]

수능·평가원 기출횟수 4
EBS 기출횟수 12

n. 혼잡, 충혈

He agrees with Mary's idea that overpopulation causes traffic **congestion**. *9750-5126장문독해

그는 교통혼잡의 원인이 과잉인구라는 Mary의 의견에 동의한다.

828 notorious
□□□ [noutɔ́:riəs]

수능·평가원 기출횟수 4
EBS 기출횟수 12

notorious¹ notoriously¹

a. 악명 높은

The Rust Belt is **notorious** for its poor air quality. *14(6B)3201빈칸완성

러스트 벨트(미국 북부의 사양화된 공업지대)는 공기 질이 좋지 않은 것으로 악명이 높다.

829 loyal
□□□ [lɔ́iəl]

수능·평가원 기출횟수 1
EBS 기출횟수 15

a. 충성스러운, 성실한

Their passion assures that these fans remain **loyal**. *0247-4810장문독해

그들의 열정은 이 팬들이 여전히 충성스러울 것임을 확실히 보여준다.

830 hybrid
□□□ [háibrid]

수능·평가원 기출횟수 1
EBS 기출횟수 15

n. 혼합, 잡종

Being a **hybrid** art as well as a late one, film has always been in a dialogue with other narrative genres. *132103말줄어법

후발 예술이면서 동시에 혼합 예술이기도 한 영화는 다른 서사 장르와 항상 대화를 해왔다.

---

n. 숙달, 지배, 정복

831 **mastery**
□□□ [mǽstəri]

수능·평가원 기출횟수 1
EBS 기출횟수 15

Silk printing demands a high level of technical **mastery**.

*08(9)1908밑줄추론

실크 인쇄는 고도의 숙련된 기술을 요한다.

---

a. 반항적인

832 **rebellious**
□□□ [ribéljəs]

수능·평가원 기출횟수 1
EBS 기출횟수 15

My child at nine is more selfish and **rebellious** than at eight.

*05(9)38문단요약-요약문장

9살난 내 아이는 8살 때 보다 좀 더 이기적이고 반항적이다.

---

n. 신체검사, 대조, 시험

833 **checkup**
□□□ [tʃekʌp]

수능·평가원 기출횟수 1
EBS 기출횟수 15

If you notice that the redness doesn't disappear in a week, bring her back for another **checkup**.

*13(9)09듣기

네가 일주일 내로 붉어짐이 없어지지 않는다는 것을 보게 되면, 다른 신체검사를 위해서 그녀를 다시 데려와라

---

n. 졸업장, (학위)증서, 공문서

834 **diploma**
□□□ [diplóumə]

수능·평가원 기출횟수 1
EBS 기출횟수 15

Tammy was able to earn her high school **diploma** and some college credit before trying her hand at a number of different jobs.

*15(6)2606내용일치

Tammy는 여러 다양한 일을 시도해 보기 전에 고등학교 졸업장과 어느 정도의 대학 학점을 딸 수 있었다.

835 **nectar**
□□□ [néktər]

수능·평가원 기출횟수 6

EBS 기출횟수 9

_n._ 꿀, 과즙

Mustard gives tiny yellow flowers full of **nectar** and pollen.

*15(9)3307빈칸완성

겨자는 화밀과 꽃가루가 가득 찬 아주 작은 노란 꽃을 피운다.

---

836 **bunch**
□□□ [bʌntʃ]

수능·평가원 기출횟수 6

EBS 기출횟수 7

_n._ 무리, 묶음, 다발

It was one of those children's toys with a short wooden post and a **bunch** of round rings.

*104502문단요약

그것은 짧은 나무로 만든 기둥과 한 묶음의 고리를 갖춘 아이들의 장난감 중 하나였다.

---

837 **merge**
□□□ [məːrdʒ]

수능·평가원 기출횟수 6

EBS 기출횟수 9

merge² merged¹ merger² merging¹

_v._ 합병하다, 어우러지다, 융합되다

I've seen couples from different ethnic groups **merge** into harmonious relationships.

*1146-4705장문독해

나는 다른 인종 집단 출신의 부부들이 조화로운 관계로 함께 사는 것을 보아왔다.

Once the organizational structure was set and all the volunteers had actually **merged**, then the headquarters site was decided.

*10(6)46-4809장문배열

조직의 체계가 세워지고 모든 자원봉사자들이 실질적으로 합병된 후에, 본부의 위치가 결정되었다.

Around the planet the streams of the world's cultures **merge** together to form new currents of human interaction. *07(9)1905밑줄추론

지구 전역에 세계 문화의 지류가 한데 어우러져 인간의 상호작용이라는 새로운 흐름을 만들어내고 있다.

837-1 □□□ **merger**　　　　　_n._ 합병 10⁶

TIP 흔히 M&A라고 부르는 것은 merger(s) and acquisition(s) '기업 인수 합병'을 뜻합니다.

v. 희석하다, (효과 등을)약화시키다

838 **dilute**
□□□ [dailú:t]

수능·평가원 기출횟수 5

EBS 기출횟수 10

dilute³ dilutes¹ diluting¹

The drive to increase production is pushing out local varieties, **diluting** livestock's genetic diversity in the process. *12(9)4106글의제목

생산을 증가시키고자 하는 욕구는 그 과정에서 가축들의 유전적인 다양성을 약화시키면서, 지역적 품종을 몰아내고 있다.

n. 단거리 경주   *v.* 전력질주하다

839 **sprint**
□□□ [sprint]

수능·평가원 기출횟수 5

EBS 기출횟수 10

sprint² sprinter¹ sprinting²

A group of researchers measured the performance of amateur cyclists who engaged in 30-second **sprint** sessions three times a week for two weeks. *07(6)4301글의제목

한 집단의 연구원들이 2주 동안 1주일에 세 번 30초 단거리 경주 기간에 참가한 아마추어 사이클 선수들의 성적을 측정했다.

a. 근엄한, 장관의

840 **spectacular**
□□□ [spektǽkjələr]

수능·평가원 기출횟수 4

EBS 기출횟수 11

The bodies of flowing ice we call glaciers are the most **spectacular** of natural features. *08(9)2201밑줄어법

우리가 빙하라고 부르는 움직이고 있는 얼음 덩어리는 자연의 볼거리들 중에서도 가장 장관을 이룬다.

Basic

주어진 단어의 뜻을 우리말로 쓰세요.

1. grin _____
2. exclaim _____
3. sow _____
4. bunch _____
5. naive _____
6. rebellious _____
7. sled _____
8. congestion _____
9. murder _____
10. erupt _____

11. notorious _____
12. recess _____
13. cuisine _____
14. mandatory _____
15. cheat _____
16. merge _____
17. bulletin _____
18. legitimate _____
19. mastery _____
20. sprint _____

Advanced

다음 문장에 들어갈 적절한 형태의 단어를 쓰세요.

1. The a_____ of the man at the party was not tolerated.
   파티에 있던 사람의 거만은 용납되지 않았다.   *112504빈칸완성

2. Some music is capable of o_____ the mind until it forgets all else.
   어떤 음악은 정신이 그 밖의 모든 것을 잊을 때까지 정신을 압도할 수 있다.   *082807네모어휘

3. To think that global warming has become a major problem is a
   l_____ view.
   지구 온난화가 큰 문제가 되었다고 생각하는 것은 타당한 견해이다.   *153206빈칸완성

4. With an e_____, she followed her baby's arm down under the
   cover until she found her little hand.
   큰 소리를 지르며 그녀는 이불 밑으로 자기 아기의 팔을 따라 내려가다가 마침내 그녀의 작은 손에 이르렀다.

   *12(9)1904밑줄추론

5. The organizational structure was set and all the volunteers had
   m_____.
   조직의 체계가 세워지고 모든 자원봉사자들이 합병되었다.   *10(6)46-4809장문배열

---

841 **pat**
□□□ [pæt]

수능·평가원 기출횟수 4
EBS 기출횟수 11

v. 가볍게 두드리다(치다), 만지다

pat³ patting¹

How can you make the person you are talking to on the phone feel special when you cannot **pat** their back or give them a little hug? *104402필자주장

당신이 전화로 이야기하는 사람의 등을 다독여주거나 가볍게 포옹을 해줄 수 없을 때 어떻게 그 사람이 특별하다고 느끼게 만들어줄 수 있을까?

The habit of scratching can be replaced with rubbing in some lotion or **patting** with the palm of the hand. *102304문장삭제

긁는 습관은 로션으로 문지르거나 손바닥으로 가볍게 치는 것으로 대체될 수 있을 것이다.

---

842 **corrupt**
□□□ [kərʌ́pt]

수능·평가원 기출횟수 4
EBS 기출횟수 11

v. 못 쓰게 만들다 *a.* 부패한

corrupt² corrupted¹ corrupting¹

Errors and failures typically **corrupt** all human designs. *11(9)2501빈칸완성

실수와 실패는 인간의 모든 설계들을 못 쓰게 만든다.

---

843 **outward**
□□□ [áutwərd]

수능·평가원 기출횟수 4
EBS 기출횟수 11

a. 밖으로 향하는 *ad.* 바깥쪽으로

When the string is straight, its tension is uniform, and the two **outward** forces on a given piece sum to zero. *092903그림어휘

현이 일직선일 때, 그것의 장력은 균일하며 주어진 부분에서 밖으로 향하는 두개의 힘의 합은 제로이다.

---

844 **trim**
□□□ [trim]

수능·평가원 기출횟수 3
EBS 기출횟수 12

v. 다듬다, 손질하다 *a.* 깔끔한, 늘씬한

trim¹ trimly¹ trimmed¹

The pieces had been individually inscribed with some marks on the underside, just inside the **trimmed** foot. *13(6)46-4809장문배열

그 작품들이 잘 다듬은 받침 부분 바로 안쪽 밑면에 있는 몇 개의 표식이 개별적으로 새겨져 있다는 것이었다.

Forty-nine percent of men would like to **trim** their waistline. *974504도표

남자들의 49%가 자신의 허리선을 다듬고 싶어 한다.

EBS14 • EBS12 （ TIP ）수능에는 출제 되지 않았지만 '깔끔한, 늘씬한'의 뜻도 있습니다.

844-1 □□□   **trimly**   *ad.* 산뜻하게, 말끔하게 ¹¹

a. 이중 언어를 사용하는

845 **bilingual**
□□□ [bailíŋgwəl]

수능·평가원 기출횟수 3
EBS 기출횟수 12

The United States seeks to eliminate these same skills among ethnic minorities by reducing existing **bilingual** programs.

*062506빈칸완성

미국은 현존하는 2개 언어 프로그램을 줄임으로써 인종적 소수 민족들간의 이 똑같은 기술들(외국어 구사 능력)을 제거하려고 한다.

---

n. 붕대 v. 붕대를 감다

846 **bandage**
□□□ [bǽndidʒ]

수능·평가원 기출횟수 3
EBS 기출횟수 12

bandage¹ bandaged¹ bandaging¹

He woke and went to his club, where an attendant **bandaged** his head.

*08(6)46-4803장문배열

그는 깨어나서 자기 무리로 되돌아갔는데, 거기에서 간병인이 그의 머리에 붕대를 감아주었다.

---

n. 산문(체)

847 **prose**
□□□ [prouz]

수능·평가원 기출횟수 3
EBS 기출횟수 12

The old Sumerian cuneiform could not be used to write normal **prose** but was a mere telegraphic shorthand.

*064201글의제목

고대 수메리아의 쐐기 문자는 보통의 산문을 쓰는 데 사용될 수가 없었고, 전보와 같이 간결한 속기였다.

---

n. 방언, 사투리

848 **dialect**
□□□ [dáiəlèkt]

수능·평가원 기출횟수 3
EBS 기출횟수 12

dialect² dialects¹

The approach most consistent with culturally responsive teaching is to first accept the **dialect** and then build on it.

*124005글의요지

문화적으로 반응하는 가르침과 가장 일치하는 접근은 먼저 사투리를 인정한 다음 그것을 기초로 가르치는 것이다.

849 **tame**
□□□ [teim]

수능·평가원 기출횟수 3
EBS 기출횟수 12

v. 길들이다 *a.* 길들여진

tame¹ tames¹ taming¹

It **tames** a lion better than anything.   *06(6)2603빈칸완성
그것은 어떤 것보다도 더 잘 사자를 길들인다.

850 **mutation**
□□□ [mjuːtéiʃn]

수능·평가원 기출횟수 3
EBS 기출횟수 12

n. 변화, 돌연변이

mutation¹ mutations²

At an earlier date, cooking selected **mutations** for smaller
guts and mouths.   *132704빈칸완성
이른 초기 시대에, 요리는 더 작은 창자와 입을 위한 변화를 선택했다.

851 **ally**
□□□ [əlái]

수능·평가원 기출횟수 2
EBS 기출횟수 13

n. 협조자 *v.* 동맹을 맺다

ally¹ allies¹

Friends should be **allies** of our better nature.   *974406연결사
친구는 우리의 보다 나은 본성을 위한 협조자가 되어야 한다.

852 **uneasy**
□□□ [ʌníːzi]

수능·평가원 기출횟수 2
EBS 기출횟수 13

a. 불안한

uneasy¹ unease¹

He suddenly felt an **uneasy** darkness consume him from
within.   *11(9)2407심경
그는 갑자기 불안한 어둠이 그의 마음을 속으로부터 빼앗아 가고 있다는 느낌을
받았다.

0852-1 □□□ **unease**   *n.* 불안, 우려 08

---

a. 대충의, 대강의, 천연 그대로의

853 **crude**
□□□ [kru:d]
수능·평가원 기출횟수 2
EBS 기출횟수 13

Often his ways appear incredibly **crude** to us moderns until we remember how our next-door neighbor acts in like emergencies. *12(9)3305밑줄어휘

종종 그의 방법이, 비슷한 비상사태에 우리의 이웃이 어떻게 행동하는가를 기억하기 전까지는, 우리 현대인들에게는 믿을 수 없을 만큼 조악해 보이기도 한다.

Each day nearly a billion gallons of **crude** oil are refined and used in the United States. *092703빈칸완성

매일 거의 10억 갤런의 원유가 미국에서 정제되고 사용된다.

---

a. 큰, 엄청난, 총계의 n. 총계

854 **gross**
□□□ [grous]
수능·평가원 기출횟수 2
EBS 기출횟수 13

Realizing their **gross** error in judgment, they rehired the old keeper of the spring. *05(6)48-5017장문독해

그들의 판단에 심한 오류가 있다는 것을 깨닫고 그들은 늙은 샘 지기를 다시 고용했다.

---

a. 명성이 있는

855 **prestigious**
□□□ [prestídʒiəs]
수능·평가원 기출횟수 2
EBS 기출횟수 13

When Trevor Canfield made room for a junior investment banker to lead a **prestigious** account, he did just that. *08(9)2503빈칸완성

Trevor Canfield가 하위직의 투자담당 은행원에게 명성 있는 계좌를 이끌도록 자리를 양보해 주었을 때, 그는 바로 그러한 일을 했다.

---

v. 비틀거리다, 넘어지다, 실수하다

856 **stumble**
□□□ [stʌmbəl]
수능·평가원 기출횟수 2
EBS 기출횟수 13

stumble⁰ stumbled¹ stumbling¹

I **stumbled** into the English class, my head still spinning. *04(9)45-4604장문독해

나는 여전히 머리가 어지러운 상태로 비틀거리며 영어 교실로 들어갔다.

a. 필수적인, 피할 수 없는

857 **indispensable**

☐☐☐ [ìndispénsəbəl]

수능·평가원 기출횟수 2

EBS 기출횟수 13

Science is an **indispensable** source of information for the contemporary writer.

*11(6)3801글의요지

과학은 현대의 작가에게 필수적인 정보의 원천이다.

---

ad. 다시 말하면, 즉

858 **namely**

☐☐☐ [néimli]

수능·평가원 기출횟수 1

EBS 기출횟수 14

This idea of centrality may be locational, **namely** that a city lies at the geographical center of England, Europe, and so on.

*104002문장삽입

이런 중심성에 대한 생각은 위치에 관한 것일 수 있는데, 다시 말하면 어떤 도시가 영국이나 유럽이나 기타 등등의 지리적인 중심에 놓여 있다는 것이다.

---

v. 이동하다, 여행하다, 전진하다

859 **trek**

☐☐☐ [trek]

수능·평가원 기출횟수 1

EBS 기출횟수 14

The first Everesters were obliged to **trek** 400 miles to reach the foot of the mountain.

*123703내용일치

초기 에베레스트 등반가들은 에베레스트의 산기슭에 도달하기 위해 400마일의 거리를 이동해야 했다.

TIP *Star Trek* 유명한 미드이자 영화죠. '우주여행' 정도가 됩니다. 주로 힘든 여행을 뜻합니다.

---

v. 넘어지다, 재주넘다

860 **tumble**

☐☐☐ [tʌ́mbəl]

수능·평가원 기출횟수 1

EBS 기출횟수 14

tumble⁰ tumbles¹

He slips and slips, falls down, has trouble getting up, gets his skis crossed, **tumbles** again.

*062704민간완성

그는 계속 미끄러지고, 넘어지고, 일어서는데 어려움을 겪고, 스키가 꼬이고, 다시 넘어진다.

TIP 우리가 흔히 이야기하는 재주넘기를 뜻하는 '덤블링'은 사실 '텀블링'이라고 해야 맞겠죠?

v. **찢다, 쪼개다**

861 **rip**
□□□ [rip]
수능·평가원 기출횟수 1
EBS 기출횟수 14

rip⁰ ripped¹

A **ripped** T-shirt might be rescued from the dust rag bin.

*123305네모어휘

찢어진 티셔츠는 걸레통에서 꺼내어질 수 있다.

v. **수확하다, 거둬들이다**

862 **reap**
□□□ [riːp]
수능·평가원 기출횟수 1
EBS 기출횟수 14

reap⁰ reaped¹

The farmer sowed seeds and **reaped** what he sowed. *012502빈칸완성

그 농부는 씨를 뿌리고, 그가 뿌린 것을 수확했다.

n. **광합성**

863 **photosynthesis**
□□□ [foʊtoʊsínθəsis]
수능·평가원 기출횟수 1
EBS 기출횟수 14

They remain green and can start **photosynthesis** as soon as the weather is warm enough in spring.

*13(6)3104네모어휘

그것들은 푸른 상태로 남아 있다가 봄에 날씨가 충분히 따뜻해지자마자 광합성을 시작할 수 있다.

a. **급성의, 예리한, 예민한, 날카로운**

864 **acute**
□□□ [əkjúːt]
수능·평가원 기출횟수 1
EBS 기출횟수 14

Gift-wrapping, in Waits' **acute** term, became a 'decontaminating mechanism.'

*12(6)2405빈칸완성

선물 포장은, Waits의 예리한 용어에 의하면, '정화 장치'가 되었다.

21 Day

865 curse
☐☐☐ [kə:rs]

수능·평가원 기출횟수 1
EBS 기출횟수 14

n. 욕설, 악담 *v.* 욕하다, 악담을 퍼붓다

Why **curse** the rain when we have an umbrella?   *EBS10수능특강
우산이 있는데도 왜 비에 악담을 퍼붓는가?

---

866 bulk
☐☐☐ [bʌlk]

수능·평가원 기출횟수 1
EBS 기출횟수 14

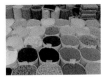

n. 크기, 규모, 거대함 *v.* 커지다 *a.* 대량의

A slim boy who hopes to make the wrestling team may routinely overload his plate with foods that are dense in carbohydrates and proteins to '**bulk up**' like the wrestlers of his school.   *11(9)3103네모어휘
레슬링 팀을 만들고 싶어 하는 마른 소년은 자기 학교의 레슬링 선수들처럼 '몸집을 불리기' 위해 판에 박힌 듯이 자기 접시를 탄수화물과 단백질이 많은 음식으로 가득 채울지 모른다.

TIP 숙어로 '부피가 늘다'가 원래 뜻입니다.

---

867 cosmetic
☐☐☐ [kazmétik]

수능·평가원 기출횟수 1
EBS 기출횟수 14

n. 화장품

cosmetic⁰ cosmetics¹

cosmetics shop   *06(6)09듣기
화장품 가게

---

868 loop
☐☐☐ [lu:p]

수능·평가원 기출횟수 1
EBS 기출횟수 14

n. 고리 *v.* 고리모양을 만들다

A heat pump contains a water-filled **loop** of pipe.   *11(9)2203문장삭제
열펌프는 물로 채워진 고리 모양의 파이프를 포함한다.

_n._ 선반 _v._ 괴롭히다

869 **rack**
□□□ [ræk]

수능·평가원 기출횟수 **1**

EBS 기출횟수 **14**

All items on this **rack** are not on sale. *13(6)05듣기

선반에 있는 모든 물건들은 비매품입니다.

_n._ 복권

870 **lottery**
□□□ [látəri]

수능·평가원 기출횟수 **1**

EBS 기출횟수 **14**

Some letters offered a chance to win a cell phone in a **lottery**
if the customer came in to inquire about a loan. *12(6)3006연결사

어떤 편지들에는 대출 문의를 위해 고객이 은행에 오면 고객에게 복권으로 휴대
전화를 탈 수 있는 기회를 제공한다는 내용이 들어 있었다.

TIP '복권에 당첨되다'라고 할 때는 win a lottery라고 합니다.

_a._ 어마어마한, 막대한

871 **immense**
□□□ [iméns]

수능·평가원 기출횟수 **1**

EBS 기출횟수 **14**

He is about to be launched into his own inner space, space as
immense, unexplored, and sometimes frightening as outer
space to the astronaut. *11(9)46-4707장문독해

그는 우주비행사에게 우주만큼이나 어마어마하고, 탐험되지 않았으며, 때로는
무시무시한 공간인 자신의 정신세계로 막 진출하게 되었다.

_a._ 순수한, 순진한

872 **sheer**
□□□ [ʃiər]

수능·평가원 기출횟수 **1**

EBS 기출횟수 **14**

Einstein wanted to illuminate the workings of the universe,
allowing us to stand in awe of its **sheer** beauty. *12(9)2205문장삭제

Einstein은 우주의 활동을 조명해보기를 원했고, 우리가 우주의 순수한 아름다움에
경외심을 가지고 서 있게끔 했다.

873 kit
□□□ [kit]

수능·평가원 기출횟수 5

EBS 기출횟수 9

n. (특정 장비)상자, 연장통

Did you buy a first aid **kit**? *10(9)10듣기

너는 구급 상자를 구입했니?

874 mimic
□□□ [mímik]

수능·평가원 기출횟수 4

EBS 기출횟수 10

v. 흉내내다, ~을 모방하다 *a.* 가짜의

mimic³ mimicking¹

There are 10,000 moves to master, **mimicking** animals such as monkeys, elephants and even ducks. *12(6)3304밑줄어휘

기술을 습득하기 위한 10,000가지 동작들이 있으며, 원숭이, 코끼리, 심지어 오리들과 같은 동물을 흉내냈다.

875 paradigm
□□□ [pǽrədim]

수능·평가원 기출횟수 4

EBS 기출횟수 10

n. 패러다임, 범례(보기), 모범, 이론적 틀

An accurate **paradigm** explains and guides. *06(9)3004연결사

정확한 범례는 설명해주고 안내해준다.

876 devour
□□□ [diváuər]

수능·평가원 기출횟수 3

EBS 기출횟수 11

v. 게걸스럽게 먹다, 집어 삼키다

devour¹ devoured¹ devouring¹

Each year more farmland was **devoured** to build strip malls and neighborhoods with larger homes. *14B43-4515장문독해

매년 더 많은 농경지가 쇼핑센터와 더 커진 집들이 들어선 주택 지구를 건립하느라 소실됐다.

877 **stylish**
□□□ [stáiliʃ]

수능·평가원 기출횟수 3
EBS 기출횟수 11

a. 멋진, 유행하는

Most people have a vase or two in a cupboard, but lots of things can be turned into **stylish** containers for a flower arrangement.

*094201글의제목

대부분의 사람들은 찬장 안에 한두 개의 꽃병을 가지고 있으나, 많은 것들이 꽃꽂이를 위한 멋진 용기로 바뀔 수 있다.

---

878 **linger**
□□□ [líŋgər]

수능·평가원 기출횟수 3
EBS 기출횟수 11

v. 남다, 오래 머무르다

linger¹ lingering¹ lingers¹

The faint scent of pine that **lingers** on it is all that remains of someone's sixteenth summer.

*123303네모어휘

그것에 남아있는 은은한 소나무 향이 바로 누군가의 열여섯 살 여름의 모든 잔존물이다.

One did not see much of the world in a day, but the eye could **linger** on what one saw.

*05(9)2504빈칸완성

사람들은 하루 동안에 세상을 많이 보지 못했지만 눈은 보이는 것에 계속 머물 수 있었다.

---

879 **tremble**
□□□ [trémbəl]

수능·평가원 기출횟수 3
EBS 기출횟수 11

v. 떨다

tremble² trembling¹

For a child, optimal experience could be placing with **trembling** fingers the last block on a tower she has built.

*113104네모어휘

어린 아이에게 있어서 최적의 경험은 떨리는 손가락으로 그녀가 지금껏 만들었던 탑위에 마지막 블록을 놓는 것일 수 있다.

v. 생략하다, 빠뜨리다

880 **omit**
□□□ [omit]

수능·평가원 기출횟수 3

EBS 기출횟수 11

omit² omitted¹

They know what to **omit**.   *14(9A)2608글의제목
그들은 무엇을 빼야 하는지를 알고 있다.

EBS13 • EBS11 (TIP) 명사는 omission '생략, 누락'입니다.

---

v. 구현(상징)하다, 포함하다, 담다

881 **embody**
□□□ [embádi]

수능·평가원 기출횟수 3

EBS 기출횟수 11

embody⁰ embodied³

For the heroes in Greek tragedies where fate **embodied** in
the oracles prevails, there is no free will.   *10(6)4205글의제목
신의 계시에 담겨진 운명을 거스를 수 없는 그리스 비극의 영웅들에게 자유의지는
없다.

---

n. 지질학

882 **geology**
□□□ [dʒiːálədʒi]

수능·평가원 기출횟수 3

EBS 기출횟수 11

geology¹ geologically¹ geologists¹

Differences between geography and **geology**   *0933글의주제 보기
지리학과 지질학의 차이들

882-1 □□□ **geologically**   ad. 지질학상으로 14⁹

Basic

주어진 단어의 뜻을 우리말로 쓰세요.

1. bulk _____
2. crude _____
3. omit _____
4. indispensable _____
5. bandage _____
6. tremble _____
7. pat _____
8. embody _____
9. trek _____
10. stylish _____

11. tame _____
12. devour _____
13. mutation _____
14. bilingual _____
15. acute _____
16. loop _____
17. kit _____
18. photosynthesis _____
19. trim _____
20. dialect _____

Advanced

다음 문장에 들어갈 적절한 형태의 단어를 쓰세요.

1. The habit of scratching can be replaced with rubbing in some lotion or
   p_____ with the palm of the hand.
   긁는 습관은 로션으로 문지르거나 손바닥으로 가볍게 치는 것으로 대체될 수 있을 것이다. *102304문장삭제

2. Errors and failures typically **c**_____ all human designs.
   실수와 실패는 인간의 모든 설계들을 못 쓰게 만든다. *11(9)2501빈칸완성

3. A genuinely educated person can express himself tersely and
   t_____.
   진정으로 교육을 받은 사람이라면 간결하고 깔끔하게 자신을 표현할 수 있다. *112506빈칸완성

4. Tickling causes tension for most of us, such as feelings of **u**_____.
   간지럽게 하는 것이 대부분의 우리들에게 불안감과 같은 긴장감을 유발한다. *084003문장삽입

5. There are 10,000 moves to master, **m**_____ animals such as
   monkeys, elephants and even ducks.
   기술을 습득하기 위한 10,000가지 동작들이 있으며, 원숭이, 코끼리, 심지어 오리들과 같은 동물을 흉내
   냈다.
   *12(6)3304밑줄어휘

n. **후퇴** v. **후퇴하다, 물러나다, 그만두다**

883 **retreat**
□□□ [ritríːt]

수능·평가원 기출횟수 3
EBS 기출횟수 11

Children rushed excitedly down to the beach to gather fish during the initial **retreat** of water.　　*09(6)4401문장배열
아이들은 처음 물이 빠졌을 때 물고기를 잡으러 바닷가로 흥분하며 뛰어나갔다.

a. **신성한, 거룩한, 경건한**

884 **holy**
□□□ [hóuli]

수능·평가원 기출횟수 3
EBS 기출횟수 11

Malthus came from an old English family and took **holy** orders in the Church of England.　　*07(6)3102내용일치
Malthus는 전통 있는 영국의 가문 출신으로 영국 국교회의 신성한 직을 수행했다.

v. **비난하다, 고발하다**

885 **accuse**
□□□ [əkjúːz]

수능·평가원 기출횟수 2
EBS 기출횟수 12

accuse¹ accused¹

No one has dared **accuse** him of arrogant pride.　　*04(9)2603네모어휘
아무도 (그의) 건방진 태도에 대해 그를 감히 비난하지 않았다.

TIP 숙어처럼 능동과 수동형태 모두 알아두시길 바랍니다. accuse A of B 'B에 대해 A를 비난하다'와 be accused of '~로 비난을 받다'입니다.

n. **나머지, 과잉, 잉여(금)**

886 **surplus**
□□□ [sə́ːrpləs]

수능·평가원 기출횟수 2
EBS 기출횟수 12

surplus¹ surpluses¹

He shrugged and said, "It's not hard. Just omit the **surplus** words."　　*06(6)2406빈칸완성
그는 어깨를 으쓱 하고 말했다. "어렵지 않아요. 그냥 여분의 말을 생략하세요."

887 **thermometer**
□□□ [θərmάmitər]

수능·평가원 기출횟수 2
EBS 기출횟수 12

n. 온도계

When I entered the subway, the **thermometer** I had with me registered 32°C. *94(2)2403글의목적

지하철에 들어갔을 때, 내가 가지고 있는 온도계는 32°C를 기록했다.

888 **affirm**
□□□ [əfə́ːrm]

수능·평가원 기출횟수 2
EBS 기출횟수 12

v. 증명해 보이다, 단언하다

affirm[1] affirmative[1]

In much of social science, evidence is used only to **affirm** a particular theory. *123002빈칸완성

사회 과학에 있어서 많은 경우, 증거는 특정 이론을 증명해 보이기 위해서만 활용된다.

888-1 □□□   **affirmative**   *a.* 긍정의 *n.* 긍정 [11*]

(TIP) 원래 affirmative action이라 하면 소수 민족 차별 뿐만 아니라 여성의 고용 기회와 교육 기회까지 차별을 철폐하는 조처입니다. 참고로 하나 더, affirmative action plan은 주로 군사용어로 '승인된 시행 계획'을 뜻합니다.

889 **dynasty**
□□□ [dáinəsti]

수능·평가원 기출횟수 2
EBS 기출횟수 12

n. 왕조, 왕가

I can research the Joseon **Dynasty**. *15(9)15듣기

나는 조선 왕조를 조사할 수 있어.

890 **hospitality**
□□□ [hὰspitǽləti]

수능·평가원 기출횟수 2
EBS 기출횟수 12

n. 환대, 접대

Sure. And thanks again for your **hospitality**. *07(6)05듣기

당연하지요. 그리고 당신의 환대에 다시 한번 감사드립니다.

22 Day

---

v. 스며들다, 널리 퍼지다

891 pervade
□□□ [pərvéid]

수능·평가원 기출횟수 2
EBS 기출횟수 12

pervade⁰ pervaded¹ pervasive¹

This 'inefficient logic' **pervaded** the keyboard, and solved the problem of keyboard jam-up. *12(6)3206네모어휘

이와 같은 '비효율적인 논리'가 키보드 곳곳에 베어있고 키보드 엉킴의 문제를 풀었다.

891-1 □□□ **pervasive**   a. 널리 퍼진, 스며드는 [11]

---

n. (윙윙거리는)소리, 웅성거림

892 buzz
□□□ [bʌz]

수능·평가원 기출횟수 2
EBS 기출횟수 12

Rising above the unpleasant **buzz** of complaining children and parents, comes a thin, persistent melody. *12(6)3105심경

불평하는 아이들과 부모들의 신경질적인 소리 위로, 가냘프게 계속 이어지는 노랫소리가 들려온다.

---

n. 운(음조)

893 rhyme
□□□ [raim]

수능·평가원 기출횟수 2
EBS 기출횟수 12

rhyme⁰ rhymes²

Nursery **rhymes** are just the thing for those periods at the end of the morning or afternoon when children are often easily irritated. *063604글의주제

동요는 아이들이 종종 쉽게 짜증내는 아침이나 오후가 끝날 무렵과 같은 시간들에 안성맞춤의 것이 된다.

---

n. 연회(만찬)

894 banquet
□□□ [bǽŋkwit]

수능·평가원 기출횟수 2
EBS 기출횟수 12

Wanting to honor as well as observe him, the villagers prepared a **banquet**. *11(6)2102네모어법

마을 사람들은 그를 관찰하고 싶을 뿐만 아니라 존경심을 표현하고 싶기도 하여 연회를 준비했다.

v. 주장하다, 단언하다

895 **assert**
□□□ [əsə́ːrt]

수능·평가원 기출횟수 1
EBS 기출횟수 13

To apologize sincerely, we must first listen attentively to how the other person really feels about what happened — not simply **assert** what we think happened.   *134109문장삭제

진정으로 사과하기 위해서는, 우리가 일어났다고 생각하는 것을 단순히 주장할 것이 아니라 일어난 일에 대해서 상대방이 정말로 어떻게 느끼는지에 대해 우선적으로 주의 깊게 들어야 한다.

---

v. 핥다

896 **lick**
□□□ [lik]

수능·평가원 기출횟수 1
EBS 기출횟수 13

lick⁰ licking¹

My puppy's **licking** it.   *0402듣기
제 강아지가 그것을 핥고 있어요.

---

a. 견고한, 강건한, 억센

897 **sturdy**
□□□ [stə́ːrdi]

수능·평가원 기출횟수 1
EBS 기출횟수 13

The harshness of their surroundings, then, is a vital factor in making them strong and **sturdy**.   *113709내용일치

그렇다면 그 나무의 주변 환경의 가혹함이 그 나무들을 강하고 튼튼하게 만드는 지극히 중요한 요인이다.

---

a. ~하기 쉬운, ~할 책임이 있는

898 **liable**
□□□ [láiəbəl]

수능·평가원 기출횟수 1
EBS 기출횟수 13

Introspective reflections which **are liable to** stall are helped along by the flow of the landscape.   *112804빈칸완성

중단되기 쉬운 자아 성찰적 반성은 풍경의 흐름에 따라 촉진된다.

TIP be liable to 동사원형으로 '~하기 쉽다, ~할 책임이 있다'로 쓰입니다.

22 Day

n. 일부, 적은 부분

899 **fraction**
☐☐☐ [frǽkʃən]

수능·평가원 기출횟수 1

EBS 기출횟수 13

The individual owner suffers only a **fraction** of the disadvantage.   *132805빈칸완성

개별 소유주는 불이익의 일부만을 겪게 된다.

a. 끈적끈적한

900 **sticky**
☐☐☐ [stíki]

수능·평가원 기출횟수 1

EBS 기출횟수 13

The bench is all **sticky**.   *0615듣기

벤치가 전부 끈적거린다.

v. ~보다 수가 더 많다, 수적으로 우세하다

901 **outnumber**
☐☐☐ [autnʌ́mbə]

수능·평가원 기출횟수 1

EBS 기출횟수 13

outnumber⁰ outnumbered¹

The patients who felt a significant decrease in pain **outnumbered** the total of the other participants in the program.   *06(9)3506도표

이 프로그램에서 통증의 현저한 감소를 느낀 환자들이 다른 모든 환자들보다 수적으로 많았다.

a. 모성의, 어머니의

902 **maternal**
☐☐☐ [mətə́ːrnl]

수능·평가원 기출횟수 1

EBS 기출횟수 13

Changes in **maternal** rules according to children's age   *13(6)33글의주제 보기

아이들의 연령에 따른 어머니의 규칙의 변화

v. 억누르다, 질식시키다

903 **choke**
□□□ [tʃouk]

수능·평가원 기출횟수 **1**

EBS 기출횟수 **13**

He cleared away the sand that would have **choked** and contaminated the fresh flow of water. *05(6)48-5002장문독해

그는 신선한 물의 흐름을 막아 오염시켰을뻔 한 모래를 치웠다.

v. 제공하다, 분배하다, (약을)조제하다

904 **dispense**
□□□ [dispéns]

수능·평가원 기출횟수 **1**

EBS 기출횟수 **13**

They decided to **dispense with** the old man's services. *05(6)48-5009장문독해

그들은 노인의 일자리를 없애기로 결정했다.

05⁶ **TIP** 숙어로 dispense with는 '~없이 지내다, ~을 없애다' 입니다.

n. 통치 기간, 치세 v. 통치하다

905 **reign**
□□□ [rein]

수능·평가원 기출횟수 **1**

EBS 기출횟수 **13**

Buffon was a famous zoologist and botanist during the **reign** of the French monarch Louis XVI. *11(9)3801내용일치

Buffon은 프랑스의 루이 16세 군주 통치시절의 유명한 동물학자이자 식물학자이다.

a. 문법의, 문법에 맞는

906 **grammatical**
□□□ [grəmǽtikəl]

수능·평가원 기출횟수 **1**

EBS 기출횟수 **13**

The professor liked the general content and praised her effort to write in English but pointed out that she made many **grammatical** errors. *15(9)15듣기

교수님은 전반적인 내용을 좋아하셨고, 영어로 작문한 그녀의 노력을 칭찬하셨지만 많은 문법적인 오류를 냈음을 지적하셨다.

v. 연결을 끊다, 분리하다

907 **disconnect**
☐☐☐ [dìskənékt]

수능·평가원 기출횟수 1
EBS 기출횟수 13

An electrician **disconnected** the electrical supply. *13(9)2703빈칸완성
한 전기 기사가 전기공급을 끊었다.

n. 견인 v. 끌고 가다

908 **tow**
☐☐☐ [tou]

수능·평가원 기출횟수 1
EBS 기출횟수 13

Indeed, the failure of a single component of your car's engine could force you to call for a **tow** truck. *11(9)2502빈칸완성
실제로 자동차 엔진 부품 중 단 하나만이라도 고장 나면 당신은 견인트럭을 불러야 할 것이다.

n. 따분함

909 **boredom**
☐☐☐ [bɔ́:rdəm]

수능·평가원 기출횟수 7
EBS 기출횟수 6

Boredom and loneliness are also more likely to come to the surface. *124104글의제목
따분함과 외로움도 표면으로 나타날 가능성이 더 높다.

n. 본부

910 **headquarters**
☐☐☐ [hédkwɔ̀:rtərz]

수능·평가원 기출횟수 6
EBS 기출횟수 7

He convinced the groups not to look at the **headquarters** question. *10(6)46-4808장문배열
그는 그 단체들이 본부 문제에 대해 생각하지 않도록 설득했다.

911 **beep**
□□□ [bi:p]

수능·평가원 기출횟수 6

EBS 기출횟수 7

n. 신호음, 경적 *v.* 경적을 울리다

beep⁵ beeping¹

To watch a play is to step into a world that seems far removed from electronic **beeping** and ringing. *09(9)2301빈칸완성

연극을 보는 것은 전자제품의 신호음으로부터 멀리 벗어난 것처럼 보이는 세상으로 발을 들여 놓은 것이다.

912 **handy**
□□□ [hǽndi]

수능·평가원 기출횟수 5

EBS 기출횟수 8

a. 유용한, 편리한, 손재주가 있는

Unlike the novel, short story, or play, film is not **handy** to study. *11(6)2901빈칸완성

장편소설, 단편소설, 희곡과는 달리 영화를 연구하기는 편리하지 않다.

Every time I shop in FW Whole Foods, I think that this is a place where the skills of a literary critic might come in **handy**. *09(6)2605빈칸완성

나는 FW Whole Foods에서 쇼핑을 할 때마다 이 곳이 문학 비평가의 기량이 유용할지 모르는 곳이라고 생각한다.

TIP '편리하다, 도움이 되다'란 뜻도 있습니다.

913 **misuse**
□□□ [misjú:z]

수능·평가원 기출횟수 5

EBS 기출횟수 8

n. 잘못된 사용, 악용 *v.* 오용하다, 악용하다

misuse² misused² misuses¹

One reason why the definitions of words have changed over time is simply because of their **misuse**. *12(9)4301문장배열~주어진문장

시간이 흐름에 따라 단어의 정의가 변해 온 한 가지 이유는 단지 단어의 잘못된 사용 때문이다.

---

n. **심부름**

914 **errand**
□□□ [érənd]

수능·평가원 기출횟수 5
EBS 기출횟수 8

errand² errands³

Every day, opportunities exist in the form of **errands**, meal preparation, and chores. *094402문장삽입
매일, 기회는 심부름, 식사준비 그리고 허드렛일이라는 형태로 존재한다.

---

ad. prep. **탑승한, 탄**

915 **aboard**
□□□ [əbɔ́:rd]

수능·평가원 기출횟수 5
EBS 기출횟수 8

Hop **aboard** his poetry train on which each amazing poem leads to a different destination. *10(9)3502글의목적
각각의 훌륭한 시를 통해 서로 다른 목적지로 이끌어 주는 시(poetry)와 함께하는 기차에 올라타세요.

---

a. **지친**

916 **weary**
□□□ [wíəri]

수능·평가원 기출횟수 4
EBS 기출횟수 9

weary³ wearisome¹

Your family will induce you to spend **weary** days in tilling the ground and tending livestock. *112602빈칸완성
당신의 가족은 당신을 땅을 갈고 가축을 돌보는 지친 날들을 보내게 만들 것이다.

916-1 □□□ **wearisome** *a.* 지루한 07⁸

---

n. **갈증**

917 **thirst**
□□□ [θə:rst]

수능·평가원 기출횟수 4
EBS 기출횟수 9

They were able to satisfy their **thirst**. *041905밑줄추론
그들은 갈증을 해소시킬 수 있었다.

918 browse
[brauz]
수능·평가원 기출횟수 4
EBS 기출횟수 9

n. 새싹 *v.* 훑어보다, 검색하다. 풀을 뜯어 먹다

browse¹ browsing³

While **browsing** through reading materials, he came across an article in a scientific journal. *08(6)4004문장삽입-삽입문장

읽을 자료들을 훑어보던 중에 그는 한 과학 저널에서 기사 하나를 우연히 발견했다.

The latest devices are fun to use for many tasks like **browsing** cyber space. *0849-5007장문독해

최신 장치들은 사이버 공간을 검색하는 것과 같은 수많은 일을 하는데 사용하기 재미있다.

---

919 novelty
[nάvəlti]
수능·평가원 기출횟수 4
EBS 기출횟수 9

n. 새로움

novelty³ novelization¹

Its **novelty** forces you to think about its meaning. *11(6)4502문단요약

그것의 새로움은 당신으로 하여금 그것의 의미에 대해 생각하게 만든다.

919-1 □□□ **novelization** *n.* 소설화 ¹³

---

920 chapel
[tʃǽpəl]
수능·평가원 기출횟수 4
EBS 기출횟수 9

n. 예배당

The grateful Matisse devoted himself to every detail of the **chapel**. *13(6)1908밑줄추론

이에 감사했던 마티스는 그 예배당의 모든 세세한 일들을 헌신적으로 챙겼다.

---

921 placement
[pleismənt]
수능·평가원 기출횟수 3
EBS 기출횟수 10

n. 배치, 직업소개

placement² misplaced¹

Importance of roles of management in employee **placement**
*10(6)33글의주제 보기

직원 배치에서 경영진의 역할의 중요성

921-1 □□□ **misplaced** *a.* 잘못된, 엉뚱한, 부적절한 ⁰⁶

EBS14 • EBS13 • EBS12 • EBS11 • EBS10

(TIP) 수능에는 출제되지 않았지만 displace '대신하다, 쫓아내다'도 함께 알아두세요.

n. 꽃잎

922 petal
□□□ [pétl]

수능·평가원 기출횟수 3
EBS 기출횟수 10

petal⁰ petals³

Biologists have known that flowers use striking colors, scents, elaborately shaped **petals**, and nectar to attract pollinators.

*11(6)2404빈칸완성

생물학자들은 꽃들이 꽃가루 매개자를 유인하기 위해 주목을 끄는 색상, 냄새, 정교한 형태의 꽃잎과 화밀을 활용한다고 인식해 왔다.

v. 보답하다

923 repay
□□□ [ripéi]

수능·평가원 기출횟수 3
EBS 기출횟수 10

repay² repayment¹

The rule requires that one person try to **repay**, in kind, what another person has provided.

*13(6)4102문장삭제

그 규칙은 다른 사람이 제공한 것을 한 사람이 똑같이 보답하도록 노력할 것을 요구한다.

923-1 □□□ **repayment**　　　　　　　*n.* 상환 ¹³⁶

v. 불쑥 나타나다, 흐릿하게 보이다

924 loom
□□□ [lu:m]

수능·평가원 기출횟수 3
EBS 기출횟수 10

loom⁰ looming² looms¹

Like many errors and biases that seem irrational on the surface, auditory **looming** turns out, on closer examination, to be pretty smart.

*1483401빈칸완성

표면상 비합리적으로 보이는 많은 오류와 편향들처럼 청각적으로 (위험이) 어렴풋이 다가오는 것은 더 자세히 관찰해보면 아주 현명한 것임이 입증된다.

Basic

주어진 단어의 뜻을 우리말로 쓰세요.

1. petal _____
2. rhyme _____
3. choke _____
4. liable _____
5. sturdy _____
6. lick _____
7. repay _____
8. thermometer _____
9. errand _____
10. novelty _____

11. retreat _____
12. browse _____
13. grammatical_____
14. hospitality _____
15. assert _____
16. disconnect _____
17. maternal _____
18. loom _____
19. sticky _____
20. dynasty _____

Advanced

다음 문장에 들어갈 적절한 형태의 단어를 쓰세요.

1. In much of social science, evidence is used only to **a**_____ a particular theory.
   사회 과학에 있어서 많은 경우, 증거는 특정 이론을 증명해 보이기 위해서만 활용된다. *123002빈칸완성

2. This explains why time pressure is **p**_____ and to some extent accounts for the increase in rates of depression.
   이는 시간적 압박이 널리 퍼지게 된 이유를 설명하고, 우울함의 속도 상승을 어느 정도 설명해 준다. *11(9)2703빈칸완성

3. One reason why the definitions of words have changed over time is simply because of their **m**_____.
   시간이 흐름에 따라 단어의 정의가 변해 온 한 가지 이유는 단지 단어의 잘못된 사용 때문이다. *12(9)4301문장배열-주어진문장

4. The United States seeks to eliminate the **m**_____ fears of diversity.
   미국은 다양성에 대한 잘못된 두려움을 제거하려고 한다. *062506빈칸완성

5. Obligating the recipient of an act to **r**_____ in the future can be difficult.
   어떤 행위를 받은 사람에게 미래에 갚도록 의무를 지우는 것은 어려울 수 있다. *13(6)4103문장삭제

---

v. **위로하다, 위안을 주다**

925 **console**
□□□ [kənsóul]

수능·평가원 기출횟수 3
EBS 기출횟수 10

console² consoled¹

Patience **consoled** herself by recognizing the part she had played in the American Revolution. *13(6)3609내용일치

Patience는 미국 독립전쟁에서 자신이 했던 역할을 인식함으로써 스스로를 위로했다.

---

n. **빵 한 덩이**

926 **loaf**
□□□ [louf]

수능·평가원 기출횟수 3
EBS 기출횟수 10

They had to guess which **loaf** contained the usual amount of salt, 10% less or 20% less. *024305문단요약

그들은 흔히 들어가는 만큼의 소금이 함유된 빵과 10% 적게 들어간 빵과 20% 적게 들어간 빵이 어느 것인지를 추측해야 했다.

---

ad. **농담으로**

927 **playful**
□□□ [pléifəl]

수능·평가원 기출횟수 3
EBS 기출횟수 10

playful¹ playfully²

After dinner, Arthur wanted Jack to pay, but Jack said, **playfully**, that he wouldn't because Arthur was responsible for the accident. *961603내용일치

식사 후에, 아더는 잭이 돈을 내길 바랐지만 잭은 농담으로 아더가 그 사고에 책임이 있으므로 자신이 낼 수 없다고 말했다.

---

n. **점멸** *v.* **깜빡거리다**

928 **blink**
□□□ [bliŋk]

수능·평가원 기출횟수 3
EBS 기출횟수 10

blink¹ blinking²

A seeing-deaf person utilizes a **blinking**-light unit, with the duration of the light **blink** indicating a short or long sound—a dot or dash. *07(9)3703내용일치

시각 장애가 없는 청각 장애인들은 빛의 점멸이 짧은 음과 긴 음, 즉 점과 대시를 나타내는 점멸식 장치를 이용한다.

929 stubborn

□□□ [stʌ́bərn]

수능·평가원 기출횟수 3

EBS 기출횟수 10

a. 완고한, 고치기 힘든

stubborn¹ stubbornly¹ stubbornness¹

Instead, he had always focused on the **stubborn** belief that writing a book was too big a project. *06(9)49-5005장문독해

대신에 그는 책을 쓴다는 것은 너무나 큰일이라는 완고한 생각에 집중하고 있었던 것이다.

930 tease

□□□ [ti:z]

수능·평가원 기출횟수 2

EBS 기출횟수 11

laugh at 08 • 98 •
11⁹ • 10⁶ • 06⁹ • 03⁹
mock EBS12 • EBS10
ridicule 11

v. 놀리다, 당기다, 괴롭히다

tease⁰ teased²

After our session was over, he **teased** me saying, "Wow, you look like you're 11." *051903지칭추론

인터뷰 시간이 끝난 후 그는 "오, 당신은 11살처럼 보여요."라고 나를 놀려댔다.

TIP 놀리는 것과 관련된 표현들 정리해 봅시다. laugh at '비웃다', mock '(흉내를 내며) 조롱하다, 놀리다', ridicule '(의식적으로) 비웃다, 조롱하다' 등이 있습니다.

931 deterioration

□□□ [ditìəriəréiʃən]

수능·평가원 기출횟수 2

EBS 기출횟수 11

n. 악화, 하락

Overgrazing of livestock resulted in further **deterioration** of the soil. *122808빈칸완성

지나친 가축방목은 더 심한 토질 악화를 낳았다.

932 mindful

□□□ [máindfəl]

수능·평가원 기출횟수 2

EBS 기출횟수 11

a. ~에 유념하는, ~을 염두에 두는, 주의하는

mindful¹ mindlessly¹

It is important to be **mindful** about every single aspect of purchasing food. *083406글의주제

식품을 구입하는 데 있어서 하나하나 모든 면에 주의를 기울이는 것이 중요하다.

932-1 □□□ **mindlessly** *ad.* 분별없이, 어리석게 ¹³

v. 우회시키다

933 **divert**
□□□ [divə́:rt]
수능·평가원 기출횟수 2
EBS 기출횟수 11

divert¹ diversion¹

Efforts to assist him in his struggles, while well intentioned, may **divert** him from seeking and eventually finding the solution that will serve him best. *152106글의주제

선의라 하더라도, 그 아이가 힘들어할 때 도와주려고 노력하게 되면, 그가 자신에게 가장 도움이 될 해결책을 모색해 마침내 찾아내는 것을 우회시킬 수 있다.

933-1 □□□ **diversion**　　　　　　　　n. 기분 전환 08⁶

a. 움직이지 않는, 정지한

934 **stationary**
□□□ [stéiʃənèri]
수능·평가원 기출횟수 2
EBS 기출횟수 11

If you are **stationary**, you are not accelerating. *12(6)4205글의제목

만약 당신이 정지한 상태라면, 당신은 가속하고 있지 않는 것이다.

n. 구두점, 구두법

935 **punctuation**
□□□ [pʌŋktʃuéiʃən]
수능·평가원 기출횟수 2
EBS 기출횟수 11

punctuation¹ punctuated¹

A nickname can be anything from numbers and **punctuation** to a highly personal or expressive name.

*09(9)4202글의제목

별명은 숫자와 구두점에서부터 대단히 개인적이고 묘사적인 이름에 이르기까지 어떤 것이라도 가능하다.

935-1 □□□ **punctuate**　　　　　v. 간간히 끼어들다. 15
　　　　　　　　　　　　　　(문장에) 구두점을 찍다. 중단시키다

ad. 엄청나게

936 **outrageously**
□□□ [autréidʒəsli]
수능·평가원 기출횟수 2
EBS 기출횟수 11

outrageously¹ outraged¹

I longed for a world away from what I knew and **outrageously** outside my means. *12(9)46-4803장문배열

나는 내가 알고 있었던 것으로부터 엄청나게 멀리 떨어진, 나의 수단 바깥 저편에 있는 세상을 염원했다.

936-1 □□□ **outrage**　n. 격분, 격노　v. 격분(격노)하게 만들다 15

937 **optical**
□□□ [áptikəl]

수능·평가원 기출횟수 2

EBS 기출횟수 11

a. **시각적인, 눈의, 광학의**

Berendt points out that there are few 'acoustical illusions' while there are many **optical** illusions. *153006내모어회

Berendt는 시각적 착각은 많지만 '청각적 착각'은 거의 없다는 것을 지적한다.

938 **scoop**
□□□ [sku:p]

수능·평가원 기출횟수 2

EBS 기출횟수 11

n. **한 숟갈** *v.* **뜨다, 파다**

scoop¹ scooped¹

The woman **scooped up** lots of meat for me. *07(6)49-5012장문독해

그 여자는 나에게 많은 고기를 퍼 주었다.

> TIP scoop의 숙어 형태로 scoop up이 있습니다. 뜻은 '퍼 올리다'입니다. 일반적으로 up을 함께 쓰면 강조의 느낌이 있습니다.

939 **theft**
□□□ [θeft]

수능·평가원 기출횟수 2

EBS 기출횟수 11

n. **절도**

Auto makers, alarm installers, insurers, police, and the biggest experts of all, car thieves, all agree that alarms do nothing to stop **theft**. *072904밀자주장

자동차 제조업자, 경보장치 설치자, 보험업자, 경찰, 그리고 이 모든 사람들 중 최고의 전문가인 자동차 절도범들 모두 경보장치가 절도를 막는 데 아무런 역할도 못한다는 데 동의한다.

940 **barter**
□□□ [bá:rtər]

수능·평가원 기출횟수 2

EBS 기출횟수 11

v. **물물교환하다**

The **barter** system worked well until people started to move about more and to greater distances. *984505전후추론

물물교환 제도는 사람들이 더 많이, 더 먼 거리까지 돌아다니기 시작할 때까지는 성공적이었다.

---

941 **pirate**
□□□ [páiərət]

수능·평가원 기출횟수 1
EBS 기출횟수 12

n. 해적

pirate⁰ pirates¹

Pirates robbed him of all his goods, including a consignment of pearls, and of his own clothes. *133303내용일치

해적들은 진주 위탁판매품을 포함한 그의 모든 물건과 그의 옷을 그에게서 약탈했다.

---

942 **rag**
□□□ [ræg]

수능·평가원 기출횟수 1
EBS 기출횟수 12

n. 걸레, 넝마, 해진 조각

A ripped T-shirt might be rescued from the dust **rag** bin. *123305내모어휘

찢어진 티셔츠는 걸레통에서 꺼내어질 수 있다.

---

943 **rustle**
□□□ [rʌ́səl]

수능·평가원 기출횟수 1
EBS 기출횟수 12

v. 바스락거리다

rustle⁰ rustles¹

A soft breeze gently **rustles** the tall clover blossoms, not disturbing the bees gathering nectar from them. *963105분위기

부드러운 미풍이 꽃에서 꿀을 모으는 벌을 방해하지 않고 부드럽게 키 큰 클로버 꽃을 스친다.

---

944 **eloquent**
□□□ [éləkwənt]

수능·평가원 기출횟수 1
EBS 기출횟수 12

a. 설득력있는, 웅변을 잘하는, 유창한

We need more science writing that is clear, wise and **eloquent**. *12(9)2403빈칸완성

우리는 명료하고, 슬기로우며 설득력이 있는 더 많은 과학 관련 글이 필요하다.

945 **robe**
□□□ [roub]

수능·평가원 기출횟수 **1**
EBS 기출횟수 **12**

n. 옷, 법복, 예복

Every now and then she says, "Harold, go and put on a **robe**."

*05(6)3006네모어법

가끔 엄마는 "Harold, 가서 옷을 입어요." 라고 말한다.

946 **alcoholic**
□□□ [æ̀lkəhɔ́:lik]

수능·평가원 기출횟수 **1**
EBS 기출횟수 **12**

a. 알코올이 든, 술의 n. 알코올 중독자

It was used by the ancients to make a medical beverage called "mead," a mixture of honey with wine and other **alcoholic** drinks.

*05(6)2602내용일치

그것은 옛날 사람들이 꿀을 포도주와 다른 알코올이 든 음료와 혼합한 '꿀술'이라 불리는 의료용 음료를 만드는데 사용되었다.

947 **nominate**
□□□ [námənèit]

수능·평가원 기출횟수 **1**
EBS 기출횟수 **12**

v. 지명하다

You can **nominate** a friend as well as yourself for this award.

*10(6)12듣기

이 수상을 위해서 자신 뿐만 아니라 친구를 지명할 수 있습니다.

948 **overhead**
□□□ [óuvərhéd]

수능·평가원 기출횟수 **1**
EBS 기출횟수 **12**

ad. 머리 위로, 상공에

Imagine the Titanic floating **overhead**.

*13(9)3601내용일치

상공에 떠있는 Titanic을 상상해보라.

n. 마차, 객차, 운반

949 **carriage**

□□□ [kǽridʒ]

수능·평가원 기출횟수 1

EBS 기출횟수 12

carriage⁰ carriages¹

How about riding in one of those **carriages**? *'07(9)01듣기

이 마차들 중 하나를 타고 가는 것은 어때?

v. 박살내다, 세게 때리다

950 **smash**

□□□ [smæʃ]

수능·평가원 기출횟수 1

EBS 기출횟수 12

smash⁰ smashing¹

Getting no response to their knocks, two firemen immediately began **smashing** down the door with axes. *'04(6)2903밑줄어법

노크 소리에 반응이 없자 두 소방관은 즉시 도끼로 문을 부수기 시작했다.

v. 구부려 집어넣다, 끼우다

951 **tuck**

□□□ [tʌk]

수능·평가원 기출횟수 1

EBS 기출횟수 12

tuck⁰ tucked¹

Zukerman complimented the artist, then picked up his own violin, **tucked** it under his chin, and paused for a long moment. *'12(6)4105글의제목

Zukerman은 그 음악가의 연주를 칭찬하고, 자신의 바이올린을 집어 들고, 그것을 턱에 끼우고, 그리고 오랫동안 가만히 있었다.

v. 고정시키다

952 **fasten**

□□□ [fǽsn]

수능·평가원 기출횟수 6

EBS 기출횟수 6

fasten² fastened³ fastening¹

The heel of the cross-country boot is not **fastened** to the ski. *'10(6)3008밑줄어휘

크로스-컨트리 장화(boot)의 뒤꿈치는 스키에 고정되어 있지 않다.

953 **retrospect**
□□□ [rétrəspèkt]

수능·평가원 기출횟수 6

EBS 기출횟수 6

EBS14 · EBS12 · EBS11

n. 회상, 회고 *v.* 회상하다, 회고하다

retrospect⁵ retrospection¹

In retrospect, they probably made a poor choice. *153104빈칸완성

돌이켜 생각해 보면, 그들은 아마 좋지 못한 선택을 했을 것이다.

TIP EBS에서는 in retrospect '돌이켜 생각해 보면'의 형태로만 출제 되었습니다.

953-1 □□□ **retrospection** *n.* 회상 ¹¹⁹

---

954 **dizzy**
□□□ [dízi]

수능·평가원 기출횟수 5

EBS 기출횟수 7

nausea EBS13 · EBS11 · EBS10
vomit 11 · 05⁹
dehydration EBS13 · EBS11

a. 어지러운

dizzy³ dizziness²

I feel **dizzy** in this elevator. *09(9)14듣기

나는 엘리베이터 안에서 어지러움을 느낀다.

TIP 어지러운 증상과 관련된 표현들 정리해 봅시다. 어지러움이 계속되면 메스껍고 그러다가
토하면 탈수증세까지 나타나겠지요.
순서대로 정리하면 nausea '메스꺼움', vomit '토하다', dehydration '탈수'입니다.

954-1 □□□ **dizziness** *n.* 현기증, 아찔함 ¹⁰

---

955 **stride**
□□□ [straid]

수능·평가원 기출횟수 4

EBS 기출횟수 8

n. 발걸음, 진전 *v.* 성큼성큼 걸어가다

stride¹ strides² strode¹

He did not turn and he **strode** on as if he had heard nothing.

*11(6)2005밑줄어법

그는 돌아보지 않고, 아무 소리도 듣지 못한 것처럼 계속 걸었다.

He and his team, with video cameras in hand, measured the
length of their **strides**. *153902문장삽입

그와 그의 팀은 손에 비디오카메라를 들고 그들의 보폭을 측정했다.

In my experience, most people are far more productive in the
morning, but there are those who differ and **hit their stride**
later in the day. *12(6)2207필자주장

내 경험으로는 대부분의 사람들이 아침에 훨씬 더 활력이 넘치지만, 때로는 오후 더
늦은 시간이 돼서야 본래의 컨디션을 되찾는 사람들이 있다.

TIP '본래의 컨디션을 되찾다'의 의미로 hit one's stride로 쓰는데 여기서 hit은 strike 또는
get into로 바꿔쓸 수 있습니다.

n. **자비**

956 **mercy**
□□□ [mə́ːrsi]

수능·평가원 기출횟수 **4**

EBS 기출횟수 **8**

mercy¹ merciful¹ mercifully¹ mercilessly¹

Humans are **at the mercy of** the forces of nature. *11(9)29빈칸완성 보기

인간은 자연의 힘 앞에서 속수무책이다.

TIP at the mercy of는 '~앞에서, 속수무책인, ~의 마음대로'란 뜻을 지닌 숙어입니다.

956-1 □□□ **merciful** *a.* 자비로운 ⁰⁵
956-2 □□□ **mercilessly** *ad.* 잔인하게, 무자비하게 ⁰⁸⁶

n. **글, 제사, 명문**

957 **inscription**
□□□ [inskrípʃən]

수능·평가원 기출횟수 **4**

EBS 기출횟수 **8**

inscription³ inscribed¹

The church building, as the **inscription** above the western
entrance tells us, dates from 1851. *12(9)3702내용일치

그 교회 건물은 서쪽 입구 위에 새겨진 글이 우리에게 말해 주듯이 1851년부터이다.

957-1 □□□ **inscribe** *v.* 새기다, 쓰다 ¹³⁶

n. **우정, 교제, 동료애**

958 **companionship**
□□□ [kəmpǽnjənʃip]

수능·평가원 기출횟수 **4**

EBS 기출횟수 **8**

We breed dogs for **companionship**, sport and appearance. *05(9)44-4503장문배열

우리는 교제, 운동과 겉치레을 위해 개들을 기른다.

n. **적성**

959 **aptitude**
□□□ [ǽptitùːd]

수능·평가원 기출횟수 **4**

EBS 기출횟수 **8**

aptitude³ aptitudes¹

We should test our children's **aptitudes** in various subject
areas during their last year of elementary school. *0646-4802장문독해

우리는 초등학교 마지막 학년 동안 다양한 교과 영역에서 아이들의 적성을 테스트해야
한다.

960 **doom**
☐☐☐ [du:m]

수능·평가원 기출횟수 3

EBS 기출횟수 9

n. 운명, 파멸 *v.* ~할 운명이다

doom¹ doomed²

There is no possibility of migrating or of storing food for the winter, which must seem to promise equally certain **doom** to a bird or bear. *12(6)2306문장삭제

철따라 이동할 수도, 겨울을 대비해서 음식을 저장할 수도 없는데 그런 것은 새와 곰에게는 분명 똑같이 어떠한 운명을 약속하는 것처럼 보임에 틀림없다.

Print-oriented novelists seem **doomed** to disappear, as electronic media and computer games are becoming more influential. *053002글의주제

전자 매체와 컴퓨터 게임이 더 영향력을 갖게 됨에 따라 인쇄 지향적인 소설가들은 사라질 운명에 처한 것처럼 보인다.

TIP 주로 to와 함께 쓰이는 데 이때 to는 전치사와 to부정사 둘 다 가능합니다. 대표적으로 doom to '~하도록 운명짓다', be doomed to '~할 운명이다'로 쓰입니다.

961 **enlighten**
☐☐☐ [enláitn]

수능·평가원 기출횟수 3

EBS 기출횟수 9

v. 계몽하다

enlighten¹ enlightened²

It was this **enlightened** attitude that enabled Anguissola to earn her own living as a portrait painter in the Spanish court. *11(6)3704내용일치

바로 이런 계몽된 태도 덕분에 Anguissola는 스페인 궁중의 초상화가로서 생계비를 벌 수 있었다.

962 **banner**
☐☐☐ [bǽnər]

수능·평가원 기출횟수 3

EBS 기출횟수 9

n. 현수막

banner² banners¹

I need to hang a **banner** on the gate. *15(6)10듣기

나는 대문에 현수막을 걸어야 돼.

963 **wither**
☐☐☐ [wíðər]

수능·평가원 기출횟수 3

EBS 기출횟수 9

v. 시들다, 약해지다

They finally **wither** after the new leaves have taken over. *13(6)3105네모어휘

그것들은 새로운 잎들이 자라서 자리를 잡은 후에는 마침내 시들게 된다.

n. 한숨 *v.* 한숨을 쉬다

964 **sigh**
□□□ [sai]

수능·평가원 기출횟수 2

EBS 기출횟수 10

With a **sigh**, she climbed breathlessly up the stairs. *04(9)2803밑줄어법

한숨과 함께, 그녀는 계단을 숨차하며 올랐다.

v. (가구를)비치하다, 준비하다

965 **furnish**
□□□ [fə́ːrniʃ]

furnish¹ furnishing¹

수능·평가원 기출횟수 2

EBS 기출횟수 10

The events of the Crimean War and lack of funds delayed the
furnishing of the church. *12(9)3706내용일치

크림반도 전쟁과 자금부족이라는 사건들이 그 교회의 비품 비치를 지연시켰다.

North American parents typically **furnish** a room as the
infant's sleeping quarters. *102101네모어법

북미의 부모들은 일반적으로 아기의 침실로써 방 하나를 준비한다.

a. 널찍한, 넓은, 훤히 트인

966 **spacious**
□□□ [spéiʃəs]

수능·평가원 기출횟수 2

EBS 기출횟수 10

The camp has excellent camp leaders and great facilities,
including **spacious** cabins and wireless Internet access.

*15(6)11듣기

캠프는 훌륭한 캠프 리더와 널찍한 객실과 무선 인터넷 접근성을 포함한 좋은 시설을
갖고 있어야 한다.

Basic

주어진 단어의 뜻을 우리말로 쓰세요.

1. sigh _____
2. overhead _____
3. carriage _____
4. smash _____
5. stride _____
6. spacious _____
7. mercy _____
8. inscription _____
9. stubborn _____
10. wither _____

11. divert _____
12. barter _____
13. banner _____
14. mindful _____
15. doom _____
16. enlighten _____
17. loaf _____
18. blink _____
19. nominate _____
20. deterioration _____

Advanced

다음 문장에 들어갈 적절한 형태의 단어를 쓰세요.

1. For years both Langer and her mother had **m**_____ followed this routine.
   수년간 Langer와 그녀의 어머니는 분별없이 이 일을 따라 했던 것이다. *131910밑줄추론

2. Long track records of success are **p**_____ by slips, slides, and mini-turnarounds.
   오랜 동안의 성공 실적이 작은 실수, 저하 그리고 아주 작은 변경에 의해서 중단된다. *151802글의요지

3. He did not turn and he **s**_____ on as if he had heard nothing.
   그는 돌아보지 않고, 아무 소리도 듣지 못한 것처럼 계속 걸었다. *11(6)2005밑줄어법

4. Right away, the **m**_____ gods changed him into a creature having all the new features.
   자비로운 신들이 즉시 그를 그 모든 새로운 특징들을 가진 동물로 바꾸었다. *052902빈칸완성

5. Upon close inspection, one could see that the pieces had been individually **i**_____ with some marks.
   자세하게 조사하면 그 작품에 있는 몇 개의 표식이 개별적으로 새겨져 있다는 것을 볼 수 있다.

   *13(6)46-4809장문배열

v. 쾅 치다 *n.* 쾅 하는 소리

967 **bang**
□□□ [bæŋ]

수능·평가원 기출횟수 2

EBS 기출횟수 10

bang⁰ banged¹ banging¹

I took a few steps and **banged** my knee on the coffee table.

*12(6)46-4823장문독해

나는 몇 걸음을 걸었고 커피 테이블에 무릎을 부딪쳤다.

n. 법률 제정, 입법

968 **legislation**
□□□ [lèdʒisléiʃən]

수능·평가원 기출횟수 2

EBS 기출횟수 10

The principal effect of seat belt **legislation** has been a shift in the burden of risk from those already best protected in cars, to the most vulnerable, pedestrians and cyclists, outside cars.

*134503문단요약

안전벨트 법률 제정의 주요 효과는 위험에 대한 부담이 차량 안에서 이미 가장 잘 보호받고 있는 사람들로부터 가장 취약한 사람들, 즉, 차 밖에 있는 보행자들과 자전거를 타는 사람들에게로 옮겨가는 것이었다.

v. 주장하다, 다투다

969 **contend**
□□□ [kənténd]

수능·평가원 기출횟수 2

EBS 기출횟수 10

contend¹ contends¹

My husband and I have to **contend** with radical differences between what our children think about a given situation and what we think about it.

*94(1)3005빈칸완성

남편과 나는 주어진 상황에 대해 우리 자식들이 생각하는 것과 우리가 생각하는 것 사이의 근본적인 차이점에 대해 논쟁해야 한다.

He **contends** that it is killing helpful germs and encouraging the growth of super bacteria.

*05(6)44-4504장문독해

그는 그것이 도움을 주는 세균을 죽이고 슈퍼 박테리아의 성장을 촉진한다고 주장한다.

0970 **veil**
□□□ [veil]

수능·평가원 기출횟수 2
EBS 기출횟수 10

v. 덮어 감추다

veil⁰ unveiled¹ veiling¹

A light mist lay along the earth, partly **veiling** the lower
features of the landscape. *063203분위기

옅은 안개가 보다 낮은 곳에 있는 풍경의 지형을 부분적으로 감추면서 대지를 따라
깔려 있었다.

970-1 □□□ **unveil** *v.* 덮개를 벗기다, 발표하다 ¹³⁹

0971 **spit**
□□□ [spit]

수능·평가원 기출횟수 2
EBS 기출횟수 10

v. 뱉다, 뿜어내다

spit¹ spat¹

The air pollutants that **spit** out from the car exhaust pipes
have been proven to cause cancer. *10(9)2005필자주장

자동차의 배기관에서 뿜어져 나오는 대기 오염 물질은 암을 유발한다는 것이
입증되었다.

I **spat** it out in the sink since I was sure that it was spoiled.

*07(6)3705글의요지

그것이 상한 것이라고 확신했기 때문에 나는 싱크대에 뱉어 버렸다.

TIP 구어체로 '자백하다, 솔직히 실토하다'라는 뜻도 있습니다.

0972 **postpone**
□□□ [poustpóun]

수능·평가원 기출횟수 2
EBS 기출횟수 10

v. 연기하다, 미루다

postpone¹ postponement¹

If you're not alone, simply **postpone** them for a few
moments. *04(6)2104빈칸완성

혼자 있지 않다면, 잠시 동안 그것들을 연기해라.

972-1 □□□ **postponement** *n.* 연기 ¹⁰⁹

0973 **spiral**
□□□ [spáiərəl]

수능·평가원 기출횟수 2
EBS 기출횟수 10

n. 나선(형)

The **spiral** ridges are the threads of the screw. *09(6)2903밑줄어휘

나선형 융기들이 나사못의 나사산들이다.

974 **anatomy**
[ənǽtəmi]

수능·평가원 기출횟수 2

EBS 기출횟수 10

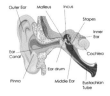

n. 해부(학), 해부학적 구조

This time the bootmaker began to criticize the **anatomy** of one of the characters.

*113605내용일치

이번에도 구두장이는 한 인물의 해부학적 구조를 비판했다.

TIP Grey's Anatomy라는 유명한 의학 드라마가 있습니다.

975 **quotation**
[kwoutéiʃən]

수능·평가원 기출횟수 2

EBS 기출횟수 10

n. 글귀, 인용(구)

Suddenly, I saw a connection between those bumpy vegetables on our table and the **quotation** on the wall.

*1046-4813장문배열

불현듯 나는 식탁 위의 울퉁불퉁한 채소들과 벽에 걸려 있던 글귀의 연관성을 깨달았다.

976 **fraud**
[frɔːd]

수능·평가원 기출횟수 2

EBS 기출횟수 10

n. 사기, 속임

fraud¹ frauds¹

Intentionally making false claims for a product is **fraud**.

*09(9)3102필자주장

상품에 대해 고의적으로 거짓 주장을 하는 것은 사기이다.

977 **lament**
[ləmént]

수능·평가원 기출횟수 1

EBS 기출횟수 11

n. 비탄, 애도   *v.* 탄식하다

lament⁰ lamented¹

The photos were beautiful but, he **lamented** afterward he felt that he had missed out on the most important first moment of his son's life.

*113204밑줄어휘

사진들은 아름다웠지만 자기 아들의 삶에서 가장 중요한 첫 번째 순간을 놓쳤다는 생각이 들었다고 나중에 그는 탄식했다.

978 **manifest**
☐☐☐ [mǽnəfèst]

수능·평가원 기출횟수 **1**
EBS 기출횟수 **11**

v. 드러내다 *a.* **분명한**

Emotional eaters **manifest** their problem in lots of different ways.
*124101글의제목

감정적으로 식사를 하는 사람들은 그들의 문제를 많은 다양한 방식으로 드러낸다.

979 **dismay**
☐☐☐ [disméi]

수능·평가원 기출횟수 **1**
EBS 기출횟수 **11**

v. **실망시키다, 낙담시키다** *n.* **실망, 낙담**

To my **dismay**, the other team scored three runs.
*963403밑줄추론

실망스럽게도 상대팀은 3점을 얻었다.

980 **haul**
☐☐☐ [hɔ:l]

수능·평가원 기출횟수 **1**
EBS 기출횟수 **11**

v. **나르다, 끌다**

One gallon of diesel fuel will **haul** about four times as much by rail as by truck.
*974008내용일치

디젤 연료 1갤런으로 열차로 운송하는 것은 트럭이 운송하는 것의 4배를 운송한다.

981 **ventilate**
☐☐☐ [véntəlèit]

수능·평가원 기출횟수 **1**
EBS 기출횟수 **11**

v. **환기하다**

I think that in this age of progress, it ought to be possible to find a way to **ventilate** the subway at a cost within the city's budget.
*94(2)2404글의목적

나는 이와 같은 발전의 시대에는 시 예산 내 비용에서 지하철 환기 방법을 찾을 수 있어야만 한다고 생각했다.

v. 억제하다

982 **curb**
□□□ [kə:rb]

수능·평가원 기출횟수 1

EBS 기출횟수 11

To say that we need to **curb** anger and our negative thoughts and emotions does not mean that we should deny our feelings.

*132301빈칸완성

우리가 분노와 우리의 부정적인 생각과 감정을 억제할 필요가 있다고 말하는 것은 우리의 감정을 부정해야 함을 의미하지는 않는다.

n. 난관, 허들

983 **hurdle**
□□□ [hə́:rdl]

수능·평가원 기출횟수 1

EBS 기출횟수 11

hurdle⁶ hurdles¹

They can be used to overcome specific **hurdles** when developing good singing techniques.

*11(9)03듣기

그들은 좋은 노래 기법을 발전시킬 때 특정 난관을 극복하는 데에도 사용된다.

v. 알리다, 나누어 주다

984 **impart**
□□□ [impá:rt]

수능·평가원 기출횟수 1

EBS 기출횟수 11

For a substantial fee, they would **impart** their knowledge to their clients.

*11(9)2005밑줄어법

상당한 액수의 비용을 받고, 그들은 자신들의 지식을 고객들에게 알려주곤 했다.

n. 물품 목록, 재고품

985 **inventory**
□□□ [ínvəntò:ri]

수능·평가원 기출횟수 1

EBS 기출횟수 11

When the supply of a manufactured product exceeds the demand, the manufacturer cuts back on output, and the merchant reduces **inventory** to balance supply and demand.

*15(9)2902밑줄어휘

어떤 공산품의 공급이 수요를 초과하면, 수요와 공급의 균형을 맞추기 위해 제조자는 생산량을 줄이고 상인은 재고를 줄인다.

986 depart
□□□ [dipá:rt]

수능·평가원 기출횟수 6
EBS 기출횟수 5

v. 출발하다, 그만두다

The boy finished, paid the cashier, and **departed**. *083010심경

그 소년은 다 끝내고, 계산원에게 돈을 지불하고 떠났다.

986-1 □□□ departure   *n.* 출발, 벗어남 07·05·97 15⁹·05⁹

---

987 clap
□□□ [klæp]

수능·평가원 기출횟수 4
EBS 기출횟수 7

v. 박수갈채를 보내다

clap⁰ clapped¹ clapping³

Mr. Grey was **clapping** his hands to mark the rhythm when he heard the town emergency siren. *14(9A)43-4501장문독해

Grey 선생님이 시의 비상 사이렌 소리를 들었을 때, 리듬을 표시하기 위해 손벽을 치고 있었다.

---

988 slam
□□□ [slæm]

수능·평가원 기출횟수 4
EBS 기출횟수 7

v. 쾅 닫다, 세게 내던지다

slam⁰ slammed² slamming²

As he carefully took a step inside, the door **slammed** shut. *11(9)2404심경

그가 조심스럽게 안으로 한 발짝 들어가자 문은 세게 닫혔다.

He began to go downhill, complaining about the game, screaming at himself, and **slamming** his racket. *11(6)1903밑줄추론

그는 아래로 내려가서 경기에 대해 투덜대고 혼자 소리를 내지르고 라켓을 내던져 버렸다.

---

989 prophecy
□□□ [práfəsi]

수능·평가원 기출횟수 4
EBS 기출횟수 7

n. 예언

prophecy² prophecies¹ prophetic¹

To do a scientific study of dream **prophecy**, we would need to establish some base of how commonly coincidental correspondences occur between dream and waking reality. *1249-5011장문독해

꿈의 예언을 과학적으로 연구하기 위해서는 꿈과 깨어있는 현실 사이에서 우연의 일치가 얼마나 흔하게 발생하는 지에 대한 토대를 확립할 필요가 있을 것이다.

n. 오락, 취미, 소일거리

990 **pastime**
□□□ [pǽstàim]

수능·평가원 기출횟수 4

EBS 기출횟수 7

pastime³ pastimes¹

Activities, friends, and **pastimes** may cause some difficulties in your performing the real job at hand.   *08(6)2203밑줄어법

활동, 친구, 그리고 오락 등은 코앞에 닥친 실질적인 일을 수행하는데 약간의 어려움을 야기할 수 있다.

a. 무보수의

991 **unpaid**
□□□ [ʌnpéid]

수능·평가원 기출횟수 4

EBS 기출횟수 7

In 1998, the number of **unpaid** workers decreased, compared to the previous year.   *04(6)4204도표

1998년에 무보수 노동자의 수가 전년도에 비교해서 줄어들었다.

a. 청각의, 음향의

992 **acoustic**
□□□ [əkúːstik]

수능·평가원 기출횟수 4

EBS 기출횟수 7

acoustic³ acoustics¹

According to McLuhan, television is fundamentally an **acoustic** medium.   *094102글의제목

McLuhan에 의하면, 텔레비전은 근본적으로 청각 매개체이다.

n. 소포, 꾸러미

993 **parcel**
□□□ [páːrsəl]

수능·평가원 기출횟수 4

EBS 기출횟수 7

Please deliver the **parcel** to my office sometime later.   *07(9)17듣기

나중에 그 소포를 내 사무실에 배달해 주세요.

a. 황량한

994 **barren**
□□□ [bǽrən]

수능·평가원 기출횟수 3

EBS 기출횟수 8

Wind blew across the **barren** landscapes. *122807빈칸완성
바람이 황량한 풍경을 가로질러 불었다.

n. 정상, 정상 회담

995 **summit**
□□□ [sʌ́mit]

수능·평가원 기출횟수 3

EBS 기출횟수 8

I am the two hundred and ninth person to stand on the **summit** of Mount Everest. *10(6)2906심경
나는 에베레스트산의 정상에 오른 209번째 사람이다.

a. 유명한, 잘 알려진

996 **renowned**
□□□ [rináund]

수능·평가원 기출횟수 3

EBS 기출횟수 8

According to a **renowned** French scholar, the growth in the size of human populations was the driving force in the evolution of science. *153301빈칸완성
한 유명한 프랑스 학자에 따르면, 인구의 규모의 증가가 과학 발전의 추진력이었다고 한다.

n. 한기 *v.* 춥게 하다, 낙담시키다

997 **chill**
□□□ [tʃil]

수능·평가원 기출횟수 3

EBS 기출횟수 8

chill² chilled¹

I was about 150 yards off the beach, when I felt a sudden **chill** in the air followed by an uncomfortable stillness. *122304심경
바닷가에서 약 150야드 떨어져 있었을 때, 나는 갑자기 공기 중에서 갑작스런 한기를 느꼈고 그 뒤에 불안한 정적이 이어졌다.

Inexperienced students are **chilled** to find themselves in the same class with students whose articles have appeared in the college newspaper. *11(6)3004필자주장
경험이 없는 학생들은 자신들의 기사가 대학신문에 실린 학생들과 같은 교실에 있는 자신들을 발견하고서는 낙담하게 된다.

315

ad. 큰 소리로

998 **aloud**
□□□ [əláud] 수능·평가원 기출횟수 3
EBS 기출횟수 8

She read street signs and billboards **aloud**. *12(6)46-4819상문독해
그녀는 거리간판들과 광고판을 큰 소리로 읽었다.

n. 국경지역, 경계선, 미개척 영역

999 **frontier**
□□□ [frʌntíər]
수능·평가원 기출횟수 3
EBS 기출횟수 8

frontier¹ frontiers²

Warming may ease extreme environmental conditions,
expanding the production **frontier**. *14B3705연결사
온난화는 생산 한계 지역을 넓히면서 극한의 환경 조건을 완화할 수도 있다.

The researchers confirmed the original finding and pushed
back the **frontiers** of knowledge. *11(9)3704내용일치
연구원들은 원래의 발견이 옳음을 확인했고 그 지식의 경계를 훨씬 더 넓혔다.

v. 붉어지다, 상기되다

1000 **flush**
□□□ [flʌʃ]
수능·평가원 기출횟수 3
EBS 기출횟수 8

flush⁰ flushed³

Although the freezing wind pounds upon me, I feel **flushed**
with warmth. *10(6)2903심경
비록 매서운 바람이 나에게 휘몰아치지만, 나는 더위로 얼굴이 달아올랐다.

The professor **flushed** and faltered. *94(1)3204밑줄추론
교수는 얼굴이 빨개지고 말을 더듬었다.

n. 정지 *v.* 멈추다, 중단시키다

1001 **halt**
□□□ [hɔːlt]
수능·평가원 기출횟수 3
EBS 기출횟수 8

That dream came to an abrupt **halt** in a photography class.
*12(9)46-4813정문배열
그 꿈은 사진 수업 시간에 갑자기 멈추었다.

a. 축축한, 습기가 많은

1002 **damp**
□□□ [dæmp]

수능·평가원 기출횟수 3
EBS 기출횟수 8

I was overcome by the smell of the stove and the **damp**, dark atmosphere.
*10(9)3102심경
나는 난로 냄새와 축축하고 어두운 분위기에 압도되었다.

Combines work in quite **damp** conditions.
*05(6)2706내용일치
콤바인은 상당히 습기가 많은 상태에서도 작동을 한다.

n. 크기, 규모

1003 **magnitude**
□□□ [mǽgnətjùːd]

수능·평가원 기출횟수 3
EBS 기출횟수 8

magnitude¹ magnitudes²

They have equal **magnitudes** and point in opposite directions.
*092903그림어휘
그들은 크기가 동일하며 서로 반대편으로 향한다.

v. 보상하다, 개정하다

1004 **amend**
□□□ [əménd]

수능·평가원 기출횟수 3
EBS 기출횟수 8

amend⁰ amends³

Making **amends** serves to repair damaged social relations and restore group harmony.
*133006밑줄어휘
보상하는 것은 손상된 사회적 관계를 바로잡고 집단의 화합을 회복하는 역할을 한다.

a. 연극의

1005 **theatrical**
□□□ [θiǽtrikəl]

수능·평가원 기출횟수 3
EBS 기출횟수 8

theatrical¹ theatergoers²

The oldest **theatrical** history
*09(9)23빈칸완성 보기
가장 오래된 연극의 역사

_v._ 우연히 듣다, 엿듣다

1006 **overhear**
□□□ [òuvərhíər]

수능·평가원 기출횟수 2
EBS 기출횟수 9

overhear⁰ overheard²

A woman approached them and **overheard** my friend's wife say, "I can't believe how beautiful this is." *1049-5002장문독해

한 여자가 그들에게 다가왔고 내 친구의 아내가 하는 말을 우연히 들었다. "얼마나 아름다운지 믿을 수 없을 정도야."

_v._ 즉흥 연주하다

1007 **improvise**
□□□ [ímprəvàiz]

수능·평가원 기출횟수 2
EBS 기출횟수 9

improvise¹ improvisations¹

In jazz, on the contrary, the performers often **improvise** their own melodies. *072706빈칸완성

반면에, 재즈에서는 공연을 하는 사람들이 종종 자신들의 멜로디를 즉석에서 만든다.

1007-1 □□□ **improvisation** _n._ 즉석에서 하기 ⁰⁷

_v._ 탐닉하다, 마음껏 하다

1008 **indulge**
□□□ [indʌ́ldʒ]

수능·평가원 기출횟수 2
EBS 기출횟수 9

Some people may **indulge** fantasies of violence by watching a film. *154006문단요약

어떤 사람들은 영화를 보면서 폭력에 대한 공상을 충족시킬지 모른다.

Basic

주어진 단어의 뜻을 우리말로 쓰세요.

1. depart	_____	**11.** postpone	_____
2. damp	_____	**12.** dismay	_____
3. bang	_____	**13.** indulge	_____
4. overhear	_____	**14.** halt	_____
5. manifest	_____	**15.** curb	_____
6. flush	_____	**16.** summit	_____
7. chill	_____	**17.** renowned	_____
8. anatomy	_____	**18.** prophecy	_____
9. quotation	_____	**19.** spit	_____
10. impart	_____	**20.** veil	_____

Advanced

다음 문장에 들어갈 적절한 형태의 단어를 쓰세요.

1. He **c**_____ that it is killing helpful germs and encouraging the growth of super bacteria.

그는 그것이 도움을 주는 세균을 죽이고 슈퍼 박테리아의 성장을 촉진한다고 주장한다. *05(6)44-4504장문독해

2. The air pollutants that **s**_____ out from the car exhaust pipes have been proven to cause cancer.

자동차의 배기관에서 뿜어져 나오는 대기 오염 물질은 암을 유발한다는 것이 입증되었다. *10(9)2005필자주장

3. Before **d**_____, you will be required to provide your tour leader with a copy of your insurance policy.

출발하기 전에, 당신은 당신의 관광 담당자에게 보험 증권의 사본을 제출하도록 요구받을 것이다.

*073204글의주제

4. As he carefully took a step inside, the door **s**_____ shut.

그가 조심스럽게 안으로 한 발짝 들어가자 문은 세게 닫혔다. *11(9)2404심경

5. I was about 150 yards off the beach, when I felt a sudden **c**_____ in the air.

바닷가에서 약 150야드 떨어져 있었을 때, 나는 갑자기 공기 중에서 갑작스런 한기를 느꼈다. *122304심경

Theme Analysis

No.	확인	단어	뜻	EBS 총빈도	EBS 교재수	기출형태
208	□□□	clockwise	*a.* 시계방향인 *ad.* 시계방향으로	12	6	
209	□□□	lighthouse	*n.* 등대	12	6	lighthouse[7] lighthouses[5]
210	□□□	quota	*n.* 한도, 몫	12	6	quota[10] quotas[2]
211	□□□	electron	*n.* 전자	12	6	electron[0] electrons[12]
212	□□□	chirp	*v.* 짹짹 소리내다 *n.* 짹짹 소리	12	5	chirp[2] chirped[1] chirping[3] chirps[6]
213	□□□	abbreviation	*n.* 축약형	12	4	abbreviation[1] abbreviations[11]
214	□□□	foil	*n.* 포장지, 포일	12	3	
215	□□□	theorem	*n.* (수학에서의)정리	12	2	
216	□□□	offset	*v.* 상쇄하다	11	14	
217	□□□	wrinkle	*n.* 주름	11	11	wrinkle[2] wrinkled[3] wrinkles[4] wrinkling[2]
218	□□□	moist	*a.* 축축한, 습한	11	10	
219	□□□	refrain	*v.* 삼가다	11	10	refrain[8] refrained[1] refrains[2]
220	□□□	bundle	*n.* 묶음, 꾸러미 *v.* (몸을 옷에)따뜻하게 감싸다	11	10	bundle[7] bundled[1] bundles[2] bundling[1]
221	□□□	epidemic	*n.* 유행병	11	10	epidemic[6] epidemics[5]
222	□□□	entity	*n.* 독립체	11	10	entity[6] entities[5]
223	□□□	founder	*n.* 창립자	11	10	founder[5] founders[6]
224	□□□	mow	*v.* 깎다, 베다	11	10	mow[4] mowed[2] mowing[3] mown[2]
225	□□□	swap	*v.* 바꾸다, 나누다	11	10	swap[5] swapped[4] swapping[2]
226	□□□	erect	*v.* 건립하다 *a.* 똑바로 선	11	10	erect[4] erected[6] erecting[1]
227	□□□	rumble	*n.* 우르렁 거리는 소리	11	10	rumble[4] rumbled[1] rumbling[6]
228	□□□	scrape	*v.* 문지르다, 비비다	11	10	scrape[4] scraped[3] scrapes[2] scraping[2]
229	□□□	chunk	*n.* 덩어리	11	10	chunk[2] chunks[9]
230	□□□	burial	*n.* 매립, 매장	11	9	
231	□□□	incidence	*n.* 발생률, 발생 빈도	11	9	
232	□□□	transparent	*a.* 투명한	11	9	
233	□□□	fleet	*n.* 함대	11	9	fleet[9] fleets[2]
234	□□□	bold	*a.* 용감한, 대담한, 선명한, 굵은	11	9	bold[8] bolder[2] boldest[1]
235	□□□	transplant	*v.* 옮겨 심다, 이주시키다	11	9	transplant[4] transplanted[5] transplants[2]
236	□□□	cluster	*n.* 무리, 송이	11	9	cluster[4] clustering[1] clusters[6]
237	□□□	stutter	*v.* 말을 더듬다	11	9	stutter[5] stuttered[2] stuttering[4]
238	□□□	plead	*v.* 애원하다, 답변하다	11	9	plead[1] pleaded[4] pleading[6]
239	□□□	questionable	*a.* 의심스러운	11	8	
240	□□□	juvenile	*n.* 소년소녀, 아동	11	8	juvenile[8] juveniles[3]
241	□□□	ailment	*n.* 질병	11	8	ailment[6] ailments[5]
242	□□□	venue	*n.* 장소	11	8	venue[4] venues[7]

No.	확인	단어	뜻	EBS 총빈도	EBS 교재수	기출형태
243	☐☐☐	underscore	v. 강조하다 n. 밑줄표시	11	8	underscore[3] underscores[8]
244	☐☐☐	displace	v. 대체하다	11	8	displace[2] displaced[6] displaces[1] displacing[2]
245	☐☐☐	individualize	v. 개별화하다	11	8	individualize[4] individualized[6] individualizes[1]
246	☐☐☐	shatter	v. 산산이 부수다	11	8	shatter[4] shattered[7]
247	☐☐☐	divine	a. 신성한	11	7	
248	☐☐☐	geological	a. 지질학의	11	7	
249	☐☐☐	glucose	n. 포도당	11	7	
250	☐☐☐	infrared	n. 적외선	11	7	
251	☐☐☐	insulation	n. 단열, 절연	11	7	
252	☐☐☐	introductory	a. 입문의, 소개의	11	7	
253	☐☐☐	puppet	n. 인형, 꼭두각시	11	7	
254	☐☐☐	reflective	a. 반영하는, 반사하는	11	7	
255	☐☐☐	skull	n. 두개골	11	7	skull[10] skulls[1]
256	☐☐☐	placebo	n. 위약, 속임약	11	7	placebo[7] placebos[4]
257	☐☐☐	constituent	n. 성분, 요소	11	7	constituent[6] constituents[5]
258	☐☐☐	artery	n. 동맥	11	7	artery[4] arteries[7]
259	☐☐☐	monk	n. 수도자	11	7	monk[2] monks[9]
260	☐☐☐	helplessness	n. 무력감	11	6	
261	☐☐☐	improper	a. 적당하지 않은, 부적절한	11	6	
262	☐☐☐	manure	n. 천연 비료, 거름	11	6	
263	☐☐☐	feign	v. ~을 흉내 내다	11	6	feign[1] feigned[3] feigning[3] feigns[4]
264	☐☐☐	conspicuous	a. 눈에 띄는, 특징적인	11	5	
265	☐☐☐	slang	n. 속어, 은어	11	5	
266	☐☐☐	coil	v. 감다, 휘감다	11	5	coil[10] coiled[1]
267	☐☐☐	mindset	n. 사고방식	11	4	
268	☐☐☐	chariot	n. 2륜 전차	11	4	chariot[10] chariots[1]
269	☐☐☐	void	n. 빈 공간, 공허감	11	4	void[6] voids[5]
270	☐☐☐	lear	n. 학문, 지식	11	3	
271	☐☐☐	pasteurization	n. 저온 살균	11	3	
272	☐☐☐	tardy	a. 느린, 더딘	11	3	
273	☐☐☐	memoir	n. 회고록	11	3	memoir[10] memoirs[1]
274	☐☐☐	pulley	n. 도르래	11	3	pulley[10] pulleys[1]
275	☐☐☐	pup	n. (동물의)새끼, 아동, 학생	11	3	pup[1] pups[10]
276	☐☐☐	fairtrade	a. 공정 거래의	11	1	
277	☐☐☐	adverse	a. 부정적인, 분리한	10	10	

Week 5

25 Day

1009	sip
1010	contemplate
1011	stance
1012	triple
1013	metabolism
1014	tablet
1015	linear
1016	limp
1017	blast
1018	duplicate
1019	stroll
1020	apt
1021	yearn
1022	vow
1023	shortcoming
1024	inn
1025	resilient
1026	debris
1027	thrift
1028	wreck
1029	shave
1030	shrug
1031	nostalgia
1032	zoological
1033	notation
1034	quarrel
1035	vomit
1036	contempt
1037	courtesy
1038	perfume
1039	sparkle
1040	peninsula
1041	tray
1042	skim
1043	synthetic
1044	sob
1045	riddle
1046	bullet
1047	dignity
1048	encyclopedia
1049	vapor
1050	drawback

26 Day

1051	penetrate
1052	inborn
1053	feat
1054	encompass
1055	vacancy
1056	subsidize
1057	axe
1058	configuration
1059	terrain
1060	eternal
1061	cosmic
1062	martial
1063	tradeoff
1064	pharmacy
1065	gossip
1066	overtime
1067	termination
1068	broth
1069	expel
1070	beforehand
1071	majestic
1072	comb
1073	outbreak
1074	lump
1075	introvert
1076	undo
1077	conducive
1078	sanitation
1079	decent
1080	harness
1081	assimilation
1082	thump
1083	precipitation
1084	outfit
1085	clutter
1086	standpoint
1087	airborne
1088	thanksgiving
1089	holder
1090	pore
1091	faraway
1092	screenplay

27 Day

1093	mummy
1094	peruse
1095	utmost
1096	refrigeration
1097	downsize
1098	wrongly
1099	submerge
1100	ensue
1101	irrigation
1102	strikingly
1103	blueprint
1104	itch
1105	hinge
1106	unshakable
1107	runway
1108	whatsoever
1109	glimpse
1110	cliché
1111	tan
1112	hydro
1113	bride
1114	candid
1115	ideological
1116	onstage
1117	checkout
1118	mermaid
1119	outperform
1120	adjoin
1121	fling
1122	remainder
1123	unspoken
1124	slash
1125	unused
1126	fleeting
1127	inward
1128	ferment
1129	blacken
1130	alright
1131	chant
1132	childlike
1133	sleeplessness
1134	diffusion

28 Day

1135	reconciliation
1136	sprain
1137	stationery
1138	brass
1139	patriot
1140	oval
1141	escort
1142	disbelief
1143	uniformity
1144	maneuver
1145	impede
1146	dissent
1147	geothermal
1148	dumb
1149	cargo
1150	sermon
1151	hoop
1152	outdated
1153	defy
1154	myriad
1155	compile
1156	basin
1157	scrub
1158	paste
1159	pointless
1160	bland
1161	vista
1162	scrap
1163	demoralize
1164	lace
1165	brainstorming
1166	perseverance
1167	runny
1168	mercury
1169	per capita
1170	transgenic
1171	telecommute
1172	stiffen
1173	liner
1174	hiss
1175	paddle
1176	uphold

29 Day

1177	haired
1178	embassy
1179	euphemism
1180	lifeline
1181	winding
1182	interchange
1183	abolish
1184	futile
1185	subtract
1186	stink
1187	epic
1188	utensil
1189	vend
1190	drape
1191	luncheon
1192	zip
1193	arousal
1194	warlike
1195	halve
1196	stale
1197	slum
1198	boom
1199	inland
1200	mumble
1201	elusive
1202	lease
1203	pledge
1204	cradle
1205	anecdote
1206	sabotage
1207	verdict
1208	greasy
1209	compost
1210	intrude
1211	gleam
1212	hurriedly
1213	anarchy
1214	shuffle
1215	menace
1216	jobless
1217	capitalize
1218	erroneous

30 Day

1219	aggravate
1220	pointer
1221	yearly
1222	creak
1223	gigantic
1224	naval
1225	squad
1226	pillar
1227	eligible
1228	hub
1229	equator
1230	stern
1231	unopened
1232	fruitful
1233	zeal
1234	salient
1235	downshift
1236	digitize
1237	liken
1238	overboard
1239	speechless
1240	richness
1241	parasitic
1242	fuzzy
1243	inflame
1244	whereby
1245	goody
1246	amplify
1247	hysterical
1248	bureaucracy
1249	tin
1250	homeostasis
1251	parachute
1252	tirelessly
1253	afflict
1254	chronically
1255	fishery
1256	blunt
1257	razor
1258	craze
1259	deluxe
1260	crutch

Day

v. 한 모금 마시다, 홀짝이다

1009 **sip**
□□□ [sip]

수능·평가원 기출횟수 2

EBS 기출횟수 9

sip¹ sipping¹

I sat in a corner **sipping** the soup slowly, casually listening to country fellows' chatting. *07(6)49-5013장문독해

나는 구석에 앉아서 천천히 수프를 홀짝이며, 무심하게 시골 친구들의 수다를 들었는데 그것은 흐르는 물과 같았다.

When I've said something I want my students to think about, I stop and take a **sip** of coffee. *10(9)48-5011장문배열

저는 제 학생들이 생각해보길 원하는 뭔가를 말했을 때, 말을 멈추고 커피를 한 모금 마셔요.

v. 곰곰이 생각하다

1010 **contemplate**
□□□ [kántəmplèit]

수능·평가원 기출횟수 2

EBS 기출횟수 9

contemplate¹ contemplating¹

If you got up this morning and started **contemplating** the shape of your toothbrush or questioning the meaning of toast, you probably would not make it to work. *11(6)2707빈칸완성

만약 당신이 오늘 아침 일어나서 칫솔의 형태를 곰곰이 생각하기 시작하거나 토스트의 의미에 의구심을 갖는다면 당신은 출근하지 못할 것이다.

n. 입장, 태도

1011 **stance**
□□□ [stæns]

수능·평가원 기출횟수 1

EBS 기출횟수 10

The sense of tone and music in another's voice gives us an enormous amount of information about that person, about her **stance** toward life. *153010내모어휘

상대방의 음성의 어조와 음악적 음향을 감지하는 것은 그 사람에 대해, 그 사람의 삶에 대한 태도에 대해 엄청난 양의 정보를 우리에게 준다.

v. **3배로 만들다**

1012 **triple**
□□□ [trípəl]

수능·평가원 기출횟수 1

EBS 기출횟수 10

triple⁰ tripled¹

India, once written off as a hopeless case, has almost **tripled**
its food production in the last 30 years.
*9850-5102장문독해

전에는 절망적인 경우로 기술되었던 인도는 지난 30년 동안 식량 생산을 거의 3배로
증가시켰다.

---

n. **물질대사, 신진대사**

1013 **metabolism**
□□□ [mətǽbəlìzəm]

수능·평가원 기출횟수 1

EBS 기출횟수 10

What you do in the 15 to 30 minutes after eating your evening
meal sends powerful signals to your **metabolism**.
*122501빈칸완성

저녁식사 후 15분에서 30분 이내에 여러분이 하는 행위가 여러분의 물질대사에
강력한 신호를 보낸다.

(TIP) 자주 쓰이는 표현은 아니지만 '변태'라는 뜻도 있는데 이는 동물 등이 변하는 것을
의미합니다. 괜한 오해하시면 안됩니다.

---

n. **알약, 명판**

1014 **tablet**
□□□ [tǽblit]

수능·평가원 기출횟수 1

EBS 기출횟수 10

An independent laboratory has finally uncovered a naturally
occurring substance that can be taken orally in **tablet** form.
*94(1)3101일출추론

한 독립 연구소는 마침내 알약의 형태로 먹을 수 있는 자연 발생적인 물질을 발견해
냈다.

---

a. **직선의, 선으로 된**

1015 **linear**
□□□ [líniər]

수능·평가원 기출횟수 1

EBS 기출횟수 10

Processing a TV message is much more like the all-at-once
processing of the ear than the **linear** processing of the eye
reading a printed page.
*094101글의제목

TV 메시지를 처리하는 것은 인쇄된 면을 읽는 눈의 단선적인 처리 과정보다는 귀의
일괄 처리 과정과 훨씬 더 흡사하다.

1016 **limp**
□□□ [limp]

수능·평가원 기출횟수 1
EBS 기출횟수 10

a. **기운이 없는** *v.* **다리를 절다**

limp⁰ limping¹

He's been **limping** for two days. *0402등기
그는 이틀동안 다리를 절고 있다.

1017 **blast**
□□□ [blæst]

수능·평가원 기출횟수 1
EBS 기출횟수 10

v. **폭발시키다, 솟아오르다**

Powered by three engines, which would **blast** past the current land speed record of 763 mph, set in 1997. *12(6)3804내용일치
세 개의 엔진에 의해 움직이는 그것은 1997년에 세워진 현재 지상 최고 기록인 시속 763마일을 넘어설 것이다.

1018 **duplicate**
□□□ [djúːpləkit]

수능·평가원 기출횟수 1
EBS 기출횟수 10

n. **이중, 복제품** *v.* **복제하다, 두 배로 하다**

We hear about the wonderful changes people can make in their lives, and we want to **duplicate** those results. *05(6)2804밑줄어법
우리들은 사람들이 살아가면서 이루어 낼 수 있는 놀라운 변화에 대해 듣고는 그러한 결과를 똑같이 이루어내고 싶어한다.

TIP 명사일 때[djúːpləkit], 동사일 때[djúːpləkèit]라고 발음합니다.

1019 **stroll**
□□□ [stroul]

수능·평가원 기출횟수 1
EBS 기출횟수 10

v. **이리저리 돌아다니다, 거닐다**

stroll⁰ strolling¹

He goes on to describe his daily routine of **strolling** through the village. *12(9)2106밑줄어법
그는 계속해서 마을 구석구석을 이리저리 돌아다니는 판에 박힌 일과에 대해서 기술한다.

a. **적절한, ～하는 경향이 있는**

1020 **apt**
□□□ [æpt]

수능·평가원 기출횟수 1
EBS 기출횟수 10

So-called 'Generation-Y' **is** more **apt to** take an interest in classical music.
*09(9)3804글의요지

소위 'Y세대'는 고전음악에 더 흥미를 갖는 경향이 있다.

TIP 주로 be apt to '～하는 경향이 있다, ～하기 쉽다'로 쓰입니다.

---

v. **갈망하다**

1021 **yearn**
□□□ [jəːrn]

수능·평가원 기출횟수 1
EBS 기출횟수 10

Remember most people do **yearn** for friendship, just as you do.
*07(6)1806글출추론

대부분의 사람들은 당신과 마찬가지로 우정을 진정으로 갈망하고 있다는 것을 기억하라.

---

n. **맹세, 서약** *v.* **맹세하다**

vow⁰ vows¹

1022 **vow**
□□□ [vau]

수능·평가원 기출횟수 1
EBS 기출횟수 10

Silently, I made **vows** that would keep me from sharing my mother's fate.
*13(9)48-5018정문배열

말없이 나는 나 자신을 어머니의 운명으로부터 갈라놓겠다는 맹세를 했다.

---

n. **단점**

shortcoming⁰ shortcomings¹

1023 **shortcoming**
□□□ [ʃɔːrtkʌ́miŋ]

수능·평가원 기출횟수 1
EBS 기출횟수 10

shortcomings of telecommuting
*06(6)33글의주제 보기

재택근무의 단점

1024 **inn**
☐☐☐ [in]

수능·평가원 기출횟수 1
EBS 기출횟수 10

n. 여관

A traveler came to an **inn** late at night. <small>*06(9)1801밑줄추론</small>

한 여행자가 밤 늦게 여인숙에 왔다.

1025 **resilient**
☐☐☐ [rizíliənt]

수능·평가원 기출횟수 1
EBS 기출횟수 10

a. 회복력이 있는, 탄력이 있는

They found them to be incredibly **resilient**. <small>*12(9)4204글의제목</small>

그들은 그 사람들이 믿을 수 없을 정도로 회복력이 있다는 것을 발견했다.

1026 **debris**
☐☐☐ [dəbrí:]

수능·평가원 기출횟수 1
EBS 기출횟수 10

n. 잔해, 부스러기

A fisherman caught a piece of the airship's **debris** in his net. <small>*13(9)3605내용일치</small>

어부가 그물로 그 비행선의 잔해 조각을 건져냈다.

1027 **thrift**
☐☐☐ [θrift]

수능·평가원 기출횟수 2
EBS 기출횟수 11

n. 절약

thrift⁴ thriftiness¹ thrifty¹

Without diligence and **thrift** nothing will happen, and with them everything. <small>*94(2)2103빈칸완성</small>

근면과 절약이 없다면 아무것도 일어나지 않고, 그것들이 있다면 모든 것이 가능하다.

1027-1 ☐☐☐ **thrifty**   *a.* 절약하는 ¹⁵⁹

1027-2 ☐☐☐ **thriftiness**   *n.* 절약함 ¹²⁰

n. 난파선, 잔해, 사고 v. 부수다

1028 wreck
□□□ [rek]
수능·평가원 기출횟수 5
EBS 기출횟수 5

It meant that a **wreck** or a rock was buried there. *10(9)4504문단요약

그것은 난파선이나 바위가 그곳에 묻혀 있다는 것을 의미했다.

---

n. 면도 v. 면도하다

1029 shave
□□□ [ʃeiv]
수능·평가원 기출횟수 4
EBS 기출횟수 6

shave¹ shaver² shaving¹

My husband says that, thanks to me, he can **shave** quickly. *051802지칭추론

내 남편은 내 덕택에 면도를 빨리 할 수 있다고 말한다.

1029-1 □□□ **shaver**　　　　　　　　n. 면도기 05 04⁹

---

v. 어깨를 으쓱하다

1030 shrug
□□□ [ʃrʌg]
수능·평가원 기출횟수 4
EBS 기출횟수 6

shrug² shrugged²

Today, more and more parents **shrug** their shoulders, saying it's okay, maybe even something special. *13(9)2507빈칸완성

오늘날에는 점점 더 많은 부모들이 왼손잡이는 괜찮다고, 어쩌면 좀 특별한 거라고 말하며 어깨를 으쓱한다.

They defensively **shrug** off the whole business as an exclusive realm of little relevance to their lives. *12(9)2405빈칸완성

그들은 방어적으로 그 모든 일을 그들의 삶과는 거의 관련이 없는 배타적 영역으로 간주하여 무시해버린다.

---

n. 과거에 대한 동경, 향수

1031 nostalgia
□□□ [nɑstǽldʒiə]
수능·평가원 기출횟수 4
EBS 기출횟수 6

nostalgia³ nostalgic¹

It is clear to me that we become prone to feelings of **nostalgia**. *05(6)4004글의요지

우리가 특히 향수의 감정을 느끼는 경향이 있게 되었다는 것이 나에게는 분명하다.

1031-1 □□□ **nostalgic**　　　n. 고향을 그리는, 향수의 04⁹

a. 동물학의

1032 **zoological**
□□□ [zòuəládʒikəl]

수능·평가원 기출횟수 4

EBS 기출횟수 6

zoological¹ zoologist² zoology¹

The **zoological garden** is the only piece of 'wilderness' that most people will ever see.

*94(1)2303빈칸완성

동물원은 대부분의 사람들이 영원히 볼 유일한 '황야'입니다.

1032-1 □□□ **zoology**   *n.* 동물학 ⁹⁴¹

---

n. (수학, 음악 등에서)표기법, 기호

1033 **notation**
□□□ [noutéiʃn]

수능·평가원 기출횟수 4

EBS 기출횟수 6

Perhaps most significant was the invention of a precise and unambiguous **notation**.   *13(6)4002글의제목

아마도 가장 중요한 것은 정확하고 모호하지 않은 표기법의 발명이었을 것이다.

---

n. 싸움   *v.* 싸움을 하다

1034 **quarrel**
□□□ [kwɔ́ːrəl]

수능·평가원 기출횟수 3

EBS 기출횟수 7

quarrel² quarrels¹

Her attention was distracted by a rough, noisy **quarrel** taking place at the ticket counter.   *14B2602지칭추론

그녀는 매표소에서 벌어지고 있는 거칠고 시끄러운 다툼에 의해 주의가 산만 해졌다.

---

v. 토하다

1035 **vomit**
□□□ [vámit]

수능·평가원 기출횟수 2

EBS 기출횟수 8

vomit¹ vomited¹

The doctor will need to know how old the patient is and whether they have **vomited** after eating the plant.   *05(9)3102일줄어법

의사는 환자의 나이, 그리고 그 식물을 먹은 후에 토했는지의 여부도 알 필요가 있다.

1036 **contempt**
□□□ [kəntémpt]

수능·평가원 기출횟수 2

EBS 기출횟수 8

n. 경멸

The dictionary defines courage as a 'quality which enables one to pursue a right course of action, through which one may provoke disapproval, hostility, or **contempt**.'　*112002필자어법

사전은 용기를 '반감, 적의, 또는 경멸을 유발할 수도 있는 올바른 행동의 과정을 추구하게 되는 특질'로 정의한다.

1037 **courtesy**
□□□ [kɔ́:rtəsi]

수능·평가원 기출횟수 2

EBS 기출횟수 8

n. 예의 바름

They want not only efficiency but **courtesy** and consideration.　*15(6)1904필자주장

그들은 효율성뿐만 아니라 정중함과 배려를 원한다.

> **TIP** courtesy와 court는 상관없어 보이지만 court에 '〜의 비위를 맞추다, 구애하다'의 뜻이 있다는 것을 생각하면 이해하기 쉽습니다.

1038 **perfume**
□□□ [pə́:rfju:m]

수능·평가원 기출횟수 2

EBS 기출횟수 8

n. 향기, 향수

The **perfume** of wildflowers fills the air as the grass dances upon a gentle breeze.　*082104네모어법

야생화 향기는 공기 중에 가득하고 풀은 산들바람에 춤을 춘다.

Often fashion ads, especially **perfume** ads, use fantasy and mythical themes.　*09(9)4303글의제목

종종 패션 광고는 특히 향수 광고에서 판타지나 신화적인 주제를 사용한다.

1039 **sparkle**
□□□ [spá:rkəl]

수능·평가원 기출횟수 2

EBS 기출횟수 8

v. 반짝이다

sparkle⁰ sparkling²

Small branches fell into the pools, hindering the rushing flow of **sparkling** water.　*05(6)48-5011장문독해

작은 나뭇가지들은 저수지로 떨어졌고 반짝이는 물의 빠른 흐름을 막았다.

1040 **peninsula**
□□□ [pənínsələ]

수능·평가원 기출횟수 2

EBS 기출횟수 8

n. 반도

Hidden as it is in the northwest corner of the Iberian **Peninsula**, few tourists make the trip. *09(9)3605내용일치

그곳은 이베리아 반도의 북서쪽 모퉁이에 숨겨져 있기에, 관광객들이 거의 여행을 오지 않는다.

1041 **tray**
□□□ [trei]

수능·평가원 기출횟수 2

EBS 기출횟수 8

n. 쟁반

tray¹ trays¹

Motorists pull up to a gas station where an attendant is enclosed in a glass booth with a **tray** for taking money.

*09(6)2203밑줄어법

자동차 운전자들은 돈을 받기 위한 접시가 있는 유리 부스 안에 종업원이 갇혀 있는 주유소에 차를 댄다.

1042 **skim**
□□□ [skim]

수능·평가원 기출횟수 2

EBS 기출횟수 8

v. 대충보다, 훑어보다

We **skim** over the surface thoughtlessly. *13(9)2204글의요지

우리는 생각 없이 표면만을 훑는다.

1043 **synthetic**
□□□ [sinθétik]

수능·평가원 기출횟수 2

EBS 기출횟수 8

n. 합성물, 합성 섬유   *a.* 종합적인, 합성의

Modern humans are changing the global environment by the worldwide movement of **synthetic** chemicals through the food chain. *11(9)2908빈칸완성

현대 인류는 인공 화합물을 먹이사슬을 통해 세계 전역으로 이동시킴에 의해서 지구의 환경을 변화시키고 있다.

1044 **sob**
☐☐☐ [sɔb]

수능·평가원 기출횟수 2
EBS 기출횟수 8

v. **흐느껴 울다, 흐느끼어 말하다**

sob⁰ sobbed¹ sobbing¹

She **sobbed**, "I can see not just the branches, but each little leaf."

*12(6)46-4816장문독해

그녀는 흐느끼며 말했다. " 나는 가지들만이 아니라 모든 작은 나뭇잎도 볼 수가 있어."

weep EBS11 · EBS10 **TIP** 목메어 울거나 흐느끼면서 울 때를 표현할 때 쓰는 sob과 달리 소리 내지 않고 울 때는 weep를 씁니다.

1045 **riddle**
☐☐☐ [rídl]

수능·평가원 기출횟수 2
EBS 기출횟수 8

n. **수수께끼**

The **riddle** was not solved until the 1970s, when the deep ocean openings were discovered.

*10(6)2705빈칸완성

이 수수께끼는 바다의 깊은 해구들이 발견된 70년대에 가서야 비로소 해결되었다.

1046 **bullet**
☐☐☐ [búlit]

수능·평가원 기출횟수 2
EBS 기출횟수 8

n. **총알**

What's faster than a speeding **bullet** and isn't named Superman?

*12(6)3801내용일치

발사된 총알보다 더 빠르면서 Superman으로 불리지 않는 것은 무엇인가?

1047 **dignity**
☐☐☐ [dígnəti]

수능·평가원 기출횟수 2
EBS 기출횟수 8

n. **위엄성, 품위, 존엄**

Kings ensured that they presented themselves as impressively as possible, with all the glory of their **dignity** and power.

*05(6)2306빈칸완성

왕 자신의 위엄과 권력의 찬란함이 잘 드러나도록 하면서, 왕은 가능한 한 인상 깊게 자신을 드러내 보여주었다.

n. 백과사전

1048 **encyclopedia**
□□□ [ensàikloupí:diə]

수능·평가원 기출횟수 2
EBS 기출횟수 8

"Why don't you find some information from the
encyclopedia over there?" he added.   *101908지칭추론

"저쪽에 있는 백과사전에서 정보를 좀 찾지 그러니?" 라고 그는 덧붙였다.

n. 증기 *v.* 증발하다

1049 **vapor**
□□□ [véipər]

수능·평가원 기출횟수 2
EBS 기출횟수 8

vapor¹ vaporized¹

Salt cannot leave the sea by evaporation because the water
vapor leaves it behind.   *10(6)2703빈칸완성

수증기가 소금을 남겨놓기 때문에 증발에 의해 소금이 바다에서 없어질 수는 없다.

n. 결점, 문제점

1050 **drawback**
□□□ [drɔ:bæk]

수능·평가원 기출횟수 1
EBS 기출횟수 9

drawback⁰ drawbacks¹

Some experts say, however, that organic farming has some
drawbacks.   *13(6)3203밑줄어휘

몇몇 전문가들은 유기 농업이 몇 가지 결점을 안고 있다고 말한다.

Basic

주어진 단어의 뜻을 우리말로 쓰세요.

1. resilient _____
2. sip _____
3. shave _____
4. vow _____
5. contemplate _____
6. linear _____
7. notation _____
8. quarrel _____
9. courtesy _____
10. perfume _____

11. triple _____
12. tablet _____
13. sob _____
14. debris _____
15. encyclopedia _____
16. riddle _____
17. duplicate _____
18. apt _____
19. stance _____
20. limp _____

Advanced

다음 문장에 들어갈 적절한 형태의 단어를 쓰세요.

1. I sat in a corner **s**_____ the soup slowly.
나는 구석에 앉아서 천천히 수프를 홀짝였다. *07(6)49-5013장문독해

2. Traditional consumption was not particularly **t**_____.
전통적인 소비가 특별히 검소한 것은 아니었다. *15(9)2301글의제목

3. Today, more and more parents **s**_____ their shoulders, saying it's okay.
오늘날에는 점점 더 많은 부모들이 왼손잡이는 괜찮다고 말하며 어깨를 으쓱한다. *13(9)2507빈칸완성

4. The book gives people a **n**_____, magical vision of the past.
그 책은 사람들에게 과거에 관한 향수적이고 마법적인 환상을 준다. *04(9)3806문단요약

5. The **p**_____ of wildflowers fills the air as the grass dances upon a gentle breeze.
야생화 향기는 공기 중에 가득하고 풀은 산들바람에 춤을 준다. *082104네모어법

v. 뚫고 들어가다, 침투하다

1051 **penetrate**
□□□ [pénətrèit]

수능·평가원 기출횟수 1

EBS 기출횟수 9

While the eye sees at the surface, the ear tends to **penetrate** below the surface. *153001네모어휘

눈은 표면에서 보지만, 귀는 표면 아래로 침투하는 경향이 있다.

a. 타고난

1052 **inborn**
□□□ [ínbɔ́ːrn]

수능·평가원 기출횟수 1

EBS 기출횟수 9

Humans have an **inborn** tolerance for risk. *134504문단요약

인간은 위험에 대해 타고난 내성이 있다.

n. 위업, 솜씨

1053 **feat**
□□□ [fiːt]

수능·평가원 기출횟수 1

EBS 기출횟수 9

feat⁰ feats¹

Many who have experienced a major loss often go on to achieve remarkable **feats** in spite of their hardships.

*13(6)2306글의요지

큰 손실을 경험한 많은 사람들이 자신들이 처한 역경에도 종종 놀랄만한 위업을 달성해 나간다.

v. 아우르다

1054 **encompass**
□□□ [inkʌ́mpəs]

수능·평가원 기출횟수 1

EBS 기출횟수 9

encompass⁰ encompassing¹

Albert Einstein sought relentlessly for a so-called unified field theory — a theory capable of describing nature's forces within a single, all-**encompassing**, coherent framework. *12(9)2201문장삭제

Albert Einstein은 여러 가지 자연의 힘을 모든 것을 아우르는 시종일관된 하나의 체계 속에서 기술할 수 있는 이론, 즉 소위 말하는 통일장이론(unified field theory)을 찾으려고 무진 애썼다.

n. 빈 방, 결원, 공석

1055 vacancy
□□□ [véikənsi]

수능·평가원 기출횟수 1
EBS 기출횟수 9

Vacancy rates climb and the downward trend becomes more severe.
*15(9)2904밑줄어휘

공실률은 오르고 하향 추세는 더욱 심해진다.

---

v. 보조금을 지급하다, 비용 일부를 지급하다

1056 subsidize
□□□ [sʌ́bsidàiz]

수능·평가원 기출횟수 1
EBS 기출횟수 9

A few, unable to **subsidize** the property, will sell at distress prices.
*15(9)2907밑줄어휘

그 부동산의 비용 일부를 지급할 수 없는 소수는 투매 가격에 팔 것이다.

---

n. 도끼

1057 axe
□□□ [æks]

수능·평가원 기출횟수 1
EBS 기출횟수 9

axe⁰ axes¹

Two firemen immediately began smashing down the door with **axes**.
*04(6)2903밑줄어법

두 명의 소방관이 즉시 도끼로 문을 부수기 시작했다.

---

n. 배열, 환경 설정

1058 configuration
□□□ [kənfigjəréiʃən]

수능·평가원 기출횟수 1
EBS 기출횟수 9

The result was to have an inefficient keyboard **configuration**.
*12(6)3204네모어휘

그 결과는 비효율적으로 키보드 배열을 하는 것이었다.

n. 지형, 지역

1059 **terrain**
□□□ [təréin]

수능·평가원 기출횟수 1

EBS 기출횟수 9

The hike covers 3 to 4 miles and includes moderately difficult **terrain**.
*15(6)2307내용일치

도보여행은 3~4마일을 이동하며 중간 정도 난이도의 지역을 포함한다.

a. 영원한, 영구적인

1060 **eternal**
□□□ [itə́ːrnəl]

수능·평가원 기출횟수 4

EBS 기출횟수 5

eternal³ eternally¹

Early photographs represented the world as stable, **eternal**, and unshakable.
*10(6)3104연결사

초기 사진들은 세상을 고정된, 영구적인 그리고 흔들리지 않는 것으로 표현했다.

a. 우주의, 장대한

1061 **cosmic**
□□□ [kázmik]

수능·평가원 기출횟수 4

EBS 기출횟수 5

We crack the **cosmic** codes one by one, replacing an old solution with the new one.
*12(9)28빈칸완성 보기

우리는 예전의 해결책을 새것으로 대체하면서 하나씩 우주의 암호를 푼다.

a. 싸움의, 전쟁의

1062 **martial**
□□□ [máːrʃəl]

수능·평가원 기출횟수 4

EBS 기출횟수 5

According to Cambodian legends, farmers developed a fierce **martial art** to defend themselves against the lions.
*12(6)3301밑줄어휘

캄보디아 전설에 따르면 농부들이 사자로부터 자신들을 방어하기 위해서 무시무시한 무술을 개발했다.

(TIP) 여기서 art는 기술입니다. 그래서 싸움의 기술 즉, '무술'입니다.

1063 **tradeoff**
□□□ [tréidɔ:f]

수능·평가원 기출횟수 4

EBS 기출횟수 5

n. 거래, 교환, 협정, 교환 조건

tradeoff² tradeoffs²

This is not a bad **tradeoff**, since being able to enjoy a sunset's beauty seems worth an occasional fall in the dark. *08(9)3006연결사

석양의 아름다움을 즐길 수 있다는 것이 어둠 속에서 종종 넘어져도 될 만큼 가치가 있어 보이기 때문에 이것은 나쁜 거래 조건은 아니다.

1064 **pharmacy**
□□□ [fá:rməsi]

수능·평가원 기출횟수 3

EBS 기출횟수 6

pharmacist EBS13 •
EBS11 • EBS10
pharmaceutical EBS14 •
EBS13 • EBS11 • EBS10

n. 약국, 약학

pharmacy² pharmacies¹

I'll be back after stopping by the **pharmacy**. *0908듣기

나는 약국에 들렀다가 가겠다.

(TIP) 관련어휘로 pharmacist '약사'와 pharmaceutical '약학의' 정도 챙겨두세요.

1065 **gossip**
□□□ [gásip]

수능·평가원 기출횟수 3

EBS 기출횟수 6

n. 잡담, 소문, 험담

gossip² gossiping¹

I could hear the low **gossip** of hens, and the lower throat singing of turkeys. *09(6)4301분위기

나는 암탉들의 낮은 잡담소리와 칠면조의 더 낮은 목청 노래 소리들을 들을 수가 있었다.

1066 **overtime**
□□□ [óuvərtàim]

수능·평가원 기출횟수 3

EBS 기출횟수 6

n. 초과 근무, 초과 근무 수당

Imagine you were asked to work **overtime** and you didn't want to do it. *04(9)2101빈칸완성

당신이 초과 근무를 하도록 요청받았지만 그것을 원하지 않는다고 상상해 봐라.

1067 **termination**
□□□ [təːrmənèiʃən]

수능·평가원 기출횟수 3

EBS 기출횟수 6

n. 종료

termination² terminate¹

One views activity as a global concept — involving instigation, performance, and **termination**. *13(9)3207네모어휘

우리는 활동이란 것을 선동, 수행, 그리고 종료를 포함한 보편적인 개념으로 본다.

1067-1 □□□ **terminate** *v.* 종결하다 06

1068 **broth**
□□□ [brɔːθ]

수능·평가원 기출횟수 3

EBS 기출횟수 6

n. 죽

Too many cooks do spoil the **broth**. *06(9)2307문장삭제

너무 많은 요리들이 스프(죽)을 망친다.(사공이 많으면 배가 산으로 간다.)

1069 **expel**
□□□ [ikspél]

수능·평가원 기출횟수 2

EBS 기출횟수 7

v. 쫓아내다, 제명하다

expel⁰ expelled¹ expels¹

Loneliness can be uprooted and **expelled** only when these barriers are lowered. *94(2)4805필자주장

고독은 이러한 장애물들이 더 낮춰질 때만이 근절되고 몰아내질 수 있는 것이다.

1070 **beforehand**
□□□ [bifɔ́ːhænd]

수능·평가원 기출횟수 2

EBS 기출횟수 7

ad. 미리, 사전에

To learn about the play **beforehand** *1028빈칸완성 보기

미리 그 놀이에 대해 배우는 것

1071 **majestic**
□□□ [mədʒéstik]
수능·평가원 기출횟수 2
EBS 기출횟수 7

a. 장엄한, 위엄 있는

majestic¹ majesty¹

All the grace and beauty had gone out of the **majestic** river.

모든 우아함과 아름다움은 장엄한 강에서 사라져 버렸다. *042709심경

1071-1 □□□ **majesty**　　　　*n.* 장엄함, 왕권 14개정

1072 **comb**
□□□ [koum]
수능·평가원 기출횟수 2
EBS 기출횟수 7

n. 빗　*v.* 빗질하다

comb¹ combs¹

Next to the doll was a small box, made of ivory, containing tiny **combs** and a silver mirror. *092304문장삭제

인형 옆에는 상아로 만들어지고 작은 빗들과 은거울을 담고 있는 작은 상자가 있었다.

1073 **outbreak**
□□□ [áutbrèik]
수능·평가원 기출횟수 2
EBS 기출횟수 7

n. 발발, 발생

outbreak¹ outbreaks¹

It was World War I, just after the **outbreak** of hostilities.

때는 전쟁이 발발한 바로 직후인 세계 제 1차 대전이었다. *05(9)2001문맥의미

1074 **lump**
□□□ [lʌmp]
수능·평가원 기출횟수 2
EBS 기출횟수 7

n. 덩어리　*v.* 한 덩어리로 만들다

A **lump** of precious metal would be found in the bottom of his pot. *07(6)2308문장삭제

도가니의 바닥에서 귀금속 덩어리가 발견되곤 했다.

1075 **introvert**
□□□ [íntrəvə̀ːrt]

수능·평가원 기출횟수 2

EBS 기출횟수 7

n. 내성(내향)적인 사람

introvert⁰ introverts²

Richard Lippa called a group of **introverts** to his lab and asked them to act like extroverts. *153901문장삽입

Richard Lippa는 내성적인 사람들 한 집단을 그의 실험실에 불러 놓고 외향적인 사람들처럼 행동할 것을 요청했다.

1076 **undo**
□□□ [ʌndúː]

수능·평가원 기출횟수 2

EBS 기출횟수 7

v. 원상태로 돌리다, (잠긴 것을)풀다, 망치다

undo⁰ undone²

Our romantic mistakes can always be **undone** these days. *13(9)46-4701장문독해

우리가 저지르는 낭만적인 실수는 요즘 같은 날에는 언제나 돌이킬 수 있다.

1077 **conducive**
□□□ [kəndjúːsiv]

수능·평가원 기출횟수 1

EBS 기출횟수 8

a. 도움이 되는

Few places are more **conducive** to internal conversations than a moving plane, ship, or train. *112802빈칸완성

움직이는 비행기, 배 혹은 기차 보다 내면적인 대화에 더 도움이 되는 장소는 거의 없다.

1078 **sanitation**
□□□ [sæ̀nətèiʃən]

수능·평가원 기출횟수 1

EBS 기출횟수 8

n. 위생

Poor conditions such as lack of housing and worsening **sanitation** bring about an increase in disease. *9649-5004장문독해

주택 부족, 위생 시설 악화 등의 열악한 조건들이 질병의 증가를 초래한다.

1079 **decent**
□□□ [díːsənt]

수능·평가원 기출횟수 1
EBS 기출횟수 8

a. 예의 바른, 품위 있는, 적당한

If you know in your heart that you are a good and **decent** person, you can meet life's challenges head-on. ＊983304글의요지

만약 당신이 착하고 예의 바른 사람이라는 것을 당신 스스로 진심으로 알고 있다면, 당신은 삶의 도전에 정면으로 대처할 수 있을 것이다.

1080 **harness**
□□□ [háːrnis]

수능·평가원 기출횟수 1
EBS 기출횟수 8

n. 장비, 마구 *v.* 이용하다

Peter Jenkins began teaching all sorts of people how to climb trees safely using a rope and a **harness**. ＊083702내용일치

Peter Jenkins는온갖 부류의 사람들에게 밧줄과 장비를 사용하여 안전하게 나무를 오르는 방법을 가르치기 시작했다.

1081 **assimilation**
□□□ [əsìməléiʃən]

수능·평가원 기출횟수 1
EBS 기출횟수 8

n. 동화

The United States seeks to eliminate these same skills by reducing existing bilingual programs, out of haste to force their **assimilation**. ＊062506빈칸완성

미국은 그들을 강제로 동화시키려는 서두름 때문에 현존하는 2개 언어 프로그램을 줄임으로써 이 똑같은 기술들을 제거하려고 한다.

1082 **thump**
□□□ [θʌmp]

수능·평가원 기출횟수 1
EBS 기출횟수 8

v. 쿵쿵 거리다, 두근거리다

thump⁰ thumping¹

Her heart was **thumping** and she started, at every sound, rushing out to the door. ＊963806심경

그녀의 가슴은 두근거렸고 모든 소리에 문으로 달려나가기 시작했다.

n. **강수량, 강수, 침전**

1083 **precipitation**
☐☐☐ [prisìpətéiʃən]

수능·평가원 기출횟수 1
EBS 기출횟수 8

Consider the habitat of these trees, such as rocky areas where
the soil is poor and **precipitation** is slight. *113704내용일치

토양이 척박하고 강수량이 적은, 암석이 많은 지역 같은 이 나무들의 서식지를
고려해라.

n. **복장, 장비**

1084 **outfit**
☐☐☐ [áutfit]

수능·평가원 기출횟수 1
EBS 기출횟수 8

The child who is dressed in a cowboy **outfit** might be very
noisy while playing cowboys for a brief time. *10(6)3905글의요지

카우보이 복장을 한 아이가 잠깐 카우보이 놀이를 하는 동안은 매우 시끄러울 수 있다.

v. **어질러놓다**

1085 **clutter**
☐☐☐ [klʌ́tər]

수능·평가원 기출횟수 1
EBS 기출횟수 8

clutter⁰ cluttered¹

When the information set seems less **cluttered**, information
overload can still occur. *12(9)2702빈칸완성

정보의 세트가 덜 혼란스러워 보일 때조차도, 혼란과 결정 회피의 상태인 정보
과부하는 여전히 발생할 수 있다.

n. **견지, 관점, 입장**

1086 **standpoint**
☐☐☐ [stǽndpòint]

수능·평가원 기출횟수 1
EBS 기출횟수 8

From the **standpoint** of health a single big meal is a bad
practice. *10(6)2202문장삭제

건강의 관점에서 볼 때, 한 번의 많은 식사는 나쁜 습관이다.

a. 공수의, 비행 중인

1087 **airborne**
□□□ [ɛ́ərbɔ̀ːrn]

수능·평가원 기출횟수 1

EBS 기출횟수 8

The airship was completed in 1933 as part of an effort to equip the U.S. Navy with **airborne** military bases. *13(9)3602내용일지

그 비행선은 미국 해군에게 공수(空輸) 군사 기지를 갖추게 하려는 노력의 일환으로 1933년에 완성되었다.

n. 추수감사절

1088 **thanksgiving**
□□□ [θǽŋksgìviŋ]

수능·평가원 기출횟수 1

EBS 기출횟수 8

Mitchell and his colleagues studied students going home for **Thanksgiving** vacation. *11(9)3905글의요지

Mitchell과 그의 동료들은 추수감사절 휴가로 집에 가는 학생들을 연구했다.

n. 소유자

1089 **holder**
□□□ [hóuldər]

수능·평가원 기출횟수 1

EBS 기출횟수 8

As for publishing letters, a letter as a document becomes the property of the **holder**. *03(9)4005내용일지

편지들을 출판하는 것에 관해, 문서로서 편지는 소유자의 권한이 되었다.

n. 구멍 *v.* 숙고하다, 주목하다

1090 **pore**
□□□ [pɔːr]

수능·평가원 기출횟수 1

EBS 기출횟수 8

pore⁰ pores¹

Because the membranes covering bacteria are full of **pores**, bacteria can exchange genetic information. *13(6)4304문장배열

박테리아를 덮고 있는 얇은 막은 구멍으로 가득 차 있어서, 박테리아는 유전 정보를 교환 할 수 있다.

26 Day

a. 멀리 있는

1091 **faraway**
☐☐☐ [fáːrəwéi]

수능·평가원 기출횟수 1

EBS 기출횟수 8

There are millions of people who require different lenses to
see near and **faraway** objects. *07(9)2901밑줄어휘

가까운 물체와 멀리 떨어진 물체를 바라보기 위해 다양한 렌즈를 필요로 하는 사람이
수백만명이나 된다.

n. 시나리오

1092 **screenplay**
☐☐☐ [skríːnplei]

수능·평가원 기출횟수 5

EBS 기출횟수 3

screenplay⁴ screenplays¹

The **screenplay** requires so much filling in by our
imagination that we cannot really approximate the experience
of a film by reading a **screenplay**. *11(6)2906빈칸완성

시나리오는 우리가 시나리오를 읽음으로써 영화의 경험에 가까이 갈 수 없을 정도로
우리의 상상력에 의해서 채워야 되는 것을 요구한다.

Basic

주어진 단어의 뜻을 우리말로 쓰세요.

1. assimilation _____
2. pore _____
3. standpoint _____
4. termination _____
5. introvert _____
6. cosmic _____
7. pharmacy _____
8. broth _____
9. inborn _____
10. feat _____

11. overtime _____
12. configuration _____
13. majestic _____
14. expel _____
15. encompass _____
16. outbreak _____
17. tradeoff _____
18. outfit _____
19. faraway _____
20. thanksgiving _____

Advanced

다음 문장에 들어갈 적절한 형태의 단어를 쓰세요.

1. A few, unable to **s**_____ the property, will sell at distress prices.
   그 부동산의 비용 일부를 지급할 수 없는 소수는 투매 가격에 팔 것이다. *15(9)2907밑줄어휘

2. Early photographs represented the world as stable, **e**_____, and unshakable.
   초기 사진들은 세상을 고정된, 영구적인 그리고 흔들리지 않는 것으로 표현했다. *10(6)3104연결사

3. The subjects can **t**_____ the noise with a "panic button" during the experiment.
   피실험자들은 실험 도중에 소음을 '비상벨'로 없앨 수 있다. *064303글의요지

4. Loneliness can be uprooted and **e**_____ only when these barriers are lowered.
   고독은 이러한 장애물들이 더 낮춰질 때만이 근절되고 몰아내질 수 있는 것이다. *94(2)4805필자주장

5. I know in my heart that he is a good and **d**_____ person.
   나는 그가 착하고 예의 바른 사람이라는 것을 진심으로 알고 있다. *983304글의요지

347

1093 **mummy**
□□□ [mʌ́mi]

수능·평가원 기출횟수 4

EBS 기출횟수 4

n. 미라

mummy¹ mummies³

He is the Iceman, the intact **mummy** found sticking out of the ice by a German couple hiking in the Alps in 1991. *974103내용일치

그는 1991년 알프스를 여행하던 독일인 부부에 의해 얼음에 붙어 있는 것이 발견된, 손상되지 않은 미라인 아이스맨이다.

1094 **peruse**
□□□ [pərúːz]

수능·평가원 기출횟수 4

EBS 기출횟수 4

v. 정독하다

peruse³ perused¹

Most people think that to '**peruse**' something means to 'scan or skim it quickly, without paying much attention.' *12(9)4304문장배열

무언가를 '정독하다' 한다는 것은 '많은 주의를 기울이지 않고 그것을 재빨리 훑어보거나 대충 읽는다'는 것을 의미한다고 대부분의 사람들은 생각한다.

1095 **utmost**
□□□ [ʌ́tmòust]

수능·평가원 기출횟수 3

EBS 기출횟수 5

a. 최고의, 최대한의

It is of the **utmost** importance to government, business, and the public. *13(6)2704빈칸완성

그것은 정부와 사업체 그리고 일반 대중에게 최고로 중요하다.

1096 **refrigeration**
□□□ [rifrídʒərèiʃən]

수능·평가원 기출횟수 3

EBS 기출횟수 5

n. 냉장, 냉동, 냉각

Evolutionary psychologists have suggested that the absence of any effective form of **refrigeration** was critical to our early moral development. *12(9)4401문장삽입

진화 심리학자들은 효과적인 냉장 기술이 없는 것이 초기 도덕 발달에 중요했다고 시사해 왔다.

1097 **downsize**
□□□ [daunsaiz]
수능·평가원 기출횟수 3
EBS 기출횟수 5

v. 줄이다, 축소하다

downsize² downsizing¹

People who move from an expensive area do not generally **downsize** their spending much once they move to a moderately priced city. *'09(9)4505문단요약*

물가가 비싼 지역에서 살다가 이사하는 사람들은 물가가 보통인 도시로 이사를 가도 일반적으로는 소비를 크게 줄이지 않는다.

1098 **wrongly**
□□□ [rɔ́ːŋli]
수능·평가원 기출횟수 3
EBS 기출횟수 5

ad. 잘못되게, 부당하게

wrongly¹ wrongdoer¹ wrongheaded¹

Might parents judge their children **wrongly** because they have never stood far enough off from them? *'13(6)2905빈칸완성*

부모들이 자신의 아이들로부터 한 번이라도 충분히 멀리 떨어져 본 적이 없어서 자신의 아이들을 잘못 평가하게 될 수 있을까?

1049-1 □□□ **wrongheaded** *a.* 잘못된, 생각이 틀린, 완고한 ¹³⁶

1099 **submerge**
□□□ [səbmə́ːrdʒ]
수능·평가원 기출횟수 2
EBS 기출횟수 6

v. 잠수하다

submerge¹ submerged¹

At the close of the Ice Age the entire region was **submerged** beneath a lake of meltwater. *'133403내용일치*

빙하기가 끝났을 때 그 전 지역은 빙하가 녹은 물로 된 호수 밑으로 잠겼다.

1100 **ensue**
□□□ [ɪnsúː]
수능·평가원 기출횟수 2
EBS 기출횟수 6

v. 잇달아 일어나다

ensue¹ ensuing¹

When sincere apologies are offered in an ordinary human relationship, they are readily accepted by the victims and reconciliations **ensue**. *'134106문장삭제-삭제문장*

진심 어린 사과가 평범한 인간관계에서 제안될 때, 그것들은 쉽사리 피해자(상처 입은 사람)에게 받아들여지고 화해가 이어진다.

n. 관개(물을 끌어들임)

1101 **irrigation**
□□□ [írəgèiʃən]

수능·평가원 기출횟수 2

EBS 기출횟수 6

There needs to be enough rain, or in some cases, **irrigation**.

*062206문장삭제

충분한 비가 필요하거나 어떤 경우에는 관개를 할 필요가 있다.

ad. 현저하게, 두드러지게

1102 **strikingly**
□□□ [stráikiŋli]

수능·평가원 기출횟수 2

EBS 기출횟수 6

Their own coverage on some major issues looks **strikingly** one-sided at times.

*14B3908문장삽입

몇몇 주요 사안에 대한 자사의 보도가 때로는 눈에 띄게 편향적인 것처럼 보인다.

n. 청사진, 계획

1103 **blueprint**
□□□ [blu:print]

수능·평가원 기출횟수 2

EBS 기출횟수 6

You need to be able to devise a **blueprint** that communicates to your musicians what it is you want to hear.

*10(6)3405필자주장

당신은 당신이 듣고 싶은 것이 무엇인지 음악가들에게 전달해 줄 수 있는 청사진을 고안할 수 있어야 한다.

n. 가려움, 참을 수 없는 욕망

1104 **itch**
□□□ [itʃ]

수능·평가원 기출횟수 2

EBS 기출횟수 6

itch¹ itches¹

If the **itches** do not disappear, stop scratching and take the medicine.

*102305문장삭제–식제문장

만약 그 가려움이 사라지지 않는다면, 긁는 것을 멈추고 약을 복용하라.

n. 경첩 *v.* 경첩으로 움직이다

1105 **hinge**
□□□ [hindʒ]

수능·평가원 기출횟수 2

EBS 기출횟수 6

hinge⁰ hinged²

Which do you prefer, a sliding door or a **hinged** door? *12(9)01듣기

당신은 미닫이 문이 좋습니까 아니면 (경첩이 달린) 여닫이 문이 좋습니까?

---

a. 흔들리지 않는

1106 **unshakable**
□□□ [ənʃeikəbəl]

수능·평가원 기출횟수 2

EBS 기출횟수 6

unshakable¹ shaky¹

Early photographs represented the world as stable, eternal, and **unshakable**. *10(6)3104연결사

초기 사진들은 세상을 고정된, 영구적인 그리고 흔들리지 않는 것으로 표현했다.

1106-1 □□□ **shaky** *a.* 떨리는, 불안한 ¹⁴ᴬ

---

n. 활주로, 패션쇼 무대

1107 **runway**
□□□ [rʌnwei]

수능·평가원 기출횟수 2

EBS 기출횟수 6

runway¹ runways¹

They're communicating with pilots and telling them which **runways** to use to take off or land. *0909듣기

그들은 파일럿들과 통신하여 이착륙시에 어떤 활주로들을 이용할 지 말해주고 있단다.

---

a. 전혀

1108 **whatsoever**
□□□ [hwʌtsouévər]

수능·평가원 기출횟수 2

EBS 기출횟수 6

In the present state of technology, a computer will be no help **whatsoever**. *10(9)2306문장삭제

현재 기술의 상태에서는 컴퓨터가 전혀 도움이 되지 못할 것이다.

1109 **glimpse**
□□□ [glimps]

수능·평가원 기출횟수 2

EBS 기출횟수 6

v. 잠깐(언뜻) 보다, 흘긋 보다

glimpse¹ glimpses¹

With each new solution we **glimpse** a bit more of the overall pattern of nature. *12(9)2807빈칸완성

새로운 해법을 가지고, 우리는 자연의 종합적인 경향성을 좀 더 흘긋 보게 된다.

On closer examination the events can also prove to be **glimpses** of the miraculous. *06(6)3904글의요지

좀 더 면밀히 알아보면 그 사건들은 기적적인 것의 어렴풋한 감지로 입증될 수도 있다.

1110 **cliché**
□□□ [kliːʃéi]

수능·평가원 기출횟수 2

EBS 기출횟수 6

n. 상투적인 문구(생각)

They believe in the old **cliché** that 'every cloud has a silver lining.' *13(6)2307글의요지

그들은 '모든 구름이 그 뒷면은 은빛으로 빛난다.(어떤 불행에도 좋은 점이 있다)'라는 옛말을 믿고 있었다.

1111 **tan**
□□□ [tæn]

수능·평가원 기출횟수 2

EBS 기출횟수 6

n. 햇볕에 탄 빛깔 *v.* (피부를)햇볕에 태우다

tan¹ tanning¹

Many make a point of getting to the beach to get a **tan**. *962102빈칸완성

많은 사람들이 피부를 태우기 위해 반드시 해변에 간다.

1112 **hydro**
□□□ [háidrou]

수능·평가원 기출횟수 2

EBS 기출횟수 6

n. 수력

In 1971, **hydro** was the second biggest source of electricity generation. *123605도표

1971년에 수력은 두 번째로 큰 전력 생산 에너지원이었다.

1113 **bride**

□□□ [braid]

수능·평가원 기출횟수 2

EBS 기출횟수 6

n. 신부

She had a **bride**'s flowers in her hair, but her hair was white.

*084305분위기

그녀는 머리에 신부의 꽃이 있었지만, 그녀의 머리카락은 백발이었다.

1114 **candid**

□□□ [kǽndid]

수능·평가원 기출횟수 3

EBS 기출횟수 6

candidate 15 · 13 · 97 ·
14⁹ᴬ · 14⁶ᴮ · 08⁶

a. 솔직한, 숨김없는, 자연스러운

The nonverbal message is deliberate, but designed to let the partner know one's **candid** reaction indirectly.   *15(6)3306연결사

그 비언어적 메시지는 고의적이지만, 상대방에게 자신의 솔직한 반응을 간접적으로 알리려고 계획된 것이다.

TIP candid candidate '솔직한 후보자들'
말장난 해본 겁니다. 실제로는 잘 안 쓰입니다.

1115 **ideological**

□□□ [àidiəládʒikəl]

수능·평가원 기출횟수 1

EBS 기출횟수 7

a. 사상적인

Ideological influences also factored in.   *092807네모어휘

사상적인 영향도 있었다.

1116 **onstage**

□□□ [ɔnsteidʒ]

수능·평가원 기출횟수 1

EBS 기출횟수 7

a. 무대의

Visiting the theater was not merely for the purpose of entertainment, but rather to draw lessons from the play offered **onstage**.   *102802빈칸완성

극장에 가는 것은 단지 즐기기 위한 목적뿐만 아니라 무대에 상연되고 있는 극으로부터 교훈을 얻어내는 것이다.

1117 **checkout**
□□□ [tʃekaut]

수능·평가원 기출횟수 1

EBS 기출횟수 7

n. 계산대, 체크아웃

Then let's go to the **checkout** now. *0413듣기

그러면 지금 계산대로 가자

1118 **mermaid**
□□□ [mə́:rmèid]

수능·평가원 기출횟수 1

EBS 기출횟수 7

n. 인어

The bus driver has started to sing the song 'Under the Sea' from the movie *The Little **Mermaid***. *12(6)3105심경

버스 운전사가 영화 〈인어공주〉에 나오는 'Under the Sea'노래를 부르기 시작했다.

1119 **outperform**
□□□ [autpərfɔ́:rm]

수능·평가원 기출횟수 1

EBS 기출횟수 7

v. 더 나은 결과를 내다, 능가하다

If the employee knew that individual rewards were possible, he would be more likely to strive to **outperform** expectations. *11(6)3905글의요지

만약 그 직원이 개별적인 보상이 있을 수 있다는 사실을 안다면 그는 어쩌면 기대 이상으로 일을 수행하기 위해 노력할 가능성이 더 높을 것이다.

1120 **adjoin**
□□□ [ədʒɔ́in]

adjoin⁰ adjoining¹

수능·평가원 기출횟수 1

EBS 기출횟수 7

v. 인접하다

The clanhouse usually consists of a room **adjoining** the dwelling of the senior female member of the clan. *11(9)4404문장삽입

씨족회관은 대개 씨족의 나이 든 여성이 사는 곳과 인접해 있는 방으로 이루어져 있다.

1121 **fling**
□□□ [fliŋ]

수능·평가원 기출횟수 1
EBS 기출횟수 7

v. **내던지다, 돌진하다**

All the villagers at the banquet began to **fling** tofu into each other's laps.

*11(6)2106내모어법

잔치에 온 모든 사람이 두부를 서로 서로 상대의 무릎을 향해 던지기 시작했다.

1122 **remainder**
□□□ [riméindər]

수능·평가원 기출횟수 1
EBS 기출횟수 7

n. **나머지**

I worked tirelessly for the **remainder** of the school year.

*11(6)46-4809장문배열

나는 남은 학업 기간 동안 지칠 줄 모르게 공부하였다.

1123 **unspoken**
□□□ [ʌnspóukən]

수능·평가원 기출횟수 1
EBS 기출횟수 7

a. **무언의, 말로 하지 않은**

This **unspoken** timetable provides you with a social clock.

*13(9)4002글의제목

이 무언의 시간표는 여러분에게 사회 시계를 제공한다.

1124 **slash**
□□□ [slæʃ]

수능·평가원 기출횟수 1
EBS 기출횟수 7

v. **베다, 대폭 줄이다**

slash⁰ slashed¹

Today, the average French meal has been **slashed** down to 38 minutes.

*13(9)3106밑줄어휘

현재 프랑스인의 평균 식사 시간은 38분으로 뚝 떨어졌다.

a. **사용되지 않은**

1125 **unused**
□□□ [ʌnjúːzd]

수능·평가원 기출횟수 1

EBS 기출횟수 7

Obviously, throwing away **unused** ink translates into wasted money. *04(6)1805글의목적

분명히, 사용되지 않은 잉크를 버리는 것은 돈을 낭비하는 것으로 해석된다.

a. **순식간의, 잠깐 동안의**

1126 **fleeting**
□□□ [flíːtiŋ]

수능·평가원 기출횟수 1

EBS 기출횟수 7

Any **fleeting** thoughts are overcome by more powerful self-justifying thoughts. *13(9)2405빈칸완성

어떤 순간적인 생각은 더 강한 자기 합리적인 생각으로 극복된다.

a. **내부의, 마음속의**

1127 **inward**
□□□ [ínwərd]

수능·평가원 기출횟수 1

EBS 기출횟수 7

The downdraft spreads out when it hits the ground and forms an **inward** circular pattern. *13(6)4203문장삽입

하강기류는 땅에 부딪쳐 내부 순환 형태를 형성할 때 확산된다.

n. **발효** *v.* **발효시키다**

1128 **ferment**
□□□ [fə́ːrment]

수능·평가원 기출횟수 1

EBS 기출횟수 7

ferment⁰ fermented¹

When sugar is **fermented**, it produces alcohol. *07(9)3304글의주제

설탕이 발효될 때 그것은 알코올을 생산한다.

1129 **blacken**
□□□ [blǽkən]

수능·평가원 기출횟수 1

EBS 기출횟수 7

v. 검게 만들다

blacken⁰ blackened¹

Now the whole surface of the vase was **blackened**, with figures picked out in the natural red. *11(9)4105글의제목

이제 그 꽃병의 모든 표면이 자연스러운 붉은 색 속에서 쪼아낸 형상과 함께 검게 되었다.

1130 **alright**
□□□ [ɔːlráit]

수능·평가원 기출횟수 4

EBS 기출횟수 3

a. 괜찮은, 나쁘지 않은

The next day, when I was feeling **alright** again, I played it back. *07(6)2505빈칸완성

그 다음 날 기분이 다시 좋아졌을 때 나는 그것을 재생했다.

TIP all right와 같은 표현이며 격식을 차리는 글에서는 피하는 편이 낫습니다.

1131 **chant**
□□□ [tʃænt]

수능·평가원 기출횟수 4

EBS 기출횟수 3

v. 구호(노래)를 부르다

chant⁰ chanted¹ chanting³

As people **chanted** my name, I was carried off the field on the shoulders of my teammates. *15(6)43-4503장문배열

사람들이 내 이름을 일제히 외칠 때 나는 내 팀 동료들의 어깨 위에 실려 축구장 밖으로 나갔다.

1132 *childlike*
□□□ [tʃáildlàik]

수능·평가원 기출횟수 4

EBS 기출횟수 3

a. 천진난만한, 어린애 같은

A **childlike** joy spreads through me. *10(6)2904심경

천진난만한 기쁨이 나에게 퍼져갔다.

Children don't seem **childlike** anymore. *9954-5508글의제목

어린이들은 더 이상 어린애 같아 보이지 않는다.

n. 불면증

1133 sleeplessness
□□□ [slíːplis]

수능·평가원 기출횟수 4

EBS 기출횟수 3

sleeplessness² sleepiness¹ sleepless¹

Lower the temperature a little to about 37°C and you have the ideal cure for **sleeplessness**. *013404내용일치

37°C 정도로 온도를 약간 낮추면 불면증에 대한 이상적인 치료법이 될 것이다.

1133-1 □□□ **sleepless**   a. 불면의 04⁹

1133-2 □□□ **sleepiness**   n. 졸음 05⁹

n. 확산, 보급, 흐림, 산만

1134 diffusion
□□□ [difjúːʒən]

수능·평가원 기출횟수 4

EBS 기출횟수 3

Social contact plays a crucial role in the process of **diffusion**. *072006문장삭제

사회적인 접촉은 확산의 과정에 중요한 역할을 한다.

Basic

주어진 단어의 뜻을 우리말로 쓰세요.

1. slash _____
2. hinge _____
3. downsize _____
4. checkout _____
5. outperform _____
6. blacken _____
7. ideological _____
8. whatsoever _____
9. strikingly _____
10. mermaid _____

11. ferment _____
12. blueprint _____
13. unshakable _____
14. hydro _____
15. mummy _____
16. remainder _____
17. fling _____
18. utmost _____
19. onstage _____
20. unused _____

Advanced

다음 문장에 들어갈 적절한 형태의 단어를 쓰세요.

1. Might parents judge their children **w**_____ because they have never stood far enough off from them?
부모들이 자신의 아이들로부터 한 번이라도 충분히 멀리 떨어져 본 적이 없어서 자신의 아이들을 잘못 평가하게 될 수 있을까? *13(6)2905빈칸완성

2. With each new solution we **g**_____ a bit more of the overall pattern of nature.
새로운 해법을 가지고, 우리는 자연의 종합적인 경향성을 좀 더 흘긋 보게 된다. *12(9)2807빈칸완성

3. I worked tirelessly for the **r**_____ of the school year.
나는 남은 학업 기간 동안 지칠 줄 모르게 공부하였다. *11(6)46-4809장문배열

4. As people **c**_____ my name, I was carried off the field on the shoulders of my teammates.
사람들이 내 이름을 일제히 외칠 때 나는 내 팀 동료들의 어깨 위에 실려 축구장 밖으로 나갔다. *15(6)43-4503장문배열

5. A **c**_____ joy spreads through me.
천진난만한 기쁨이 나에게 퍼져갔다. *10(6)2904심경

---

n. 화해

1135 **reconciliation**

□□□ [rèkənsìliéiʃən]

수능·평가원 기출횟수 3

EBS 기출횟수 4

reconciliation² reconciliations¹

We must work to resolve conflicts in a spirit of **reconciliation**.

*103207연결사

우리는 화해의 정신으로 분쟁을 해결하기 위해 일해야 한다.

---

v. (팔목, 발목을)삐다

1136 **sprain**

□□□ [sprain]

수능·평가원 기출횟수 3

EBS 기출횟수 4

sprain⁰ sprained³

Jim got a chance to play in the last 30 seconds of the championship game when a starting player **sprained** his ankle.

*15(9)43-4516장문배열

Jim은 선발 선수가 그의 발목을 삐었을 때 선수권전 경기의 마지막 30초 동안 경기를 할 기회를 얻었다.

---

n. 문방구

1137 **stationery**

□□□ [stéiʃənèri]

수능·평가원 기출횟수 3

EBS 기출횟수 4

A little notebook in the **stationery** department caught my eye.

*1246-4803장문배열

문방구 코너의 작은 공책이 내 시선을 사로잡았다.

---

n. 놋쇠, 금관악기

1138 **brass**

□□□ [bræs]

수능·평가원 기출횟수 3

EBS 기출횟수 4

A layer of gold dust was put in the bottom of a copper or **brass** pot, and covered with wax.

*07(6)2302문장삭제

구리나 놋쇠 도가니의 바닥에 사금을 씌운 다음 왁스로 발랐다.

1139 **patriot**
□□□ [péitriət]

수능·평가원 기출횟수 3

EBS 기출횟수 4

n. **애국자**

patriot¹ patriotism¹ patriots¹

She was a devoted **patriot**.   *13(6)3603내용일치

그녀는 헌신적인 애국자였다.

1139-1 □□□ **patriotism**   *n.* 애국심 ⁹⁴²

1140 **oval**
□□□ [óuvəl]

수능·평가원 기출횟수 2

EBS 기출횟수 5

a. **타원형의**

The breadfruit is a round or **oval** fruit that grows on the tropical islands in the Pacific Ocean.   *063901내용일치

빵나무 열매는 남태평양의 열대 섬에서 자라는 둥글거나 타원형의 과일이다.

1141 **escort**
□□□ [éskɔːrt]

수능·평가원 기출횟수 2

EBS 기출횟수 5

v. **호위하다**

escort⁰ escorted²

The teacher **escorted** him along the aisle to the door.
*14(9B)43-4513장문독해

선생님이 그를 복도를 따라 문까지 배웅했다.

1142 **disbelief**
□□□ [dìsbilíːf]

수능·평가원 기출횟수 2

EBS 기출횟수 5

n. **불신**

"Are you sure, Bill?" I said in **disbelief**.   *15(6)3415심경

"확실한가요, Bill?" 이라고 믿지 못해 나는 물었다.

1143 **uniformity**
□□□ [jùːnəfɔ́ːrməti]

수능·평가원 기출횟수 2

EBS 기출횟수 5

n. 획일성, 균일성

The key to a successful business chain can be expressed in one word: "**uniformity**". *09(6)2801내모어휘

성공적인 가맹점 사업의 열쇠는 '획일성'이라는 한단어로 표현될 수 있다.

1144 **maneuver**
□□□ [mənúːvər]

수능·평가원 기출횟수 2

EBS 기출횟수 5

n. 움직임, 계략 *v.* 조종하다, 움직이다

Remember what it was like to begin to **maneuver** a desktop publishing program? *13(9)2003내모어법

컴퓨터 출판 프로그램을 쓰기 시작한 것이 어땠는지 기억나세요?

Any individual can initiate a movement, such as a change in direction, and this sends out a "**maneuver** wave." *13(6)2106밑줄어법

어떤 개체라도 방향 전환과 같은 움직임을 시작 할 수 있고, 이것은 '움직임 파장'을 내보낸다.

1145 **impede**
□□□ [impíːd]

수능·평가원 기출횟수 2

EBS 기출횟수 5

v. 지연시키다, 방해하다

impede⁰ impedes¹ unimpeded¹

Excessive co-suffering **impedes** and may even paralyze the physician into a state of inaction. *15(9)3204빈칸완성

과도하게 고통을 함께하는 것은 의사를 방해하고 심지어 의사를 무력하게 하여 어떤 행동도 하지 못하는 상태로 만들지도 모른다.

1145-1 □□□ **unimpeded**   *a.* 방해받지 않는 ¹³

n. 의견 차이 v. 이의를 제기하다

1146 **dissent**
□□□ [disént]

수능·평가원 기출횟수 2

EBS 기출횟수 5

Dissent was far more frequent in the high-performing clubs.

*112204문장삭제

의견 차이는 높은 성과를 보여주는 클럽에서 훨씬 더 빈번했다.

---

a. 지열의

1147 **geothermal**
□□□ [dʒiouθə́ːrml]

수능·평가원 기출횟수 2

EBS 기출횟수 5

Far more use is made of **geothermal** energy for direct heat than any other source of energy.　　*11(9)2205문장삭제-삭제문장

지열 에너지가 직접적인 열을 얻기 위해 다른 어떤 에너지원보다도 훨씬 더 많이 이용되고 있다.

---

a. 멍청한, 우둔한

1148 **dumb**
□□□ [dʌm]

수능·평가원 기출횟수 1

EBS 기출횟수 6

dumb⁰ dumber¹

It is the greatest tool we have for making people **dumber** faster.　　*133603글의요지

그것은 사람들을 더 빨리 더 멍청하게 만들기 위한 가장 좋은 도구이다.

---

n. 화물

1149 **cargo**
□□□ [káːrgou]

수능·평가원 기출횟수 1

EBS 기출횟수 6

On January 10, 1992, a ship traveling through rough seas lost 12 **cargo** containers.　　*122001내모어법

1992년 1월 10일, 거친 바다를 항해하던 배 한 척이 12개의 화물 컨테이너를 잃었다.

n. 설교

1150 **sermon**
□□□ [sə́:rmən]

수능·평가원 기출횟수 1

EBS 기출횟수 6

sermon⁰ sermons¹

"Too true, it's been dry, especially the **sermons**!" *983607말출의미

"정말이구말구요. 건조하죠. 특히 설교는요!"

---

n. (농구의)링

1151 **hoop**
□□□ [hu:p]

수능·평가원 기출횟수 1

EBS 기출횟수 6

He fastened a basketball **hoop** over the wastebasket. *954304글의목적

그는 휴지통 위에다 농구 링을 설치했다.

---

a. 뒤떨어진, 구식인

1152 **outdated**
□□□ [autdeitid]

수능·평가원 기출횟수 1

EBS 기출횟수 6

Today we are so interdependent that the concept of war has become **outdated**. *103205연결사

오늘날 우리들은 서로 많은 것을 의존하고 있기에 전쟁의 개념은 시대에 뒤떨어진 것이 되었다.

---

v. 거부하다, 반항하다

1153 **defy**
□□□ [difái]

수능·평가원 기출횟수 1

EBS 기출횟수 6

defy⁰ defied¹

The process of journal-keeping through writing and drawing helped heal me from a mysterious illness which had **defied** the doctors and their medicines. *1246-4817장문배열

쓰기와 그리기를 통해서 일기를 적는 과정은 의사와 약을 거부했던 불가사의한 병으로부터 나를 치료하는데 도움을 주었다.

1154 **myriad**
☐☐☐ [míriəd]

수능·평가원 기출횟수 **1**

EBS 기출횟수 **6**

a. **많은** *n.* **무수함**

European Union has experienced terrible difficulties in trying to regularize the complex and **myriad** differences in its members' sales taxes.

*134003글의제목

유럽연합이 회원국들의 판매세에 대해 복잡하고도 많은 차이점들을 조정하고자 노력함에 있어서 심한 어려움들을 경험했다.

1155 **compile**
☐☐☐ [kəmpáil]

수능·평가원 기출횟수 **1**

EBS 기출횟수 **6**

v. **엮다, 편집하다**

We must protect citizens against the **compiling** of personal data and the unrestricted use and distribution of such data.

*982702빈칸완성

우리는 개인정보의 수집과 그러한 정보의 무제한적 사용과 배포로부터 시민들을 보호해야 한다.

1156 **basin**
☐☐☐ [béisən]

수능·평가원 기출횟수 **1**

EBS 기출횟수 **6**

n. **분지, 유역**

Kathmandu sits almost in the middle of a **basin**, forming a square about 5km north-south and 5km east-west.

*052002네모어법

카트만두는 분지의 거의 한복판에 위치하고 있고, 남북 5km, 동서 5km의 정사각형을 이루고 있다.

1157 **scrub**
☐☐☐ [skrʌb]

수능·평가원 기출횟수 **1**

EBS 기출횟수 **6**

v. **문지르다**

She would **scrub**, mop, and dust everything.

*043002네모어법

그녀는 모든 물건들을 문지르고, 닦고, 먼지를 털어 내곤 했다.

n. 반죽

1158 **paste**
□□□ [peist]

수능·평가원 기출횟수 1

EBS 기출횟수 6

It's traditional Korean **soybean paste**.　　　*11(6)13듣기

그것은 전통적인 한국의 된장이다.

---

a. 무의미한, 할 가치가 없는

1159 **pointless**
□□□ [póintləs]

수능·평가원 기출횟수 1

EBS 기출횟수 6

What you consider **pointless** your friends may find
meaningful.　　　*08(6)3603글의요지

당신이 무의미하다고 여기는 것을 그들은 의미심장하게 볼 수도 있다.

---

a. 무미건조한

1160 **bland**
□□□ [blænd]

수능·평가원 기출횟수 1

EBS 기출횟수 6

It produces a sameness, a **bland** version of what used to be
unique experiences.　　　*12(9)49-5015장문독해

그것은 동일성을 낳는다. 즉 한때 독특한 경험이었던 것을 무미건조하게 만든다.

---

n. 경치, 전망

1161 **vista**
□□□ [vístə]

수능·평가원 기출횟수 1

EBS 기출횟수 6

vista⁰ vistas¹

We drive around in circles, inventing and rejecting successive
hypotheses about where to find the scenic **vistas** that would
entertain and enlighten the tourists.　　　*13(9)2812빈칸완성

우리는 관광객들을 즐겁게 하고 일깨우는 전망 좋은 경치를 어디에서 찾을지에 관해서
연속적인 가설을 만들고 버리면서 원을 그리며 주행한다.

n. 오려낸 작은 조각, 남은 것

1162 **scrap**
□□□ [skræp]

수능·평가원 기출횟수 1

EBS 기출횟수 6

scrap⁰ scraps¹

Beethoven took **scraps** of paper with him on his frequent walks.

*11(6)4001문장삽입

베토벤은 자주 걸어 다녔는데 그때마다 종이 조각을 소지하고 다녔다.

v. (사)기를 꺾다

1163 **demoralize**
□□□ [dimɔ́:rəlàiz]

수능·평가원 기출횟수 1

EBS 기출횟수 6

demoralize⁰ demoralized¹

Do not be terribly **demoralized** if you make some mistakes along the way.

*12(6)2802빈칸완성

그런 과정에서 실수를 한다 하더라도 심하게 기가 꺾여서는 안 된다.

(TIP) morale `사기, 의욕'의 부정형태. moral `도덕적인'과 혼동하지 않도록 유의하세요.

v. 끈으로 묶다

1164 **lace**
□□□ [leis]

수능·평가원 기출횟수 1

EBS 기출횟수 6

lace⁰ laced¹

Costume then became short for men and long for women and buttoned or **laced**.

*06(6)4102글의제목

당시 남성들의 복장은 짧아졌고 여성들의 복장은 길어졌으며, 단추가 채워지거나 끈으로 묶이게 되었다.

n. 창조적 집단 사고, 난상토론

1165 **brainstorming**
□□□ [breinstɔ́:rmiŋ]

수능·평가원 기출횟수 1

EBS 기출횟수 6

If you have lots of energy early in the morning, that is when you should schedule difficult activities, whether for you these are **brainstorming**, writing, or practicing.

*12(6)2203필자주장

당신이 이른 아침 시간에 에너지가 많다면, 당신에게 어려운 활동들, 창조적으로 집단 사고를 하는 것이든, 글쓰기이든, 아니면 실습하는 것이든, 그 때가 바로 당신이 그러한 활동을 계획해야 할 때이다.

n. 인내심

1166 **perseverance**
□□□ [pə̀:rsəví:rəns]

수능·평가원 기출횟수 1
EBS 기출횟수 6

This was not from a lack of diligence or **perseverance**.

*05(6)2202빈칸완성

이것은 부지런하지 않거나 인내심이 부족해서가 아니다.

a. 묽은, 콧물이 나는

1167 **runny**
□□□ [rʌ́ni]

수능·평가원 기출횟수 1
EBS 기출횟수 6

It is a thin, **runny** glue with special molecules which hardens anything it touches.

*08(6)1904밑줄추론

그것은 특별한 분자들을 가진 묽은 액체 상태의 접착제로 그것과 접촉하는 어떤 물건이나 딱딱하게 만든다.

n. 수은

1168 **mercury**
□□□ [mə́:rkjəri]

수능·평가원 기출횟수 1
EBS 기출횟수 6

The alchemist placed some **mercury** in the melting pot and heated it.

*07(6)2304문장삽제

연금술사는 도가니에 수은을 좀 넣고 가열하였다.

TIP 참고로 Mercury로 쓰면 '수성'의 의미 입니다.

a. 1인당

1169 **per capita**
□□□ [pə:rkǽpitə]

수능·평가원 기출횟수 1
EBS 기출횟수 6

per capita[1]

While consumption of beer and spirits has stayed basically steady in France, the **per capita** consumption of alcohol from wine fell from 20 liters in 1962 to about 8 in 2001.

*13(9)3102밑줄어휘

프랑스에서 맥주와 독한 술의 소비가 기본적으로 꾸준했던 반면, 1인당 포도주로 인한 알코올 소비는 1962년 20리터에서 2001년 약 8리터로 떨어졌다.

a. 유전자 변형의

1170 **transgenic**
□□□ [trænsdʒénik]

수능·평가원 기출횟수 6

EBS 기출횟수 0

In South Africa, the profit ratio of the **transgenic** crop to the conventional one was the highest, followed by China.

*09(6)3505내용일치

남아프리카에서, 일반 작물에 대한 유전자 변형 작물의 이익율은 최고로 높았으며, 그 다음이 중국이었다.

---

v. 재택 근무하다

1171 **telecommute**
□□□ [telikəmjúːt]

telecommute[0] telecommuters[1] telecommuting[4]

수능·평가원 기출횟수 5

EBS 기출횟수 1

Employers may not accept the idea of **telecommuting**.

*06(6)3301글의주제

고용주들은 재택 근무하는 것에 대한 생각을 받아들이지 않을지도 모른다.

---

v. 뻣뻣해지다

1172 **stiffen**
□□□ [stífən]

stiffen[2] stiffening[1] stiffly[1]

수능·평가원 기출횟수 4

EBS 기출횟수 2

Her legs started to shake and she felt her body **stiffen**. *113004심경

그녀의 다리는 후들거리기 시작했으며, 그녀는 몸이 굳어지는 것을 느꼈다.

1172-1 □□□ **stiffly**　　　　　　　　*ad.* 완전히 [09]

---

n. 여객선, 정기선

1173 **liner**
□□□ [láinər]

liner[3] liners[1]

수능·평가원 기출횟수 4

EBS 기출횟수 2

Mr. Potter was sailing for Europe on one of the greatest transatlantic ocean **liners**.

*11(9)2101내모어법

Potter 씨가 아주 큰 대서양 횡단 정기 여객선을 타고 유럽으로 가고 있었다.

---

n. 쉿 소리 v. 쉿 소리를 내다

1174 **hiss**
□□□ [his]

수능·평가원 기출횟수 3

EBS 기출횟수 3

hiss¹ hissed¹ hisses¹

He knew what it was to tremble when he heard the **hiss** of a
bird's wings over his head. *07(6)3803분위기

그는 새의 날개가 그의 머리위에서 쉿하는 소리를 낼 때 전율한다는 것이 어떤
것인지를 알았다.

---

n. 노 v. 노를 젓다

1175 **paddle**
□□□ [pǽdl]

수능·평가원 기출횟수 3

EBS 기출횟수 3

paddle¹ paddled²

I headed to the beach and jumped on my surfboard and
paddled out. *05(9)2002밀줄의미

나는 바닷가로 가서 내 서프보드에 뛰어 올라 노를 저어 나아갔다.

---

v. 뒷받침하다, 옹호하다

1176 **uphold**
□□□ [ʌphóuld]

수능·평가원 기출횟수 3

EBS 기출횟수 3

uphold² upholding¹

In much of social science, evidence is used only to affirm a
particular theory — to search for the positive instances that
uphold it. *123002빈칸완성

사회 과학에 있어서 많은 경우, 증거는 특정 이론을 증명해 보이기 위해서만, 즉 그
이론을 뒷받침하는 긍정적인 사례들을 찾기 위해서만 활용된다.

Basic

주어진 단어의 뜻을 우리말로 쓰세요.

1. pointless _____
2. maneuver _____
3. impede _____
4. perseverance _____
5. stationery _____
6. scrap _____
7. cargo _____
8. telecommute _____
9. scrub _____
10. hiss _____

11. transgenic _____
12. paste _____
13. lace _____
14. brass _____
15. reconciliation _____
16. per capita _____
17. dumb _____
18. basin _____
19. bland _____
20. outdated _____

Advanced

다음 문장에 들어갈 적절한 형태의 단어를 쓰세요.

1. The teacher **e**_____ him along the aisle to the door.
   선생님이 그를 복도를 따라 문까지 배웅했다. *14(9B)43-4513장문독해

2. Remember what it was like to begin to **m**_____ a desktop publishing program?
   컴퓨터 출판 프로그램을 쓰기 시작한 것이 어땠는지 기억나세요? *13(9)2003네모어법

3. The flow of services provided by a nation's infrastructure should continue **u**_____.
   한 국가의 기반시설에 의해 제공되는 서비스의 흐름은 방해받지 않고 계속되어야 한다. *13(6)2704빈칸완성

4. Despite my mysterious illness, I **d**_____ the doctors and their medicines.
   나의 불가사의한 병에도 불구하고 나는 의사와 약을 거부했다. *1246-4817장문배열

5. What you consider **p**_____ your friends may find meaningful.
   당신이 무의미하다고 여기는 것을 그들은 의미심장하게 볼 수도 있다. *08(6)3603글의요지

29
Day

---

a. 머리털이 있는

1177 **haired**
☐☐☐ [hɛərd]

수능·평가원 기출횟수 3

EBS 기출횟수 3

I knew she was tall, short-**haired**, and in her fifties, but how would I know her name?　　　　　　　　　　*034003문장삽입

나는 그녀가 단발에 키가 크고, 50대라는 사실을 알고 있었지만, 어떻게 그녀의 이름을 알겠는가?

---

n. 대사관

1178 **embassy**
☐☐☐ [émbəsi]

수능·평가원 기출횟수 3

EBS 기출횟수 3

In his residence near the **embassy**, he had one room known as "the shepherd's room."　　　　　*07(6)3602글의요지

대사관 근처에 있는 그의 숙소에 그는 '목동의 방'이라고 알려진 방 하나를 가지고 있었다.

---

n. 완곡 어구(표현)

1179 **euphemism**
☐☐☐ [júːfəmìzəm]

수능·평가원 기출횟수 3

EBS 기출횟수 3

euphemism¹ euphemisms²

Why do people use **euphemisms**?　　　　　*123102연결사

왜 사람들은 완곡어법을 쓸까?

---

n. 생명선, 생명줄

1180 **lifeline**
☐☐☐ [láiflàin]

수능·평가원 기출횟수 3

EBS 기출횟수 3

Adding to their importance is that many of the **lifeline** systems serve vital roles in disaster recovery.　　*13(6)2703빈칸완성

생명선 시스템의 다수가 재해 복구에서 중대한 역할을 한다는 것이 그것들의 중요성을 더해 주고 있다.

a. 구불구불한

1181 **winding**

□□□ [wáindiŋ]

수능·평가원 기출횟수 3

EBS 기출횟수 3

With its tiny **winding** lanes and hidden temples, Jaisalmer is straight out of The Arabian Nights.
*11(6)3602내용일치

구불구불한 좁은 길과 숨겨진 사원들을 가진 Jaisalmer가 '아라비안나이트'에서 곧바로 튀어나온다.

> **TIP** 여기서 winding은 [wáindiŋ]으로 읽는 것을 한번 더 강조합니다. '구불구불하다, 감다'의 뜻으로 wind[wáind][이]-wound[2]-wound[이는 과거형 wound[waʊnd] 로 2회 출제되었습니다. '상처, 부상'을 뜻하는 wound[wu:nd]와 발음 주의하세요. wound[wu:nd]는 wounded 형태 1회까지 포함하면 총 5회 출제되었습니다. .

n. 교차점 *v.* 교체하다

1182 **interchange**

□□□ [ìntərtʃéindʒ]

수능·평가원 기출횟수 2

EBS 기출횟수 4

interchange⁰ interchangeable¹ interchanged¹

The right and left sides of your face are **interchanged**.
*102603빈칸완성

당신 얼굴의 좌우가 서로 바뀌었다.

1182-1 □□□ **interchangeable**   *a.* 바꿀 수 있는 ¹⁰

v. 폐지하다

1183 **abolish**

□□□ [əbáliʃ]

수능·평가원 기출횟수 2

EBS 기출횟수 4

EBS12 • EBS11 • EBS10

abolish¹ abolishing¹

Costa Rica became the first Latin American country to **abolish** slavery.
*10(6)3607내용일치

Costa Rica는 라틴아메리카에서 노예제도를 폐지한 첫 번째 나라가 되었다.

> **TIP** 아직 시험에 출제되진 않았지만 명사는 abolition '(법률 · 제도 · 조직의) 폐지'를 뜻합니다.

a. 헛된, 소용없는

1184 futile
□□□ [fjúːtl]

수능·평가원 기출횟수 2

EBS 기출횟수 4

After several **futile** attempts to teach the role of theme, or the prominent repeated melody, in classical music, the teacher was at wit's end. *1148-5001장문배열

클래식 음악에서의 주제의 역할, 즉 두드러지는 반복된 선율을 가르치려는 몇번의 헛된 시도후에, 그 교사는 어찌할 바를 몰랐다.

Michael's **futile** attempts to open the door only increased his panic. *11(9)2405심경

Michael의 문을 열고자 했던 헛된 노력은 그에게 공포심을 증가시킬 뿐이었다.

v. 빼다

1185 subtract
□□□ [səbtrǽkt]

수능·평가원 기출횟수 2

EBS 기출횟수 4

Now, **subtract** your current age. *10(9)4112장문배열

이제 당신의 현재 나이를 빼라.

n. 악취 *v.* 악취를 풍기다

stink¹ stinks¹

1186 stink
□□□ [stiŋk]

수능·평가원 기출횟수 2

EBS 기출횟수 4

Being happy means that you realize that there are times that you will be unhappy and recognize that life sometimes **stinks**. *12(6)3901글의요지

행복하다는 것은 불행할 때가 있다는 것을 깨닫고, 때로는 삶이 악취를 풍긴다는 것을 인식하는 것을 의미한다.

n. 서사시 *a.* 장대한

1187 epic
□□□ [épik]

수능·평가원 기출횟수 2

EBS 기출횟수 4

Music can convey the scope of a film, effectively communicating whether the motion picture is an **epic** drama or a story that exists on a more personal scale. *15(6)3501문장삭제

음악은 영화가 서사극인지 아니면 더 사적인 영역에 있는 이야기인지를 효과적으로 전달하며 영화의 범위를 알려 줄 수 있다.

1188 utensil
□□□ [juːténsəl]
수능·평가원 기출횟수 2
EBS 기출횟수 4

n. 도구(기구), 가정용품

utensil⁰ utensils²

I'll check if all the cooking **utensils** and seasonings are in place. *12(9)16듣기

나는 요리도구와 양념이 제자리에 있는지를 확인할게.

1189 vend
□□□ [vend]
수능·평가원 기출횟수 2
EBS 기출횟수 4

v. 팔다

vend⁰ vending²

That's right—a **vending machine** from which you can get prescription drugs! *0606듣기

그렇다. 처방전약을 얻을 수 있는 자판기이다!

TIP 수능에서는 vending machine으로만 나왔습니다. 뭔가 '파는' 기계니까 자판기가 됩니다.

1190 drape
□□□ [dreip]
수능·평가원 기출횟수 2
EBS 기출횟수 4

v. 주름 잡다, 걸치다, 가리다, 장식하다

drape⁰ draped²

Ancient Greek and Roman costume is essentially **draped**. *13(6)3401글의주제

고대 그리스와 로마의 의상은 본질적으로 주름을 잡아 걸치는 것이다.

1191 luncheon
□□□ [lʌntʃən]
수능·평가원 기출횟수 2
EBS 기출횟수 4

n. 오찬

The time of the **luncheon** has also been moved to 12: 15 to give our speaker in the morning session more time. *07(6)06듣기

오찬 시간이 아침 회의에 참석한 연사들에게 시간을 더 주기 위해 12시 15분으로 옮겼다.

v. 쌩[휙] 하고 가다, 지퍼를 잠그다

1192 **zip**
□□□ [zip]

수능·평가원 기출횟수 1

EBS 기출횟수 5

Biologists can **zip** over in small boats.

*124405문장삽입

생물학자들은 작은 보트를 타고 재빠르게 나아갈 수 있다.

n. 각성, 자극

1193 **arousal**
□□□ [əráuzəl]

수능·평가원 기출횟수 1

EBS 기출횟수 5

arousal[1]

According to this view, the peculiar sounds of laughter have a direct effect on the listener, inducing positive emotional **arousal** that mirrors the emotional state of the laugher, perhaps by activating certain specialized brain circuits.

*15(6)2202글의주제

이 관점에 따르면 웃음의 독특한 소리는 듣는 사람에게 직접적인 영향을 끼쳐서, 아마도 어떤 특수한 뇌 회로를 활성화시킴으로써 웃는 사람의 감정 상태와 흡사한 긍정적인 감정적 자극을 유도해 낸다.

a. 호전적인, 전쟁의

1194 **warlike**
□□□ [wɔ́rlaik]

수능·평가원 기출횟수 1

EBS 기출횟수 5

Even though the Egyptians were **warlike**, they found time for peaceful games.

*081906지칭추론

비록 호전적이기는 하였지만, 이집트인들은 평화로운 경기를 하는 시간도 가졌다.

v. 이등분 하다, 반으로 줄다

1195 **halve**
□□□ [hæv]

수능·평가원 기출횟수 1

EBS 기출횟수 5

halve[0] halved[1]

Have you heard the saying "A problem shared is a problem **halved**"?

*983901글의제목

당신은 "문제를 나누면 반이 된다." 라는 속담을 들어본 적이 있는가?

1196 **stale**
□□□ [steil]

수능·평가원 기출횟수 1

EBS 기출횟수 5

a. 진부한, 신선하지 않은

Mental rehearsal is disastrous cognitive static when it becomes trapped in a **stale** routine that captures attention.

*133103네모어휘

정신적 예행연습은 주의력을 빼앗는 진부한 일상에 사로잡힐 때, 파멸적인 인지적 정지상태가 된다.

1197 **slum**
□□□ [slʌm]

수능·평가원 기출횟수 1

EBS 기출횟수 5

n. 빈민가

slum[0] slums[1]

Even more serious examples include describing rotting **slums** as 'substandard housing.'

*123106연결사

훨씬 더 심각한 예는 썩어가는 빈민가를 '표준 이하 주거'라고 묘사하는 것을 포함하고 있다.

1198 **boom**
□□□ [buːm]

수능·평가원 기출횟수 1

EBS 기출횟수 5

n. 쾅하고 울리는 소리   *v.* 쾅하는 소리를 내다

boom[0] boomed[1]

The storm **boomed** and roared outside the long-range aircar as it fought for altitude.

*0846-4810장문배열

장거리 비행선이 고도를 유지하기 위해 몸부림치는 동안 비행선의 밖에서는 폭풍우가 사납게 불고 있었다.

1199 **inland**
□□□ [ínlənd]

수능·평가원 기출횟수 1

EBS 기출횟수 5

a. 내륙에 있는   *ad.* 내륙으로

I had accepted a job offer from Dr. Gilbert, who had opened a medical clinic at an **inland** village last year.

*132205심경

나는 작년에 내륙에 있는 마을에서 병원을 개원한 Gilbert 박사로부터 온 취업 제안을 받아들였다.

v. 중얼거리다

1200 **mumble**
□□□ [mʌ́mbəl]

수능·평가원 기출횟수 1
EBS 기출횟수 5

mumble⁰ mumbled¹

Jackson **mumbled**.

Jackson 씨는 중얼거렸다.

*952105빈칸완성

---

a. 정의하기 어려운

1201 **elusive**
□□□ [ilúːsiv]

수능·평가원 기출횟수 1
EBS 기출횟수 5

What should writers do when they're teased by intriguing but **elusive** ideas?

아주 흥미롭지만 정의하기 어려운 생각들로 괴로울 때 작가들은 무엇을 해야 하는가?

*1346-4701장문독해

---

n. 임대차 계약, 임대   *v.* 임대[임차, 대여]하다

1202 **lease**
□□□ [liːs]

수능·평가원 기출횟수 1
EBS 기출횟수 5

I have lived in this apartment for the last ten years and the **lease** has been renewed three times.

저는 이 아파트에서 지난 10년 간 살아왔으며 임대차 계약이 세 번 갱신되었습니다.

*981801글의목적

---

n. 맹세, 약속   *v.* 맹세하다, 약속하다

1203 **pledge**
□□□ [pledʒ]

수능·평가원 기출횟수 1
EBS 기출횟수 5

pledge⁰ pledges¹

Millions of people, watching Jim's concert on television, were asked to phone in **pledges** of money to give to African relief.

Jim의 공연을 TV로 시청하는 수백만의 사람들이 아프리카인의 구조에 쓸 돈을 약속하는 전화(돈을 기부하는 전화)를 해 달라는 부탁을 받았다.

*953003글의주제

n. 요람

1204 **cradle**
□□□ [kréidl]

수능·평가원 기출횟수 1

EBS 기출횟수 5

In Scandinavia the welfare state has earned the famous
characterization '**cradle** to grave.'
*94(1)2601문장삭제

스칸디나비아 반도의 복지 국가는 '요람에서 무덤까지'라는 유명한 특징을 얻어왔다.

---

n. 일화

1205 **anecdote**
□□□ [ǽnikdòut]

수능·평가원 기출횟수 1

EBS 기출횟수 5

anecdote[0] anecdotes[1]

Then in a revised edition of Lives in 1568, complete with
portraits of the artists, he combined biographical **anecdotes**
with critical comment.
*123805내용일치

그러다가 예술가들의 초상을 완비한 1568년에 발행된 개정판에서 그는 전기적인
일화들을 비판적인 언급과 결합시켰다.

fairy tale 04[9]
mythology EBS14 • EBS13 •
EBS12 • EBS11 • EBS10

TIP 이야기 관련 표현을 한 번 정리해보겠습니다.
anecdote '일화, 개인적인 진술', fairy tale '소설', mythology '신화, 근거 없는 믿음'
정도 알아두세요.

---

v. 방해하다, 파괴하다　*n.* 방해 행위

1206 **sabotage**
□□□ [sǽbətὰːʒ]

수능·평가원 기출횟수 1

EBS 기출횟수 5

sabotage[0] sabotages[1]

Anxiety also **sabotages** academic performance of all kinds.
*133107네모어휘

걱정은 또한 모든 종류의 학업적 성취를 방해한다.

---

n. 의견(결정), 평결

1207 **verdict**
□□□ [və́ːrdikt]

수능·평가원 기출횟수 1

EBS 기출횟수 5

Making better decisions when picking out jams or bottles of
wine is best done with the emotional brain, which generates
its **verdict** automatically.
*134210문장배열

잼이나 와인을 더 잘 고르는 결정은 감정적 두뇌로 가장 잘 되어진다. 그 이유는
감정적 두뇌가 자동적으로 결정을 내리기 때문이다.

_a._ 기름투성이의

1208 **greasy**
□□□ [grí:si]

수능·평가원 기출횟수 1

EBS 기출횟수 5

No, it's too **greasy**. How about Korean food instead?   *0704듣기

싫어. 너무 느끼해. 대신 한국 음식 어때?

_n._ 퇴비   _v._ 퇴비를 만들다

1209 **compost**
□□□ [kámpoust]

수능·평가원 기출횟수 1

EBS 기출횟수 5

The type of 'imperfect' produce was often tossed on the
compost heap or left in the ground.   *1046-4806장문배열

'결함이 있는' 농산물이 흔히 퇴비 더미에 버려지거나 땅속에 그냥 남아있게 된다.

_v._ 방해하다, 침범하다

1210 **intrude**
□□□ [intrú:d]

수능·평가원 기출횟수 1

EBS 기출횟수 5

intrude[0] intruding[1]

Mental rehearsal becomes trapped in a stale routine that
captures attention, **intruding** on all other attempts to focus
elsewhere.   *133103네모어휘

정신적 예행연습은 다른 곳에 집중하려는 온갖 시도를 방해하며 주의력을 빼앗는
진부한 일상에 사로잡히게 한다.

_v._ (희미하게)빛나다

1211 **gleam**
□□□ [gli:m]

수능·평가원 기출횟수 1

EBS 기출횟수 5

gleam[0] gleaming[1]

Everest looms as a three-sided pyramid of **gleaming** ice and
dark rock.   *123701내용일치

에베레스트는 빛나는 얼음과 짙은 색의 바위로 이루어진 세 개의 면을 가진
피라미드의 형태로 솟아있다.

ad. 다급하게, 허둥지둥

1212 **hurriedly**
□□□ [hə́:ridli]
수능·평가원 기출횟수 1
EBS 기출횟수 5

Alice got up late this morning and **hurriedly** went out of her apartment.
*04(9)2801밑줄어법
Alice는 오늘 아침에 지각해서 다급하게 그녀의 아파트를 나왔다.

n. 무정부 상태, 난장판

1213 **anarchy**
□□□ [ǽnərki]
수능·평가원 기출횟수 1
EBS 기출횟수 5

Anarchy can consist of "mutual aid" or a "war of all against all" that proceeds in the absence of any rule of law.
*13(6)2802빈칸완성
무정부 상태는 '상호 협력'이나 혹은 법의 어떤 지배 없이 진행되는 '모든 것에 대항하는 모든 사람들의 전쟁'으로 이루어질 수 있다.

v. 이리저리 움직이다, 섞다

1214 **shuffle**
□□□ [ʃʌ́fəl]
수능·평가원 기출횟수 1
EBS 기출횟수 5

We then **shuffle** the pieces around to see how they fit together.
*13(9)4309문장배열
그런 다음에 그 정보들이 어떻게 서로 들어맞는지를 알아보기 위해서 그것들을 이리저리 바꿔본다.

v. 위협하다

1215 **menace**
□□□ [ménəs]
수능·평가원 기출횟수 1
EBS 기출횟수 5

menace⁰ menacing¹

Disease, enemies and starvation are always **menacing** primitive man.
*12(9)3302밑줄어휘
질병과 적, 굶주림은 항상 원시인들을 위협한다.

1216 jobless
□□□ [dʒóublǝs]

수능·평가원 기출횟수 1

EBS 기출횟수 5

n. **실업자들**　*a.* **실직 상태인**

What about all the young people in our town who are **jobless**?
　　　　　　　　　　　　　　　　　　　　*05(6)08듣기

우리 도시에서 실직 상태인 모든 젊은 사람들에 대해 어떻게 생각해?

1217 capitalize
□□□ [kǽpitǝlàiz]

수능·평가원 기출횟수 1

EBS 기출횟수 5

v. **자본화하다, (~on)이용하다**

More and more classical organizations take the initiative to **capitalize** on this, the future is beginning to look promising.
　　　　　　　　　　　　　　　　　　　　*09(9)3804글의요지

점점 더 많은 고전음악 단체들이 주도적으로 이것에 자본을 투자하면서 고전음악의 미래는 밝아지기 시작했다.

1218 erroneous
□□□ [iróuniǝs]

수능·평가원 기출횟수 1

EBS 기출횟수 5

a. **잘못된**

I made it up in response to my **erroneous** belief that what I was all worked up about was really important.　　　*10(9)2202밑줄어법

나는 뭔가에 나 자신이 대단히 좌절감을 느끼는 것이 중요하다는 나의 잘못된 믿음에 대한 반응으로 그것을 만들었다.

Daily Mission

Basic

주어진 단어의 뜻을 우리말로 쓰세요.

1. lease	_____	**11.** greasy	_____
2. cradle	_____	**12.** compost	_____
3. menace	_____	**13.** inland	_____
4. hurriedly	_____	**14.** futile	_____
5. capitalize	_____	**15.** intrude	_____
6. vend	_____	**16.** stale	_____
7. anarchy	_____	**17.** arousal	_____
8. shuffle	_____	**18.** halve	_____
9. mumble	_____	**19.** anecdote	_____
10. epic	_____	**20.** warlike	_____

Advanced

다음 문장에 들어갈 적절한 형태의 단어를 쓰세요.

1. Physicists speak of photons of light as being **i**_____.
물리학자들은 빛의 광자를 서로 바꿀 수 있는 것이라고 말한다. *103405글의주제

2. Costa Rica became the first Latin American country to **a**_____ slavery.
Costa Rica는 라틴아메리카에서 노예제도를 폐지한 첫 번째 나라가 되었다. *10(6)3607내용일치

3. Michael's **f**_____ attempts to open the door only increased his panic.
Michael의 문을 열고자 했던 헛된 노력은 그에게 공포심을 증가시킬 뿐이었다. *11(9)2405심경

4. We then **s**_____ the pieces around to see how they fit together.
그런 다음에 그 정보들이 어떻게 서로 들어맞는지를 알아보기 위해서 그것들을 이리저리 바꿔본다. *13(9)4309문장배열

5. I made it up in response to my **e**_____ belief that what I was all worked up about was really important.
나는 뭔가에 나 자신이 대단히 좌절감을 느끼는 것이 중요하다는 나의 잘못된 믿음에 대한 반응으로 그것을 만들었다. *10(9)2202밑줄어법

v. 악화시키다

1219 **aggravate**
□□□ [ǽgrəvèit]
수능·평가원 기출횟수 1
EBS 기출횟수 5

aggravate⁰ aggravated¹

Difficulty in assessing information is **aggravated** by the overabundance of information at our disposal. *12(9)2701빈칸완성

정보에 대한 가치 평가의 어려움은 우리가 마음대로 쓸 수 있는 정보의 과잉으로 인해 더 악화된다.

n. 충고, 신호, 바늘

1220 **pointer**
□□□ [pɔintər]
수능·평가원 기출횟수 1
EBS 기출횟수 5

pointer⁰ pointers¹

There are a few **pointers** about the oral recitation of poetry. *06(6)2302문장식제

시 낭송에 관한 몇 가지 충고가 있다.

a. 해마다 있는, 연간의

1221 **yearly**
□□□ [jíərli]
수능·평가원 기출횟수 1
EBS 기출횟수 5

They laughed, sharing funny memories of their **yearly** visits. *03(9)1903분위기

그들은 그들의 매년 방문에 대한 재미있는 추억들을 나누며 웃었다.

n. 삐걱거리는 소리 v. 삐걱거리다

1222 **creak**
□□□ [kri:k]
수능·평가원 기출횟수 1
EBS 기출횟수 5

creak⁰ creaked¹

The door **creaked** as it swung back. *11(9)2403심경

문은 삐걱거리는 소리를 내며 돌았다.

a. 거대한

1223 **gigantic**
□□□ [dʒaigǽntik]

수능·평가원 기출횟수 1

EBS 기출횟수 5

The two captains of the luxurious and **gignatic** passenger ships, the British ocean liner Carmania and the German linar Cap Trafalgar, were both ordered to convert their vessels into armed merchant cruisers.
*05(9)2002밑줄의미

호화롭고 거대한 여객선인 영국의 대양 정기선 Carmania와 독일의 정기선 Cap Trafalgar의 두 선장은 그들의 배를 무장한 상선으로 전환시키라는 명령을 받았다.

a. 해군의

1224 **naval**
□□□ [néivəl]

수능·평가원 기출횟수 1

EBS 기출횟수 5

The outcome was a remarkable engagement that ranks as one of the most curious **naval** conflicts of all time.
*05(9)2006문맥의미

결과는 모든 시대를 통틀어 가장 기이한 해전(海戰) 중 하나로 자리 잡을 놀랄만한 교전이었다.

n. (경찰서의)반, 분대

1225 **squad**
□□□ [skwɑd]

수능·평가원 기출횟수 1

EBS 기출횟수 5

When the day arrived, Chris was welcomed by three **squad** cars and a police motorcycle ridden by Officer Frank Shankwitz.
*13(6)49-5007장문독해

그날이 되었을 때, Chris는 세 대의 경찰 순찰차와 경찰관 Frank Shankwitz가 탄 경찰 오토바이의 환영을 받았다.

n. 기둥

1226 **pillar**
□□□ [pílər]

수능·평가원 기출횟수 1

EBS 기출횟수 5

pillar⁰ pillars¹

What waited for me in this new world was tree-lined avenues, brick buildings with white **pillar**.
*12(9)46-4809장문배열

이 새로운 세상에서 나를 기다린 것은 나무가 줄지어선 거리, 흰 기둥의 벽돌 건물이었다.

a. 적격의 *n.* 적임자

1227 eligible
[élidʒəbəl]

수능·평가원 기출횟수 1
EBS 기출횟수 5

Anyone over the age of 18 **is eligible**, with the exception of professional photographers.

*12(6)1802글의목적

직업적인 사진사를 제외한 18세 이상의 누구라도 참가자격이 있습니다.

n. 중심지, 중추

1228 hub
[hʌb]

수능·평가원 기출횟수 1
EBS 기출횟수 5

New York : A **Hub** of Grocery Transportation

*13(6)3908글의제목

뉴욕: 식료품 운송의 중심지

n. 적도

1229 equator
[ikwéitər]

수능·평가원 기출횟수 1
EBS 기출횟수 5

Here, indeed, south of the **equator**, the waxing moon appears to be on the left.

*12(6)49-5012장문배열

실제로 이곳 적도 남부에서 상현달은 왼쪽 편에 있는 걸로 보인다.

a. 엄중한

1230 stern
[stəːrn]

수능·평가원 기출횟수 1
EBS 기출횟수 5

pillar⁰ pillars¹

Her mother was **stern** and meticulous about house cleaning.

*13(9)48-5002장문배열

그녀의 어머니는 집 청소에 관해서 엄격하고 꼼꼼하셨다.

1231 **unopened**
□□□ [ʌnóupənd]

수능·평가원 기출횟수 3

EBS 기출횟수 2

a. **열어보지 않은**

She raised her daughters to keep an extra box and bottle **unopened** in the cupboard for every bottle and box that was in use.   *11(9)48-5002장문배열

그녀는 사용하는 모든 병과 통을 위해 찬장에는 개봉하지 않은 여분의 통과 병을 보관하도록 딸들을 키웠다.

1232 **fruitful**
□□□ [frú:tfəl]

수능·평가원 기출횟수 3

EBS 기출횟수 2

a. **보람있는, 생산적인, 유익한**

fruitful² fruity¹

"To my taste," he says, "the most **fruitful** and natural exercise of our mind is conversation."   *08(9)2602빈칸완성

"내 취향으로 보아, 가장 보람 있고 자연스러운 우리 정신의 운동은 대화이다." 라고 그는 말했다.

1232-1 □□□ **fruity**   *a.* 과일 맛[향]이 강한 ⁰⁹⁶

1233 **zeal**
□□□ [zi:l]

수능·평가원 기출횟수 2

EBS 기출횟수 4

n. **열성**

I always choose **zeal** over ability.   *962303빈칸완성

나는 항상 능력보다는 열성을 선택한다.

> TIP 유명한 PC게임인 스타크래프트에서 Zealot이라는 유닛이 있습니다. 대부분 '질럿' 이라고 부르는데 실제 발음은 [ziːlət]이고 '광신자, 열성분자'라는 뜻이 있습니다. 스타크래프트2에서는 광전사라고 나옵니다만 아직도 '질럿'이 익숙하지요.

1234 **salient**
□□□ [séiliənt]

수능·평가원 기출횟수 3

EBS 기출횟수 2

a. **두드러진**

The most **salient** feature of individual moral agents is the fact that they bring multiple perspectives.   *11(9)3003빈칸완성

도덕적 행위자로서의 인간 각자의 가장 두드러진 특징은 그들이 다양한 견해를 제시한다는 사실이다.

v. 생활을 단순화 하다, 저속 기어로 바꾸다

1235 downshift

□□□ [daunʃift]

수능·평가원 기출횟수 3

EBS 기출횟수 2

downshift[0] downshifted[1] downshifters[1] downshifting[1]

This decade, nearly a quarter of Australians aged 30 to 59 have **downshifted**.   *06(9)4204글의제목

최근 10년간 30~59세의 오스트레일리아 사람들 중 거의 4분의 1정도가 생활을 단순화 했다.

v. 수치화하다, 디지털화하다

1236 digitize

□□□ [dídʒitàiz]

수능·평가원 기출횟수 2

EBS 기출횟수 3

digitize[0] digitized[2]

The **digitized** image of the face is rough.   *063002빈출어휘

수치화된 얼굴의 이미지는 거칠다.

v. 비유하다

1237 liken

□□□ [láikən]

수능·평가원 기출횟수 2

EBS 기출횟수 3

liken[1] likening[1]

I often **liken** fundamental science to doing a crossword puzzle.   *12(9)2805빈칸완성

나는 종종 기초과학을 십자말 퍼즐 풀기에 비유한다.

ad. 지나치게, 배 밖으로, 물 속으로

1238 overboard

□□□ [óuvərbɔːrd]

수능·평가원 기출횟수 2

EBS 기출횟수 3

Just don't go **overboard**.   *05(6)4109필자주장

그러나 지나치게 먹지는 말아라.

a. 말을 잃은

1239 **speechless**
□□□ [spíːtʃles]

수능·평가원 기출횟수 2
EBS 기출횟수 3

When the little boy was finished, his father sat **speechless**.

*033706내용일치

어린 소년의 말이 끝났을 때 그의 아버지는 할 말을 잃은 채 앉았다.

n. 풍부함, 풍요로움

1240 **richness**
□□□ [rítʃnes]

수능·평가원 기출횟수 2
EBS 기출횟수 3

To enjoy the **richness** that life has to offer, we need to take our time.

*11(9)2706빈칸완성

삶이 제공해야 하는 풍요로움을 누리기 위해 우리는 시간적 여유를 가질 필요가 있다.

a. 기생하는 *n.* 기생 동물(식물)

1241 **parasitic**
□□□ [pæ̀rəsítik]

수능·평가원 기출횟수 2
EBS 기출횟수 3

These results show how, in the absence of pressure from **parasitic** cuckoos, the appearance of the eggs has altered.

*11(6)2604빈칸완성

그러한 결과는 기생하는 뻐꾸기의 압박감이 없을 때에 어떻게 알의 모습이 바뀌었는지를 보여주고 있다.

a. 흐릿한, 불분명한

1242 **fuzzy**
□□□ [fʌ́zi]

수능·평가원 기출횟수 2
EBS 기출횟수 3

I put them on, and the world turned into **fuzzy**, unfocused shapes.

*12(6)46-4822장문독해

나는 착용하였고 세상이 흐릿하고 초점이 맞지 않는 상으로 변했다.

v. 염증을 일으키다, 악화시키다

1243 **inflame**
☐☐☐ [infléim]

수능·평가원 기출횟수 2

EBS 기출횟수 3

inflame¹ inflamed¹

The whole thumb was swollen to the wrist and in the center was a little **inflamed** sore. *12(9)1905일줄추론

손목 쪽으로 엄지손가락 전체가 부어있었고, 가운데 새빨개진 작은 상처가 있었다.

These tendencies can **inflame** the anger of the hurt person.

*134105문장삭제

이러한 경향은 상처 입은 사람의 노여움을 악화시킬 수 있다.

---

ad. 그리고 그것에 의하여

1244 **whereby**
☐☐☐ [hwέərbai]

수능·평가원 기출횟수 2

EBS 기출횟수 3

Often this simple action starts a chain of loving actions **whereby** the person receiving your letter may decide to do the same thing to someone else. *0349-5010장문독해

이러한 간단한 행위는 종종 사랑의 연쇄행위를 시작하게 하고 그것으로 인하여 당신의 편지를 받는 사람이 다른 사람에게 똑같은 일을 하도록 결심하게 한다.

(TIP) 격식 있는 표현으로 by which의 의미를 갖는 관계부사입니다.

---

n. 맛있는 것

1245 **goody**
☐☐☐ [gúdi]

수능·평가원 기출횟수 2

EBS 기출횟수 3

goody⁰ goodies²

Praise encourages children to find ways to get future verbal "**goodies**" from important adults. *133502글의요지

칭찬은 아이들이 중요한 어른들로부터 앞으로 있을 말로 된 '맛난 것'을 얻을 방법들을 찾으려고 하게끔 만든다.

v. 증폭시키다

1246 **amplify**
□□□ [ǽmpləfài]

수능·평가원 기출횟수 2

EBS 기출횟수 3

amplify⁰ amplified¹ amplifying¹

He used it to invent an **amplifying** system that enabled radio receivers to pick up distant signals.   *12(9)3802내용일치

그는 전파 수신기가 먼 신호를 잡는 것을 가능케 했던 증폭시스템을 고안하기 위해 그것을 사용했다.

---

a. 히스테리 상태의, 발작적인, 너무나도 웃기는

1247 **hysterical**
□□□ [histérikəl]

수능·평가원 기출횟수 2

EBS 기출횟수 3

hysterical¹ hysteria¹

Sometimes you may try to appeal to an emotion in your audience: hysteria by being **hysterical**, anger by raging.   *13(6)3003빈칸완성

때때로 당신은 히스테리하게 되면서 히스테리를, 격노하면서 분노를 청중들의 감정에 호소하려고 애를 쓸지도 모른다.

1247-1 □□□ **hysteria**   *n.* 히스테리, 과잉흥분 ¹³⁸

---

n. 관료제, 관료

1248 **bureaucracy**
□□□ [bjuərάkrəsi]

수능·평가원 기출횟수 2

EBS 기출횟수 3

bureaucracy¹ bureaucracies¹

Local **bureaucracies** usually followed administrative patterns that had been locally developed.   *07(9)3607내용일치

지역의 관료들은 보통 그 지역의 발전된 행정 패턴을 따랐다.

---

n. 주석

1249 **tin**
□□□ [tin]

수능·평가원 기출횟수 2

EBS 기출횟수 3

Norman's **tin** legs were his only supports.   *952505빈칸완성

Norman의 주석 다리가 그의 유일한 지지물이었다.

n. 항상성

1250 **homeostasis**
☐☐☐ [hoʊmiəstéisis]

수능·평가원 기출횟수 2
EBS 기출횟수 3

Most of the systems in animal and human physiology are
controlled by **homeostasis**. *123404글의주제
동물과 사람의 생리 체계의 대부분은 항상성에 의해서 조절된다.

---

n. 낙하산

1251 **parachute**
☐☐☐ [pǽrəʃùːt]

수능·평가원 기출횟수 2
EBS 기출횟수 3

The **parachute** jump is not as dangerous as you think. *04(6)16듣기
낙하산 점프는 당신이 생각하는 것 만큼 위험하지 않아요.

---

ad. 쉼 없이, 지치는 줄 모르게

1252 **tirelessly**
☐☐☐ [táiərləsli]

수능·평가원 기출횟수 2
EBS 기출횟수 3

Frank J. Scott, an early landscape architect, worked
tirelessly to rid the landscape of fences. *11(6)3105밑줄어휘
미국의 초기 조경사인 Frank J. Scott는 조경에서 펜스를 없애기 위해서 쉼없이
일했다.

---

v. 괴롭히다

1253 **afflict**
☐☐☐ [əflíkt]

수능·평가원 기출횟수 1
EBS 기출횟수 4

afflict⁰ afflicted¹

A person **afflicted** with loneliness will realize, in the long
run, that only he can find his own cure. *94(2)4801필자주장
고독으로 괴로워하는 사람은 결국 그 자신만이 치유할 수 있음을 깨닫게 될 것이다.

ad. 만성적으로

1254 **chronically**
□□□ [krá:nikli]

수능·평가원 기출횟수 1
EBS 기출횟수 4

In a complex, intellectually demanding and high-pressure task such as that of air traffic controllers, having **chronically** high anxiety is an almost sure predictor that a person will eventually fail in training or in the field. *133105네모어휘

항공교통관제사와 같이 복잡하고 지적으로 힘들고 압박이 심한 업무에서는 만성적으로 많은 걱정을 하는 것은 그 사람이 결국 훈련이나 실전에서 실패할 것임을 거의 정확히 예언한다.

n. 어업

1255 **fishery**
□□□ [fíʃəri]

수능·평가원 기출횟수 1
EBS 기출횟수 4

In the end, the **fishery** stopped altogether, bringing economic destruction to the village. *993507문장삽입

결국, 어업은 완전히 중단되었고 그 마을에 경제적인 파탄을 가져다주었다.

a. 직설적인, 무딘

1256 **blunt**
□□□ [blʌnt]

수능·평가원 기출횟수 1
EBS 기출횟수 4

The term euphemism involves substituting a more pleasant, less objectionable way of saying something for a **blunt** or more direct way. *123101연결사

완곡어법이라는 말은 무언가를 말하는 더 듣기 좋고 불쾌감이 덜한 방식으로 직설적이거나 보다 직접적인 방식을 대체하는 것과 관련되어 있다.

n. 면도기

1257 **razor**
□□□ [réizər]

razor⁰ razors¹

수능·평가원 기출횟수 1
EBS 기출횟수 4

There are not only paper plates and napkins, but even disposable **razors** and cameras. *982503빈칸완성

종이 접시나 냅킨뿐만 아니라 심지어 1회용 면도기나 카메라도 있다.

n. 열풍

1258 **craze**
□□□ [kreiz]

수능·평가원 기출횟수 1

EBS 기출횟수 4

In a society where people **craze** for beauty, the condition of one's skin and body can be a status symbol.   *083807글의요지

사람들이 아름다움을 열렬히 추구하는 사회에서는 피부와 신체의 조건이 지위의 상징이 될 수 있다.

a. 호화로운, 사치스러운

1259 **deluxe**
□□□ [dəlúks]

수능·평가원 기출횟수 1

EBS 기출횟수 4

Constructed in the 12th century, now a **deluxe** hotel, Palazzo Sasso is all about the view.   *083604내용일치

12세기에 건축되었으며 이제는 호화로운 호텔인 Palazzo Sasso는 경치에 관한 모든 것이다.

n. 목발

1260 **crutch**
□□□ [krʌtʃ]

수능·평가원 기출횟수 1

EBS 기출횟수 4

crutch⁰ crutches¹

He had to learn to walk first without the aid of **crutches**.   *952503빈칸완성

그는 먼저 목발의 도움 없이 걷는 것부터 배워야만 했다.

Basic

주어진 단어의 뜻을 우리말로 쓰세요.

1. homeostasis	_____	**11.** tirelessly	_____
2. equator	_____	**12.** eligible	_____
3. creak	_____	**13.** fruitful	_____
4. liken	_____	**14.** crutch	_____
5. hysterical	_____	**15.** pointer	_____
6. amplify	_____	**16.** unopened	_____
7. downshift	_____	**17.** salient	_____
8. blunt	_____	**18.** inflame	_____
9. tin	_____	**19.** fuzzy	_____
10. chronically	_____	**20.** deluxe	_____

Advanced

다음 문장에 들어갈 적절한 형태의 단어를 쓰세요.

1. Difficulty in assessing information is **a**_____ by the overabundance of information at our disposal.
   정보에 대한 가치 평가의 어려움은 우리가 마음대로 쓸 수 있는 정보의 과잉으로 인해 더 악화된다.
   *12(9)2701빈칸완성

2. For centuries, biologists believed giraffes were the silent **g**_____ of Africa.
   수세기 동안, 생물학자들은 기린이 아프리카에 있는 조용한 거인이라고 믿었다. *0447-4805장문배열

3. Anyone over the age of 18 is **e**_____, with the exception of professional photographers.
   직업적인 사진사를 제외한 18세 이상의 누구라도 참가자격이 있습니다. *12(6)1802글의목적

4. I put them on, and the world turned into **f**_____, unfocused shapes.
   나는 착용하였고 세상이 흐릿하고 초점이 맞지 않는 상으로 변했다. *12(6)46-4822장문독해

5. Constructed in the 12th century, now a **d**_____ hotel, Palazzo Sasso is all about the view.
   12세기에 건축되었으며 이제는 호화로운 호텔인 Palazzo Sasso는 경치에 관한 모든 것이다. *083604내용일치

Theme Analysis

No.	확인	단어	뜻	EBS 총빈도	EBS 교재수	기출형태
278	□□□	sneak	v. 살금살금 가다	10	10	sneak[5] sneaked[3] sneaking[1] sneaks[1]
279	□□□	gadget	n. 도구, 장치	10	10	gadget[4] gadgets[6]
280	□□□	jerk	v. 홱 움직이다	10	10	jerk[4] jerked[4] jerking[1] jerks[1]
281	□□□	drip	v. 뚝뚝 흘리다, 똑똑 떨어뜨리다	10	10	drip[3] dripping[7]
282	□□□	growl	v. 으르렁거리다	10	10	growl[3] growled[3] growling[3] growls[1]
283	□□□	jail	n. 교도소	10	9	jail[8] jailed[1] jails[1]
284	□□□	civilian	n. 민간인	10	9	civilian[6] civilians[4]
285	□□□	fetch	v. 가지고 오다, 데리고 오다	10	9	fetch[6] fetched[3] fetching[1]
286	□□□	opt	v. 택하다	10	9	opt[4] opted[3] opting[3]
287	□□□	testify	v. 증언하다	10	9	testify[3] testified[3] testifies[1] testifying[3]
288	□□□	tilt	v. 기울이다	10	9	tilt[2] tilted[8]
289	□□□	compliance	n. (법 등의)준수	10	8	
290	□□□	holistic	a. 총체적인	10	8	
291	□□□	hygiene	n. 위생	10	8	
292	□□□	slender	a. 날씬한	10	8	
293	□□□	spinach	n. 시금치	10	8	
294	□□□	eternity	n. 영원	10	8	eternity[8] eternities[2]
295	□□□	petty	ad. 작은, 옹졸한, 사소한	10	8	petty[9] pettiest[1]
296	□□□	slot	n. 구멍, 틈 v. 넣다	10	8	slot[9] slots[1]
297	□□□	hillside	n. 산비탈	10	8	hillside[7] hillsides[3]
298	□□□	flick	v. (손가락 등으로)튀기다	10	8	flick[5] flicked[1] flicking[4]
299	□□□	streak	n. 연속	10	8	streak[5] streaked[2] streaking[2] streaks[1]
300	□□□	wasp	n. 말벌	10	8	wasp[3] wasps[7]
301	□□□	bystander	n. 방관자, 구경꾼	10	8	bystander[3] bystanders[7]
302	□□□	spike	n. 대못	10	8	spike[2] spiked[4] spikes[4]
303	□□□	bureau	n. 사무국, 안내소	10	7	
304	□□□	cosmos	n. 우주, 질서	10	7	
305	□□□	degradation	n. 강등, 좌천	10	7	
306	□□□	descriptive	a. 서술적인	10	7	
307	□□□	domination	n. 우세, 지배	10	7	
308	□□□	infancy	n. 유아기	10	7	
309	□□□	insensitive	a. 무감각한, 둔감한	10	7	
310	□□□	insistence	n. 단언, 강조	10	7	
311	□□□	scarlet	n. 진홍색	10	7	
312	□□□	taxation	n. 조세	10	7	

No.	확인	단어	뜻	EBS 총빈도	EBS 교재수	기출형태
313	□□□	discourse	n. 담화	10	7	discourse[7] discourses[3]
314	□□□	clash	v. 충돌하다, 전투하다	10	7	clash[6] clashed[1] clashes[3]
315	□□□	sweetener	n. 감미료, 뇌물	10	7	sweetener[6] sweeteners[4]
316	□□□	clumsy	a. 어색한, 서투른	10	6	
317	□□□	dissimilar	a. 비슷하지 않은, 다른	10	6	
318	□□□	finite	a. 유한의, 한정된	10	6	
319	□□□	intolerant	a. 편협한	10	6	
320	□□□	intonation	n. 억양	10	6	
321	□□□	selectively	ad. 선별하여	10	6	
322	□□□	sophomore	n. 2학년생	10	6	
323	□□□	sugary	a. 설탕의, 감미로운	10	6	
324	□□□	resin	n. 송진, 합성 수지	10	6	resin[8] resins[2]
325	□□□	axle	n. (바퀴의)차축	10	6	axle[7] axles[3]
326	□□□	sediment	n. 침전물	10	6	sediment[5] sediments[5]
327	□□□	immigration	n. 이민, 이주	10	5	
328	□□□	refusal	n. 거절, 거부	10	5	
329	□□□	submissive	a. 복종하는, 순종적인	10	5	
330	□□□	mourn	v. 애도하다, 슬퍼하다	10	5	mourn[2] mourning[8]
331	□□□	acupuncture	n. 침술	10	4	
332	□□□	coronary	a. 관상 동맥의, 심장의	10	4	
333	□□□	percentile	n. 백분위수	10	4	
334	□□□	undernourished	a. 영양 부족인	10	4	
335	□□□	prairie	n. 초원, 평원	10	4	prairie[9] prairies[1]
336	□□□	spear	n. 창	10	4	spear[8] spears[2]
337	□□□	invert	v. 뒤집다	10	4	invert[2] inverted[8]
338	□□□	bleach	v. 표백하다	10	4	bleach[0] bleached[4] bleaching[6]
339	□□□	fetus	n. 태아	10	3	
340	□□□	supernova	n. 초신성	10	2	

수능직방 VOCA Master

Advanced

Advanced

No.	확인	단어	뜻	출제년도	수·평 총빈도	EBS 총빈도
1261	☐☐☐	bliss	n. 행복	96	1	4
1262	☐☐☐	uproot	v. 근절하다	94²	1	4
1263	☐☐☐	twinkle	a. 반짝거리는	09	1	4
1264	☐☐☐	detract	v. 손상시키다, (주의를)딴 데로 돌리다	05⁶	1	4
1265	☐☐☐	pulp	n. 과육, 펄프, 걸쭉한 것	06	1	4
1266	☐☐☐	puddle	n. 웅덩이	13	1	4
1267	☐☐☐	flutter	v. 훨훨 날아가다, 흔들리다, 두근거리다	96	1	4
1268	☐☐☐	extrinsic	a. 외적인	13⁶	1	4
1269	☐☐☐	motto	n. 좌우명	11⁹	1	4
1270	☐☐☐	beware	v. 조심하다	13⁹	1	4
1271	☐☐☐	earthly	a. 세속적인, 도대체, 조금도	10⁹	1	4
1272	☐☐☐	wicked	a. 사악한	04⁹	1	4
1273	☐☐☐	strenuous	a. 격렬한, 힘드는	11⁹	1	4
1274	☐☐☐	alignment	n. 정렬, 지지	12⁹	1	4
1275	☐☐☐	yawn	n. 하품 v. 하품하다	04⁶	1	4
1276	☐☐☐	rivalry	n. 경쟁(의식)	08⁹	1	4
1277	☐☐☐	benevolent	a. 자비로운, 자애로운	13⁶	1	4
1278	☐☐☐	nuance	n. 뉘앙스, 미묘한 차이	13⁶	1	4
1279	☐☐☐	billboard	n. 광고판, 빌보드	12⁶	1	4
1280	☐☐☐	preconceive	v. 미리 생각하다, 예상하다	13⁹	1	4
1281	☐☐☐	decaffeination	n. 카페인 제거	09	4	·
1282	☐☐☐	barbarous	a. 상스러운, 야만적인	13	2	2
1283	☐☐☐	overheat	v. 과열되다	13·12⁶	2	2
1284	☐☐☐	unrest	n. 불안	94¹·14⁽⁹ᴮ⁾	2	2
1285	☐☐☐	downplay	n. 중요하게 여기지 않다	13·10⁹	2	2
1286	☐☐☐	impolite	a. 무례한, 실례되는	03·11⁶	2	2
1287	☐☐☐	patty	n. 소형의 파이, 패티, 백인	10·13⁶	2	2
1288	☐☐☐	enact	v. 벌어지다, 제정하다, 연기하다	11·11⁹	2	2
1289	☐☐☐	frontal	a. 정면의	11⁶·08⁹	2	2
1290	☐☐☐	overthrow	v. 전복시키다, 타도하다	13⁶·05⁹	2	2
1291	☐☐☐	adorable	a. 귀여운, 사랑스러운	12⁶·11⁶	2	2
1292	☐☐☐	shortsighted	a. 근시(안)의	12⁹·12⁶	2	2
1293	☐☐☐	transatlantic	a. 대서양 횡단의	13⁹·11⁹	2	2
1294	☐☐☐	unquestioned	a. 의심할 수 없는	11⁹	2	2
1295	☐☐☐	wildfire	n. 들에 난 불	11⁹·10⁹	2	2
1296	☐☐☐	downdraft	n. 하강기류	13⁶	2	2
1297	☐☐☐	reciprocation	n. 보답, 교환, 보복, 대응	13⁶	2	2
1298	☐☐☐	fuss	n. 공연한 소동 v. 야단 법석을 떨다	11	1	3

수능 영단어의 '끝'을 정리해 두었습니다. 먼저 앞부분의 모든 어휘의 학습을 마치고 보세요.

No.	확인	단어	뜻	출제년도	수 · 평 총빈도	EBS 총빈도
1299	□□□	midwife	n. 산파	11	1	3
1300	□□□	outcast	n. 폐물, 따돌림(버림)받은 사람	95	1	3
1301	□□□	gourmet	n. 미식가, 식도락가	15	1	3
1302	□□□	eminent	a. 유명한, 탁월한	12	1	3
1303	□□□	throne	ad. 왕좌 v. 즉위시키다	95	1	3
1304	□□□	skid	v. 미끄러지다	94²	1	3
1305	□□□	crunchy	a. 바삭바삭한	11	1	3
1306	□□□	intermission	n. 중간 휴식 시간, 중지	97	1	3
1307	□□□	mop	n. 대걸레 v. 닦다, 닦아내다	04	1	3
1308	□□□	bravery	n. 용감성, 화려함	08	1	3
1309	□□□	clatter	v. 덜컥 소리를 내다	08	1	3
1310	□□□	breakable	a. 깨지기 쉬운	04	1	3
1311	□□□	nibble	v. 조금씩 물어뜯다	13	1	3
1312	□□□	stopover	n. 단기 체류, 도중 하차	97	1	3
1313	□□□	whizz	v. 쌩 하고 지나가다	98	1	3
1314	□□□	on-board	a. 탑재된, 선상의	13⁹·11⁹	2	2
1315	□□□	leaflet	n. 어린 잎, 광고용 전단	15⁹	1	3
1316	□□□	rejoice	v. 몹시 기뻐하다	15⁶	1	3
1317	□□□	exemplify	v. 예를 들다	11⁶	1	3
1318	□□□	huddle	v. 모이다, 옹송그리며 모이다	06⁹	1	3
1319	□□□	wail	n. 울부짖음 v. 울부짖다, 통곡하다	09⁶	1	3
1320	□□□	uphill	n. 오르막길 a. 힘겨운, 언덕 위의 ad. 비탈길을 올라	05⁹	1	3
1321	□□□	monarch	n. 군주	11⁹	1	3
1322	□□□	motherhood	n. 모성애	07⁶	1	3
1323	□□□	alley	n. 골목	08⁹	1	3
1324	□□□	picturesque	a. 그림같이 아름다운, 생생한	05⁶	1	3
1325	□□□	lighten	v. 가볍게하다	12⁹	1	3
1326	□□□	deference	n. 복종, 존중, 경의	13⁶	1	3
1327	□□□	miraculous	a. 기적적인	06⁶	1	3
1328	□□□	henceforth	ad. ~이후로	13⁶	1	3
1329	□□□	partake	v. 참가하다, 먹다	13⁹	1	3
1330	□□□	oblivious	a. 의식하지 못하는	13⁶	1	3
1331	□□□	tranquility	n. 평온	12⁶	1	3
1332	□□□	handkerchief	n. 손수건	06⁹	1	3
1333	□□□	underway	a. 진행중인	11⁹	1	3
1334	□□□	hallmark	n. 특징, 특성	12⁹	1	3
1335	□□□	oversleep	v. 늦잠 자다	05⁹	1	3
1336	□□□	metropolis	n. 중심 도시, 주요 도시	13⁶	1	3

No.	확인	단어	뜻	출제년도	수·평 총빈도	EBS 총빈도
1337	☐☐☐	postwar	n. 전후	11⁶	1	3
1338	☐☐☐	envelop	v. 감싸다, 뒤덮다	07⁶	1	3
1339	☐☐☐	calmness	n. 고요, 냉정, 침착	14⁽⁹ᴮ⁾·14⁽⁹ᴬ⁾·03⁹	3	
1340	☐☐☐	natal	a. 출생의, 태어난	13	3	
1341	☐☐☐	televise	v. 텔레비전으로 방송하다	08⁶	3	
1342	☐☐☐	drunken	a. 술이 취한, 술고래인	98·06⁶	2	1
1343	☐☐☐	glamorous	a. 매력적인	15·09⁶	2	1
1344	☐☐☐	deployment	n. 전개, 배치	15⁹	2	1
1345	☐☐☐	mischief	n. 장난, 해악	96·13⁹	2	1
1346	☐☐☐	formidable	a. 알볼 수 없는, 가공할	12·13⁹	2	1
1347	☐☐☐	asymmetry	n. 불균형, 비대칭	13	2	1
1348	☐☐☐	asymmetrically	ad. 불균형하게	13⁹		
1349	☐☐☐	runaway	n. 도망자 a. 달아난, 제어가 안 되는	13⁶·04⁶	2	1
1350	☐☐☐	toughness	n. 강인함	14⁽⁹ᴮ⁾·11⁶	2	1
1351	☐☐☐	wrench	n. 렌치, 스패너 v. 확 비틀다, 삐다	13⁹	2	1
1352	☐☐☐	billiard	a. 당구(용)의	13⁶	2	1
1353	☐☐☐	besiege	v. 둘러싸다, 포위하다	13	1	2
1354	☐☐☐	facade	n. (실제와는 다른)표면, 허울, (건물의)정면	13	1	2
1355	☐☐☐	remnant	n. 잔존물, 나머지	13	1	2
1356	☐☐☐	resell	v. 되팔다	06	1	2
1357	☐☐☐	foam	n. 거품 v. 거품을 내다	94²	1	2
1358	☐☐☐	superbly	ad. 최고로	96	1	2
1359	☐☐☐	introspective	a. 자아 성찰적인	11	1	2
1360	☐☐☐	imprudent	a. 경솔한, 현명하지 못한	11	1	2
1361	☐☐☐	hitch	n. 문제, 매듭 v. 끌어 당기다, 얻어타다, 편승하다	96	1	2
1362	☐☐☐	gravel	n. 자갈	13	1	2
1363	☐☐☐	inexcusable	a. 용서할 수 없는	13	1	2
1364	☐☐☐	nonliving	n. 무생물	10	1	2
1365	☐☐☐	giggle	v. 낄낄 웃다	04⁹	1	2
1366	☐☐☐	turbulence	n. 난기류, 격동	13⁶	1	2
1367	☐☐☐	rattle	n. 덜걱덜걱 v. 덜컹거리다	13⁹	1	2
1368	☐☐☐	inhospitable	a. 불친절한, 대접이 나쁜	11⁶	1	2
1369	☐☐☐	plump	a. 불룩한 v. 통통하게 하다	13⁹	1	2
1370	☐☐☐	unchecked	a. 억제되지 않은	09⁶	1	2
1371	☐☐☐	unbroken	a. 계속되는	05⁹	1	2
1372	☐☐☐	farsighted	a. (의학)원시의, 선견지명이 있는	13⁶	1	2
1373	☐☐☐	theology	n. 신학	12⁶	1	2
1374	☐☐☐	sameness	n. 동일성	12⁹	1	2

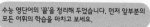

No.	확인	단어	뜻	출제년도	수 · 평 총빈도	EBS 총빈도
1375	☐☐☐	meticulous	*a.* 꼼꼼한, 세심한	13⁹	1	2
1376	☐☐☐	municipal	*a.* 도시의, 시의	11⁹	1	2
1377	☐☐☐	compression	*n.* 압축, 요약	12⁹	1	2
1378	☐☐☐	perpetually	*ad.* 영원히	07⁹	1	2
1379	☐☐☐	exemplary	*a.* 전형적인, 모범적인, 가혹한	13⁶	1	2
1380	☐☐☐	duality	*n.* 이중성	06⁹	1	2
1381	☐☐☐	clause	*n.* 절, 조항, 항목	06⁶	1	2
1382	☐☐☐	alarmingly	*ad.* 놀랄 만큼	04⁹	1	2
1383	☐☐☐	egocentric	*a.* 자기 중심적인, 이기적인	12⁶	1	2
1384	☐☐☐	keystone	*n.* 핵심, 쐐기돌	12⁹	1	2
1385	☐☐☐	courtly	*a.* 품위있는	12⁶	1	2
1386	☐☐☐	incubate	*v.* 부화하다, 배양하다, 알을 품다	10⁹	1	2
1387	☐☐☐	cinematic	*a.* 영화(제작)의, 영화적인	15⁶	1	2
1388	☐☐☐	jokingly	*ad.* 농담 삼아, 장난으로	07⁹	1	2
1389	☐☐☐	behold	*v.* 바라보다	07⁶	1	2
1390	☐☐☐	scoundrel	*n.* 악당	13⁹	1	2
1391	☐☐☐	choral	*a.* 합창의	11⁹	1	2
1392	☐☐☐	unmanned	*a.* 무인의	10	1	2
1393	☐☐☐	confucian	*a.* 유교의	09⁶	2	
1394	☐☐☐	confucianism	*n.* 유교	09⁶		
1395	☐☐☐	deadlock	*n.* (협상의) 교착상태	15	2	
1396	☐☐☐	fortunetelling	*n.* 점, 예언	05	2	
1397	☐☐☐	ultrasonic	*n.* 초음파	10⁶	2	
1398	☐☐☐	spineless	*a.* 가시가 없는, 척추가 없는	15⁹	2	
1399	☐☐☐	vice versa	*ad.* 반대도 또한 같음, 반대로	13	2	
1400	☐☐☐	pros and cons	*n.* 찬반 양론	12⁹·07⁶	2	
1401	☐☐☐	unanimously	*ad.* 만장 일치로	11	1	1
1402	☐☐☐	reportedly	*ad.* 전하는 바에 따르면, 소문에 의하면	15	1	1
1403	☐☐☐	rehabilitate	*v.* 회복시키다, 재활치료를 하다	11	1	1
1404	☐☐☐	tersely	*ad.* 간결하게	11	1	1
1405	☐☐☐	buildup	*n.* 강화	96	1	1
1406	☐☐☐	awry	*a.* (서술적)휘어서 *ad.* 구부러져	13	1	1
1407	☐☐☐	punctually	*ad.* 시간을 엄수하여	06	1	1
1408	☐☐☐	telegraphic	*n.* 전신, 전보	06	1	1
1409	☐☐☐	undress	*v.* 옷을 벗기다	09	1	1
1410	☐☐☐	unhurried	*a.* 한가로운	94¹	1	1
1411	☐☐☐	shorthand	*n.* 속기	06	1	1
1412	☐☐☐	suckle	*v.* 젖을 먹이다	12	1	1

Advanced

No.	확인	단어	뜻	출제년도	수·평 총빈도	EBS 총빈도
1413	☐☐☐	booklet	n. 작은 책자	97	1	1
1414	☐☐☐	blunder	n. 실수 v. 실수하다	98	1	1
1415	☐☐☐	apiece	ad. 각각, 하나당	06	1	1
1416	☐☐☐	redo	v. 다시하다	06	1	1
1417	☐☐☐	forthwith	ad. 곧, 즉시	13	1	1
1418	☐☐☐	outing	n. 외출, 여행, 견학	07	1	1
1419	☐☐☐	imperium	n. 통치, 지배권	12	1	1
1420	☐☐☐	naught	n. 없음, 제로(0)	12^9	1	1
1421	☐☐☐	revitalization	n. 경기 부양화	13^9	1	1
1422	☐☐☐	childish	a. 유치한	13^9	1	1
1423	☐☐☐	smallness	n. 왜소, 빈약, 옹졸	07^6	1	1
1424	☐☐☐	compulsively	ad. 강제적으로, 마지못해	12^6	1	1
1425	☐☐☐	gist	n. 핵심	12^9	1	1
1426	☐☐☐	ethology	n. (동물)행동학	06^9	1	1
1427	☐☐☐	pun	n. 말장난 v. 말장난을 하다	13^9	1	1
1428	☐☐☐	valor	n. 용기	12^9	1	1
1429	☐☐☐	barefoot	ad. 맨발로	15^6	1	1
1430	☐☐☐	relentlessly	ad. 혹독하게, 가차없이	12^9	1	1
1431	☐☐☐	miscellaneous	a. 잡다한, 다양한, 여러가지 종류의	13^6	1	1
1432	☐☐☐	indiscretion	n. 무분별한 행동	11^9	1	1
1433	☐☐☐	dispirited	a. 낙담한, 의기소침한	13^6	1	1
1434	☐☐☐	untried	a. 시도해 본적이 없는	11^6	1	1
1435	☐☐☐	stump	n. 그루터기, 남은 부분, 기둥, 유세	13^9	1	1
1436	☐☐☐	touchy	a. 까다로운, 다루기 힘든	12^9	1	1
1437	☐☐☐	dictum	n. 금언, 격언	13^9	1	1
1438	☐☐☐	dreamlike	a. 마치 꿈같은	03^9	1	1
1439	☐☐☐	spiny	a. 가시가 있는	05^9	1	1
1440	☐☐☐	nicety	n. 세부사항	13^6	1	1
1441	☐☐☐	toothed	a. 톱니 모양의, 이가 있는, 이가~한	08^6	1	1
1442	☐☐☐	overdo	v. 지나치게 하다	11^9	1	1
1443	☐☐☐	crooked	a. 구부러진	10	1	1
1444	☐☐☐	townie	n. 도시 사람	11	1	
1445	☐☐☐	unborn	a. 아직 태어나지 않은	95	1	
1446	☐☐☐	grandstand	n. 특별 관람석(의 관객들)	07	1	
1447	☐☐☐	penniless	a. 무일푼인, 몹시 가난한	02	1	
1448	☐☐☐	retouch	v. 손질하다, 손을 대다	05	1	
1449	☐☐☐	mouthful	n. 한 입, 한 모금	03	1	
1450	☐☐☐	homely	a. 못생긴, 수수한, 세련되지 않은, 가정적인	10	1	

No.	확인	단어	뜻	출제년도	수·평 총빈도	EBS 총빈도
1451	☐☐☐	unroll	*v.* 펼치다, 펼쳐지다	08	1	
1452	☐☐☐	arcade	*n.* 아케이드	09	1	
1453	☐☐☐	businesslike	*a.* 실질적인, 효율적인	12	1	
1454	☐☐☐	uncut	*a.* 삭제하지 않은	06	1	
1455	☐☐☐	otherness	*n.* 별개의 것, 다름, 특이함	08	1	
1456	☐☐☐	premonition	*n.* 예감, 예고	12	1	
1457	☐☐☐	onesidedness	*n.* 일방적인것	11	1	
1458	☐☐☐	whaling	*n.* 고래잡이	94²	1	
1459	☐☐☐	wretched	*a.* 비참한	94²	1	
1460	☐☐☐	indubitable	*a.* 명백한, 의심할 나위 없는	11	1	
1461	☐☐☐	equilibrate	*v.* 평형시키다	11	1	
1462	☐☐☐	earthen	*a.* 흙으로 된, 토기의	95	1	
1463	☐☐☐	spank	*v.* (엉덩이를) 찰싹 때리다	99	1	
1464	☐☐☐	visitation	*n.* 방문권, 감찰	09⁹	1	
1465	☐☐☐	unbolt	*v.* 빗장을 벗기다	13⁹	1	
1466	☐☐☐	bountiful	*a.* 많은, 풍부한	15⁹	1	
1467	☐☐☐	backtrack	*v.* 되짚어 가다	10⁹	1	
1468	☐☐☐	untouchable	*a.* 건드릴수 없는	11⁶	1	
1469	☐☐☐	unread	*a.* 읽혀 지지 않는	04⁹	1	
1470	☐☐☐	godliness	*n.* 신성함	05⁶	1	
1471	☐☐☐	parabolic	*a.* 포물선의	08⁹	1	
1472	☐☐☐	unconditioned	*a.* 본능적인, 무조건의	15⁹	1	
1473	☐☐☐	exodus	*n.* 이동, 탈출	11⁹	1	
1474	☐☐☐	nonbreakable	*a.* 부서지기 어려운	13⁶	1	
1475	☐☐☐	covertly	*ad.* 은밀히, 살며시	13⁹	1	
1476	☐☐☐	studiously	*ad.* 신중하게, 의도적으로	11⁶	1	
1477	☐☐☐	demolition	*n.* 파괴, 폭파, 폐허	15⁹	1	
1478	☐☐☐	unwell	*a.* 몸이 좋지 않은	03⁹	1	
1479	☐☐☐	foliose	*a.* 잎 모양의, 잎이 많은, 잎의	15⁹	1	
1480	☐☐☐	algorithmic	*a.* 알고리즘의	12⁹	1	
1481	☐☐☐	unarticulated	*a.* 불문명한, 논리가 서있지 않은	13⁶	1	
1482	☐☐☐	stupidity	*n.* 어리석음	13⁹	1	
1483	☐☐☐	cruiser	*n.* 순양보트	05⁹	1	
1484	☐☐☐	earthy	*a.* 흙의, 저속한	09⁶	1	
1485	☐☐☐	vocalization	*n.* 발성법	10⁹	1	
1486	☐☐☐	treadle	*n.* 발판	13⁶	1	
1487	☐☐☐	unbeatable	*a.* 무적의	09⁶	1	
1488	☐☐☐	blistering	*a.* 맹렬한, 몹시 비판적인	13⁹	1	

수능직방 VOCA Master

Index

Index

Answer Key

Day 01
Advanced

1. criminal
2. conservation
3. assessment
4. fertile
5. utilize

Day 02
Advanced

1. endurance
2. disabilities
3. conformity
4. interference
5. obliged

Day 03
Advanced

1. sensory
2. deprivation
3. aliens
4. conquests
5. obedience

Day 04
Advanced

1. forgiveness
2. precautions
3. violations
4. prevalence
5. hemisphere

Day 05
Advanced

1. unfolding
2. formulate
3. vagueness
4. alertness
5. spontaneity

Day 06
Advanced

1. exploitation
2. recruitment
3. pronounces
4. unhindered
5. subsequently

Day 07
Advanced

1. physiological
2. uttering
3. soaked
4. bloom
5. biographical

Day 08
Advanced

1. Protestant
2. impulse
3. borderline
4. inference
5. insultingly

Day 09
Advanced

1. suburban
2. delicacy
3. evaporation
4. Empathy
5. harshness

Day 10
Advanced

1. realms
2. unforgettable
3. accustomed
4. crystal
5. exotic

Day 11
Advanced

1. equate
2. deficiency
3. collaborative
4. infinity
5. exaggeration

Day 12
Advanced

1. polishing
2. concrete
3. applauded
4. heartless
5. deviant

Day 13
Advanced

1. authenticate
2. chop
3. durable
4. disposal
5. subscriptions

Day 14
Advanced

1. noble
2. unceasing
3. fancy
4. foreseeable
5. rendered

Day 15
Advanced

1. reliance
2. acquainted
3. collision
4. elegant
5. machinery

Day 16
Advanced

1. steerable
2. dispersed
3. meditate
4. flattery
5. blurry

Day 17
Advanced

1. hasten
2. hasty
3. defective
4. cohesion
5. monument

Day 18
Advanced

1. recitation
2. kinship
3. vigor
4. nourishment
5. brutal

Day 19
Advanced

1. prescription
2. untidiness
3. illuminated
4. roared
5. mandated

Day 20
Advanced

1. arrogance
2. overtaking
3. legitimate
4. exclamation
5. merged

Day 21
Advanced

1. patting
2. corrupt
3. trimly
4. unease
5. mimicking

Day 22
Advanced

1. affirm
2. pervasive
3. misuse
4. misplaced
5. repayment

Day 23
Advanced

1. mindlessly
2. punctuated
3. strode
4. merciful
5. inscribed

Day 24
Advanced

1. contends
2. spit
3. departure
4. slammed
5. chill

Day 25
Advanced

1. sipping
2. thrifty
3. shrug
4. nostalgic
5. perfume

Day 26
Advanced

1. subsidize
2. eternal
3. terminate
4. expelled
5. decent

Day 27
Advanced

1. wrongly
2. glimpse
3. remainder
4. chanted
5. childlike

Day 28
Advanced

1. escorted
2. maneuver
3. unimpeded
4. defied
5. pointless

Day 29
Advanced

1. interchangeable
2. abolish
3. futile
4. shuffle
5. erroneous

Day 30
Advanced

1. aggravated
2. giants
3. eligible
4. fuzzy
5. deluxe